徳川幕臣団と江戸の金融史

■札差・両替商の研究■

末岡照啓 Sueoka Teruaki

思文閣出版

はじめに

いつの世でもサラリーマン（俸給生活者）は、物価や金利の動向によってその生活を左右される。現在の俸給生活者はサラリーを元手に、銀行など金融機関から借り入れをして住宅ローンを組んでいるが、多くは取得した土地・建物を金融機関の担保に入れ、利息・年賦返済などを取り決めた金銭消費貸借契約を結んでいる。本書は江戸時代最大の俸給生活者である徳川幕臣団と、金融機関である江戸の札差・両替商との取引関係を考察するものである。

ところで、平成四年（一九九二）八月、日本経済はバブル崩壊による株式暴落により、銀行・証券会社などの金融機関は多量の不良債権を抱えて経営危機に陥った。同十年（一九九八）から政府は、日本の金融システムを維持するために一部の銀行を国有化し、あるいは銀行に公的資金を注入するなどしてその救済策を断行した。さらに翌年、日本銀行は「ゼロ金利政策」を実施し、同二十八年（二〇一六）からは未曾有の「マイナス金利政策」に踏み切った。政府主導の金融緩和政策により景気を刺激し経済発展を志向したのであるが、金融機関は利ザヤを稼げず存亡の危機に立たされている。その間、日本の金融機関は生き残りをかけて統廃合を進め、三菱ＵＦＪ銀行、三井住友銀行、みずほ銀行の三メガバンクが誕生し、地方銀行は再編成のただなかにある。一方、銀行の住宅ローンを抱えるサラリーマン（俸給生活者）にとって、金利の変動は日々の生活に切実なものである。そのため、ローンの借り替えや元金の返済によって金利負担を減らそうとしている。高度経済成長からバブル崩壊後の「失われた三〇年」を経験した日本のサラリーマンは、銀行ローンの借り替えや元金の繰り上げ返済によって負担を軽くするなど、政府の金融政策や金利・物価の動向には敏感であった。

ここで江戸時代の金融史に目を移すと、知行高（禄高）一万石以上は大名、一万石未満は旗本・御家人と呼ばれる徳川幕臣団であったが、この徳川幕臣団こそ江戸時代最大のサラリーマン（俸給生活者）集団であった。彼らは幕府の役職につき政権を支える官僚であり、知行所を与えられて領地と農民を支配する地方取《じかたどり》と、俸禄米金を与えられて生活する蔵米取《くらまいどり》にわかれる。宝永期（一七〇四～一七一〇）の記録によると、徳川幕臣団の総数は約二万二五〇〇人（知行高三八八万石）であり、そのうち蔵米取が全体の八二％の約二万人（知行高一一二万石）、地方取が一一％の約二五〇〇人（同一一％）と圧倒的にサラリー（俸禄米金）支給の蔵米取が多かった。その人数の多さにくらべ、蔵米取の知行高（サラリー）は一人平均米六三石（俵）にすぎなかった。蔵米取は、年貢の徴収ができる地方取にくらべて生活基盤が不安定であり、幕府は彼らの生活を保障する必要があった。

享保九年（一七二四）、幕府は享保改革のデフレ政策のなかで、浅草米蔵近辺に居住する商人一〇九人を札差《ふださし》に任命し、蔵米取旗本の俸禄米金の受取を代行させ、俸禄米を担保とする金融を許可した。幕府は二万人およぶ蔵米取幕臣団の家計をわずか一〇九人の札差にゆだね、家計全般の面倒を見てもらうことにした。そのため、札差は俸禄米金を独占し、その担保金融によって莫大な富を築いたので、幕府は蔵米取旗本の救済策として、札差の貸出金利の引き下げや、債権破棄を命じている。それが高等学校教科書で学習する寛政元年（一七八九）の棄捐令（借金棒引き令）なのである。

しかし、こうした弾圧を受けながらも札差は幕末まで生き延びている。それは蔵米取の旗本が、札差にその財政や家計全般の面倒をみてもらう「勝手賄《かってまかな》い」業務を依頼し、担保として俸禄米を渡しているからである。いわば蔵米取と札差は共生関係にあり、幕府はその金融システムを崩壊させないため、棄捐令と引き換えにただちに札差救済金として幕府公金を緊急融資し、恒久的な融資機関として猿屋町会所を設置した。一方、地方取の旗本も知行所の年貢米金を金主（名主・在郷商人・両替商）に渡して勝手賄いを依頼したが、幕府もその窮状を認め、文化十四年（一八一七）に大名や地方取旗本を救済するため馬喰町貸付役所を設置し、幕府公金を融資した。

また、享保三年（一七一八）に結成された江戸の両替仲間のうち、本両替もまた幕府財政と密接に関係し、幕藩領主の金融システムを支えていた。すなわち、幕府公金の鑑定・預り・為替取組、金銀相場の書上、貨幣改鋳時の古金銀の引き替えを担当した。また、代官・御三卿（田安・一橋・清水家）や諸大名の掛屋（年貢金・公金の預りと出納業務）・蔵元（年貢米・国産品の販売業務）を引きうけ、年貢米金を預かり運用し、隔地間の為替取組もおこない、さらに旗本の勝手賄いや商用貸付などにも活躍していた。

江戸時代は金銀銭の三貨が同時に流通していたが、基本的に江戸は計数貨幣（金貨の表示金額で流通）の金経済圏であり、大坂は秤量貨幣（銀貨の重量を天秤で計って流通）の銀経済圏であった。そのため、江戸では金が表示額のまま流通したので、大坂のように銀目を表示した預り手形（預金証書）や振出手形（小切手）が発行されなかった。この点が、江戸両替商金融の未熟さと捉えられてきたが、大口の取引は送金為替と代金取立為替などで十分であり、日常の小口取引は少額の金貨（一分金・一朱金など）や一文銭（寛永通宝）による現物取引で不便はなかった。しかも、江戸では計数貨幣の金貨や銭貨がそのまま額面で通用し、しかも金一両は銀六〇目替という公定の固定相場であったから、わざわざ額面を記した預り手形や振出手形を発行する必要に迫られなかったと考えられる。本書は、江戸両替商金融の再評価をも企図している。

以上、江戸における金融システムは、幕府財政と大名および地方取と蔵米取旗本の財政・家計に直結し、札差・両替商などの金主と密接に関係していた。本書の刊行によって、江戸の複雑な金融システムの理解が深まり、現在の金融システムを考える手がかりとしていただければ、筆者の喜びとするところである。

第Ⅱ部　幕藩領主と江戸両替商

図表目次

徳川幕臣団と江戸の金融史

――札差・両替商の研究――

序章　本書の目的

石高制と貨幣経済　江戸時代は、石高制社会と呼ばれる米遣い経済の社会である。領知・身分・所得・収入・支出などすべてが米の単位「石」で表された社会であり、豊臣秀吉の太閤検地から徳川家康の慶長検地を経て明治政府の地租改正まで続いた日本特有の支配体制である。そのため、幕藩領主の財政や家計は、農民から徴収される米納年貢によって支えられていたが、かれらの日常生活は、金銀銭の三貨を併用する貨幣経済社会だったので、米納年貢は換金される必要があった。その販売・換金業務にたずさわったのが、札差・掛屋・蔵元と呼ばれる商人である。

江戸時代における最大の領主は、徳川宗家と御三卿（清水・田安・一橋家）およびその幕臣団の旗本・御家人たちであった。徳川幕臣団は、知行地を有して農民を支配する地方取《じかたどり》と、給料の俸禄米を支給される蔵米取《くらまいどり》（現米・扶持米を含む）に分かれたが、地方取の年貢米の換金業務は知行所の村役人や在郷商人、江戸の両替商や米問屋などが担当し、蔵米取の俸禄米の換金業務は札差が独占的におこなった。札差とは、旗本・御家人ら蔵米取幕臣団の蔵米請払いを代行し、彼らの俸禄米を担保に貸付をおこなった江戸の代表的な商人である。一方、幕府領（代官支配）・御三卿領・大名領の年貢米の換金・販売業務は、掛屋・蔵元と呼ばれた両替商や米問屋などがおこなった。それゆえ、江戸における札差・両替商の研究は、江戸金融史の核心として重要なのである。

札差研究について　昭和九年（一九三四）に幸田成友は『江戸と大阪』のなかで、江戸と大坂の領主金融をつぎのように対比させている。[1]

（大坂での）掛屋と大名との関係は丁度江戸では札差と蔵米取との関係となる。旗本御家人は、その俸禄の受取方よりいへば、地方取と蔵米取との二つに分れる。地方取といふのは知行を有するもの、蔵米取といふのは浅草の御蔵——五十一棟二百五十八戸前——から米を貰ふものである。武鑑に何百俵、何人扶持とある分は皆蔵米取で、知行取に比ぶれば夥しい人数です。……彼等（札差）は札旦那即ち依頼者に代つて請取方売却方をつとめるばかりでなく、蔵米を引当として貸付を行ひ、利子を取るに至つた。つまり小給の武家の金融機関となった。

すなわち、江戸における旗本・御家人ら蔵米取の金融は、大坂の大名貸金融と同じように重要であると指摘しているのである。

札差の研究は、戦前に幸田成友が東京商科大学（現、一橋大学）所蔵の旧札差寄贈文書を用いて開始し、昭和四年（一九二九）に「札差」「札差雑考」を収録した『日本経済史研究』を上梓した。[2] 幸田は市史の嚆矢として名高い『大阪市史』の編纂主任なので、著作の『日本経済史研究』と『江戸と大阪』は、大坂両替商の掛屋・蔵元業務と対比しながら札差を位置づけており、札差研究の基本文献となっている。昭和十二年には鈴木直二の『徳川時代の米穀配給組織』が刊行され、[3] 浅草御蔵の払米業者として札差仲間を取り扱っている。

戦後の札差研究をリードしたのが北原進である。昭和四十七年に北原は「札差」と題して過去の研究史をまとめ、[4] 自身は幕府と札差統制法令の研究を進展させた。すなわち、昭和三十九年に「寛政の棄捐令について」[5]、同四十七年に「宝暦—天明期の江戸商業と札差」[6]、翌年に「寛政・天保の改革と札差」[7] などを執筆し、同六十年にこれらをまとめて『江戸の札差』（昭和六十年に『江戸の高利貸』と改題）を上梓した。[8] 平成十年（一九九八）の「幕末期における札差仕法改正と旗本借財」では、札差伊勢屋惣右衛門店の経営帳簿によって取引旗本一九九人の借財を分析し、文久二年の安利年賦返済令があまり旗本借財の軽減に効果がなかったことを明らかにした(9)。平成十二年に北原は、『台東区史』に「一八大通――御蔵前の札差――」を執筆し、これまでの研究成果を要約している(10)。

その間、昭和四十九年に大山敷太郎は、天保改革期の「札差町人の上納金」と「御救御貸付金」によって、勘定奉行と札差仲間の緊迫したかけひきから無利息年賦返済令が発布される事実を明らかにした(11)。昭和四十年から四十二年には一橋大学から札差仲間の同業組合史である『札差事略』全三巻が刊行され(12)、同五十一年には札差事略の解説書「業要集」が翻刻され(13)、札差研究の基礎文献が出そろった。同年に脇田修は、これらの文献と住友家（泉屋）文書を駆使して『札差業と住友』を刊行し、札差業界における泉屋甚左衛門店の実態を明らかにした(14)。

これにたいし、筆者は昭和五十七年に住友史料館所蔵の広瀬家文書から、初代広瀬義右衛門（泉屋甚左衛門の支配人）が書き残した決算簿を発見し、「天保の無利息年賦返済令と札差」と題する論文を発表した(15)。これにより、はじめて札差の経営構造が明らかとなり、法令発布の影響を実証することができた。その後、平成元年には「近世における旗本救済策と勝手賄の特質」によって、幕府と蔵米取・札差の共生関係を考察した(16)。平成七年には台東区教育委員会の調査員として一橋大学附属図書館所蔵の札差文書を調査する機会を得て、青地家・伊勢屋幾次郎の「御蔵札差頼証文・対談証文」を整理することができた（架蔵番号・貴二九八の一～一四七番）。これを機に同図書館の札差文書をマイクロ撮影し、住友史料館所蔵史料と合わせて札差研究を進めた。その成果が、平成十一年の「近世蔵米知行制の確立過程――御切米御張紙と札差仲間の成立を通して――」(17)、および筆者も調査に参加した『蔵前に札差あり　台東区文化財報告書第二四集』である(18)。また、その傍証史料として、『住友史料叢書』に「浅草米店万控帳」「江戸浅艸米店在勤中心得書」「江戸浅草住友家出店記録」「札差証文」など多くの札差関係史料を収録した(19)。

ところで、幸田が指摘するように、江戸の札差は徳川幕臣団の生計を支えており、大名財政を支えた大坂の掛屋・蔵元に匹敵する地位であるのに、その視点での研究は少ない。幸田はその基礎作業として、札差の組織・業務内容を初めて世に示したが、その史料は「札差事略」や旧札差の細谷（和泉屋）多七が作成した「札差業務及関係所地図」など編纂物や聞書きなどの二次史料に依拠している。北原の研究も江戸の金貸しに焦点を当て、「札差事略」によって寛政の棄捐令など札差統制法令を中心に解明した高利貸しの社会史論である。これにたいし、神保文夫は法制史の立場から江戸幕府の金銀出入（訴訟）には江戸法と大坂法とがあり、江戸法では債権保護が軽視され、大坂法では厚遇されたことを明らかにした。寛政の棄捐令は債権保護が軽視された最たる例であるが、天保の無利息年賦返済令と相対済《あいたいすま》し令については幕閣の意見が対立し、大坂法（債権保護）が導入される契機になったという[20]。本書では、これら先学の研究の及ばないところを部分的に補うのではなく、札差の成立から消滅まで時代を通して論及し、徳川幕臣団との関係が、大坂における大名の掛屋・蔵元業務に匹敵する役割を果たしていたことを論証する。

両替商研究について　一方、両替商研究の通説をみると、江戸は諸藩の大名屋敷や旗本・御家人の武家屋敷が林立する「政治都市」「消費都市」であり、大坂は諸藩の蔵屋敷が林立する「商業都市」「天下の台所」としてイメージされている。その根拠となった文献が、明治三十七年（一九〇四）に大坂両替商組合の事務員であった吉岡源七が著した『両替商沿革史』である。昭和十二年に黒羽兵治郎がこれを復刻し、大坂両替商研究のバイブルとなった[21]。そして、昭和七年に松好貞夫は『日本両替金融史論』のなかで[22]、大阪は問屋商業を主とした手形による信用取引が発達したが、江戸は小売り業を主とした現金取引なので、「単純なる両替業務であつて、主要なる點に於て本書の研究対象から逸脱せることを否み難い」と述べた。松好は江戸両替商の研究を論じるに足りないと断じたのである。

ところが、江戸本両替商ついては「本両替商仲間大行事」で歴代引き継がれてきた編年記録の「両替年代記」

があった。明治五年の株仲間解散時に三井江戸両替店が筆写した「両替年代記」の複製本と大行事箱中の諸史料が、同店を経て三井文庫に残されており、昭和七～八年に三井高維《みついたかすみ》は『校註　両替年代記　原編』『新稿　両替年代記関鍵　巻一資料編』『新稿　両替年代記関鍵　巻二考証編』の三部作をまとめた(23)。こうして、昭和十年前後に江戸と大坂の両替商の基本文献が相ついで出版されたわけであるが、松好は相変わらず『近世の商業と両替商金融』のなかで自説をつぎのように繰り返している(24)。

元来江戸の両替商は一般商業上の金融機関としてよりも、幕府公金の取扱業務（本両替）及び単純なる金銭両替業務（銭両替）を主とせしものであつて、商業金融機関としての地位は、大阪の両替商に遠く及ばなかつた。……云ふ迄もなく徳川時代の江戸は、大阪の大生産地たるに対して大消費地であり、江戸に於ける大量の消費貨物は多く大阪より積送られしものであつて、大阪に於て荷受問屋、荷積問屋等の大量取引が旺盛を極めたるに比し、江戸の商業の大部分が消費者を相手とする即ち小売商業であった。

松好の所論は、戦後の昭和二十三年（一九四八）に飯淵敬太郎の『日本信用体系前史』によって、「貨幣取引業の一般的規模のかくのごとき狭小は江戸における商業の規模及び性質の一表現たるところである」と継承され(25)、その後長く江戸両替商の研究が停滞する原因となった。

一方、戦後に大坂両替商の研究は鴻池両替店の個別経営により大いに進展し、昭和四十五年に宮本又次編『大阪の研究』第四巻(26)、森泰博『大名金融史論』(27)、安岡重明『財閥形成史の研究』(28)の三冊が刊行された。翌年には作道洋太郎の『近世封建社会の貨幣金融構造』(29)が刊行され、大坂の十人両替の成立や鴻池両替店の経営帳簿が分析された。その後、平成十二年（二〇〇〇）に石井寛治の『経済発展と両替金融』が刊行され(30)、江戸と大坂・京都の為替取引や近代の銀行に発展する経緯が明らかになり、維新期における大坂両替商の没落を銀目廃止ではなく、高度に発展した信用システムが官軍の戦利品としての「分捕《ぶんどり》」によって破壊されたためとした。平成十五年には、中川すがねの『大坂両替商の金融と社会』[31]が刊行され、吉岡の『両替商沿革史』のような二次史料ではなく、一次史料によって大坂両替商の全体像を把握する数量的分析が試みられ、あわせてこれまで顧みられなかった中小両替商の経営分析がおこなわれた。筆者も「幕末期、住友の経営危機と大坂豊後町両替店」を発表し、住友分家の泉屋甚次郎（豊後町）両替店の経営分析をおこなった。[32]

平成二十六年には、銭屋（逸見）佐兵衛家文書の発見によって、逸見喜一郎・吉田伸之らの共同研究『両替商銭屋佐兵衛』全二巻が刊行され、[33]同二十八年には須賀博樹によって大坂両替商の銭屋佐兵衛や近江屋（森本）猶之助の大名貸と藩債処理が分析され、[34]大坂両替商の経営、江戸と大坂の為替取引、大名貸と藩債処理などが判明してきた。

また、前掲神保と萬代悠の研究によって、[35]債権保護の江戸法と大坂法が広く知られることになり、萬代は三井大坂両替店の延為替貸付（公金為替の名目を借りた貸付金）が公的保護によって同店の安定的拡大に貢献したとしている。さらに萬代は、大坂における顧客の信用調査が三井大坂両替店の経営拡大に役立ったことを明らかにした。[36]

令和二年（二〇二〇）には粕谷誠の『戦前日本のユニバーサルバンク』が刊行され、江戸より大坂の両替商がより多く銀行に転化したことをもって、江戸時代における両替商の地位は大坂が高かったと、旧説を踏襲している。[37]筆者は別の観点から、「大阪為替会社・通商会社の設立・解散と広瀬宰平」を発表し、大坂両替商の多くが大阪為替会社に加入し、維新後の経済混乱期に為替取引など旧来の両替商金融が大阪為替会社にそのまま引き継がれ、その安定に役立ったことを示した。[38]高槻泰郎編著の『豪商の金融史』は、鴻池両替店に匹敵する加島屋（広岡）両替店が堂島の米取引から大名貸に展開し、近代の広岡銀行・大同生命にいたる経緯を詳述している。[39]両替商が近代の銀行に転換できたかどうかは、すでに石井寛治が『経済発展と両替金融』で問題提起しており、本書においても再検討する。

こうして、現在にいたるまで大坂両替商の研究は隆盛を極めているが、江戸両替商について言及したものは少ない。これは多分に、松好の江戸両替商の地位が、大坂に遠く及ばないとする戦前の考え方が影響しており、ひいては江戸の市場は狭陸で、遠く大坂の市場に及ばないとする大坂市場一元論に通ずるところがあった。

江戸両替商の再評価　これに対し、昭和三十九年に大石慎三郎は「享保改革期における江戸経済に対する大坂の地位(40)」によって江戸市場圏の設定を主張した。これと相前後して、昭和三十七、八年に北島正元は『江戸商業と伊勢店』と「化政期の政治と民衆(41)」を発表して江戸商業の発展を明らかにした。昭和四十年の竹内誠の「幕府経済の変貌と金融政策の展開(42)」は、寛政改革により勘定所御用達・町方御用達が設立され、公金貸付制度が札差の猿屋町会所や幕府の馬喰町貸付役所設立をうながし、化政期にかけて公金貸付が市場経済の発展に役立つようすを描いた。翌四十一年と四十二年には、伊藤好一の『江戸地廻り経済圏の展開(43)』と林玲子の『江戸問屋仲間の研究(44)』が刊行され、近世中期以降に江戸と江戸地廻りの市場経済圏が発展していくことを商家や在方の史料によって論じた。昭和四十六年の中井信彦『転換期幕藩制の研究(45)』は、宝暦～天明期（田沼期から化政期）が江戸地廻り経済圏の発展・展開の画期であることを政治経済史の立場から明らかにした。その後、平成十三年に白川部達夫も『江戸地廻り経済と地域市場(46)』で関東農村の醤油・肥料商、寺社名目金の運用を調査している。これらの研究成果と歩調を合わせるかのように、江戸両替商の個別実証的研究も活発となり、松好の定説が覆されるようになった。

まず、昭和四十三年に田中康雄は「寛政期における江戸両替商の経営――播磨屋新右衛門家の場合――(47)」によって、播磨屋中井両替店が江戸酒問屋を中心とする為替取引業務に活躍し、為替手形の過振《かぶ》りという形での当座貸付を行っていたこと、また関東郡代、代官、諸大名を相手に掛屋御用など広範な金融取引を行っていたことを論じた。さらに三井江戸両替店についても、昭和四十四年には松本四郎の「幕末・維新期における三井家大元方の存在形態」[48]と田中康雄の「江戸時代後期における三井江戸両替店の経営動向」[49]、および賀川隆行の「三井両替店の経営と特質」が発表され[50]、三井江戸両替店の経営実態が明らかになり、江戸有数の問屋商人にたいして名目金貸付が活発に行われていたことが判明した。

その後、昭和五十八年には三井銀行から『三井両替店』が刊行され[51]、三井江戸両替店について過去の研究成果をもとにわかりやすく説明されている。近年の鈴木敦子の研究によると、江戸の金銀為替取引は変動相場ではなく、幕府から金一両＝銀六〇目替の固定相場が定められていたので、江戸経済圏では上方の銀建て商品値段にたいし「江戸商人の手に渡る前に、値付け変更され相場違え分を差引した価格で取り引き」されていたという[52]。江戸経済圏には、江戸商人を保護するための江戸を主体とする独自の金融慣行があったのである。

しかしながら、江戸両替商の研究は、三井江戸両替店の研究が進んだこともあって、三井の事例が全体像のように捉えられ、それ以外の江戸本両替の出自とその変遷や、幕府代官と大名の掛屋・蔵元業務、旗本の勝手賄い業務はあまり明らかにされてこなかった。そこで昭和六十二年に筆者は、住友江戸両替店の史料によって「化政期、江戸地廻り経済発展期における江戸両替商」[53]と「近世後期、住友江戸両替店の創業と経営――江戸における掛屋・蔵元業務の実態――」[54]を発表し、その是正に努めてきた。前者は、江戸本両替仲間と相場立会仲間（三組両替から抜擢）の変遷とその関係を論じ、相場立会仲間から本両替屋が抜擢されたこと、また本両替仲間が、文化・文政期の幕府財政政策に協力したことを考察した。後者は、江戸両替商が代官や大名の掛屋・蔵元業務や旗本の勝手賄い、商用貸付に活躍し、「単なる両替商」ではないことを論じた。さらに平成五年（一九九三）の『国史大辞典』「両替」の項目では、「近世における両替商は、金銀銭の単純な両替にとどまらず、今日の銀行のような貸付および預り、為替取組、諸手形の発行などを行っていた」と、まとめた[55]。

本書の目的は、江戸の金融システムを担ってきた札差と両替商についてこれまでの研究成果を整理し、その成立から消滅までを徳川幕臣団との関係で見通すことにある。そのため、本書は「徳川幕臣団と札差」の研究を第Ⅰ部、「幕藩領主と江戸両替商」の研究を第Ⅱ部とし、つぎの全一一章および終章から構成した。

第Ⅰ部　徳川幕臣団と札差

第1章　近世蔵米知行制の成立と御張紙値段（「近世蔵米知行制の確立過程――御切米御張紙と札差仲間の成立を通して――」（『近世社会と知行制』思文閣出版　一九九九年）に、新稿「御張紙値段の考察」を加筆）

本章では、札差が出現する前提として、寛永期から享保期（一六二四～一七三五）にかけて徳川幕臣団の蔵米知行制（俸禄米金支給制）と御張紙値段が成立する経緯を説明する。と同時に、享保改革の上米の制と足高の制が蔵米知行制の確立と関係していることを論ずる。また、諸史料から蔵米取の生命線ともいえる御張紙値段（俸禄米の支給割合と換金値段）のデータを抽出して確定値を求め、その変動が蔵米取幕臣団に与えた影響を論ずる。

第2章　札差仲間の成立・変遷と寛政の棄捐令（新稿）

本章では、享保九年（一七二四）の札差仲間成立の背景を探り、以後幕末までの仲間人数を一覧表にしてその変遷を概観する。あわせて、安永七年（一七七八）の組分け、寛政元年（一七八九）の棄捐令を条文と照合しながら再考する。さらに、棄捐令後に札差救済として猿屋町会所（幕府公金の貸付機関）が設立されたが、棄捐令による破棄高と文政二年（一八一九）の札高（蔵米取扱高）を比較検討し、棄捐令後の札差の動向を考察する。

第3章　札差証文について（『住友史料叢書　札差証文（一）（二）』（思文閣出版　二〇一四年・二〇一七年）の解題に加筆）

本章では、泉屋甚左衛門店を事例に、蔵米取と札差が交わした札差証文の種類を説明し、これまであまり紹介されたことがなかった蔵米取と札差の取引関係を明らかにする。あわせて、取引先の蔵米取の石高と役職を一覧表にして、蔵米取の家計実態にせまる。

第4章　天保の無利息年賦返済令と札差（『国史学』一一六・一一七合併号　一九八二年）

本章では、天保の無利息年賦返済令を幕閣がどのような意図で発布したのか、また幕府と札差が発布をめぐり金利問題でせめぎあうようすを考察する。また、幕府は法令発布後に蔵米取幕臣団の金融を確保するため、公金を札差救済金として支出するようすを描く。

第5章　幕末期の札差経営――泉屋甚左衛門店の経営分析――（同右論文に新稿を加筆）

本章では、泉屋甚左衛門店を事例に、天保の無利息年賦返済令と文久の安利年賦返済令が蔵米取幕臣団にどのような影響を与えたのか、札差の経営帳簿でその経営実態とその影響を数値で初めて明らかにする。これにより、札差業が貸付資本そのものであったことを明らかにする。

第6章　近世における旗本救済策と勝手賄いの特質（『国史学』一三九号　一九八九年）

本章では、幕府の旗本救済策が、地方取と蔵米取にたいして平等に実施されていることを明らかにし、地方取も蔵米取も勝手賄いによって生計を維持し、金主の村方や商人・両替商、および札差と共存していた実態を考察する。あわせて、勝手賄い金主のすげ替えに旗本用人が暗躍していたようすを描く。

第7章　明治維新後の幕臣団と札差（新稿）

本章では、明治維新後の幕臣団と札差の消滅の道筋をたどる。新政府は幕臣団の一部を朝臣として採用し官禄米を支給したが、札差が官禄米に関与することを禁止した。また、大名への債権は藩債として新政府に保証されたが、幕臣団への債権は朝敵であるがゆえに破棄されたので、札差の貸付金はいっさい戻らなかった。札差消滅の経緯を解明する。

第Ⅱ部　幕藩領主と江戸両替商

第8章　江戸両替仲間の結成と金融政策（「化政期、江戸地廻り経済発展期における江戸両替」林陸朗先生還暦記念会編『近世国家の支配構造』雄山閣　一九八六年）

本章では、江戸両替仲間の組織と変遷を一覧表にして明らかにする。これにより、天明期に三都の為替を取扱う江戸の相場立会仲間が誕生し、彼らが江戸本両替の輩出基盤となり、幕府の経済政策に協力する経緯を考察する。

第9章　江戸両替商の代官・田安家・一橋家掛屋業務（『泉屋叢考　第弐拾壱号　近世後期における住友江戸両替店の創業と経営』住友修史室　一九八七年）

本章では、住友江戸両替店を素材に、江戸本両替がおこなった代官・田安家・一橋家の掛屋業務を解明する。江戸本両替が「単なる両替屋」ではなく、幕藩領主と農民との間にあって米納年貢の納付や金融に関与していた実態を示す。

第10章　江戸両替商の大名・旗本金融業務と商用貸付（同右）

本章でも、住友江戸両替店を素材に、江戸本両替がおこなった大名・旗本金融業務と商用貸付業務を解明する。江戸において解明されていなかった大名の掛屋・蔵元業務について説明し、とくに大名蔵元と旗本勝手賄いの共通性を論ずる。

第11章　明治維新後の江戸両替商（新稿）

本章では、明治維新後の江戸両替商がはたして近代的な銀行に転換できたのか、その連続と非連続性について論ずる。そのため、その過渡期に設立された東京為替会社と両替商の関係について考察し、さらに東京・京都・大坂三都の両替商と為替会社の動向についても論究する。

終章　江戸札差と両替商の位置づけ（新稿）

以上、本書の刊行にあたっては初出論文から時間も経過しているので、新たに新稿を加え、既発表の各章は大幅に書き改めたことをお断りしておきたい。

（1）幸田成友『江戸と大阪』（冨山房　一九三四年）二〇一・二〇二頁、のち『幸田成友著作集』第二巻（中央公論社　一九七二年）に所収。
（2）同右『日本経済史研究』所収の「札差」「札差雑考」（大岡山書店　一九二八年）、のち『幸田成友著作集』第一巻　中央公論社　一九七二年）に所収。
（3）鈴木直二『徳川時代の米穀配給組織』（巌松堂書店　一九三七年、国書刊行会復刻版　一九七七年）。
（4）児玉幸多編『近世史ハンドブック』近藤出版　一九七二年）二八七・二八八頁所収。
（5）北原進「寛政の棄捐令について」（『歴史評論』一六二・一六三号　一九六四年）。
（6）同右「宝暦―天明期の江戸商業と札差」（『江戸町人の研究』第一巻　吉川弘文館　一九七二年）。
（7）同右「寛政・天保の改革と札差」（『国史学』九〇号　一九七三年）。
（8）同右『江戸の札差』（吉川弘文館　一九八五年、のち改題『江戸の高利貸――旗本・御家人と札差――』吉川弘文館　二〇〇八年）。
（9）同右「幕末期における札差仕法改正と旗本借財」（『東京都江戸東京博物館研究報告』三号　一九九八年）。
（10）同右「十八大通――御蔵前の札差――」（『台東区史　通史編Ⅱ』第六節　二〇〇〇年）。
（11）大山敷太郎『幕末財政史研究』（思文閣出版　一九七四年）。
（12）『札差事略』上巻・中巻・下巻（創文社　一九六五～一九六七年）。
（13）「業要集」（三田村鳶魚編『未刊随筆百種』第四巻　中央公論社　一九七六年所収）。
（14）脇田修『泉屋叢考　拾六輯　札差業と住友』（住友修史室　一九七六年）。
（15）末岡照啓「天保の無利息年賦返済令と札差」（『国史学』一一六・一一七合併号　一九八二年）。

(16)　同右「近世における旗本救済策と勝手賄いの特質」（『国史学』一三九号　一九八九年）。
(17)　同右「近世蔵米知行制の確立過程――御切米御張紙と札差仲間の成立を通して――」（J・F・モリス、白川部達夫、高野信治編『近世社会と知行制』思文閣出版　一九九九年）。
(18)　『蔵前に札差あり　台東区文化財報告書第二四集』（台東区教育委員会　一九九九年）。
(19)　住友史料館編『住友史料叢書　浅草米店万控帳（上）』（思文閣出版　一九九七年）、同『住友史料叢書　浅草米店万控帳（下）（続）・江戸浅艸米店在勤中心得書・江戸浅草住友家出店記録』（思文閣出版　二〇〇〇年）、同『住友史料叢書　札差証文（一）（二）』（思文閣出版　二〇一四年・二〇一七年）。
(20)　神保文夫『近世法実務の研究　上・下』（汲古書院　二〇二一年）上の四六七～四七七頁、四九八～四九九頁。
(21)　黒羽兵治郎編『大阪商業史料集成』三巻　大阪商科大学経済研究所　一九三七年）所収。
(22)　松好貞夫『日本両替金融史論』（文芸春秋社　一九三二年、柏書房復刻版　一九六五年）一六頁。
(23)　三井高維『新稿　両替年代記　原編』『新稿　両替年代記関鍵　巻一資料編』『同　巻二考証編』（岩波書店　一九三二～三三年、柏書房復刻　一九七二年）。
(24)　松好貞夫『近世の商業と両替商金融』（財団法人金融研究会　一九三八年）六五・六六頁。
(25)　飯淵敬太郎『日本信用体系前史』（学生書房　一九四八年、御茶の水書房復刻版　一九七七年）八〇頁。
(26)　宮本又次編『大阪の研究』第四巻（清文堂　一九七〇年）。
(27)　森泰博『大名金融史論』（大原新生社　一九七〇年）。
(28)　安岡重明『財閥形成史の研究』（ミネルヴァ書房　一九七〇年）。
(29)　作道洋太郎『近世封建社会の貨幣金融構造』（塙書房　一九七一年）。
(30)　石井寛治『経済発展と両替金融』（有斐閣　二〇〇〇年）、同「幕末経済史再考――手形取引の発展――」（『日本学士院紀要』七四巻二号　二〇一九年）。
(31)　中川すがね『大坂両替商の金融と社会』（清文堂　二〇〇三年）。
(32)　末岡照啓「幕末期、住友の経営危機と大坂豊後町両替店」（『住友史料館報』三二号　二〇〇一年）。
(33)　逸見喜一郎・吉田伸之編著『両替商銭屋佐兵衛』1・2（東京大学出版会　二〇一四年）。

(34) 須賀博樹「銭佐と公債」(『大阪商業大学商業史博物館紀要』一七号 二〇一六年)、同「因州鳥取藩と大坂両替商」(『経済史研究』二一号 二〇一七年)、同「両替商と藩債処分――森本近江屋猶之助の場合――」(『大阪商業大学商業史博物館紀要』一八号 二〇一七年)、同「近江屋猶之助の大名債権」(同上二三号 二〇二三年)など。

(35) 萬代悠「三井大坂両替店の延為替貸付――法制史と経済史の接合の試み――」(『三井文庫論叢』五五号 二〇二一年)一二七頁。

(36) 萬代悠『三井大坂両替店』(中央公論新社 二〇二四年)。

(37) 粕谷誠『戦前日本のユニバーサルバンク』(名古屋大学出版会 二〇二〇年)。

(38) 末岡照啓「大阪為替会社・通商会社の設立・解散と広瀬宰平」(『住友史料館報』五一号 二〇二二年)。

(39) 高槻泰郎編著『豪商の金融史』(慶應義塾大学出版会 二〇二二年)。

(40) 大石慎三郎「享保改革期における江戸経済に対する大坂の地位」(『日本歴史』一九一号 一九六四年)。

(41) 北島正元編著『江戸商業と伊勢店』(吉川弘文館 一九六二年)、同「化政期の政治と民衆」(岩波講座『日本歴史』近世四 一九六三年)。

(42) 竹内誠「幕府経済の変貌と金融政策の展開」(『日本経済史大系』近世下 東京大学出版会 一九六五年、のち『寛政の改革』吉川弘文館 二〇〇九年所収)。

(43) 伊藤好一『江戸地廻り経済圏の展開』(柏書房 一九六六年)。

(44) 林玲子『江戸問屋仲間の研究』(御茶の水書房 一九六七年)。

(45) 中井信彦『転換期幕藩制の研究』(塙書房 一九七一年)。

(46) 白川部達夫『江戸地廻り経済と地域市場』(吉川弘文館 二〇〇一年)。

(47) 田中康雄「寛政期における江戸両替商の経営――播磨屋新右衛門家の場合――」(『三井文庫論叢』二号 一九六八年)。

(48) 松本四郎「幕末・維新期における三井家大元方の存在形態」(『三井文庫論叢』二号 一九六九年)。

(49) 田中康雄「江戸時代後期における三井江戸両替店の経営動向」(同右書三号 一九六九年)。

(50) 賀川隆行「三井両替店の経営と特質」(同右書八号 一九七四年、のち『近世三井経営史の研究』吉川弘文館 一九八五年所収)。

(51) 日本経営史研究所編『三井両替店』(三井銀行　一九八三年)。
(52) 鈴木敦子「江戸小判六十目」(*Discussion Papers In Economics And Business*, 22-04-Rev. 2 Graduate School of Economics Osaka University, 2023) 一二〇頁。(最終閲覧日：二〇二三年一〇月一七日)
(53) 末岡照啓「化政期、江戸地廻り経済発展期における江戸両替」(林陸朗先生還暦記念会編『近世国家の支配構造』雄山閣　一九八六年)。
(54) 同右『泉屋叢考　第弐拾壱輯　近世後期住友江戸両替店の創業と経営』(住友修史室　一九八七年)。
(55) 同右「両替」(『国史大辞典』第14巻　吉川弘文館　一九九三年) 六二〇〜六二二頁。

第Ⅰ部　徳川幕臣団と札差

第1章　近世蔵米知行制の成立と御張紙値段

第一節　蔵米知行制とは

近世知行制の研究は、じゅうらい地方知行制から蔵米知行制への移行という図式で捉えられ、近世知行権の形骸化が久しく論じられてきた(1)。とはいえ、近世全般を通じて、知行制は蔵米知行と地方知行が併存しているのであり、知行権の形骸化という問題一つとっても、本来は蔵米知行制の実態を併せ解明した上で論じられなければならなかった(2)。しかし、実際の知行権研究は、地方知行における農民支配の問題として、具体的には租税権・裁判権・警察権などを通じて検討されてきた。

確かに蔵米知行は、領知と農民支配から乖離しているため、これらの議論から除外されたのであるが、はたして知行権を領知と農民支配に限定して良いものであろうか。蔵米知行であっても、家族や奉公人を抱えて家計を維持し、緊急時には軍役も負担し、功績によっては家禄を加増され、地方知行に直されることもあった。幕藩領主からみれば、その知行形態は違っても家臣であることに相違はなく、いずれも支配体制を支える官僚としての役職を、それぞれ担っていたのである。換言すれば、蔵米知行の実施に当たっては、地方知行の家臣と同様な生活の安定が保障され、知行形態がいつでも交代できるような、家臣団の均質化が必要とされたのである。

本章では、そのような視点から江戸時代最大規模の蔵米取を擁した徳川幕臣団を事例に、このような安定した蔵米知行制がいつごろ成立し、どのように展開・確立していったのかを明らかにしたい。また、彼らの家計を支えた江戸札差が誕生する背景も探りたい。

第二節　徳川幕臣団の蔵米知行制

天正十八年（一五九〇）に江戸入城の徳川氏は、関東の一大名として、全国総石高一八〇〇万石のうち二二〇万石から二四〇万石を所領していたと考えられている。(3) このうち一〇〇万石ほどが蔵入地（代官等支配の直轄地）であり、残り一二〇万石から一四〇万石ほどが徳川譜代の家臣（大名・旗本）に分与された。その後、関ケ原の戦いを経て、慶長八年（一六〇三）に幕府を開いてからは、権力基盤の確立と新田開発によって、その所領を著しく拡大し、近世中期の享保期（一七一六～一七三五）には約六八〇万石に達していた。そのうち四二〇万石（六二％）が蔵入地であり、残り二六〇万石（三八％）が旗本知行地であった。その割合は、所領が約七〇〇万石と増えた寛政期（一七八九～一八〇〇）でもほとんど変わりなく、蔵入地が四四〇万石（六三％）、旗本知行地が二六〇万石（三七％）であった。この結果、全所領の実に四〇％弱が地方取旗本の支配に任されており、また蔵入地の年貢米金＝実質的な幕府財政歳入のほとんどが、蔵米取の俸禄米金として支給されていた。

近世前期の幕臣団総数と、その知行形態である地方取・蔵米取の比率は分からないが、表1-1によると、宝永期（一七〇四～一七一〇）の幕

表1－1　徳川幕臣団の知行形態（宝永期）

知行形態	人数	%	知行高	%
地方	2,507人	11.1	2,758,770石	64.3
切米	17,683人	78.4	1,122,990俵	26.2
現米	1,945人	8.6	261,638俵	6.1
扶持	113人	0.5	148,840俵	3.5
給金	321人	1.4	574両	
計	22,569人	100.0	4,292,812石	100.0

註1：知行高1石＝1俵とする。
　2：現米と扶持米は俵に換算した。
出典：鈴木寿『近世知行制の研究』（日本学術振興会　1971年）195頁の第3表を加工。

臣団総数は二万二五六九人であり、実にその七八％にあたる一万七六八三人が切米取（蔵米取）であった。これに扶持米取・現米取などを加えると、いわゆるサラリー（俸禄）取りは、さらに二万〇〇六二人の八九％にも及び、地方取はわずか二五〇七人の一一％に過ぎなかった。しかしながら、その知行高は逆に、地方取が全体の六四％を占める二七五万八七七〇石であり、切米取（蔵米取）が二六％の一一二万二九九〇俵であった。これに扶持米取・現米取などを加えたとしても、蔵米取は総知行高のわずか三六％にすぎなかった。そのため、蔵米取一人あたりの石高を平均するとわずかに六三石、地方取はその約一七倍の一一〇〇石となる。(4)この結果、「大多数の薄禄な幕臣団」という徳川幕臣団の実像が蔵米取においてより顕著に浮かび上がったのである。またこの傾向は、御家人より知行高の多い旗本だけについて見ても、同様であった。なお、寛永十年（一六三三）と元禄十年（一六九七）には、蔵米取の地方直しが行われているので、それ以前は、これよりもその傾向が強かったように思われる。

蔵米取が受けとる「切米」とは、俸禄米のことであり、これは本来冬（十～十二月）に全額支給されるはずのものだったので、これを「冬の切米」と称して支給額の決済（切）を意味していた。ところが、実際はそれより前に不足することがあり、その一部を夏（四～六月）に前貸してもらったので、「夏の借米《かしまい》」（貸に借の字を当てる）と称し、延宝三年（一六七五）までは冬と夏の二季に、それぞれ三分の二と三分の一の割合で支給された。その後、俸禄米は、春（二～三月）にも借米されるようになり、三季支給となった。

蔵米取が、俸禄米を領収する手形は「御切米（御借米）手形」と呼ばれたが、これには直《じき》手形・裏判手形・一枚手形・大縄手形の区別があった。(5)いずれも身分・禄高に関係する区分であった。直手形は、老中・若年寄の直轄支配下の諸役人が使用した御切米《おきりまい》手形であり、自分の判（直判）だけでよく、手形の裏判（保証印）を必要としなかった。裏判手形は、頭支配に属する諸役人が使用した手形であり、本人表判、所属頭支配の裏判を必要としたのでこの名がある。一枚手形と大縄手形は、裏判手形の諸役人のうち、薄禄のものが一括して使用した手形である。たとえば、前者は「米何百俵、御弓衆何十人、一人何俵、御弓頭何某（捺印）」と表書きし、頭支配の裏判がある手形である。一枚の御切米手形で多人数の俸禄米が領収できた。後者は「何組与力へ米何十俵、或は何組同心何人は米何十俵」というように、頭数を一束にして一枚の手形で領収したものである。

蔵米取は、御切米手形で俸禄米を領収したのであるが、その手形の真偽を確かめ、裏書きするのが書替奉行の役割であった。書替奉行は、あらかじめ蔵米取各人が勘定所に提出した印章を備え置き、持参された御切米手形と照合の上、間違いがなければ裏書き捺印してこれを返却したのである。蔵米取は、この裏書き捺印された御切米手形によって俸禄米の出米を領収したのであるが、蔵米取本人がこれらの手続きを行わず、家臣や出入りの商人、あるいは蔵前近辺の米屋に依頼することもあった（第2章参照）。そのほか日当計算の扶持米取（一人扶持の日当米五合）には、月締めの扶持米手形があり、その領収手続きもまた御切米手形に準じていた。以下、このような蔵米知行制がいつ、どのように成立し、展開していったのかを見ていこう。

第三節　寛永期における蔵米知行制の成立

(1)　幕臣団の増加と寛永の地方直し

寛永期（一六二四～一六四三）以前の蔵米知行制のことは、その支給手続きを含めて管見の範囲ではよく分からない。近世初期には、軍事面から蔵米と城米は明確に区別され、御蔵奉行と城米奉行が置かれており、両役とも大番の出役であった。その点、浅草米蔵は元和六年（一六二〇）に設置されており、御蔵奉行の設置以前は大番の出役と蔵役人がその役割をはたしていたと考えられる[6]。畿内では元和三年に淀御蔵奉行、同四年に伏見御蔵奉行が存在し、同五年ないし七年ころの大坂御蔵奉行の新置にともないこれに吸収されたという。大津御蔵奉行の設置は不明であるが、江戸においては寛永十三年（一六三六）に浅草の御蔵奉行三人が任命された。いずれにしても、近世初頭の御米蔵は、軍事体制下における兵糧米の貯蔵所機能が強く、御蔵奉行設置以前の俸禄米の出納は大番が司っていたと考えられる(7)。

寛永二年三月、幕府は万石以下の幕臣団の屋敷間数をきめ、四月から屋敷割りを開始し、旗本の江戸集住を促進した。これにより、江戸における旗本の消費が拡大し、諸物価が高騰するなど、彼らの生活が窮乏する一因になったといわれている(8)。そこで同九年八月、幕府は幕臣の救済策として、小十人組・歩行衆の俸禄米を加増し、九月には畿内二条城・大坂城在番の大番衆に合力米を与えた。翌十年二月には、さらに寛永地方直しという大規模な救済策を実施した(9)。これは、前年六月の旗本知行地の税額調査に基づき、将軍直属の親衛隊である大番・書院番・小姓組番（これらを三番士と総称）に属する一〇〇〇石以下全員に二〇〇石を加増した。このとき、蔵米取は俸禄米を地方知行に改められたうえで二〇〇石加増されたのである。このように、幕臣団の加増は三番士を中心に、小十人組・歩行衆と続き、その後は寛永十二年までに使番衆、持弓・持筒頭、弓・鉄砲頭にまで及んだ。

寛永の地方直しは、関東の新田開発による耕地の増大により実現できたものであり、当時蔵米を知行地に改めることは、旗本の救済と考えられ、あるいは恩賞の意味を有していた。しかし、その意味はそれだけにとどまらず、その後、部屋住みとして不遇をかこっていた三番士の次・三男を、新たな蔵米取の番士として登用する途を開いた。その結果、寛永十年七月に小姓組番は六組から八組に増加し、同十八年には一〇組となり、大番も同十一年に六組から一二組へ倍増し、番方の増強・再編に帰結したのであった(10)。

(2)　書替奉行と「御切米定書」

寛永十三年五月一日、幕府はこうして増加する新規蔵米取のために、江戸浅草御蔵に専任の御蔵奉行を新設し、蔵米支給手続きに支障が出ないようにした(11)。ところが同十九年五月、御蔵奉行の不正が発覚したため、幕府は支給手続きの新たな対応に迫られた。そこで同年八月十六日、幕府は四人の勘定頭（のちの勘定奉行）を任命し、同月十八日に御蔵米手形の書替え割印をおこなう御切手手形改役（書替奉行）二人を新設することになった(12)。一人は定役、いま一人は大番からの出役であった。ここに、俸禄米支給の監査役である書替奉行が登場し、同年十月二十九日には支給規則の「御切米定書」がつぎのように制定された(13)。

一、百五十俵ゟ下之御切米取ハ、巳之年之米可相渡候事

一、百六十俵ゟ上之御切米取ハ、百俵ニ付三十俵宛、辰之年之米可相渡候事

一、御弓・御銕《(鉄)》砲衆、其外同心有之衆、手形一枚宛ニ而、御切米請取可申候事

一、百俵ゟ内之衆、御切米ハ霜月朔日ゟ同十五日迄之内、手形を取、御切米請取候事

これは、各蔵米取の石高に応じた切米の種類や受取期日を規定しており、①一五〇俵以下の蔵米取は、前年（寛永十八）巳年の米を渡すこと。②一六〇俵以上の蔵米取には、一〇〇俵につき三〇俵ずつ、前々年（同十七年）辰年の米を渡すことと達している。新米は城米として保管されたのであり、城米の保管期限が切れたものから順に蔵米取の俸給として支給されたのであるが、そのさい薄禄者への古米割当が少なくなるよう配慮していることがわかる。③御弓・御鉄砲衆や、そのほか同心衆は手形一枚で切米を受けとるように申し渡している。これは、ただでさえ混雑する切米の支給を、手形枚数の制限により緩和しようとしたものであり、のちの一枚手形・大縄手形の始まりとして注目される。④一〇〇俵以内の蔵米取は、十一月朔日から十五日までに切米の支給を受けるよう申し渡しているが、これは一〇〇俵以下の蔵米取が多人数なので、混雑を避けるためとくに支給日を限定したものであろう。以上のような内容から、この「御切米定書」は承応元年（一六五二）、書替奉行から蔵米取に布達された「御切米御張紙」（一般に御張紙値段と呼ばれている）の原形をなすものとして評価されよう。

正保三年（一六四六）十一月十二日、幕府は大名の江戸での米買い入れと、江戸廻米を禁止して国元払いにとどめさせるとともに、浅草米蔵の御城米・御蔵奉行と御目付にたいして、「御蔵衆江被遣条目覚」（全一五か条）と「覚」（全三〇か条）を申し渡した(14)。前者の条目は、主に米蔵の日常管理・維持に関する注意規定であり、後者は米蔵の出納業務に関する規定であった。後者の規定から御蔵米支給に関する条文を見てみよう。

一、御蔵より出候米之手形、売買仕間敷事（第二条）
一、御切米幷夏借渡候時は、御蔵を定、跡々のことく、もりくじにて蔵之戸をあけ、其米を渡きり、順々に先之蔵口をあくへき事（第四条）
一、暮之御切米、年内ニ渡切可被申事（第五条）
一、夏借之儀ハ、七月十日迄ニ渡切可被申事（第六条）
一、御扶持方手形出候儀ハ、前月之廿日より晦日迄之間可出之、米渡方も同前之事（第七条）
一、御城女中方御切米之儀、両御蔵之内ニ而、可被相渡事（第八条）
一、御蔵衆幷手代・小上迄も手形買候而、御蔵ゟ米出シ申間敷事（第二三条）
一、手形持参候者共、悪口なと申共致堪忍、其主人江重而断可被申事（第二四条）
一、年内相渡候御切米・御扶持方之儀、明ル年三月中ニ勘定被相極、御勘定所江御帳可被指上事（第二八条）

これによると、①米手形の売買禁止を定め、御切米手形の一般売買や、蔵役人の手代・小上《こあげ》の売買を禁止している（第二・二三条）。つぎに②切米・借米の渡し方として、暮の切米は年内に、夏の借米は七月十日までに渡すこと、特にその渡方については公正を期すためくじで蔵を選定し、蔵が空になったことを確認して順々に蔵を開けていくこと、城女中の切米は両蔵（浅草方・城米方）から渡すこと、扶持米手形は、前月（十一月）二十日から晦日までに提出させ、同期限内に扶持米を渡すこと、年内に渡す切米・扶持米は、翌年三月までに勘定決算し、勘定所へ帳面を提出すること、③御切米手形持参のものが蔵役人に悪口をいった場合の心構えとして、堪忍し、持参人の主人へ重ねて注進すること、と取り決めている。

以上、幕府の蔵米知行制は、寛永十九年の勘定頭と書替奉行の新設、「御切米定書」の制定により基礎が固まり、正保期にかけて整備されていったのである。また、札差の原形ともいうべき手形持参人の規定があり、当初は家臣による直差《じきさし》であったことが判明する。

第四節　御切米御張紙（御張紙値段）の創設

（1）御切米御張紙の始まり

慶安四年（一六五一）八月、徳川家綱が四代将軍に就任すると、幕臣団への蔵米加禄が増加し、知行地の宛行《あてがい》が減少した。寛永十一年（一六三四）から慶安四年まで、事歴の判明する五二四人の幕臣を分析すると、知行地加増高は一万九三九〇石、これにたいして蔵米加増高は五万九五五〇俵と約三倍に達している[15]。このうち、慶安四年には加増・新給を含めて六三人（五二四人の一二％）にたいし、二万八〇〇〇俵（五万九五五〇俵の約三五％）の蔵米が支給された。これが全幕臣団に及んだとすると、これまで整備されつつあった蔵米の支給手続きがかなり錯綜し、またその不足も心配されたであろう。その結果、蔵米取全員の俸禄米について蔵米と現金の両建てで支給する割合と、その換金値段を示す必要が生じた。

また当時の社会情勢は、慶安四年七月に浪人由比正雪の幕府転覆事件が発生し、併せて徳川一門の松平定政（三河刈谷藩主）からも「政治から見捨てられた旗本たちの困窮は見るに忍びないので、自分の領知を旗本に分配したい」との幕政批判が飛び出した[16]。それのみか、幕臣の次・三男を中心に旗本奴《はたもとやっこ》を結成し、町奴《まちやっこ》と衝突するなど無頼の行動が日常化していた[17]。こうした社会不安からくる幕臣の動揺を鎮静化させるためにも、蔵米の支給手続きを明文化する必要があった。これが、翌承応元年（一六五二）に御切米御張紙が創設される背景であろう。
承応元年以降、御切米御張紙の金米支給割合と換金値段は幕末の慶応四年（一八六八）まで諸史料によって判明するが、その史料原文は決して多くない（表1-2・3参照）。現在のところ、つぎに掲載する万治二年（一六五九）四月二十三日の御切米御張紙が原文としての初見である[18]。

一、当借米之事、御切米高弐百俵迄は、今月廿六日より同晦日迄、由比平兵衛・山高宇右衛門裏判取之、米請取儀は、五月朔日より同廿五日迄ヲ可限事

一、弐百俵有余之面々は、五月朔日より同廿五日迄、右両人裏判取之、米請取之儀は、五月六日より六月十日ヲ可限事

一、当夏借米之内、半分は金子ニても可被下候、但百俵ニ付、金三拾四両之値段ニ可相渡候間、心次第可為事

以上

万治二亥四月

これによると、①夏の借米は二〇〇俵以下の蔵米取は四月朔日から二十五日までに、書替奉行由比平兵衛・山高宇右衛門から御借米手形の裏判を取り、五月朔日から二十五日までのうちに蔵米を受けとること、②二〇〇俵以上の蔵米取は、五月朔日から二十五日までに、右の書替奉行両人から同じく手形の裏判を取り、五月六日から六月十日までのうちに蔵米を受けとること、③当夏の借米の半分は金子でも渡すが、その換金値段は一〇〇俵につき金三四両とすること、と申し渡している。すなわち、蔵米取の石高に応じた手形の書替日と蔵米支給日を規定し、最後に金米支給割合とその換金比率を示しているのである。

これまで、御切米御張紙の創設背景については、その換金値段の始まりに注目して「農民の石代納要求と畿

内・東海道における三分の一金銀納制の確立に対応するものであり、幕府の手による蔵米売払と米価決定の主導権確保の意味を持つものであろう」という指摘があった[19]。その意図は考えられるとしても、実際それが幕政に強く反映されてくるのは享保期からであろうと、筆者は推測している。ここでは、もう一度本来の意味である、蔵米取に向けた御張紙であるという立場に立って再検討する必要があろう。御張紙は、蔵米取の石高に応じて御切米手形の書替日と蔵米支給日を限定し、俸禄米の金米支給割合と、その換金割合を示したものであったという事実を直視しなければならない。

(2) 三季御切米御張紙への改変

その後、承応元年から天和二年(一六五二〜一六八二)の幕臣(五二四人)の加増高は、地方知行が五万二三五〇石、蔵米知行が一五万二九三〇俵に達し、はるかに蔵米取が多くなったという[20]。これは明らかに、承応〜万治期(一六五二〜一六六〇)の風水害や明暦三年(一六五七)正月の大火などの自然災害、また万治三年(一六六〇)八月の米価騰貴に苦しむ旗本の救済策であった。とくに蔵米高の急増は、万治二年六月の入番の制度と[21]、寛文五年(一六六五)の役料制の創設によるものであろう[22]。入番制とは、譜代の次・三男対策として、門地・家格・親兄弟の地位により自動的に番方に勤務させる制度であり、同年七月、万石以上・以下の子弟一九二人が両番に編入されている。まさに譜代の不満解消策でもあった。また、役料制については、寛文五年三月十八日に番方の者にまず役料が給付され、翌六年七月二十一日には役方の者にも支給された。こうして寛文五年以降、御張紙に役料の金米支給割合と、その換金率も併せて示されるようになった。

また、蔵米取の救済策として、幕府は自然災害後や米価騰貴の折りには、冬切米の春前借りを許可し、臨時に三季支給されることがあった。たとえば、明暦三年(一六五七)正月の大火後には「一、御旗本衆御切米取ノ面々ハ、当春ハ半分被下由ナリ」とあり、[23] 寛文八年二月九日にも「こたびの災に逢し輩、夏給の廩米幷に官料三分が一を今借給はるべしと令せらる」と達している。[24] とくに冬十月から夏五月まで半年あまりは、蔵米の支給が途絶えるので、緊急事態が発生するたびに冬正月ごろに支給しなければならなかったが、平時にあっても蔵米取の困窮が進むにつれ、必然的に春支給のことが問題となってきたのであろう。

そして、延宝三年（一六七五）正月十九日にいたり、幕府は「諸士艱困するにより、冬賜る廩米の半の内を、この春給はるべしとふれらる」[25]と、同年から春借米の支給を通達した。ここに、蔵米は春夏冬の三季に支給されるようになったのであり、実際「吹塵録」その他の史料からも、同年からの三季支給が裏付けられる。

これにより、「御切米御張紙」も春夏冬の三季に発令されるようになったが、その発令日については、これまで「殿居囊」[26]という史料によって春が正月下旬、夏が四月下旬、冬が九月下旬とされてきた。これを実証するため、残存する御張紙で統計化したのが表1-2である。全体を網羅したわけではないが、大方の傾向はつかめると思う。

これによると、春借米の最も早い発令日は正徳五年（一七一五）と享保八年（一七二三）の一月十五日、遅いのは享保六年（一七二一）の二月十五日、その間一か月の開きがあったが、最も多いのは一月の二十日台であった。夏借米の最も早い発令日は享保二年の四月二十一日、遅いのは享保七年の七月五日であったが、同年の場合は御切米御張紙の改正による遅れであり（後述）、これを例外とすると、元文元年（一七三六）の五月晦日であった。よって発令日は、春と同様に一か月あまりの開きがあったが、最も多いのは四月の二十日台であった。冬切米の最も早い発令日は万治三年（一六六〇）の八月二十三日であるが、これは旗本困窮により冬切米の半分を八月に前渡したものであり特例といえよう。これを除けばつぎに早いのは宝永七年（一七一〇）の九月十九日となろう。遅いのは元文二年の十月十五日、その間はやはり一か月近い開きがあったが、最も多いのは九月の二十日台で

表1－2　御張紙値段の発令日

		春	夏	冬			春	夏	冬
年次	西暦	発令月日	発令月日	発令月日	年次	西暦	発令月日	発令月日	発令月日
万治2	1658		4.23		享保15	1730	2.3	4.27	9.25
3	1660			8.23	16	1731	1.27	4.25	9.28
寛文5	1665		5.4		17	1732	2.4	4.28	9.29
6	1666			10.3	18	1733	1.25	4.28	9.28
延宝8	1680	1.21	4.26		19	1734	1.27	4.晦	9.25
貞享4	1687	1.23	4.26	9.晦	20	1735	2.4	4.29	10.6
元禄元	1688		4.26		元文元	1736	2.8	5.晦	9.28
4	1691	1.22	4.26	9.21	2	1737	1.27	5.2	10.15
宝永元	1704	1.21	4.28	9.27	3	1738	2.3	5.3	9.28
2	1705	1.29	閏4.20	9.29	4	1739	1.晦	4.29	9.28
3	1706		4.23	9.26	5	1740	1.25	5.4	9.28
4	1707	1.21	4.23	9.22	寛保元	1741	1.27	4.29	10.2
5	1708	1.19	4.23	9.23	2	1742	1.25	4.28	10.7
6	1709	1.26	5.8	10.7	3	1743	2.2	閏4.25	9.26
7	1710	1.22	4.23	9.19	延享元	1744	1.25	4.25	9.24
正徳5	1715	1.15	4.23	9.22	寛政元	1789			10.1
享保元	1716	1.15	2.22	9.29	2	1790			
2	1717	1.19	4.21	9.23	3	1791		4.27	
3	1718	1.19	4.23	10.5	文化元	1804	1.25	4.26	9.24
4	1719	1.22	5.9	10.9	2	1805	1.25	4.25	9.26
5	1720	1.23	4.22	10.7	3	1806	1.25	4.26	9.27
6	1721	2.15	5.1	10.12	9	1812			9.25
7	1722	2.12	7.5	10.14	12	1815			9.28
8	1723	1.15	4.26	9.23	弘化元	1844			9.29
9	1724	1.27	4.25	9.24	安政元	1854		4.26	
10	1725	1.23	4.23	9.24	2	1855	1.25		
11	1726	1.24	4.25	9.25	5	1858	1.27		
12	1727	1.27	4.28	9.26	文久元	1861		4.27	9.26
13	1728	1.29	4.27	9.28	元治元	1864	1.26	4.27	
14	1729	1.23	4.27	9.23	慶応2	1866	1.26		

出典：「柳営日次記」(国立公文書館所蔵)、「御張紙之控」(一橋大学附属図書館所蔵)、『徳川実記』など。

あった。なお、閏月があってもほぼ通常通り発令されたが、夏については、宝永二年と寛保三年（一七四三）が一か月遅れの閏四月に発令されている。ただし、これも通常期の発令幅（一か月あまり）の範囲内であった。以上、発令日は「殿居囊」に記された時期が最も多いが、実際は前後一か月の幅があることを理解する必要がある。

第五節　元禄地方直しと蔵米知行制

元禄十年（一六九七）七月二十六日、幕府は幕臣団にたいして「御旗本之面々五百俵以上御蔵米、地方と引替被下之間」と、五〇〇俵以上の蔵米取全員に知行地を与えると布達した(27)。ついで八月十日、知行地を与えられた者は翌年から収税をおこなうよう達した。これが、「元禄の地方直し」と呼ばれる知行制の大改革であり、その対象となった五〇〇俵以上の蔵米取は五四二人といわれている(28)。この政策を実施した勘定奉行荻原重秀は、旗本の困窮を救うためと称しているが、彼は元禄八年に貨幣改鋳を断行し、同十年には長崎会所を設置して貿易の官営化を画策し、金銀銅鉱山の振興を図るなど、幕府財政の立て直しを矢継ぎ早に実施しており、この地方直しも旗本の救済を名目にした財政再建策の一環ではないだろうか。

従来、元禄地方直しの意義については、旗本は分散知行（相給）によって、個別封建領主の道を閉ざされ、単なる封建官僚の予備軍と化したという説(29)や、幕府権力と財政基盤強化のため直轄領支配の優位性を確保し、分散知行によって農民の反権力闘争の弱体化を図ったものという(30)、主に政治史的な側面から分析されてきた。ところが、政策を遂行した荻原は経済官僚であり、実は経済史的側面からの分析も必要と考えられる。

すなわち、慶安四年（一六五一）八月に家綱が四代将軍に就任すると蔵米取は増え続け、その後も増加傾向にあったことはすでに述べた。延宝八年（一六八〇）八月に館林二五万石の藩主であった綱吉が五代将軍に就任すると、その家臣団が幕臣団となって召し抱えられた。館林藩の家臣団総数一四一五人のうち、地方知行はわずか二四人（全体の一・七％、士分五二二人の四・六％）、残りの一三九一人（全体の九九・三％、士分の九五・四％）が蔵米取であった。(31) また、そのうち身元の明らかな四六九人を分類すると、約六割に相当する二九三人が幕府からの付属家臣（幕臣およびその子弟で、番方出身者が多い）であり、約四割の一七六人が新規召し抱えの家臣であった。こうして、新規召し抱えの蔵米取多数が幕臣団に編入されたことがわかる。これと併せて館林藩領二五万石が幕領に編入されたので、その年貢徴収と浅草ほか幕府米蔵への廻送、また新規召し抱え幕臣団への蔵米支給等、幕府は新たな財政負担を強いられたのである。

そのため幕府は、館林藩出身の側用人柳沢吉保を中心に、同藩の勘定方から幕府の勘定方に抜擢された荻原重秀・辻守参《つじもりみつ》・平岡資明《ひらおかすけのり》・正木弘信・水野親信・杉岡能連《すぎおかよしつら》などが、貨幣改鋳（元禄八年）、長崎会所設置（元禄十年）、地方直し（元禄十年）など、総合的な財政改革を断行するのである。とくに元禄地方直しの計画立案に参画した勘定方の者は、すでに見たような新規に召し抱えられた蔵米取であり、自らの問題として真剣に対処したであろう。その経済官僚としての眼目は、つぎの二点にあったのではないかと考えられる。

①家計の安定策　元禄十一年三月の「知行割示合覚」(32) によると、蔵米取を地方知行に直すにさいして不利にならないよう、彼らの蔵米一俵（三斗五升）を知行地一石に換算するため、「三ツ五分物成り詰め」をもって知行渡しすることとした。これは、蔵米取と地方取の平準化・同一化に大きな注意を払ったためであり、過去十年間の平均物成が二ッ九分以下の下免の地方取は、蔵米取に戻す蔵米直し令が発せられた。また、元禄の財政改革を担った勘定方の辻守参は、後年かの「辻六郎左衛門上書」(33) のなかで、「惣て畢竟、御料より私領は取高き定法にて古来より成来、たとへ潰れ候百姓いか程有之候ても、其筈と心得候て地頭よりも驚不申」と述べている。辻は、御料（幕領）より私領の年貢率が高く、地方取（地頭）はいかに潰れ百姓が出ても驚かないことを証言し、暗に地方取が蔵米取より実入りがよいことを肯定しているのである。

②経費の節減策　多数の新規蔵米取を養うためには、それに見合う年貢を徴収し、これを幕府の江戸米蔵に運搬し、春夏冬の三季に御切米御張紙を示して、各蔵米取に支給しなければならない。地方直しによって、その経費と手間を大幅に節減できるはずであり、元禄期を前後して江戸の米蔵が縮小整理され、浅草・本所に集中されるのである。すなわち、江戸の米蔵は浅草・本所の他に、北の丸・代官町・和田蔵・谷の蔵・雉子橋・鉄砲洲・竹橋・浜などにあったが、元禄ごろを中心に竹橋・浜を残して解体されたのである[34]。江戸米蔵の浅草・本所への集中は、浅草蔵前の札差成立の前提条件でもあった。

第六節　享保改革と蔵米支給制度の改正

(1) 上米・足高の制と蔵米支給の混乱

元禄の地方直しによって、神田館・桜田館の幕臣団の増加には対処することができた。しかし、正徳六年（享保元年＝一七一六）に紀州藩主吉宗が徳川宗家を相続し八代将軍になると、同年四月から享保十年（一七二五）十月にかけて紀州藩士二〇五人が幕臣に編入されるという、新たな問題が発生した[35]。すなわち、幕臣編入にさいして紀州藩において地方取であった者は、原則として紀州藩時代と同一高の地方知行が与えられ、また紀州藩において切米取や部屋住であった者のうち、吉宗とその嫡男長福（九代将軍家重）の小姓・小納戸に任命された者は、同藩での切米高に関係なく一律三〇〇俵、長福の近習番や小次郎（吉宗次男、のちの田安宗武）の抱守に任命された者は同じく一律二〇〇俵が与えられた。幕臣に編入された紀州藩士二〇五人の地方取と蔵米取の割合は、四六人（二二％）対一五九人（七八％）と圧倒的に蔵米取が多かった[36]。また、吉宗は享保改革の一環として、有能な人材を多く登用したが、これも蔵米取の増加につながり、これも支給すべき蔵米の不足に拍車をかけることになった。その状況は、享保七年七月の「上米の制」に詳しく述べられている[37]。

御旗本ニ被召置候御家人　御代々段々相増候、御蔵入高も先規よりハ多候得共、御切米御扶持方、其外表立候御用筋渡方ニ引合候ては、畢意年々不足之事ニ候、然とも只今迄は所々御城米を廻され、或御城金ヲ以急を弁られ、彼是漸御取つゝきの事ニ候得共、今年ニ至て御切米等も難相渡、御仕置筋之御用も御手支之事ニ候、それニ付、　御代々御沙汰無之事ニ候得共、万石以上之面々より八木差上候様ニ可被　仰付と思召、左候ハねは御家人之内数百人、御扶持可被召放より外は無之候故、御恥辱を不被顧、被仰出候、高壱万石ニ付、八木百石積り可被差上候（中略）、依之在江戸半年充被成御免候間、緩々休息いたし候様ニ被　仰出候

これを要約すると、旗本に取り立てられる御家人がしだいに増加し、御蔵入高（年貢）も先年よりは多くなっているが、これら旗本への「御切米御扶持方、其外表立候御用筋」の渡方に引き合わせると、たちまち不足する状況にある。しかし、これまでは御城米や御城金を取り崩してようやく相続してきたが、今年に入りそれとても不可能になった。そこで、異例の処置であるが、万石以上（大名）は、高一万石につき一〇〇石を幕府へ上納するように、そうしなければ、幕臣のうち数百人を解雇するよりほかなく、「御恥辱」を顧みず仰せ出すのである。なお、上米と引き替えに、大名の参勤交代の江戸在府を半年に免除するので、その間休息するようにというものであった。まさに、幕府は蔵米取を救済するためその体面を捨て、未曾有の処置を断行したのであった。

また新規登用された有能な幕臣の多くは、家禄が低く、役職に相当する諸経費の負担には耐えられなかった。享保八年六月には「足高の制」を定め[38]、「今度御吟味有之、役柄により、其場所不相応ニ小身ニて御役勤候者ハ、御役勤候内御足高被仰付、御役料増減有之」とあるように、今後ますます小身者の登用を促進する一方、役料の増減が頻繁になった。そのため、従来の御切米手形の書替日と御蔵米の請取日が①二〇〇俵以上、②同以下、③両者の役料という三段渡しでは、混乱を生じる恐れがあり、その区分をさらに細分化する必要があった。また御蔵での蔵米支給にさいし、旗本の直差と近辺米屋の代理者との混雑も十分に予想されるところであった。

（2）　蔵米支給制度の改正

そのため、幕府は享保七年（一七二二）七月五日の夏御張紙から「当夏ゟ前之通と違[39]」い御蔵米渡しは「五段二渡」すと達し[40]たが、三季支給割合はいまだ三分の一ずつのままであった。翌八年四月二十六日の夏御張紙からようやく「自是、分限高春夏四分一渡り」となり、春夏の渡し高をそれぞれ四分の一ずつ、冬は二分の一となった[41]。その変更点を、御張紙の改正前と改正後の書式で見ていこう[42]。

【享保七年二月十三日、改正前】

覚

一、当寅年春御借米、例之通只今可被下候、但米高之内三分二金子ニ而可相渡候、請取度面々ハ御切米高弐百俵已下共、二月十八日ゟ同廿七日迄、糸原勘兵衛・平賀甚右衛門裏判取之、米請取候輩は二月廿八日ゟ三月廿九日迄可限之、弐百俵有余之面々は、二月廿九日ゟ三月五日迄、右両人裏判取之、米請取候儀は、同六日ゟ四月十日迄可限之、有来通り冬御切米之時、於可受取は、可為心次第候、直段之儀は、百俵ニ付五拾三両之積たるへき事

一、御役料は、弐百俵有余已下とも不残、金子ニ而可相渡候事

寅二月十三日

【享保八年四月二十六日、改正後[43]】

覚

当卯年夏御借米、弐百俵有余以下共、分限高四分一、但米金半分宛可相渡候、御役料は三分一之積り、米ニ而可相渡候

御奉公勤候百俵以下は、四月廿九日より五月三日迄、同百俵有余は、五月四日ゟ同七日迄

表1-3　三季切米（借米）の支給高と書替・請取日

(1)春借米

年次	西暦	発令	手続・請取月日の仕訳						支給割合%
		月日	200俵以下		200俵以上				
			手続月日	請取月日	手続月日	請取月日			
元禄4	1691	1.22	1.26-2.2	2.3-29	2.3-9	2.10-3.10			33
宝永7	1710	1.22	1.27-2.6	2.7-3.15	2.7-15	2.16-3.晦			33
正徳元	1711	1.15	1.23-21	2.2-3.10	2.3-11	2.11-3.22			33
享保2	1717	1.18	1.22-2.2	2.3-3.10	2.3-11	2.12-3.28			33
享保8改正	1723	発令月日	奉公勤の手続月日		奉公不勤の手続月日		役料の手続月日	全員の請取月日	
			100俵以下	100俵以上	100俵以下	100俵以上			%
享保16	1731	1.27	2.1-4	2.5-8	2.9-11	2.2-14	2.15-16	2.5-3.25	25
元文元	1736	2.8	2.11-14	2.15-18	2.19-21	2.21-24	2.25-26	2.15-4.29	25
寛保元	1741	1.27	2.1-4	2.5-8	2.9-11	2.12-14	2.15-16		25
文化元	1804	1.25	1.28-2.1	2.2-5	2.6-8	2.9-11	2.12-13	2.2-3.晦	25
安政2	1855	1.25	1.28-2.2	2.3-6	2.7-9	2.10-12	2.13-14	2.3-3.29	25
元治元	1864	1.26	1.28-2.2	2.3-6	2.7-9	2.10-12	2.13-14	2.3-3.晦	25
慶応2	1866	1.26	1.29-2.2	2.3-6	2.7-9	2.10-12	2.13-18	2.3-3.晦	25

(2)夏借米

年次	西暦	発令	手続・請取月日の仕訳						支給割合%
		月日	200俵以下		200俵以上				
			手続月日	請取月日	手続月日	請取月日			
万治2	1659	4.23	4.26-晦	5.1-25	5.1-25	5.6-6.10			33
元禄15	1702	4.23	4.28-5.5	5.6-?	5.6-10	5.11-6.11			33
宝永元	1704	4.28	5.1-8	5.9-6.9	5.9-13	5.14-6.14			33
正徳元	1711	4.25	4.28-5.8	5.9-6.9	5.9-15	5.16-6.16			33
享保8改正	1723	発令月日	奉公勤の手続月日		奉公不勤の手続月日		役料の手続月日	全員の請取月日	
			100俵以下	100俵以上	100俵以下	100俵以上			%
享保8	1723	4.26	4.29-5.3	5.4-7	5.8-10	5.11-13	5.14-15	5.4-6.晦	25
寛政3	1791	4.27	4.晦-5.3	5.4-7	5.8-10	5.11-13	5.14-15	5.4-6.晦	25
*文化元	1804	4.26	4.29-5.3	5.4-7	5.8-10	5.11-13	5.14-15	5.4-6.晦	25
同2	1805	4.25	4.28-5.1	5.2-5	5.6-8	5.9-11	5.12-13	5.2-6.29	25
同3	1806	4.26	4.29-5.2	5.3-6	5.7-9	5.10-12	5.13-14	5.3-6.29	25
安政元	1854	4.26	4.28-5.1	5.2-5	5.6-8	5.9-11	5.12-13	5.2-6.晦	25
元治元	1864	4.27	4.28-5.2	5.3-6	5.7-9	5.10-12	5.13-14	5.3-6.29	25

(3)冬切米

年次	西暦	発令	手続・請取月日の仕訳						支給割合%
		月日	200俵以下		200俵以上				
			手続月日	請取月日	手続月日	請取月日			
*万治3	1660	8.11	8.13-15	8.16-9.10	8.16-19	8.29-9.20			66
元禄4	1691	9.21	5.25-5.晦	10.1-11.1	10.1-5	10.6-19			33
宝永元	1704	9.27	9.29-10.8	10.9-11.晦	10.9-13	10.14-11.晦			33
正徳元	1711	9.23	9.28-10.8	10.9-11.28	10.9-15	10.16-11.29			33
享保8改正	1723	発令月日	奉公勤の手続日		奉公不勤の手続日		役料の手続月日	全員の請取月日	
			100俵以下	100俵以上	100俵以下	100俵以上			%
享保8	1723	9.23	9.27-晦	10.5	10.1-4	10.8-10	(脱ヵ)	10.1-11.9	50
寛政元	1789	10.1	10.4-7	10.8-11	10.12-14	10.15-17	10.11-15	10.9-11.29	50
文化元	1804	9.24	9.27-10.1	10.2-5	10.6-8	10.9-11	10.12-13	10.2-11.30	50
*同9	1812	9.25	9.28-10.1	10.2-5	10.6-8	10.9-11	10.12-13	10.2-11.晦	50
*同12	1815	9.28	10.2-5	10.6-9	10.10-12	10.13-15	10.16-17	10.6-11.29	50
*弘化元	1844	9.29	9.29-10.3	10.4-7	10.8-10	10.11-13	10.14-15	10.4-11.29	50
文久元	1861	9.26	9.29-10.2	10.3-6	10.7-9	10.10-12	10.13-14	10.3-11.29	50

出典：「柳営日次記」(国立公文書館所蔵)、「憲教類典(7)」(『内閣文庫所蔵史籍叢書』43)、『東京市史稿』産業編第4巻、『続徳川実記』による。*印の年次の出典は、『日本財政経済史料』第2巻。

御奉公不勤百俵以下は、五月八日より同十日迄、
同百俵有余は、五月十一日より同十三日迄
御役料は、弐百俵有余以下共五月十四日より同十
五日迄
右日限之通、糸原勘兵衛・平賀甚右衛門裏判取之、
米金請取候儀は、五月四日より六月晦日迄可限之、
但米金請取方之犠は、右ケ条ニ準可相心得、直段
之儀は、百俵ニ付弐拾六両之積りたるへき事、以
上

卯四月

従来の三段渡し（二〇〇俵以上・同以下、役料）が、改正後は支給者を奉公か非役かの二つに大別し、さらに小身旗本の増加に対応して、それぞれ一〇〇俵以上・以下の四段、これに役料の書替手続きを加えて五段渡しにしたことが確認できる。また、延宝三年（一六七五）春から蔵米の支給額も春夏冬三分の一ずつ支給であったが、享保八年夏から、春夏各四分の一、冬二分の一支給に切り替えられたのである。その支給手続き期間の変化をまとめたものが表1-3である。

まず、改正前の手形書替日は、春夏冬の御張紙値段発令後、五日ないし六日目に二〇〇俵以下から実施され、その期間は五日から一一日の間とまちまちであった。ついで、これらの手続きが終わった翌日から、切米（借米）の請取と二〇〇俵以上の書替が始まり、二〇〇俵以下の請取期間は一か月あまり、二〇〇俵以上の書替期間は五日から二五日とこれまた一定ではなかった。二〇〇俵以上の請取日も、書替手続きの終わった翌日から一か月あまりであった。なお、改正前の方法では書替手続き・請取日は明記していないが、切米（借米）に準じていたものと思われる。以上、改正前の方法では書替手続きの期間が一定ではなく、また二〇〇俵以上・以下の区分しかないので、役料の手続きや、請取が重複する恐れがあり、かなり混雑したものと思われる。これにたいし、改正後は手形書替の混雑を解消するため、蔵米取が五段に分けられ、御張紙発令日の五、六日後から原則として、つぎのように書替手続きが規則的に行われるようになった。

①御奉公（役付）一〇〇俵以下の書替手続きは、発令日から四日の間
②同一〇〇俵以上の手続きは、①の終了日の翌日から四日間
③御奉公不勤（非役）一〇〇俵以下の手続きは、②の終了日の翌日から三日間
④同一〇〇俵以上の手続きは、③の終了日の翌日から三日間
⑤役料二〇〇俵以上・以下の手続きは、④の終了日の翌日から二日間

ついで、切米（借米）の請取期間は、①〜⑤ともすべて②の書替手続き開始日から翌月の末日までほぼ二か月と、かなりの余裕を持たせた。「吹塵録」では、切米（借米）の支給を「春は二月、夏は五月、冬は十月に渡したるなり」としているが、正確にいうとこれは書替期間であって、請取期間は春が二〜三月、夏が五〜六月、冬が十〜十一月であった。

第七節　御張紙値段の考察

（１）御張紙値段の研究史

ここまで見てきたとおり、御張紙値段とは、正式には「御切米御張紙」と呼ばれ、江戸幕府が旗本・御家人など幕臣団に支給する知行・役料米について、その米金支給割合と米金換算率および支給期日を記した張紙を、春・夏・冬の三季に（当初は夏・冬）江戸城内の中之口に掲示したものである。要するに、三季俸禄米の換金値段を御張紙値段と称したが、その研究は、戦前に遠藤佐々喜によってはじめられ(44)、幸田成友においてその重要性が論じられた(45)。その後、戦後になって北原進が御張紙値段と蔵前相場《くらまえそうば》（御蔵場相場）の関係に着目して蔵米取窮乏の原因を探り(46)、大口勇次郎(47)と大野瑞男(48)は、幕府財政に占める蔵米取への俸禄米金の多さから御張紙値段に着目した。岩橋勝は近世物価史研究の中で、江戸市中相場を御張紙値段に代替させ(49)、末岡照啓は天保無利息年賦返済令の発布を御張紙値段と関連させて検討し(50)、飯島千秋は御張紙値段の決定過程を明らかにしている(51)。その要旨を内容別に分類すると、つぎのようになる。

①蔵米取幕臣団の家計に影響することから、札差との関係において論じたもの（幸田・北原・末岡論文）。

②その値段が江戸米価を参照して決定されたことから、米価との関係から考察したもの（遠藤・岩橋・飯島論文）。

③幕臣団に支給される知行米金の巨額さから、幕府財政との関連で論究したもの（大口・大野論文）。

そのほか、冬御張紙値段が関東農村の年貢石代納に使用されたことから、年貢との関係において触れた市町村史もあるが(52)、その数はそれほど多くはない。ちなみに、関東農村の事例として、武蔵国入間郡山口堀内村（現、所沢市）の年貢皆済目録では(53)、享保八年から石代値段に「寅冬御張紙値段三拾五石ニ付、三拾三両かへ」が登場し、本年貢は御張紙値段の三両増しの三六両替となっている。同十年十二月の「御代官所本途御年貢並小物成・

口米上納」の心得には、[54]「三分一重立候石代金銀納無之国々ハ、其年ニ冬御張紙値段ニ三両高之積ヲ以可被取立事」と記している。まさに諸国代官にたいし、畿内の石代納である「三分の一銀納」方法がない国々は、冬御張紙値段の三両増しで換算するようにとの通達である。これにより、享保八年ころから御張紙値段は蔵米取の換金値段のみならず、関東幕領の石代値段へと展開していったと考えられる。

(2) 御張紙値段データの検証

つぎに御張紙値段の数値について検討する。これまで、御張紙値段の史料としては、①勝海舟が編纂した「吹塵録」(『勝海舟全集』6所収、講談社　一九七七年)、②江戸幕府日記の「柳営日次記」(国立公文書館所蔵)、③札差伊勢屋(村林)四郎次郎家文書の「御張紙之控」(一橋大学附属図書館所蔵)、④三井京本店作成の「御張紙値段」(三井文庫所蔵)[55]、⑤平戸藩主松浦静山『甲子夜話　九四巻』所収の「承応元年以来御切米並御借米御張紙値段米金割合年代記」(承応元〜文政九年、刷り物)、⑥江戸時代の刷り物「御蔵前米相場年代記」(承応元〜天保八年、『東京市史稿　産業編』第五巻翻刻七四〜八〇頁)がある。そのほか、近代になって三井家史編纂室(三井文庫)で編纂された「御張紙値段」があるが、その註記によると『甲子夜話』所載の御張紙値段や「吹塵録」「米価秘用録」を参照して編纂されたとあるので、検討史料から除外した。

現在のところ、御張紙値段については、幕臣の立場で幕府勘定所資料を直接見る立場にあった勝海舟の①「吹塵録」(承応元〜弘化三年春)が原本に近いものと考えられる。②「柳営日次記」は日記という同時代性があり、最も一次史料に近いと思われるが、省略が多く全時代をカバーできない。その点、③一橋大学附属図書館所蔵の「御張紙之控」と④三井文庫所蔵の「御張紙値段」は業務に関する現用文書であり、一次史料に近い。③は表題に「享保十九年九月」からの作成とあり、それ以前はその時期の筆写であるが、以後は慶応二年冬まで毎年書きとめられており、①の「吹塵録」の不足分を補うものである。④も天明八年から慶応三年冬まで書きついだものなので、現在のところ③④の史料は「柳営日次記」とともに一時史料に近いものといえる。⑤『甲子夜話』と⑥『東京市史稿』所載のものは江戸時代一般に流布した刷り物であり、しかも、①「吹塵録」と照合したところ、⑤は二九か所、⑥は六八か所（うち三か所虫喰い不明）の相違点がある。そのうえ、⑥は文政七年～天保八年のデータが御張紙値段ではない御蔵場相場らしき数値が記載されており、これらを考慮すると⑤⑥はデータとしての価値は低いと思われる。なお、昭和九年に幸田成友は⑦『社会経済史学　四巻三号』誌上において、「吹塵録」の弘化三年春以後を補うべく旧札差伊勢屋惣右衛門旧蔵の「御蔵庭米帳」（一橋大学附属図書館所蔵）によって、慶応四年春まで明らかにした。さらに、⑧「慶喜公御実記」（『続徳川実記』第五編所収）には、慶応四年春と夏の記載がある。

よって、御張紙値段の底本は、承応元年春～弘化三年春の期間が①「吹塵録」、弘化三年夏～慶応四年春の期間が⑦幸田成友論文、慶応四年夏が⑧「慶喜公御実記」とした。このデータにより、表1-4（折込）の御張紙値段と蔵米支給率の一覧を作成したが、底本にした①「吹塵録」の信頼性を見るため、③「御張紙之控」と比較すると、異同があるのは表1-4の太字で示したわずか一五年分の一九件に過ぎない。たとえば、万治元年夏が「25両→皆米」、同二年冬が「27→32両」、同三年夏が「32両→皆米」などとなっており、享保元年以前が一四件と圧倒的に多く、それ以後は三件だけである。「吹塵録」の史料的価値はかなり高い。ただし、「吹塵録」にもミスがあり、たとえば享保十五年夏の御張紙値段は一九両とあるのに、蔵米支給は「皆米」とある。これはほかの②③の史料によって「四分の一米、四分三金」、すなわち蔵米支給率は二五％であったことがわかるので訂正しておいた。つぎに⑦の幸田論文の数値は、③の「御張紙之控」と一致しており、④の「御張紙値段」（三井文庫所蔵）と比較しても、文久元年冬と元治元年冬の書き忘れをのぞけば正確である。

以上、本章で照合した御張紙値段を基礎データとして、以下表1-4のデータとこれをグラフにした図1-1を

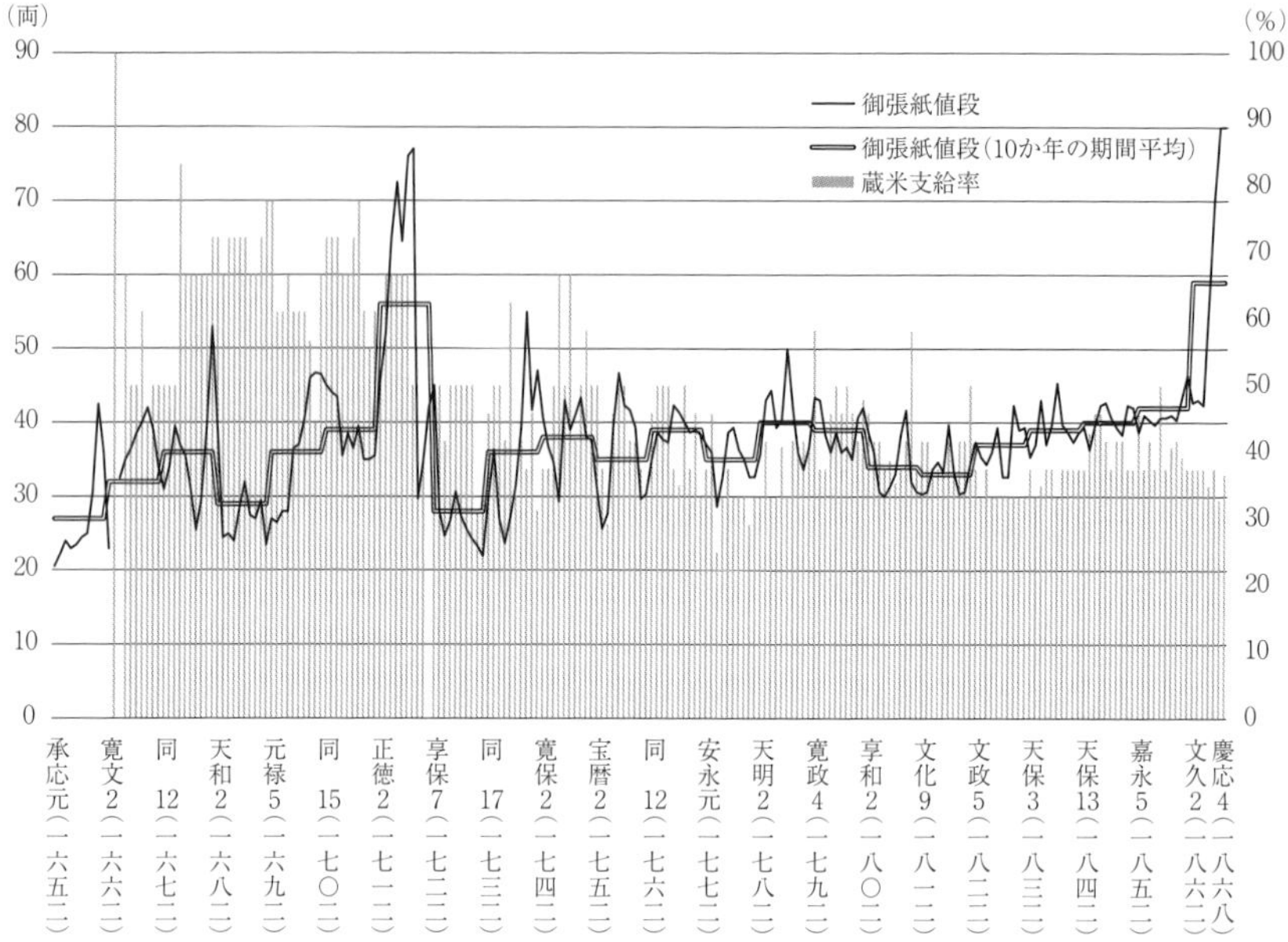

図1－1　御張紙値段と蔵米支給率の推移

分析に用いる。

(3) 御張紙値段・蔵米支給率と蔵前相場

前述のとおり、御張紙値段は、承応元年から慶応四年まで、二一六年の長きにわたり発令された幕府の公定米相場である。その傾向を見るために、一〇か年の期間平均で示したデータが表1－5である。まず、御張紙値段についてみると、承応元年から寛文元年までは二七両と低かったが、寛文・延宝期に三六両までは上昇した。しかし、天和二年から元禄四年には再び二九両まで落ち込んだ。元禄五年からは三六両と上昇に転じ、正徳二年から享保六年までは五六両に達した。

享保七年以後は、新銀発行による貨幣価値の下落があり、しかも、享保改革の「米価安の諸色高」と呼ばれるデフレ策によって、御張紙値段は二八両まで低迷した。享保十七年から三六両に持ち直し、宝暦～天明期にかけて四〇両まで上昇した。寛政改革期も三九両を維持していたが、文

表1－5　御張紙値段と蔵米支給率（10か年の期間平均）

年次	西暦	値段	支給率	年次	西暦	値段	支給率
		両	%			両	%
承応元～寛文元	1652-1661	27		宝暦12～明和8	1762-1771	39	43
寛文2～同11	1662-1671	32	52	安永元～天明元	1772-1781	35	34
寛文12～天和元	1672-1681	36	64	天明2～寛政3	1782-1791	40	38
天和2～元禄4	1682-1691	29	71	寛政4～享和元	1792-1801	39	46
元禄5～同14	1692-1701	36	62	享和2～文化8	1802-1811	34	42
元禄15～正徳元	1702-1711	39	75	文化9～文政4	1812-1821	33	41
正徳2～享保6	1712-1721	56	51	文政5～天保2	1822-1831	37	34
享保7～同16	1722-1731	28	44	天保3～同12	1832-1841	39	36
享保17～寛保元	1732-1741	36	44	天保13～嘉永4	1842-1851	40	41
寛保2～宝暦元	1742-1751	38	51	嘉永5～文久元	1852-1861	42	41
宝暦2～同11	1752-1761	35	42	文久2～慶応4	1862-1868	59	36

出典：表1－4に同じ。

化・文政期に三三両まで落ち込んだ。その後、天保改革期にかけて四〇両まで上がり、安政の開国と金銀の海外流失により米価が上昇したため、文久二年から慶応四年までは五九両に高騰した。

つぎに蔵米支給率を見ると、寛文・延宝期から享保六年までは、五〇～七〇％台と高かったが、享保七年から五〇％台を割るようになり、寛保期を除くと幕末まで三〇～四〇％台となり、五〇％を超えることはなかった。その理由を考えてみると、蔵米取の収入は、幕府から春夏冬の三季（延宝三年以前は、夏冬の二季）に受取る知行米であり、知行米の一部は御張紙値段により現金で支給され、残りが札差の手を通じて浅草の蔵前相場で換金された。

御張紙値段の決定には市中米相場や蔵前相場を参照したが、その算定方法には古法と新法の二つがあり、明和三年（一七六六）ないし安永六年（一七七七）に切り替えられたという。古法は五か町（堀江町・小網町・天王町・片町・森田町）と米問屋相場・蔵前相場の上中下値段について、新法は四か町（堀江町・小網町・伊勢町・鎌倉町）と蔵前相場の上中値段について、春は正月四日から一五日、夏は四月朔日から一五日、冬は九月朔日から一五日までを平均したものであった。幕末期の天保期以降は、新法に値段の低い古法が追加されたという。[56]御張紙値段は勘定奉行が勝手掛老中に提出して決裁を得たが、市中米価に大きな影響を与えるので、幕府は米価調節のため、かなり政策的に取り決めた。一方、蔵前相場は市中米仲買・問屋への卸し相場であり、市中米価・物価と変動を共にした。それゆえ蔵米取にとって、御張紙値段と蔵前相場が一般諸物価よりも高いことが有利であり、逆に御張紙値段が物価引下げの手段として低く決定された場合には不利となった。[57]

ここで、近世後期の御張紙値段と蔵前相場（市中値段で代替）との関係を見てみよう（表1-4・表1-6・図1-2）。これによると、寛政の棄捐令以後、御張紙値段は文化・文政期にかけて市中値段の四〇両前後より低い三〇両台に抑えられていたので、蔵米取の家計にとって金渡し部分の御張紙値段による換算は不利だったことがわかる。その後、天保三年から八年にかけての飢饉と、それにともなう一揆・打ちこわしなどの社会不安は、市中値段を五〇両から一二〇両にまで騰貴させたが、米価の高騰は決して蔵米取の米渡し部分を有利にすることはなかった。それは幕府が歳入増加のため年貢米を値段の高い蔵前相場で換金するため、蔵米取への蔵米支給（米渡し部分）を減らしたためである。すなわち、蔵米取への蔵米支給率は三〇％台にとどまり、七〇％台の金渡し部分が、市中値段よりも極端に低い三〇両台の御張紙値段によって換金されたために、蔵米取の家計破綻は決定的となった。これが、天保十四年に幕府が蔵米取の救済のために無利息年賦返済令を発布する要因であった（第4章参照）。このように、幕府財政と御張紙値段および蔵米支給率は密接な関係があったといえよう。

以上、蔵米知行制は寛永十九年（一六四二）の御切手手形改役（書替奉行）の設置と、蔵米支給規則の「御切米定書」の制定によって成立した。同年の勘定組頭（のちの勘定奉行）設置とリンクし、勘定所機構の整備とも密接に関係していた。また、この「御切米定書」は、承応元年（一六五二）に始まった「御切米御張紙」（御張紙値段）の原形を成すものであった。「御切米御張紙」の創始は、寛永中期から慶安期（一六三四～五一）にかけて急増し

表1－6　江戸白米値段と銀相場

年次	京白米値段（A）（35石に付）	京銀相場（B）（金1両に付）	市中値段（A／B）
	（銀）貫匁	両	両
享和2	2,770.25	63.15	**43.87**
同　3	2,577.75	63.57	**40.55**
文化元	2,107.00	63.93	**32.96**
同　2	2,122.75	64.57	**32.88**
同　3	2,306.50	65.75	**35.08**
同　4	2,439.50	65.75	**37.10**
同　5	2,901.50	66.03	**43.94**
同　6	2,910.25	63.75	**45.65**
同　7	2,306.50	63.45	**36.35**
同　8	2,408.00	64.00	**37.63**
同　9	2,292.50	64.29	**35.66**
同　10	2,366.00	64.42	**36.73**
同　11	2,807.00	64.65	**43.42**
同　12	2,849.00	64.93	**43.88**
同　13	2,640.75	65.41	**40.37**
同　14	2,905.00	65.24	**44.53**

年次	江戸白米値段（A）（35石に付）	江戸銀相場（B）（金1両に付）	市中値段（A／B）
	（銀）貫匁	両	両
文政元	2,245.25	62.75	**35.78**
同　2	1,996.75	57.73	**34.59**
同　3	2,037.00	58.93	**34.57**
同　4	2,359.00	62.85	**37.53**
同　5	2,488.50	63.00	**39.50**
同　6	2,534.00	64.95	**39.01**
同　7	2,499.00	63.35	**39.45**
同　8	2,635.50	64.90	**40.61**
同　9	3,048.50	64.75	**47.08**
同　10	2,329.25	64.30	**36.22**
同　11	2,600.50	64.20	**40.51**
同　12	3,235.75	64.53	**50.14**
天保元	3,073.00	64.55	**47.61**
同　2	3,081.75	62.90	**48.99**
同　3	2,658.25	62.40	**42.60**
同　4	3,654.00	62.60	**58.37**
同　5	4,576.25	63.15	**72.47**
同　6	3,832.50	62.55	**61.27**
天保7	5,475.75	61.15	**89.55**
同　8	7,348.25	60.55	**121.36**
同　9	5,050.50	60.40	**83.62**
同　10	4,215.75	60.40	**69.80**
同　11	3,127.25	62.50	**50.04**
同　12	3,134.25	62.75	**49.95**
同　13	2,966.25	64.05	**46.31**
同　14	2,931.25	65.10	**45.03**
弘化元	3,391.50	65.10	**52.10**
同　2	3,963.75	64.74	**61.23**
同　3	4,133.50	64.56	**64.03**
同　4	3,552.50	64.22	**55.32**
嘉永元	3,018.75	63.76	**47.35**
同　2	3,465.00	64.00	**54.14**
同　3	4,602.50	62.20	**74.00**
同　4	4,392.50	＊63.43	**69.25**
同　5	3,473.75	63.85	**54.40**
同　6	4,112.50	65.10	**63.17**
安政元	3,990.00	66.30	**60.18**
同　2	3,710.00	69.80	**53.15**
同　3	3,552.50	69.25	**51.30**
同　4	3,815.00	70.70	**53.96**
同　5	4,529.00	72.60	**62.38**
同　6	4,847.50	71.50	**67.80**
万延元	5,530.00	72.40	**76.38**
文久元	6,807.50	73.60	**92.49**
同　2	5,075.00	79.85	**63.56**
同　3	4,877.25	79.40	**61.43**
元治元	5,372.50	84.79	**63.36**
慶応元	9,905.00	90.55	**109.39**
同　2	17,307.50	97.95	**176.70**
同　3	18,252.50	89.90	**203.03**
明治元	15,156.75	85.25	**177.79**
同　2	19,712.00		

註：享和2～文化14は江戸白米相場が不明なので、京相場で代替した。＊の嘉永4年分は大坂相場で代替。

出典：白米相場は、三井文庫編『近世後期における主要物価の動態』（春秋の平均相場）による。
銀相場は、『読史総覧』777～800頁（年最高と最低相場の平均値）による。

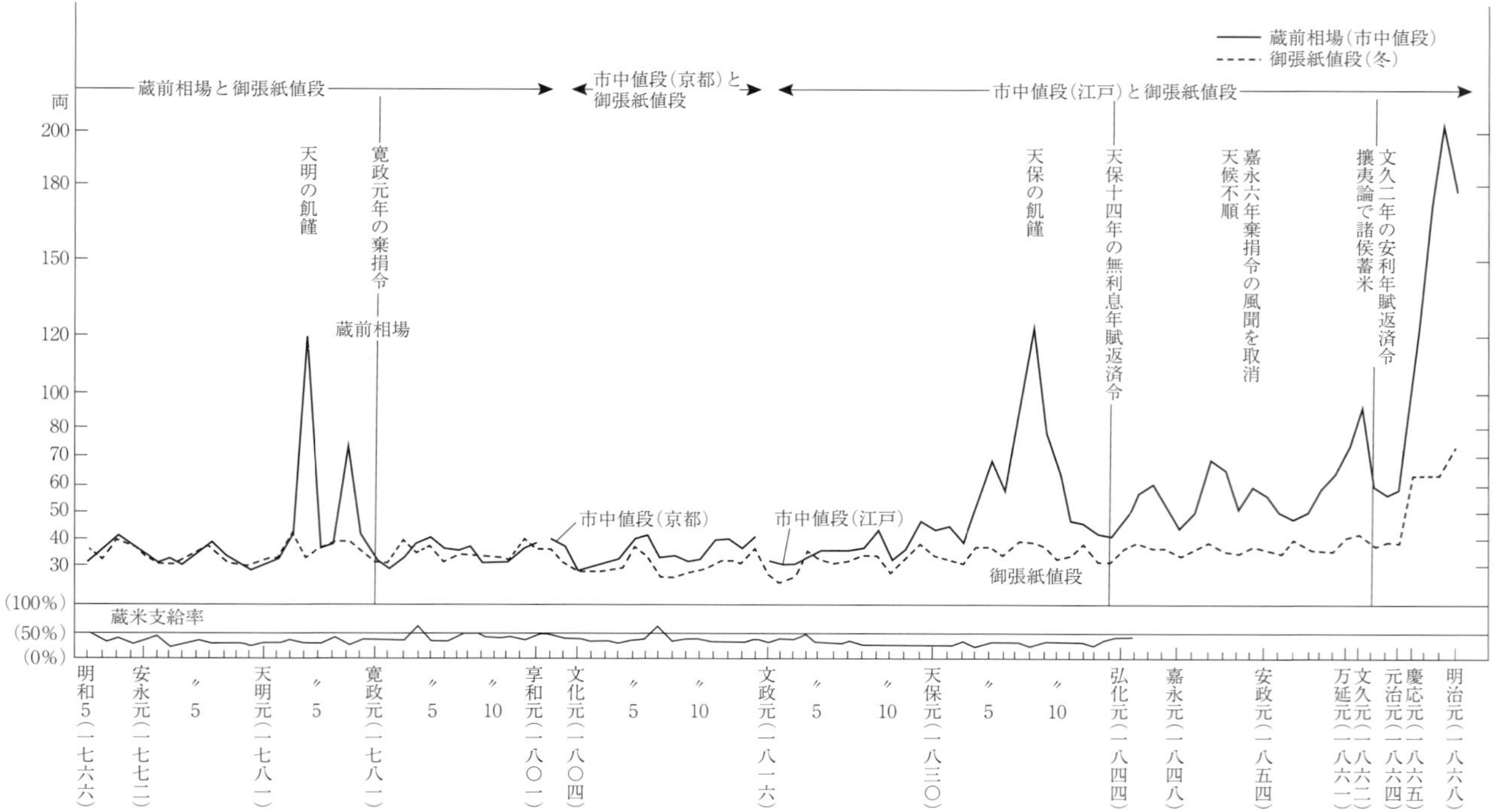

図1－2　御張紙値段・蔵米支給率と市中値段の推移

註1：表1－4、表1－6により作成。

2：蔵前相場は北原進「寛政の棄捐令について」（『歴史評論』162・163号　1964年）第1図より抜粋。

3：米価高騰の原因は『東京廻米問屋組合深川正米市場50年史』571～574頁の米価表による。

4：米価・御張紙値段とも100俵（35石）についての値段。

表1－4　御張紙値段と蔵米支給率のデータ一覧(承応元年～慶応4年)

	御張紙値段					蔵米支給率			
年次	西暦	春	夏	冬	平均	春	夏	冬	平均
	年	両	両	両	両	%	%	%	%
承応元	1652	—	18	23	21	—			
2	1653	—	21	23	22	—			
3	1654	—	24	24	24	—			
明暦元	1655	—	22	24	23	—			
2	1656	—	24	23	24	—			
3	1657	—	25	24	25	—			
万治元	1658	—	**25**	25	25	—			
2	1659	—	34	**27**	31	—			
3	1660	—	**32**	53	43	—			
寛文元	1661	—	45	27	36	—			
2	1662	—	23	23	23	—			
3	1663	—	皆米	皆米	皆米	—	100	100	100
4	1664	—	35	30	33	—	—	—	—
5	1665	—	35	35	35	—	100	50	67
6	1666	—	34	39	37	—	50	50	50
7	1667	—	35	42	39	—	50	50	50
8	1668	—	40	40	40	—	50	67	61
9	1669	—	42	42	42	—	33	50	44
10	1670	—	43	35	39	—	50	50	50
11	1671	—	36	32	34	—	50	50	50
12	1672	—	30	32	31	—	50	50	50
延宝元	1673	—	35	33	34	—	50	50	50
2	1674	—	38	41	40	—	50	50	50
3	1675	皆米	皆米	37	37	100	100	50	83
4	1676	〃	39	32	36	100	50	50	67
5	1677	〃	32	30	31	100	50	50	67
6	1678	〃	25	26	26	100	50	50	67
7	1679	〃	27	32	30	100	50	50	67
8	1680	〃	35	44	40	100	50	50	67
天和元	1681	〃	50	**56**	53	100	67	50	72
2	1682	〃	**43**	43	43	100	67	50	72
3	1683	〃	25	24	25	100	50	50	67
貞享元	1684	〃	25	25	25	100	67	50	72
2	1685	〃	25	23	24	100	67	50	72
3	1686	〃	28	**29**	29	100	67	50	72
4	1687	〃	31	33	32	100	67	50	72
元禄元	1688	〃	27	28	28	100	50	50	67
2	1689	〃	27	27	27	100	50	50	67
3	1690	〃	30	29	30	100	50	67	72
4	1691	〃	24	23	24	100	67	67	78
5	1692	〃	24	30	27	100	67	67	78
6	1693	〃	27	26	27	100	33	50	61
7	1694	〃	26	30	28	100	33	50	61
8	1695	〃	28	28	28	100	50	50	67
9	1696	〃	36	**36**	36	100	50	33	61
10	1697	〃	42	32	37	100	50	33	61
11	1698	〃	41	40	41	100	33	50	61
12	1699	〃	44	48	46	100	20	50	57
13	1700	48	50	42	47	50	33	50	44
14	1701	皆米	45	48	47	100	50	50	67
15	1702	〃	48	42	45	100	67	50	72
16	1703	〃	48	40	44	100	67	50	72
宝永元	1704	〃	43	44	44	100	50	67	72
2	1705	〃	35	36	36	100	50	50	67
3	1706	〃	35	42	39	100	50	50	67
4	1707	〃	35	38	37	100	67	50	72
5	1708	〃	42	37	40	100	67	67	78
6	1709	〃	37	33	35	100	50	33	61
7	1710	〃	38	32	35	100	33	33	56
正徳元	1711	〃	34	37	36	100	50	33	61
2	1712	**41**	42	54	46	50	50	50	50
3	1713	皆米	**52**	**52**	52	100	50	50	67
4	1714	〃	**58**	**72**	65	100	50	50	67
5	1715	〃	**85**	**60**	73	100	50	50	67
享保元	1716	〃	62	67	65	100	50	50	67
2	1717	〃	79	73	76	100	50	50	67
3	1718	81	72	78	77	50	50	50	50
4	1719	29	27	33	30	0	50	50	33
5	1720	30	33	41	35	0	67	50	39
6	1721	39	41	46	42	0	0	0	0
7	1722	53	49	33	45	33	33	50	39
8	1723	31	26	27	28	50	50	50	50
9	1724	25	25	24	25	50	50	33	42
10	1725	27	26	27	27	50	50	50	50
11	1726	32	32	28	31	50	50	50	50
12	1727	28	28	26	27	50	50	50	50
13	1728	26	25	26	26	50	50	50	50
14	1729	25	24	24	24	50	50	50	50
15	1730	25	19	26	23	33	**25**	33	**31**
16	1731	18	20	28	22	33	33	33	33
17	1732	26	32	31	30	33	50	50	46
18	1733	40	38	31	36	50	50	50	50
19	1734	30	24	27	27	50	50	50	50
20	1735	23	23	25	24	50	50	33	42
元文元	1736	26	皆米	28	27	50	100	50	63
2	1737	30	30	34	31	50	33	25	33
3	1738	36	36	46	39	33	67	33	42
4	1739	59	59	47	55	50	33	33	37
5	1740	39	39	47	42	50	33	50	46
寛保元	1741	47	47	47	47	33	25	33	31
2	1742	**38**	37	47	41	33	50	33	37
3	1743	40	40	30	37	50	33	33	37
延享元	1744	37	33	34	35	50	50	50	50
2	1745	29	28	31	29	67	67	67	67
3	1746	39	43	47	43	50	50	50	50
4	1747	38	40	39	39	67	67	67	67
寛延元	1748	42	41	40	41	50	50	33	42
2	1749	42	42	46	43	50	50	50	50
3	1750	41	40	33	38	50	50	67	58
宝暦元	1751	37	39	37	38	50	50	50	50
2	1752	35	32	27	31	50	50	50	50
3	1753	24	26	27	26	50	33	33	37
4	1754	25	26	32	28	33	33	25	29
5	1755	36	40	43	40	33	50	50	46
6	1756	48	47	45	47	50	50	50	50
7	1757	41	41	45	42	50	50	50	50
8	1758	41	43	41	42	50	50	33	42
9	1759	41	40	37	39	50	50	33	42
10	1760	29	28	32	30	33	50	33	37
宝暦11	1761	29	27	35	30	33	33	33	33
12	1762	33	36	36	35	33	50	50	46
13	1763	40	40	36	39	50	50	50	50
明和元	1764	40	40	33	38	50	50	50	50
2	1765	36	36	40	37	50	50	50	50
3	1766	40	40	47	42	50	33	33	37
4	1767	40	44	40	41	40	50	25	35
5	1768	40	40	40	40	50	50	50	50
6	1769	41	39	36	39	50	50	25	38
7	1770	37	37	43	39	33	50	50	46
8	1771	37	37	41	38	33	50	25	33
安永元	1772	38	36	37	37	33	50	33	37
2	1773	36	37	35	36	33	50	50	46
3	1774	25	27	34	29	0	33	33	25
4	1775	31	31	36	33	33	33	33	33
5	1776	38	38	40	39	33	50	33	37
6	1777	39	39	40	39	50	33	25	33
7	1778	36	37	36	36	33	33	33	33
8	1779	36	35	34	35	33	33	33	33
9	1780	33	31	34	33	33	33	25	29
天明元	1781	31	31	36	33	50	33	25	33
2	1782	34	36	37	36	33	33	33	33
3	1783	40	43	46	43	50	50	33	42
4	1784	48	48	37	44	33	33	33	33
5	1785	40	38	40	39	33	33	33	33
6	1786	40	38	43	40	33	50	40	41
7	1787	55	52	43	50	33	33	33	33
8	1788	43	43	40	42	50	50	33	42
寛政元	1789	37	36	35	36	33	50	40	41
2	1790	33	33	35	34	33	67	33	42
3	1791	34	**36**	43	38	50	33	40	41
4	1792	45	46	39	43	50	50	67	58
5	1793	45	43	41	43	33	50	33	37
6	1794	**40**	40	35	38	33	50	33	37
7	1795	35	35	38	36	50	67	33	46
8	1796	40	38	38	39	67	67	33	50
9	1797	36	35	37	36	50	67	33	46
10	1798	36	37	37	37	67	67	33	50
11	1799	34	35	36	35	50	67	33	46
12	1800	39	40	43	41	50	50	33	42
享和元	1801	44	42	40	42	50	75	33	48
2	1802	40	36	40	39	50	67	33	46
3	1803	37	36	35	36	50	50	33	42
文化元	1804	30	30	32	31	50	50	33	42
2	1805	30	28	32	30	33	50	33	37
3	1806	30	32	32	31	25	50	40	39
4	1807	32	34	33	33	25	50	33	35
5	1808	37	37	41	38	50	33	33	37
6	1809	45	43	37	42	50	50	33	42
7	1810	33	33	30	32	50	50	0	25
8	1811	30	32	30	31	33	50	33	37
9	1812	30	30	31	30	50	50	33	42
10	1813	30	30	32	31	50	50	33	42
11	1814	33	33	35	34	33	50	33	37
12	1815	34	34	36	35	33	50	33	37
13	1816	32	33	35	33	33	50	33	37
14	1817	39	40	40	40	33	67	33	42
文政元	1818	36	33	31	33	33	50	33	37
2	1819	31	32	28	30	50	50	33	42
3	1820	31	31	30	31	50	50	33	42
4	1821	32	32	39	34	50	50	50	50
5	1822	38	38	36	37	50	50	25	38
6	1823	36	35	35	35	33	50	25	33
7	1824	33	34	36	34	50	50	25	38
8	1825	35	35	38	36	33	50	25	33
9	1826	40	40	38	39	33	50	25	33
10	1827	34	33	31	33	33	50	25	33
11	1828	30	31	37	33	33	50	25	33
12	1829	40	45	42	42	33	50	25	33
天保元	1830	40	39	38	39	33	50	25	33
2	1831	41	41	36	39	33	50	25	33
3	1832	36	35	35	35	33	50	33	37
4	1833	35	35	41	37	33	50	25	33
5	1834	45	43	41	43	40	50	25	35
6	1835	37	36	38	37	33	50	33	37
7	1836	38	38	43	40	33	50	33	37
8	1837	43	50	43	45	33	50	25	33
9	1838	40	38	41	40	33	50	33	37
10	1839	41	38	37	39	33	50	33	37
11	1840	37	37	38	37	33	50	33	37
12	1841	36	38	42	39	33	50	33	37
13	1842	42	40	36	39	33	50	33	37
14	1843	36	37	36	36	25	67	40	43
弘化元	1844	38	40	41	40	50	67	33	46
2	1845	42	42	43	42	33	50	50	46
3	1846	43	44	41	43	33	67	33	42
4	1847	40	41	41	41	33	50	33	37
嘉永元	1848	40	40	38	39	33	67	33	42
2	1849	38	37	40	38	50	50	33	42
3	1850	41	43	43	42	33	50	33	37
4	1851	43	43	40	42	33	50	33	37
5	1852	39	38	39	39	50	67	33	46
6	1853	41	41	41	41	33	50	33	37
安政元	1854	41	40	40	40	33	67	33	42
2	1855	40	40	39	40	33	50	33	37
3	1856	39	39	44	41	33	67	50	50
4	1857	40	41	41	41	33	50	33	37
5	1858	41	42	40	41	33	50	40	41
6	1859	40	41	40	40	50	50	33	42
万延元	1860	42	43	45	43	40	50	33	39
文久元	1861	46	47	46	46	33	50	33	37
2	1862	43	43	42	43	33	50	33	37
3	1863	43	43	43	43	33	50	33	37
元治元	1864	42	42	43	42	33	50	33	37
慶応元	1865	45	53	70	56	33	40	33	35
2	1866	70	70	70	70	33	50	33	37
3	1867	80	80	80	80	25	40	33	33
4	1868	80	80		80	33	40		37

註1：御張紙値段の底本は、承応元年～弘化3年が「吹塵録」(『勝海舟全集』第6巻)、弘化4～慶応3年が幸田成友論文(「御張紙値段」『社会経済史学』4－3所収)、慶応4年が「慶喜公御実記」(『続徳川実記』第五編)である。
2：蔵米支給率は、享保7年まで大切米・小切米の区別があり、小切米の支給率で統一した。
3：御張紙値段の太字は「御張紙之控」(一橋大学附属図書館所蔵)との異同を示す。また、享保8年以降の値段は新金である。
4：蔵米支給率の平均は、年代により支給割合が異なるので、以下の通りとした。
延宝2年以前：(夏×1／3)+(冬×2／3)
延宝3～享保7年(春+夏+冬)÷3
享保8～慶応4年：[(春+夏)÷2+冬]÷2

た蔵米取の蔵米支給手続きを円滑に進めるため、その支給方法を成文化したものであった。そのため、創設以降も蔵米取の変動に合わせて「御切米御張紙」は改変されていったのである。

延宝八年に、館林藩主徳川綱吉が五代将軍となると、その家臣団が幕臣となり、蔵米取が急増する要因となった。元禄十年（一六九七）の元禄地方直しは、幕府にとって急増した蔵米取の蔵米支給手続きを軽減し、年貢徴収と幕府米蔵への運搬を簡索化するものであった。この結果、浅草以外の幕府米蔵は順次破却され、浅草に米蔵が集中し札差仲間が生まれる要因をつくりだしたといえよう。

（1）近世知行制の形骸化論は、北島正元『江戸幕府の権力構造』（岩波書店　一九六四年）によって提唱され、これを補強したものに、所理喜夫「元禄期幕政における「元禄検地」と「元禄地方直し」の意義」（『史潮』八七号　一九六四年）、大舘右喜「元禄幕臣団の研究」（『國學院雑誌』六六―五　一九六五年、のち『幕藩制社会形成過程の研究』校倉書房、一九八七年）、森安彦「近世前期、旗本の地方知行の動向（上）（下）」（『史潮』九八・九九号　一九六七年、のち『幕藩制国家の基礎構造』吉川弘文館　一九八一年）などの労作がある。また、これを批判継承させたものに、鈴木寿『近世知行制の研究』（日本学術振興会　一九七一年）、関東近世史研究会編『旗本知行と村落』（文献出版　一九八六年）、若林淳之『旗本領の研究』（吉川弘文館　一九八七年）、川村優『旗本知行所の研究』（思文閣出版　一九八八年）、同氏『旗本支配所の支配構造』（吉川弘文館　一九九一年）、J・F・モリス『近世日本知行制の研究』（清文堂　一九八八年）などがあるが、いずれも蔵米知行については、まったく論じていない。

（2）末岡照啓「近世における旗本救済策と勝手賄いの特質」（『国史学』一三九号　一九八九年）では、地方知行と蔵米知行の均質性について論じた。

（3）註（1）川村前掲書（一九八八年）、三～四頁。

（4）註（1）鈴木前掲書、一九五頁の第三表と表1-1参照。

（5）松平太郎『江戸時代制度の研究』（柏書房　一九六四年）五九五～五九七頁。「業要集」（三田村鳶魚『未刊随筆百種』第四巻　中央公論社　一九七六年）一三〇・一三一頁。
（6）註（1）北島前掲書、三四五頁。
（7）同右。
（8）同右、三七〇頁・三七二頁。
（9）註（1）北島前掲書、三八二頁以下、小暮正利「初期幕政と寛永地方直し」（『駒沢史学』二一号　一九七四年）、同氏「近世初期旗本領の形成」（『関東近世史研究』一四号　一九八二年）。
（10）朝尾直弘『将軍権力の創出』（岩波書店、一九九四年）二五二・二五三頁。
（11）「吏徴別録」下（『古事類苑』官位部三　一九〇五年　神宮司庁、吉川弘文館復刻版　一九九六年）五四六頁、大野瑞男「浅草米蔵について」（『史料館研究紀要』九号　一九七七年）。
（12）「吏徴」上（註11前掲『古事類苑』官位部三）五六三頁、なお「大猷院殿御実紀」巻八の寛永三年の項に「大久保藤三郎正栄御切手書替役」とあり、寛永三年設置説もある。『徳川実紀』第二篇（吉川弘文館　一九八一年）四〇二頁参照。
（13）「寛永御日記」（国立公文書館所蔵）、『東京市史稿　産業編』第四巻（一九五四年、臨川書店復刻　一九九九年）五九五〜六頁。
（14）「条令拾遺」五一・五二（国立公文書館所蔵）。
（15）註（1）大舘前掲書、三三六頁以下参照。
（16）「厳有院殿御実紀」巻一（『徳川実紀』第四篇　吉川弘文館　一九八一年）一五頁。
（17）註（10）朝尾前掲書、二六六・二六七頁。
（18）「万治二年録」（国立公文書館所蔵）、『東京市史稿　産業編』第五巻（一九五六年）六三八頁。御張紙値段の始まりについては、承応元年説と万治元年説があるが、諸史料によって作成した表1-4のデータは、承応元年から始まっており、また大野瑞男が分析した慶安四〜承応二年の「浅草御蔵御勘定帳」（『竹橋余筆』所収）によっても、切米渡し勘定であり、慶安四年にない金渡し勘定が翌承応元年に初出し、その換算率も「吹塵録」のものと一致するところから、同年の創始に間違いはないと思われる。また、役料の支給は寛文五年から始まっており、役料制の実施時期とまさに一致するのである。

(19) 大野瑞男『江戸幕府財政史論』（吉川弘文館　一九九六年）八四頁。
(20) 註(1)大舘前掲書、三三六頁。
(21) 註(10)朝尾前掲書、二二六頁。
(22) 泉井朝子「足高制に関する一考察」（『学習院史学』二号　一九六五年）。
(23) 「玉露叢」（註13前掲『東京市史稿　産業編』第四巻）三〇六頁。
(24) 「厳有院殿御実紀」巻三六（『徳川実紀』第五篇　吉川弘文館　一九八一年）四頁。
(25) 同右、巻五十（同右）二〇一頁。
(26) 『古事類苑』封禄部（神宮司庁　一九一〇年、吉川弘文館復刻版　一九七八年）四〇四頁。
(27) 『御触書寛保集成』一二八三（岩波書店　一九七六年）。
(28) 註(1)大舘前掲書、三三五頁。
(29) 註(1)所前掲論文参照。
(30) 註(1)大舘前掲書、三五一頁。
(31) 深井雅海『徳川将軍政治権力の研究』（吉川弘文館　一九九一年）一五五～一六〇頁。
(32) 『日本財政経済史料』第二巻（大蔵省　一九二二年）四八一頁。
(33) 瀧本誠一編『日本経済大典』第十一巻（史志出版社　一九二八年）三四三頁。
(34) 「御蔵之始末」（一橋大学附属図書館所蔵）、註(19)前掲大野論文参照。
(35) 註(31)深井前掲書、二一四～二二八頁。
(36) 同右。
(37) 註(27)前掲『御触書寛保集成』一七〇九。
(38) 同右、一七一三。
(39) 江戸幕府日記「享保七録」（国立公文書館所蔵）七月五日の条。
(40) 「御張紙之控」（一橋大学附属図書館所蔵）享保七年七月五日の条。

(41) 同右、享保八年四月二十六日の条。
(42) 江戸幕府日記「享保七録」「享保八録」（国立公文書館所蔵）による。
(43) この御切米御張紙は、江戸幕府日記「享保八録」への筆写にさいし、一つ書きを省略したものと思われる。幕末までの定形書式を参考に復元するとつぎのようになる。

覚

当卯年夏御借米、弐百俵有余以下共、分限高四分一、但米金半分宛可相渡候、御役料は三分一之積り、米ニ而可相渡候

一、御奉公勤候百俵以下は、四月廿九日より五月三日迄
一、同百俵有余は、五月四日ゟ同七日迄
一、御奉公不勤百俵以下は、五月八日より同十日迄
一、同百俵有余は、五月十一日より同十三日迄
一、御役料は、弐百俵有余以下共、五月十四日より同十五日迄

右日限之通、糸原勘兵衛・平賀甚右衛門裏判取之、米金請取候儀は、五月四日より六月晦日迄可限之、但米金請取方之犠は、右ケ条ニ準可相心得、直段之儀は、百俵ニ付弐拾六両之積りたるへき事、以上

卯四月

(44) 遠藤佐々喜「米相場の計算法の歴史に関する基礎的注意事項」（『社会経済史学』二―七　一九三二年）、同「張紙値段に就いて」（『史学雑誌』三九―七）。
(45) 幸田成友「御張紙値段」（『社会経済史学』四―三　一九三四年）。
(46) 北原進「寛政の棄捐令について」（『歴史評論』一六二・一六三　一九六四年）。
(47) 大口勇次郎「天保期の幕府財政」（お茶の水女子大学『人文科学紀要』二二―二　一九六九年）。
(48) 大野瑞男「江戸幕府財政の成立」（北島正元編『幕藩制国家成立過程の研究』吉川弘文館　一九七八年）。
(49) 岩橋勝「張紙値段の動きと江戸米価水準」（『松山商大論集』二二―二　一九七一年、のち『近世日本物価史の研究』大原新生社　一九八一年）。

(50) 末岡照啓「天保の無利息年賦返済令と札差」(『国史学』一一六・一一七合併号　一九八二年)。
(51) 飯島千秋「張紙値段の決定過程」(徳川林制史研究所『昭和五十七年度研究紀要』一九八三年)。
(52) 山梨県『龍王村史』(一九五五年)一三五〜一三九頁など。本書には、承応元年から文化十三年のデータが記載されている。
(53) 『所沢市史　近世史料編一』(一九七九年)七三四頁。
(54) 『日本財政経済史料』第一巻(大蔵省　一九二二年)五四頁の「御勘定諸令達書」。
(55) 末岡照啓「情報の三井──京都に残された御張紙値段──」(『三井文庫論叢第五〇号別冊　三井文庫史料　私の一点』二〇一六年)一三二頁。
(56) 註(51)の飯島論文。
(57) 註(50)末岡前掲論文。『幸田茂友著作集　第一巻』中央公論社　一九七二年)八二〜九六頁。

第2章　札差仲間の成立・変遷と寛政の棄捐令

第一節　札差仲間の成立

旗本・御家人など蔵米取幕臣団の俸禄米請取は、蔵米取の名前を記した札を、その家臣が御蔵の薹づとに差札して順番を待って受けとる「直差《じきさし》」が当初の姿であった。後年ではあるが、札差「業要集」はそのようすを「御武家方御蔵米取、銘々御名前、家来方御蔵江持参、差札場江差之、右順ヲ以相渡り、御武家方直々ニ請取来処」と記している(1)。ところが、順番待ちのため「御蔵近辺米屋共之見世江御待合」休息するうちに、近辺の米屋と親しくなり、請取業務を代行させたり、蔵米を引当に家計費を借用したりするようになった。これが札差の名前の由米であり起源である。

その後、天和年間（一六八一～八三）から札差は「天和之頃より御用筋も重り、札差仲間之振合ニ自然と相成」(2)り、同時にその受取方法も「天和年中之頃より差札を玉ニ拵、玉落名前順ヲ以金相渡り、差札場ヲ玉場と唱」とあるように、玉振りによるくじ引きとなった(3)。

こうして、天和年間から御蔵前近辺の米屋が内々に札差仲間を結成し、蔵米請取手形・玉落《たまおとし》・玉手形などを介して代行業務をしていたことがうかがえるのである。ところが、享保八年（一七二三）二月に京橋鈴木町の伊勢屋八郎兵衛という者が、御切米御張紙の改正に合わせるように、その権益を一手に牛耳ろうとし、幕府からつぎのようにその権益を保証されたのであった(4)。

今度江戸御蔵納米之事請込相勤、其上御切米取之面々御借米之用向、并勝手向仕送り筋之事、相対次第引請申筈ニ候間、被申付度面々は八郎兵衛会所江家来差越、委細承届、相対之訳事済候ハヽ、被申付候様ニ、御組中江可被仰談候、乍然今度、惣御切米取之面々不残、右之者承込候事は難成候ニ付、可成程は請込、其余は断申筈ニ候、其上ニ而壱ケ年も相勤、働之様子次第仕送之人数を増候様可被成候、以上

これによると、伊勢屋は会所を設け、蔵米取と「御借米之用向、并勝手向仕送り筋之事」につき、幕府から相対の取引を公認されたのであった。しかし、すべての蔵米取の面倒を見るわけにはいかないので、とりあえず出来る範囲の人数を引き受け、一年後のようすを見ながら人数の増加に努めるよう指示されたのであった。幕府としては、享保期の米価安のなかで困窮する蔵米取をなんとか救済しようとして、苦肉の策に出たものと考えられる。ところが翌九年七月、これに驚いた浅草御蔵前近辺の札差一〇九人は、自分たちの権益が冒されるとして、町奉行大岡越前守忠相《ただすけ》に株仲間の結成を出願したが、その経緯は、つぎのようなことであった(5)。

享保初年之頃、伊勢屋八郎兵衛と申者薬研堀に致住居、御蔵前ニ見世を出し置、壱人立不宜御用立等致、其頃ハ御屋鋪方ニも訳合無御存知、能事ニ被思召候而、右八郎兵衛方江数多差札を御頼被成候処、不宜儀故不相立、殊ニ其砌は四ツ谷・赤坂・麴町山之手辺、芝・本所・深川其外所々之町人共も、御切米引当ニ御屋敷方江、米金御用立候者多有之、当所之者江は、兼而右御切米引当ニ御書入在之候得は、二重三重之御書入ニ相成、三季之節は、譬は当所之者江御切米御手形御渡被成候得は、他所ニ而御書入被成候者共及御公訴、又は他所江御手形御渡被成候得は、当所之者御公訴致候故、右二重御書入之御屋敷方度々御呼出有之候付、町人共乍恐御公儀江多御苦労奉掛候者共、数多在之候故、御蔵近辺ニ致住宅、是迄右差札并用立米金等致来候者、人数百九人一同申合、享保八卯年大岡越前守様御番所江御願申上候得は、夫々段々御吟味再応有之、翌

享保九辰年五月願書御聞済に付左ニ（以下略）

内容を補って要約すると、伊勢屋が御蔵前に出店した当初は、御屋敷方（旗本たち）も融通向きに便利と喜び、伊勢屋への札差依頼が殺到した。ところが、御屋敷方にたいしてはすでに四谷・赤坂・麴町などその他の町人も御切米を引当に融通しており、私どもへの抵当ともなっていたので、二重三重の抵当書き入れとして公訴となり、御屋敷方様はたびたび呼び出しをうけ、公儀にたいし迷惑を掛けるので、従来から御蔵前の近辺で札差を営んでいる私ども一〇九人を札差仲間として認可してほしいというのである。札差側の立場からかかれたものなので、伊勢屋のことを一方的に中傷しており、伊勢屋が認可を得て営業していることを述べていない。ただし、伊勢屋の参入を契機に、「質屋・槇屋・酒屋・浪人衆、猥ニ札差宿」となり、御切米の二重書き入れが発生し、「御旗本様御用金相滞り相対之筋、一円相済不申候」ことも事実であった。

そこで、札差仲間一〇九人は町奉行所につぎの五か条の認可を出願した。要約するとつぎのようになる。(6)

①「札差前々之者共百九人之者人数」を札差宿（株仲間）として認可してほしいこと

②札差の旗本貸出金利は、これまでの「拾弐両壱分（年利二五％）」から「拾五両壱分（年利二〇％）」に引き下げ、それ以上の高利にしないこと

③旗本の払米は、蔵出し時の相場があるので、米相場の不正をしないこと

④札差仲間一〇九人は、片町組・天王町組・森田組の三組に分かれ、仲間を差配する行事は各組五人ずつ、三町で一五人が月番で勤務すること、月行事の任務は、三季切米の蔵出値段の検査や御切米御張紙（御張紙値段）の吟味であり、もし不正があれば仲間の除名や御蔵出入りの停止を町奉行所に出願すること、また払米値段の相違は弁償させ、取引の旗本から札差に不届きの訴えがあれば吟味の上、どのような責任も負うこと

⑤一〇九人の札差仲間のほかに、みだりに営業しないよう御触れをだしてほしいこと

表2-1-1　札差仲間変遷表1（天王町組）

享保9年 札差名（起立人）	安永7年	札差名	十八大通	寛政元年 札差名	棄捐順位	文政2年 札差名	札高順位	新規札差	文政2～弘化3の移動	弘化3年 札差名	願書	弘化3～慶応3の移動	慶応3年 札差名	出典
井筒屋（夏目）八郎右衛門	一番組	**井筒屋八郎右衛門**		**同左**	11	**同左**	26		**同左**	**同左**	○	**同左**	**同左（夏目）**	三三
小玉屋（山口）権左衛門		**小玉屋権左衛門**		**同左**	29	**同左**	12		**同左**	**同左**	○	**同左**	**同左（山口）**	三二
近江屋清兵衛（佐平次）		近江屋佐平次	○	同左	13	同左	45		坂倉屋平吉（天保12）	同左	○	（→天3へ）		二〇
中村屋太右衛門		＊1坂倉屋清兵衛（宝暦12）		同左	16	同左	19		同左	同左	○	同左	同左（酒井）	三〇
大口屋治左衛門		大口屋平十郎（寛保2）		同左	26	坂倉屋喜右衛門（文化元）	26		同左	同左	○	同左	同左（中村）	四九
伊勢屋（青地）四郎左衛門	二番組	**伊勢屋四郎左衛門**		**同左**	1	**同左**	2		**同左**	**同左**		**同左**	**同左（青地）**	三一
乗田屋藤兵衛		伊勢屋喜十郎（享保11）		同左	17	同左	34		同左	同左	○	同左	同左（堀口）	26
伊勢屋喜兵衛		**伊勢屋喜兵衛**		**同左**	48	**同左**	85		森村屋次郎助（文政4）	同長十郎（改名）	○	（→森3へ）		五三
		（森3より）→		伊勢屋嘉右衛門	57	同左	15		同左	同左	○	同左	同左（太田）	四六
大口屋弥平次		大口屋弥平次		同左	76	同左	14		同左	同左	○	伊勢屋万次郎（文久元）	同左（村林）	四五
乗田屋藤左衛門		筏屋儀兵衛（享保21）		同左	70	森村屋次郎兵衛（改名）	1		同左	同左	○	森村屋長三郎（慶応2）	同左（鈴木）	25
大口屋八兵衛	三番組	大口屋八兵衛	○	同左	25	同左	63		松屋伝之助（文政4）	同左		同左	同左（飯塚）	五六
大口屋次郎右衛門		大口屋次郎右衛門		同左	68	同左	82		＊伊勢屋市右衛門（文政10）	同左	○	同左	同左（高橋）	三六
平野屋伝兵衛		＊2伊勢屋宗三郎（元文2）	○	同左	14	同左	75		伊勢屋善蔵（天保9）	同左	○	鹿島屋清三郎（文久元）	同左（鹿島）	一九
備前屋長八		伊勢屋伊兵衛（寛保元）		同左	23	同左	45		同左	同左		坂倉屋義兵衛（弘化5）	同左（井田）	23
伊勢屋清右衛門		後藤屋久八（安永4）		＊3伊勢屋利助（天明5）	86	同左	6		同左	同左	○	同左	鹿島屋利助（改名）	一七
								○	鹿島清兵衛（天保14）	同左		同左	同左（鹿島）	一九
												（天1より）→	坂倉屋平吉（武野）	二〇
岡田屋市太郎	四番組	松坂屋市右衛門（元文5）	○	同左	4	同左	15		同左	同左	○	同左	同左（和田）	三五
大口屋清七		坂倉屋助太郎（宝暦3）		同左	27	同左	26		坂倉屋仁右衛門（改名）	同左	○	同左	同左（井田）	四二
伊勢屋六兵衛		大口屋平兵衛（享保17）	○	同左	22	同左	85		大口屋猪三郎（天保12）	同左	○	同左	同左（竹内）	五七
伊勢屋藤十郎		**伊勢屋源十郎**（改名）		**同左**	89	伊勢屋惣右衛門（文化12）	47		同左	同左	○	同左	同左（青地）	三一
鹿島屋善四郎		伊勢屋善三郎（明和4）		同左	60	笠倉屋弥七（文化6）	20		同左	同左	○	同左	同左（佐藤）	三七
相模屋佐平次	五番組	菱屋政次郎（安永7）		同左	74	同左	47		菱屋武右衛門（改名）	同左	○	和泉屋多七（文久3）	同左（細谷）	三八
小島屋酉之助		（片町組役へ）→		小島屋酉之助	46	同左	46		同左	同左	○	坂倉屋嘉兵衛（弘化4）	同左（中里）	五五
田村屋喜左衛門		伊勢屋庄五郎（享保16）		同左	78	同左	75		同左	同左	○	坂倉屋藤右衛門（安政3）	同左（中村）	四九
和泉屋（入山）才兵衛		**和泉屋才兵衛**		**同左**	58	**同左**	75		**同左**	**同左**	○	**同左**	**同左（入山）**	三九
木村屋太兵衛		木村屋藤右衛門（改名）		同左	67	大口屋弥右衛門（寛政9）	44		同左	同左	○	同左	同左（竹内）	五七
野中屋恵左衛門		後藤屋七右衛門（享保12）		（森5へ）→										24
（森、伊勢屋半兵衛株）	六番組	利倉屋勘兵衛（宝暦7）		同左	59	同左	47		同左	同左	○	同左	同左（相磯）	16
（森、下野屋孫右衛門株）		＊4笠倉屋喜右衛門（宝暦12）		同左	51	同左	45		同左	同左	○	同左	同左（林）	二五
（森、下野屋喜平次株）		伊勢屋久四郎（明和7）		同左	35	伊勢屋四郎次郎（改名）	23		同左	同左	○	同左	同左（村林）	四五
（森、藤田屋与八株）		藤田屋与八		同左	71	同左	45		同左	同左	○	＊5坂倉屋由次郎（安政3）	同左（中村）	二〇
（森、三河屋清兵衛株）		小浜屋平助（明和5）		同左	61	同左	62		坂倉屋治郎八（天保6）	同左	○	同左	同左（渥美）	10
								○	仙波太郎兵衛（天保14）	同左		相沢屋作蔵（安政7）	伊勢屋盈次郎（慶応元）	27
大口屋源七	組役	大口屋源七		（森2へ）→										二七
和泉屋（伊藤）源兵衛		**和泉屋源兵衛**		（森5へ）→										三八
大口屋治兵衛		（片6へ）→	○											
大内屋市兵衛		（森6へ）→												
若松屋利右衛門		寛保3.上り株												
小計　31		32	6	31		31		2		33	28		33	

註1：ゴチックの起立人は幕末まで存続。表中の「天」は天王町組、「片」は片町組、「森」は森田町組の略称であり、「棄捐順位」「札高順位」は表2-3に対応。

2：享保9年の（　）内の札差は、安永の組替えで移動した札差、安永7年以降の札差名の（年次）は、札差株の移動年次を示す。なお、＊1～5の札差はその直前の移動を省略したが、＊1は大和屋喜兵衛（享保19）、＊2は伊勢屋勘兵衛（享保14）、＊3は後藤屋茂兵衛（天明2）、＊4は笠倉屋文三郎（寛保3）、＊5は伊勢屋喜三郎（嘉永2）である。

出典：表2-1-1～3とも『幸田成友著作全集』第1巻68～82頁、出典の符合と対応する。寛政元年の棄捐額は『札差事略　中』（同上　1966年）383～393頁。文政2年の札高は、『業要集　下』（住友史料館所蔵）、脇田修『泉屋叢考　第拾六輯　札差業と住友』50・51頁の表による、幕末は「元治元子年五月、御番所様江差出候御蔵前札差名前書下書入」（一橋大学附属図書館所蔵）。

表2-1-2　札差仲間変遷表2(片町組)

享保9年		安永7年	十八	寛政元年	棄捐	文政2年	札高	新規札差	文政2～弘化3の移動	弘化3年		弘化3～慶応3の移動	慶応3年	出典
札差名(起立人)		札差名	大通	札差名	順位	札差名	順位			札差名	願書		札差名	
下野屋(松本)十右衛門	一番組	**下野屋十右衛門**	○	同左	21	同左	68		同左	同左	○		**同左(松本)**	一八
和泉屋長十郎	一番組	下野屋又兵衛(宝暦11)		同左	83	同左	34		同左	同左	○	下野屋鉄吉(嘉永2)	同左(増渕)	一八
溜屋庄助	一番組	溜屋庄助		同左	12	坂倉屋作兵衛(文化7)	20		同左	同左	○		同左(中里)	五五
相模屋(藤井or斎藤)庄兵衛	一番組	**相模屋庄兵衛**		同左	77	同左	85		同左	同左	○		**同左(藤井or斎藤)**	5
大口屋長兵衛	一番組	大口屋長兵衛		同左	52	同左	75		同左	同左	○	坂倉屋米次郎(万延元)	同左(庭屋)	三〇
	二番組	(森田町5より)→		伊勢屋安右衛門	44	同左	26			同左	○		同左(松本)	14
下野屋惣十郎	二番組	*6伊勢屋仁兵衛(安永2)		同左	89	同左	85		伊勢屋惣次郎(文政11)	同左	○	同左	同左(青地)	三一
東金屋甚兵衛	二番組	東金屋甚兵衛		坂倉屋八九郎(安永8)	89	伊勢屋市郎左衛門(寛政8)	41		同左	同左	○	同左	同左(高橋)	四八
近江屋伝兵衛	二番組	和泉屋権太郎(明和7)		同左	72	同左	45		同左	同左	○		同左(伊藤)	三八
大和屋吉右衛門	二番組	溜屋太七(安永6)		大口屋平左衛門(天明5)	85	同左	85		伊勢屋嘉十郎(文政9)	同左	○	坂倉屋音吉(嘉永7)	同左(内田)	4
大和屋(吉田)与兵衛	二番組	**大和屋与兵衛**		同左	38	同左	85		同左	同左	○	同左	**同左(吉田)**	三二
森田屋市郎兵衛	三番組	森田屋市郎兵衛		同左	45	同左	85		坂倉屋長左衛門(改名、文政5)	同左	○		同左(内田)	五一
上総屋忠兵衛	三番組	上総屋忠兵衛		同左	6	同左	30		同左	同左		坂倉屋鐘太郎(元治元)	同左(谷口)	6
上総屋(工藤)庄助	三番組	**上総屋庄助**		同左	15	同左	85		同左	同左	○		**同左(工藤)**	1
相模屋久兵衛	三番組	相模屋久兵衛		同左	64	上総屋源七(寛政9)	67		同左	同左	○		同左(山本)	二八
太田屋市左衛門	三番組	*7小玉屋庄八(明和2)		同左	75	松屋三郎次郎(寛政3)	66		伊勢屋金五郎(天保8)	同左	○	森村屋長右衛門(万延元)	同左(篠原)	五三
伊勢屋長兵衛	四番組	坂倉屋万右衛門(明和2)		同左	49	同左	34		同左	同左	○	同左	同左(渡辺)	四〇
尾張屋八右(左)衛門	四番組	坂倉屋太郎兵衛(安永7)		同左	79	同左	24		同左	同左	○	同左	同左(西谷)	7
松葉屋与右衛門	四番組	*8泉屋甚左衛門(宝暦5)		同左	8	同左	3		同左	同左	○	同左	同左(住友)	五九
庄内屋久兵衛	四番組	*9泉屋九兵衛(安永2)		同左	69	伊勢屋恆蔵(文化15)	85		伊勢屋忠兵衛(改名)	同左		同左	同弥太郎(改名、外山)	二七
江原屋佐兵衛	四番組	江原屋佐兵衛		同左	73	*10松本屋唯吉(文化7)	82		伊勢屋市十郎(文政8)	同左	○		同左(高橋)	3
伊勢屋(中村)清左衛門	五番組	**伊勢屋清左衛門**		同左	37	同左	10		同左	同左	○	同左	**同左(中村)**	二六
和泉屋(中井)喜平次	五番組	**和泉屋喜平次**		同左	65	同左	10		同左	同左	○	同左	**同左(中井)**	三九
上総屋清八	五番組	*11伊勢屋幾次郎(明和2)		同左	18	同左	22		同左	同左	○	同左	同左(青地)	四一
水戸屋吉兵衛	五番組	松屋八左衛門(明和8)		同左	89	下野屋半六(改名)	70		井筒屋義兵衛(文政4)	同左		同左	同左(夏目)	三三
紀伊国屋権三郎	五番組	下野屋十兵衛(元文3)	○	同左	28	大和屋彦七(寛政12)	70		同左	同左	○	伊勢屋嘉左衛門(弘化4)	同左(中村)	二六
	六番組	(森田町組役より)→		**伊勢屋(松岡)嘉兵衛**	24	同左	13		同左	同左		同左	**同左(松岡)**	一六
(森、山田屋(関口)金右衛門株)	六番組	**山田屋(関口)金右衛門**		同左	36	同左	32		同左	同左	○	同左	**同左(関口)**	三四
町屋伊左衛門	六番組	町屋伊左衛門		同左	62	坂倉屋新右衛門(享和3)	70		坂倉屋金六(改名)	同左	○	同左	同左(北原)	2
(森、小川屋勘左衛門株)	六番組	伊勢屋三郎右衛門(寛保3)		同左	7	同左	4		同左	同左	○	同左	同左(高柳)	二一
(天、大口屋治兵衛株)	六番組	伊勢屋太兵衛(明和4)		伊勢屋孫兵衛(天明8)	89	同左	85		同左	同左	○	同左	同左(猿橋)	22
(森、武蔵屋茂平治株)	六番組	*12伊勢屋宗四郎(元文2)	○	同左	34	斧屋吉兵衛(寛政8.)	85		伊勢屋与八(文政3)	同左	○	同左	同左(門松)	19
(天、小島屋西之助株)	組役	小島屋西之助		(天5へ)→				○	鹿島利左衛門(天保14)	同左		同左	同利右衛門(改名、鹿島)	一七
(森、伊勢屋(三宅)喜太郎株)	組役	**伊勢屋喜太郎**	○	(森6へ)→				○	永岡儀兵衛(天保14)	同左		永岡屋勝左衛門(元治元)	同左(永岡)	二四
*a上がり株5人								○	染谷次助(天保14)	同左		鹿島屋貢吉(安政6)	同左(鹿島)	一九
小計 31(26+5)	0	32	4	32		32		3		28	35		35	

註1：ゴチックの起立人は幕末まで存続。表中の「天」は天王町組、「片」は片町組、「森」は森田町組の略称であり、「棄捐順位」「札高順位」は表2-3に対応。

2：享保9年の( )内の札差は、安永の組替えで移動した札差、安永7年以降の札差名の(年次)は、札差株の移動年次を示す。なお、＊6～12の札差はその直前の移動を省略したが、＊6は大和屋瀧之助(寛保3)→伊勢屋善兵衛(明和6)、＊7は大和屋惣左衛門(享保19)、＊8は柳屋伝蔵(享保12)→伊賀屋善兵衛(延享3)、＊9は板倉屋権兵衛(享保14)→三河屋彦兵衛(寛保3)、＊10は伊勢屋忠兵衛(寛政5)、＊11は正木屋忠士(享保17)、＊12は伊勢屋四郎三郎(享保13)である。

3：＊aの上り株は、利倉屋善兵衛(享保10)、伊勢屋太郎左衛門(同16)、松本屋庄右衛門(同21)、吉田屋喜兵衛(同21)、上総屋五兵衛(宝暦7)の5人である。

表2－1－3　札差仲間変遷表3（森田町組）

享保9年 札差名（起立人）	組	安永7年 札差名	十八大通	寛政元年 札差名	棄捐順位	文政2年 札差名	札高順位	新規札差	文政2～弘化3の移動	弘化3年 札差名	願書	弘化3～慶応3の移動	慶応3年 札差名	出典
坂倉屋（井田）七郎兵衛	一番組	**坂倉屋七郎兵衛**		**同左**	9	**同左**	8		**同左**	**同左**	○	**同左**	**同左（井田）**	四三
		（森6より）→		伊勢屋七兵衛（天明元）	82	同左	24		同左	同左	○	同左	同左（中井）	20
伊勢屋（辻）平左衛門		**伊勢屋平左衛門**		**同左**	55	**同左**	9		**同左**	**同左**	○	**同左**	**同左（辻）**	四六
伊勢屋平右衛門		伊勢屋平右衛門		同左	54	同左	70		伊勢屋久右衛門（天保3）	同左	○	同左	同左（村林）	四五
紀伊国屋喜兵衛		伊勢屋清七（元文2）		同左	33	同左	37		同左	同左	○	同左	同左（出口）	四四
長島屋八郎兵衛		＊13井筒屋庄兵衛（安永3）		同左	84	同左	75		同左	同左	○	同左	同左（藤井or斎藤）	三三
山口屋（飯塚）甚兵衛	二番組	**山口屋甚兵衛**		**山口屋佐吉（改名）**	89	**松屋佐吉（改名）**	17		**同左**	**同左**	○	**同左**	**同左（飯塚）**	五六
		（天王町組役より）→		大口屋源七	43	同左	39		同左	同左	○	伊勢屋弥吉（元治元）	同左（外山）	二七
伊勢屋（村林）四郎兵衛		**伊勢屋四郎兵衛**		**同左**	5	**同左**	5		**同左**	**同左**	○	**同左**	**同左（村林）**	五〇
木屋庄三郎		＊14米屋政八（安永4）		同左	88	伊勢屋与兵衛（寛政12）	57		同左	同左	○	同左	同左（村林）	18
堺屋伊兵衛		堺屋伊兵衛		坂倉屋嘉七（天明8）	89	同左	37		同左	同左	○	同左	同左（大角）	9
坂倉屋長兵衛		坂倉屋長三郎（改名）		（森3へ）→										三九
	三番組	（森田町組役より）→		坂倉屋甚兵衛	39	同左	18		同左	同左	○	上総屋源三郎（文久2）	同左（山本）	二八
		（森2より）→		坂倉屋長三郎	31	同左	70		和泉屋喜四郎（文政7）	同左	○	同左	同左（中井）	三九
笠倉屋平八		笠倉屋平八		同左	3	同左	85		上総屋徳兵衛（文政9）	坂倉屋林右衛門（天保12）	○	鹿島屋清助（安政6）	同左（鹿島）	一九
信濃屋市左衛門		近江屋三郎兵衛（元文2）		同左	63	同左	63		同左	同左	○	同左	同左（戸木）	五四
田村屋長左衛門		田村屋長左衛門		同左	42	＊15松坂屋為助（寛政12）	57		伊勢屋富之助（天保3）	同左	○	同左	同左（中村）	二六
堺屋金兵衛		堺屋金兵衛		同左	47	利倉屋五兵衛（寛政3）	75		同左	同左		同左	同八右衛門（若林）	12
笠倉屋五郎兵衛		伊勢屋嘉右衛門（宝暦9）		（天2へ）→								（天2より）森村屋長十郎→	同和三郎（改名、篠原）	五三
大坂屋弥惣兵衛	四番組	坂倉屋小平次（享保12）		同左	30	同左	45		坂倉屋治郎左衛門（改名）	同左	○	同左	同左（村林）	三八
坂倉屋（渥美）助次		**坂倉屋助次**		**同左**	53	**同左**	47		**同左**	**同左**		**同左**	**同左（渥美）**	四七
吉田屋七兵衛		坂倉屋権八（寛保3）		同左	66	峰村屋角次郎（文化2）	60		同左	同左	○	同左	同左（加藤）	13
利倉屋庄左衛門		利倉屋庄左衛門	○	同左	32	同左	41		同左	同左	○	坂倉屋安兵衛（文久2）	同左（酒井）	12
伊勢屋市三郎		伊勢屋市三郎		同左	80	松坂屋市蔵（文化6）	68		伊勢屋弥兵衛（文政12）	同左	○	同左	同左（高田）	二三
	五番組	（天王町組役より）→		**和泉屋源兵衛**	40	**同左**	30		**同左**	**同左**	○	**同左**	**同左（伊藤）**	三八
増田屋四郎左衛門		泉屋茂右衛門（宝暦12）		同左	50	同左	41		同左	同左	○	同左	同左（丹羽）	五八
		（天5より）→		後藤屋七右衛門	19	同左	75		同左	同左	○	同左	同左（後藤）	24
十一屋（大谷）善八		**十一屋善八**		**同左**	56	**同左**	32		**同左**	**同左**	○	**同左**	**同左（大谷）**	二二
東屋権右衛門		＊16伊勢屋喜八（安永6）		同左	87	利倉屋吉郎兵衛（寛政9）	57		利倉屋源右衛門（改名）	同左	○	同左	同左（原）	15
坂倉屋七兵衛		伊勢屋安右衛門（宝暦8）		（片2へ）→										14
利倉屋七兵衛		利倉屋七兵衛		（寛政元、上り株）										と
坂倉屋（渥美）治兵衛	六番組	**坂倉屋治兵衛**		**同左**	10	**同左**	7		**同左**	**同左**	○	**同左**	**同左（渥美）**	五二
紀伊国屋三郎兵衛		＊17坂倉屋与惣兵衛（明和2）		同左	81	同左	39		同左	同左	○	同左	同左（服部）	11
笠倉屋平十郎		笠倉屋平十郎	○	同左	20	坂倉屋文六（寛政8）	45		同左	同左	○	同左	同左（吉岡）	六〇
伊勢屋（三宅）喜太郎→片組役		（片町組役より）→	○	**伊勢屋喜太郎**	2	**同左**	60		**同左**	**同左**	○	**同左**	**同左（三宅）**	8
上総屋五郎右衛門		＊18伊勢屋勘右衛門（明和7）		伊勢屋兵右衛門（寛政元）	89	同左	63		同左	同左	○	同左	同左（佐久間）	21
（天、大内屋市兵衛株）		大内屋市兵衛	○	同左	41	井筒屋三右衛門（享和3）	82		同左	同左		同左	同左（米津）	三三
日野屋吉左衛門		井筒屋甚三郎（享保16）	→	（伊勢屋七兵衛、森1へ）→										20
坂倉屋市郎兵衛	組役	坂倉屋甚兵衛（改名）		（森3へ）→										二八
伊勢屋（松岡）嘉兵衛		**伊勢屋嘉兵衛**		（片6へ）→										一六
＊b組替6人、＊c譲渡株2人、＊d上り株6人、合計14人														
小計　47（33＋14）		33	4	34		34		0		33	30		34	
合計　109		97	14	97		97		5		94	93		102	

註1：ゴチックの起立人は幕末まで存続。表中の「天」は天王町組、「片」は片町組、「森」は森田町組の略称であり、「棄捐順位」「札高順位」は表2－3に対応。

2：享保9年の（　）内の札差は、安永の組替えで移動した札差、安永7年以降の札差名の（年次）は、札差株の移動年次を示す。なお、＊13～17の札差はその直前の移動を省略したが、＊13は伊勢屋安兵衛（寛延2）、＊14は伊勢屋喜三郎（寛保3）、＊15は松坂屋利兵衛（寛政3）、＊16は菊川屋久次郎（不明）→利倉屋吉右衛門（元文6）→利倉屋甚兵衛（宝暦5）、＊17は板倉屋金兵衛（元文2）、＊18は伊勢屋次郎助（享保12）である。

3：＊bの組替6人は、片町6へ移動した山田屋金右衛門・小川屋勘左衛門・伊勢屋四郎次郎（武蔵屋茂平治起立株）と天王町6へ移動した三河屋清兵衛（明和5に天6の小浜屋平助へ譲渡）、伊勢屋半兵衛（宝暦7に天6の利倉屋勘兵衛へ譲渡）・藤田屋与八である。また、＊cの譲渡株2人は、下野屋喜平次（明和7に天6の伊勢屋久四郎へ）、下野屋孫右衛門（寛保3に天王町の笠倉屋文三郎へ）であり、＊dの上り株の6人は、堺屋長右衛門（享保12）、福田屋七郎左衛門（延享2）、武蔵屋岩太郎（享保20）、木綿屋吉兵衛（享保16）、伊勢屋久兵衛（享保20）、利倉屋九兵衛（寛保2、元は豊島屋伊兵衛株）である。

同年七月十八日、幕府は（江戸町奉行大岡忠相）はこの願書を聞き届け、札差仲間を認可した。幕府は札差一〇九人に二万人あまりに及ぶ蔵米取幕臣団の俸禄米取り扱いの特権を認める代わりに、札差仲間を統制することで、莫大な人数の蔵米取幕臣団の家計を安定維持させようとしたのである。

第二節　札差仲間の変遷

右に見たとおり、享保九年（一七二四）七月、浅草御蔵前の近辺で蔵米請取の代行をしていた米屋は、一〇九人で札差仲間を結成し、「米屋之筋」から「札差之筋」へと転換した。(7) すなわち、旗本・御家人の俸禄米を取り扱う貸付資本として生きていくことになったのである。享保九年から慶応三年までの札差仲間の変遷を追ったのが表2-1-1～3（折込表三枚）である。本表は、幸田成友が「札差雑考」（『幸田成友著作集』第一巻）で明らかにした札差株の沿革を一覧表にしたものであり、表中の出典番号（一）～（六〇）と（1）～（27）は、同書の六八～八二頁と対応する。また、札差株の移動年次と移動先は、表中に括弧書で示しているが、『札差事略　下』の六二二～六四〇頁にも、享保九年から文化十三年（一八一六）までの変遷があり参照した。この表には、「十八大通《だいつう》」（江戸の豪商）に数えられた札差の名前、寛政元年（一七八九）と文政二年（一八一九）における札差の棄捐高（棄捐令による損失）と札高（蔵米の取扱高）の順位（表2-3に対応）、および天保十四年（一八四三）の新規に登用された札差と弘化三年（一八四六）の札旦那貸付金利上げ願書に署名した札差の名前を書き加え、札差仲間の情報を充実させた。

表2-1によると、享保九年の札差仲間発起人一〇九人は「起立人《きりゆうにん》」と呼ばれ、天王町組三一人、片町組三一人、森田町組四七人で編成され、森田町組は片町組・天王町組より一六人も多く各組の人数はアンバランスであった。しかし、安永七年（一七七八）の組分けによって、株仲間は各組とも一～六番組に再編され、それぞれ

表2-2　札差株の移動

	和暦	西暦	株移動	年数	年平均
			件	年	件
①	享保9～	(1724-1735)	24(7)	11	2.2
	元文期	(1736-1740)	7	5	1.4
	寛保期	(1741-1743)	11(2)	3	3.7
	延享期	(1744-1747)	4(1)	4	1.0
	寛延期	(1748-1750)	1	3	0.3
	小計		47	26	1.8
②	宝暦期	(1751-1763)	14	13	1.1
	明和期	(1764-1771)	16(1)	8	2.0
	安永期	(1772-1780)	10	9	1.1
	天明期	(1781-1788)	6	8	0.8
	小計		30	38	0.8
③	寛政期	(1789-1800)	13	12	1.1
	享和期	(1801-1803)	2	3	0.7
	文化期	(1804-1817)	6	14	0.4
	文政期	(1818-1829)	13	12	1.1
	天保期	(1830-1843)	7	14	0.5
	小計		41	55	0.7
④	弘化期	(1844-1847)	2	4	0.5
	嘉永期	(1848-1853)	2	6	0.3
	安政期	(1854-1859)	6	6	1.0
	万延元年	(1860)	2	1	2.0
	文久元・2年	(1861-1862)	4	2	2.0
	小計		16	19	0.8
⑤	文久3年	(1863)	1	1	1.0
	元治元年	(1864)	3	1	3.0
	慶応期	(1865-1867)	2	3	0.7
	小計		6	5	1.2
	総計		140	143	1.0

註1：表中の①は株仲間形成期、②は隆盛期、③は寛政元年の棄捐令以後、④は天保14年の無利息年賦返済令以後、⑤は文久2年の安利年賦返済令以後を示す。
2：株数の(　)は、株移動のうち上り株。
3：天保・弘化期の一時的上り株はカウントしない。
出典：『幸田成友著作全集』第1巻68～82頁。

三二人、三二人、三三人とほぼ均等になった。彼らは年月を経るにしたがい減少傾向にあり、明治維新まで存続できた起立人は天王町組の井筒屋（夏目）八郎右衛門ら五人、片町組の下野屋（松本）十右衛門ら八人、森田町組の坂倉屋（井田）七郎兵衛ら九人の合計二二人であった（全一〇九人の二〇%）。

札差株の変遷をみたものが、表2-2である。幕府の札差統制には、のちに述べる安永七年の組分け、寛政元年の棄捐令、天保十四年の無利息年賦返済令、文久二年（一八六二）の安利年賦返済令がある。いずれも蔵米取の旗本・御家人の困窮を救うため、札差の組分けを通して統制し、札差からの借金を棒引きないし、軽減する目的があった。札差株の移動については、すでに北原進が享保期から文政期までを三期に分類し、①株仲間形成期が年平均一・三件、②隆盛期が〇・九件、③寛政の棄捐令以後（寛政〜文政期）が〇・八件であるとして、寛政の棄捐令以後に廃業者が増加していないことを明らかにした。[8]本章では表2-2にあるように、北原の③期に天保期を含め、さらに④天保の無利息年賦返済令以後、⑤文久二年の安利年賦返済令以後を加えて再度検証することにした。これによると、株の移動は①の時期が年平均一・八件、②の時期が〇・八件、③の時期が〇・七件、④の時期が〇・八件、⑤の時期が一・二件となり、①の株仲間形成期と⑤安利年賦返済令以後に廃業者が多く、③の寛政棄捐令後や④天保無利息年賦返済令後は、案外多くないことが立証された。その理由については、以下、本章第三・四節、第５章第三節で説明することにする。

第三節　札差の繁栄と十八大通

前掲表2-2によると、①株仲間形成期の札差株の移動は、四七件（年平均一・八件）と多かったが、それは享保九年の株仲間結成後の一一年間における二四件（年平均二・二件）と寛保期における一一件（年平均三・七）に集中していた。株仲間結成後の二四件のうち、七件が幕府に没収された「上り株」であり、そのほとんどが「欠落」を理由とするなど設立当初は経営が安定していなかった。[9]また、享保期は札差株の独占をめぐって商人間で争われた時期でもあった。享保九年に江戸札差仲間のうち下野屋十右衛門ら五人は、仲間結成と同時に新たな市場を求め、同年に甲府幕領として編入され甲府勤番士となった二〇〇人の札差を勤めたいと甲府役所に出願したが、これは甲府商人の反対にあって挫折し、在地の商人が甲府札差仲間を結成することになった。北原によると、「以後、江戸札差の市場は、江戸で支払われる俸禄米を原則とし、ないし限定されることになり、甲府・駿府・大坂などに派遣される者の場合、任地で支給される俸禄米は扱えないが、例えば役料の一部が浅草蔵米で支払われるときは、これが札差の取扱うところ」になったという。[10]江戸札差は、江戸在住の蔵米取旗本らの取扱いに限定されたのである。

元文元年（一七三六）十二月には、小森作兵衛（身分不詳）が幕府へ江戸札差一〇九人に代わって、札差を一手に引き受けたいと出願した(11)。その要旨は、蔵米取の旗本らが札差貸付金の高利（年利二〇％以上）と「奥印礼金」（借用金の手数料）に苦しんでいるので、自分が札差を引き受け、無利息で融資する代わりに幕府の拝借金を下げ渡してほしいというものであった。結局、この出願は聞き届けられず、札差仲間は権益を守ることができたが、札差株の独占による高利と法外な礼金は、問題として残ることになった。寛保期に札差株の移動が一一件（年平均三・七件）と多かったのは、その影響によるものと考えられる。

つぎに②隆盛期をみると三〇件の移動があったが、年数が多いので年平均は〇・八件であった。この時期は田沼時代と呼ばれ、老中田沼意次が積極的な金融・商業政策をとった時代である。札差株が「千両株」と称され、札差から「十八大通」を出すなど、札差の最盛期であった。「十八大通」とは、江戸を代表する一八人の通人であり、武士に対抗して蔵前風を気取り、馬鹿な無駄遣いをしてその権勢を誇った(12)。前掲表2-1に「十八大通」として列記した一四人のうち、明治維新まで存続できたのは松坂屋市右衛門（天王町組4番組、以下組・番を略称）、下野屋十右衛門（片1）、伊勢屋喜太郎（森6）のわずか三人に過ぎない。この三人以外は、その後の生活を改めることなく、派手な生活と浪費によって身代をつぶしたのであろう。

おもな人物の素行を組別にみると、近江屋佐平治（天1）は景舎と号し、洒落と茶番の名人であったが、天保十二年（一八四一）に坂倉屋平吉に株を譲った。大口屋八兵衛（天3）は金翠と号し、大博打で慶長金一二〇〇両と沽券状を失くしたといわれるほど豪勢を誇ったが、文政四年（一八二一）に松屋伝之介に株を譲った。下野屋十右衛門（片1）は祇園と号し、大山参りの華美を罰せられ入牢となったが、運よく幕末まで生き延びた。大口屋治兵衛（天→片）は暁雨と号し、歌舞伎芝居のパトロンとなり「今助六」と呼ばれたが、明和四年（一七六七）

に伊勢屋太兵衛（片6）に株を譲った。下野屋十兵衛（片5）は「むだ十」とのあだ名があり、自ら踊りを演じ、狂言・芝居に夢中になったが、寛政十二年（一八〇〇）に大和屋彦七に株を譲った。利倉屋庄左衛門（森4）は素人芝居に入れあげ、銀の針金で元結を結うほどであったが、幕末まで生き延びている。笠倉屋平十郎（森6）は有游と号し、小判に「平」と極印を打ち、平十郎小判と呼ばせるなど豪遊したが、寛政八年（一七九六）に坂倉屋文六に株を譲った。伊勢屋喜太郎（森6）は百亀と号し、箱根入湯の帰途に大磯の西行庵に竹杖を忘れ「西行杖」と称されたが、幕末まで生き延びている。

札差業の繁栄は、幕府当局の着目するところとなり、安永三年（一七七四）以降、幕府は札差にたいし三度の公金貸付を実施し利殖を図った。すなわち、安永三年正月に町奉行所から米価引き上げを目的に「南鐐二朱銀」（安永元年発行された金表示の銀貨）が年利五％の一〇年賦返済で札差各人に貸し付けられた[13]。貸付総額は不明であるが、借用証文案に「何千何百両」とあるので、札差全体では一万両以上におよんだであろう。安永八年正月には町奉行所から「御番所」貸付金一万両が、札差九五人（一人あたり金一〇四両あまり）に年利一二％で貸付けられ、町奉行所が一〇％、札差が二％の利子を得た。天明元年（一七八一）には「御納戸」貸付金一万両が、札差九七人（一人あたり金一〇三両あまり）に「御番所」貸付金と同様の条件で貸し付けられた。これらは、いずれも幕府の利殖を図るとともに、発行したばかりの「南鐐二朱銀」を江戸で流通させる目的があったといわれている[14]。

以上、田沼時代は札差株の高値売買を盛んにしたが、それは株仲間の寡占を守るためでもあった。加入者は、「仲間内次男・三男幷数年実体ニ相勤め候下代」と、身内か長年働いた使用人との条件があり[15]、原則としてよそ者は加入できなかったのである。ただしよそ者が加入する方法がないわけではなく、たとえば、大坂在住の泉屋（住友）吉左衛門友昌の事例では、泉屋の使用人が札差株の持ち主と親族関係を結んで譲ってもらった（第5章参照）。そうすることで、株の持ち主と譲受人の双方に利益があったのである。

第四節　札差仲間の取締りと安永の組分け

安永六年（一七七七）九月二十八日、札差名主と行事が南町奉行所に呼び出された。享保九年（一七二四）に株仲間が結成されて約五〇年も経過すると、「十八大通」と呼ばれる札差たちの豪遊ぶりが目立つようになり、幕府はこれに掣肘を加えようとしたのである。その要旨は、蔵米取への貸付金利は、表向きに規定の年利一八％より低い一両につき月九分（年利一〇・八％）で用立てているようだが、内々に礼金等を受けとるなど、それよりも高利となっているようなので、一人ずつ調査して九月晦日までに回答書を差し出すようにということであった。その尋問内容はつぎのとおりである。(16)

此度御尋之趣六ヶ条、如左従名主衆、書付被相渡候

一高利・高礼取候致方、其家々ニ寄色々致方在之由、是亦委細可被書出候事

一請合奥印金等貸出候者、名住所可被書出事

　但札差之内ニも、手前之金子を他所之者之金子之由申、奥印ニ而用立、高利高礼取候札差も在之由、右名前可被書出候

一米ニ而御用立候節、其節之相場より高直ニ致、用立者も有之由、其者名前可被書出候

一御蔵宿取継札ゟ申儀、如何様ニ致候事ニ候哉、尤先年相願御免被下儀候哉、又は表立候儀ニ而は無之、内々之事ニ候哉

　但右取継札商売ニ致候者之名前住所、幷右取次札被頼候札差之名前可被書出候

一月踊利足請取候哉之事

右六ヶ条之御尋御急之儀ニ候間、早々書付差出候様、名主利左衛門殿・同弥兵衛殿被申聞候

史料には尋問六か条とあるが、実際は五か条しかない。おそらく、第一条の「高利高礼」を二つに分けて、「高利」「高礼」とし、これに「奥印金」「高値の米の用立」「蔵宿の取次」「月踊利息」を加えて六か条としたようである。内容を補って要約すると、①札差の家々ごとに規定以上の高利や、②用立金に恩を着せて高い礼金を取っているようだが、その詳細を差し出すこと。③借入れ保証の奥印金といって、実は自己資金を他人からの借入金だと偽って証文の奥印（保証印）を押してやり、札旦那（旗本）から高利・高礼を取ることがあるようだが、そうしている者の名前と住所を差しだすこと。④札旦那への用立てが現米の場合、時の相場より高値で用立てている札差がいるようだが、その名前を書きだすこと。⑤札旦那と蔵宿（札差）の仲介を商売としている者がいるようだが、どのようにしているのか。また、それは認可を得ているのか、あるいは内々でしているのかどうかについて、仲介者の名前と住所、ならびにそれを依頼されている札差の名前を書きだすこと。⑥月踊りの利息といって、札差が米金の用立証文を書き換えるときに、旧証文の最後の月を新証文の最初の月に組み込んで、一か月の利子を二重取りしているかどうか、以上六か条を尋問したい。

これにたいし、札差一同は回答の延期願を出願したり、あるいは尋問内容を否定したりして、まともに回答しようとしなかった。奉行所の尋問内容がまとを射ていたからであろう。同年十二月十六日、町奉行所は札差九四人（休株と病気の二人を除く）を召し出し、六一人が過料、一二人が注意、二五人がおとがめなしとされた。札差の七〇%が有罪判決を受けたのである。(17) いずれの申渡しも、つぎのような処罰理由が記されていた。(18)

其方共儀、享保年中御蔵米取諸御旗本・御家人為用弁相願、札差人数相極、重キ家業を以致渡世候故、其砌掟相定、其後度々申渡有之候処、致忘却、近来猥に相成、仲間申合も相背、高利幷礼金有之金子を致口入請負致し、奥印為祝儀、金主共金子貰請候得は、礼金配分取候ニ無相違相聞、或は米用立候節は時之相場ゟ高直ニ致し、返済之節は相場下直に致し候故、名目は弐拾両壱分之利息（年利一五%）ニ而も甚高利ニ相当、所持金用立候節

も他之金子之由申立致奥印、且三季御切米之節、元利引取新証文書替、返済之月〻利を懸、月踊取候故、弥以高利ニ相成、右之通致来候ニ付、諸家ニ而返済相成兼、自金高ニ相成、御家人之為不相成（以下略、傍線筆者）

すなわち、札差は掟を守らず、傍線にあるような「高利」「高礼」「奥印金」「高値の米の用立」「月踊利息」の違反があったため、蔵米取の旗本・御家人の窮乏につながったと認定したのである。しかも、大切な家業をおろそかにし、遊興奢侈にふけるようになり、支配人・手代任せがその原因であると叱責した。

翌安永七年七月十八日、町奉行は札差仲間に組織改正を命じたが[19]、その内容を要約するとつぎのようになる。

①享保九年に札差仲間は一〇九人で結成され、片町組、天王町組、森田町組の三町に分かれていたが、その後に「高利」「高礼」「奥印金」「高値の米の用立」「月踊利息」の不埒があったので、仲間一統の取締りのため、当時家業を継続していた九六人を三町六組に再編成すること。

②用立金の利息は、一両につき月銀九分（年利一八％）[20]以上の高利で貸付けてはならないこと。もちろん「高利」「高礼」「奥印金」を取ってはならないこと。また、所持金が不足するときは、仲間証文をもって相互に融通して支障がないようにすること。

③米代は、金一両につき月銀七分五厘（年利一五％）の利率で貸付け、扶持米は一人扶持につき五合の利息とし、それ以上の高利を取ってはならないこと。

④札差家業や役所向きの勤め方は、店主自らが勤め、武家にたいする無作法がないように、当人はもちろん、手代召使にいたるまでしっかり申付け、慎むようにすること。かつ、武家方から不埒な申しかけをする不逞の輩（蔵宿師）があれば、役所で吟味して必ず処罰すること。また、浪人や町人が武家から依頼されたといって、不埒なことを申しかけられたら直ちに出訴し、これまた処罰すること。

こうして、札差仲間は三町六組に再編成され、折込表2-1によると、札差仲間は天王町組・片町組・森田町組とも一番組から六番組まで各五人で構成され、組行事が二人置かれた。以後、札差の組替えや上り株（幕府による没収株）によって組構成員の変化はあるものの、幕末まで六組五人態勢が維持された。

第五節　寛政の棄捐令と猿屋町会所の設置

寛政元年（一七八九）九月十六日、北町奉行初鹿野《はじかの》河内守信興は、白洲へ札差全員と町役人を召し出し、勘定奉行久世丹後守広民立会いのもと、蔵米取を長年の借金苦から解放するため、借金を棒引きにする棄捐令を達した[21]。安永の組分けからわずか一年後、幕府は札差統制の実効性を図るため、強硬策に出たのである。この施策の発案者は、寛政の改革を断行した老中松平定信であり、腹心の勘定奉行（久世ほか三人）と町奉行（初鹿野ほか一人）に相談し、町年寄樽屋与左衛門の献策や勘定所御用達の出資金を得て密かに練り上げられたものであった。いわゆる寛政の棄捐令とは、「仰渡」[22]と「（貸付改正）御仕法帳面」[23]からなっており、前者で札差を厳罰に処する理由を述べ、後者で棄捐令を含めた貸金規制の全般を達している。まず、前者の「仰渡」の該当部分から見てみよう。

其方共貸金之儀は、永々元利之取引ニ成、数代之借金尽ル期も無之候間、御旗本御家人は逐々御難渋相増候事ニ候、其方共儀は右躰之弁も無之、任渡世ニ利足を重引取勘定相立、猶三季之請取金高ニ而不足ニ候得は、其分又元ニ直シ、追々金高相増候而も利下ケ等も不致、容易ニ多分之利潤を取候而、身分之奢侈は勿論、下代共ニ至迄種々之遊興而已致し、甚鋪は世上町屋之風俗迄崩し候様成不届之奢を極、其上用事達し候御旗本・御家人江対し候而は、失礼成事共在之趣相聞、絶言語不届ニ付、厳鋪御咎可被仰付所、格別之御憐愍ヲ以御宥免被成下候間、向後身持風俗を改、渡世之分限を守り、御家人江対し失礼成儀一切不致様、一同申合

可相慎、此度其方共貸金利下ケ、并是迄之貸金済方等別紙之通仕法改正被仰出、浅草御蔵前猿屋町明地江貸金会所相建、町年寄樽屋与左衛門江引請被仰付候間、得其意向後仕法之趣、急度相守可申事

すなわち、札差は蔵米取の旗本・御家人にたいする高利貸で利潤を得、貸金高がふくれあがっても利下げをせず、奢侈・遊興にふけっている。しかも町屋の風紀を乱し、蔵米取に対する失礼は、言語に絶する不届きであり、厳罰に処すというのである。ただし、幕府は貸金規制によって札差が倒産することや、札旦那（蔵米取のこと）への貸金が不足することをおそれ、浅草猿屋町に貸金会所を建て、町年寄の管理下で御下げ金（救済金）や貸付金を運用することになった。

つぎに、寛政の棄捐令の原文である「（貸付改正）御仕法帳面」一二か条を紹介する。

一御旗本御家人江貸付利息之儀は、向後（寛政元年）金壱両ニ付銀六分宛（年利一二％）之積を以、三季御借米御切米渡り候節勘定相立、尤貸附方等之儀は是迄之通差支無之様、可致相対之事（第一条）

一御蔵前猿屋町明地江御貸附会所相建、町年寄樽屋与左衛門江為引請、御下ヶ金被成下并外町人共ゟ差加金被仰渡候間、其方共手金手廻り兼候節は、会所江申出借り請、札旦那江貸方之儀は前ヶ条之通、差支無之様借シ渡可申事（第二条）

一是迄借り貸大抵定法目当も有之儀ニ而、弥用立可然筋之分は前書之通相心得可申候、若又法外并不相当之儀ニ而断可然筋は、其旨是迄之通幾重ニも断申達、右躰之筋は会所江は申出間鋪候事（第三条）

一会所ゟ金子借り請方之儀は、天王町組・片町組・森田町組と三組ニ分ケ、組合限り貸金高取究、惣連印を以借入証文会所江差出、金子は行事共請取、組合内江割渡し候積取計、万一右借請金自分用ニ遣捨返済滞等有之砌は、組合一統不正之筋ニ付、連印之者共一同弁納可致事（第四条）

一旧来之借金は勿論、六ヶ年以前辰年（天明四年）迄貸附候金子は、古借新借之無差別棄捐之積り可相心得事

附、五ヶ年（天明五年）以来家督代替りニ而、親代之古借新借金共証文書替、并其身之分も六ヶ年（天明四年）以前金子貸渡し候後、時々証文書替、五ヶ年以後之借用金ニ相成候共、全金子用立六ヶ年以上ニ候ハヽ、済方可為棄捐事

（第五条）

一五ヶ年（天明五年）以後、去巳年（寛政元年）以来、当夏御借米以前迄之貸金済方之儀は、元金之多少ニ不拘、向後壱ヶ月（年利六%）五拾両壱分之利足を加、高百俵（三五石）ニ付壱ヶ年元金三両宛（約一二年賦）、年賦済方勘定相立、尤百俵之内外共貸金高済方割合之儀も右ニ准シ相対可致事

附、飯米代金貸置候分も済方本文ニ准し、惣貸金高之内江結ひ勘定可致事

一当五月（寛政元年）御借米以後之貸附金は、一ヶ月金壱両（年利一二%）ニ付銀六分宛之利足を以、当冬御切米ニ而勘定相立、若借金高多分有之、返済切ニ而は取続方難成候者、借返金之儀分限ニ応し差支無之様取引可致事

附、当五月（寛政元年）以後格別之訳有之、定式臨時之用向ニ而金子多分用立候歟、或は札替ニ而古借新借共ニ、元宿江為立替候金子済方をも附置候分は、五ヶ年（天明五年）以後之貸金高ニ結ひ済方可致事

但、当五月（寛政元年）御借米以後之貸付金と有之は、其節致勘定引取候残金〆高之事ニは無之候、右残金〆高は縦令其節証文相改候とも、前条之五ヶ年（天明五年）以後貸金之内江結ひ、年賦之済方ニ相成候間、右之通相心得、全当五月以後之貸金と申者、右御借米之節差引候残金〆高之外、当用ニ貸渡候金子之事ニ而候（第七条）

一御扶持方有之候者、飯米借越候利米は后後貸渡候月は、壱人扶持壱斗五升ニ付、是迄之通五合宛、翌月ゟは弐合之積り可請取事

附、是迄取越米貸置候分は、当夏張紙値段三拾六両之積を以金ニ直し、五ヶ年（天明五年）以後之借金高ニ結ひ　済方可致事（第八条）

一御扶持方計被下候者江、米金貸方取引之儀も、前ヶ条御切米取ニ准し勘定可致事（第九条）

一其方共(札差)之内、是迄借入金を以致渡世候ものは、此度御改正被仰出候付、元利返済滞金主ゟ及出訴ニ候共、五ヶ年以前(天明五年)借入金之儀は、御取上無之、五ヶ年以後借入候分は金高ニ応し、其方共ゟ貸付金之利足年賦割合之姿を以、済方相対可致候事（第一〇条）

一三季御切米渡り之節、払米之分御蔵庭相場之内、百俵ニ付金弐分宛側引(売側金)候儀、幷札差料之儀は是迄之通請取可申候事（第一一条）

一三季御借米御切米渡之節、是迄酒食等差出候由ニ候得共、向後一切無用ニ可致事（第一二条）

右ヶ条之趣、武家一同御触被仰出候間、后後堅相守、尤手支候節は会所江可申出事ニは候得共、成丈ヶ組合之内ニ而融通いたし、相済候程ニ取計、会所有之候迚貸方是迄相断候分も、容易ニ会所江申出候類、其外不正之儀は勿論之事、此上少々たり共心得違等候は、厳重ニ可申付候、御足高御役料之分も仕法同様可為候、且是迄貸金棄捐幷年賦済方之儀共、明白可及対談もの也

酉(寛政元年)九月

以上、寛政の棄捐令をまとめると、幕府は棄捐令だけを強調しているのではなく、まず第一条では札差の新規貸付利率を従来の年利一八％から一二％に引き下げると達し、第二条から四条では蔵米取への融資が滞らないように猿屋町に貸金会所を創設し、札差および彼らが紹介した札旦那へ組仲間を通じて融資するとした。幕府は今後の対策を示したうえで、用意周到に第五条で棄捐令を発したのである。第六条以下は、三季御切米と扶持米の抵当貸付金の利率と年賦返済方法、およびその訴訟の相対済しを命じ、札差料と売側金（販売手数料）の料金を定め、札旦那への接待を禁止した。

このほか、町年寄樽屋から札差一同への「申渡」九か条と(24)、札差が棄捐令の具体的返済方法を町奉行に諮問し

たひな型や、[25] 町奉行所から札差・町役人への仰渡しがあり、[26] 北原はこれらをまとめて寛政の棄捐令としたが、その説明には補足が多いので、[27] 筆者は前述の史料「（貸付改正）御仕法帳面」一二か条にそって法令をまとめておきたい。

【旧債権の処分・済し方】

①天明四年（一七八四）以前の貸付金と利子で未返済のものは棄捐とすること（第五条）。

②天明五年から寛政元年の夏借米までの貸付未返済金は、元利とも年利六％に利下げし、知行高一〇〇俵につき一か年元金三両ずつの年賦返済とすること（第六条）。

③寛政元年夏から冬切米までの貸付は、年利一二％とし、冬切米で決済すること（第七条）。

④扶持米取にたいする貸付金も、前条（第五・六・七条）の切米取に準じて天明四年以前は棄捐とし、天明五年の夏以後の分は年賦返済とすること。ただし、天明五年夏以後の取越米・貸越米の分は、寛政元年夏の御張紙値段（一〇〇俵＝三六両）で換算して借金高と合算し年賦返済とすること（第八・九条）。

【今後の札差貸金仕法】

①公定金利を、一か月年利一二％に引き下げること（第七条）。

②知行高に不相応な借金は拒絶すること。また札旦那への饗応は無用のこと（第三条・第一二条）。

③札差料（一〇〇俵につき金一分）と売側金（同金二分）、および貸借方法・勘定差引方法などは従来どおりとすること（第一条、第八～第一一条）。

【御下げ金と猿屋町会所の貸付仕法】

①猿屋町に貸付会所を設け、その事務を年寄樽屋与左衛門に担当させること（第二条）。

②貸付資金は、幕府の御下げ金と町人の差加金《さしくわえきん》（出資金）とすること（第四条）。

③猿屋町会所からの借受け方は、三町の各組ごとに惣連印の借用証文を会所に提出し、札差行司役が現金を一括して受け取ってから、各札差に渡すこと（第四条）。

ところで、幕府は猿屋町会所の設立にあたりその資金について、松平定信を中心に勘定奉行・町奉行・町年寄樽屋与左衛門の間で熱心に討議し、しぶしぶ二万両の下げ渡しに応じた(28)。そのうち一万両は札差救済貸付金として、一〇か年据え置き、一一年目から無利息二〇年賦で貸下げ、残りの一万両は会所に備蓄し、今後の札差貸付資金とした(29)。札差救済金一万両を当時の札差八八人で除すると、一店舗あたり一一三両と少なかったが、恒久的な金融機関が誕生したことは大きかった。しかしながら、会所資金が幕府公金の二万両だけでは札差の納得が得られないので、申渡の第四条にあるように町人の差加金を募集するため、勘定所御用達とその他の町人に出資を命じた。天明八年（一七八八）に任命された勘定所御用達は、三谷三九郎（本両替）・中井新右衛門（本両替・酒商）・仙波太郎兵衛（本両替、のち札差）・鹿島清兵衛（酒商、のち札差）・堤弥三郎（両替）・松沢孫八（油商）・田村十右衛門（酒商）の七人であったが、その他の町人を加えるため、竹原文右衛門（本両替）・森川五郎右衛門（材木商）・川村伝左衛門の三人を加えて一〇人となった。彼らは三谷三九郎を除き、正徳～享保期以降に成長した新興商人であった。いずれも田沼期に急成長し、松平定信の目に留まった商人たちであり、大名貸で理財を蓄えたという(30)。

勘定所御用達に支えられた猿屋町会所は、先述の幕府御下げ金一万両に勘定所御用達ら町人の差加金を加えた資金を将来的に札差に運用させることにした。すなわち、札差は会所資金を武家（札旦那）へ年利一割二分で貸出し、そのうち一分を会所諸入用へ納付し、三分を当面の五か年だけは手数料として受けとり（本来は会所の利益）、残り八分を差加金の金主に渡した(31)。札差は、猿屋町会所の設立によって、幕府の金融統制下に入ったのである。

第六節　棄捐高と札差株の移動

寛政元年（一七八九）十二月、札差九六人のうち八八人が棄捐高を取り調べ、町年寄の樽屋に届け出た[32]。表2-3は、棄捐高の大きい札差順に並べたものであり、棄捐総額は一一八万七八〇八両（計算値一〇一万四四五両）におよんだ。棄捐高を届け出た八八人で除すると、一人あたり約一万三五〇〇両の借金が棒引きされたのである。その後の経営動向は、三〇年後の文政二年（一八一九）の「株仲間入用割」で判別できる[33]。入用割は、札旦那の取扱高（札高）によって割り当てられ、たとえば、伊勢屋（青地）四郎左衛門（天2）は、七人一分と表記されているが、これは札高が七万一〇〇〇俵ということであり、札高が大きいほど経営規模が大きかったことがわかる。この伊勢屋四郎左衛門は、棄捐高八万三〇〇〇両と業界一番の損失高をこうむったが、文政二年の札高は業界二位の七万一〇〇〇俵であった。よって、順位の変動は一番から二番に下がっただけで、あまり影響を受けていないことがわかる。

これらの傾向を把握するために作成したのが、表2-4である。札差九六人を棄捐高によって、Aの二万～八万三〇〇〇両、Bの一万～二万両、Cの五〇〇〇～一万両、Dの一〇〇〇～五〇〇〇両、Eの一〇〇〇両以下に区分すると、Aランクが一九人、Bランクが三〇人、Cランクが一四人、Dランクが一九人、Eランクが一四人となり、棄捐高五〇〇〇両以上のABCランク六三人が全体の六六％を占めていた。そのうちには、起立人二三人（六四人の三五％）と十八大通一二人（同一八％）が含まれており、由緒があり経営規模の大きい札差の棄捐高が大きかった。

つぎに、棄捐令後の札差の経営動向をみると、上昇者が四五人、下落者が三〇人、廃業者が二一人となっており、半数以上が打撃をこうむったことがわかる。これをクラス別にみると、上昇者四五人は棄捐高の多いABC

表2－3　札差の棄捐高と動向(１)

寛政元年					寛政２年	文政２年				
A 棄捐順	組番 (並順)	札差名	棄捐金高	願書	拝借金高	B 札高順	札差名	札高	順位動向 (B－A)	
			両	人	両			人.分		
1	天2-1	**伊勢屋四郎左衛門**	83,000			2	**同右**	7.1	-1	△
2	森6-4	**※伊勢屋喜太郎**	60,696	●	1,000	60	**同右**	1.2	-58	△
3	森3-3	笠倉屋平八	48,610	●	600	85	同右	0.1	-82	△
4	天4-1	※松坂屋市右衛門	31,993		1,200	15	同右	3.5	-11	△
5	森2-3	**伊勢屋四郎兵衛**	31,859			5	**同右**	6.0	0	○
6	片3-2	上総屋忠兵衛	31,420	●	800	30	同右	2.3	-24	△
7	片6-4	伊勢屋三郎右衛門	28,343	●	1,000	4	同右	6.1	3	○
8	片4-3	泉屋甚左衛門	28,044		1,200	3	同右	6.4	5	○
9	森1-1	**坂倉屋七郎兵衛**	26,115			8	**同右**	4.6	1	○
10	森6-1	**坂倉屋治兵衛**	25,834			7	**同右**	5.4	3	○
11	天1-1	**井筒屋八郎右衛門**	24,664		1,000	26	**同右**	2.5	-15	△
12	片1-3	溜屋庄助	24,516			20	坂倉屋作兵衛(文化７)	3.1	-8	×
13	天1-3	**※近江屋佐平次**	24,355			45	**同右**	1.6	-32	△
14	天3-3	※伊勢屋宗三郎	24,124	●		75	同右	0.4	-61	△
15	片3-3	**上総屋庄助**	22,431	●	300	85	**同右**	0.1	-70	△
16	天1-4	坂倉屋清兵衛	21,311		1,600	19	同右	3.2	-3	△
17	天2-2	伊勢屋喜十郎	21,136		500	34	同右	2.1	-17	△
18	片5-3	伊勢屋幾次郎	20,865		500	22	同右	3.0	-4	△
19	森5-3	後藤屋七右衛門	20,602		1,000	75	同右	0.4	-56	△
20	森6-3	※笠倉屋平十郎	19,756	●		45	坂倉屋文六(寛政８)	1.6	-25	×
21	片1-1	**※下野屋十右衛門**	19,460		1,100	68	**同右**	0.6	-47	△
22	天4-3	※大口屋平兵衛	17,353		1,500	85	同右	0.1	-63	△
23	天3-4	伊勢屋伊兵衛	16,885		500	45	同右	1.6	-22	△
24	片6-1	**伊勢屋嘉兵衛**	16,054		400	13	**同右**	3.7	11	○
25	天3-1	**※大口屋八兵衛**	16,001			63	**同右**	1.0	-38	△
26	天1-5	大口屋平十郎	15,501		600	26	坂倉屋喜右衛門(文化元)	2.5	0	×
27	天4-2	坂倉屋助太郎	15,400		700	26	同右	2.5	1	○
28	片5-5	※下野屋十兵衛	14,996			70	大和屋彦七(寛政12)	0.5	-42	×
29	天1-2	**小玉屋権左衛門**	14,881		1,600	12	**同右**	3.9	17	○
30	森4-1	坂倉屋小平次	14,642		200	45	同右	1.6	-15	△
31	森3-2	坂倉屋長三郎	14,548		600	70	同右	0.5	-39	△
32	森4-4	※利倉屋庄左衛門	14,227	●	1,000	41	同右	1.8	-9	△
33	森1-5	伊勢屋清七	14,014		1,200	37	同右	2.0	-4	△
34	片6-6	※伊勢屋宗四郎	13,876			85	斧屋吉兵衛(寛政８)	0.1	-51	×
35	天6-3	伊勢屋久四郎	13,649	●	700	23	伊勢屋四郎次郎(改名)	2.9	12	○
36	片6-2	**山田屋金右衛門**	13,135	●	2,000	32	**同右**	2.2	4	○
37	片5-1	**伊勢屋清左衛門**	13,130		500	10	**同右**	4.0	27	○
38	片2-6	**大和屋与兵衛**	12,671			85	**同右**	0.1	-47	△
39	森3-1	坂倉屋甚兵衛	12,459		1,200	18	同右	3.4	21	○
40	森5-1	**和泉屋源兵衛**	11,545		500	30	**同右**	2.3	10	○
41	森6-7	※大内屋市兵衛	11,405		400	82	井筒屋久右衛門(享和３)	0.2	-41	×
42	森3-5	田村屋長左衛門	11,100	●		57	＊１松坂屋利兵衛(寛政３)	1.3	-15	×
43	森2-2	大口屋源七	11,059		270	39	同右	1.9	4	○
44	片2-1	伊勢屋安右衛門	10,984		500	26	同右	2.5	18	○
45	片3-1	**森田屋市郎兵衛**	10,948		1,000	85	**同右**	0.1	-40	△
46	天5-2	**小島屋酉之助**	10,300	●	900	46	**同右**	1.5	0	○
47	森3-6	堺屋金兵衛	10,273	●		75	利倉屋五兵衛(寛政３)	0.4	-28	×
48	天2-3	**伊勢屋喜兵衛**	10,260		300	85	**同右**	0.1	-37	△
49	片4-1	坂倉屋万右衛門	10,021		2,100	34	同右	2.1	15	○
50	森5-2	泉屋茂右衛門	9,936		2,200	41	同右	1.8	9	○
51	天6-2	笠倉屋喜右衛門	9,822	●	1,000	45	同右	1.6	6	○
52	片1-5	大口屋長兵衛	9,493		450	75	同右	0.4	-23	△
53	森4-2	**坂倉屋助次**	9,449		600	47	**同右**	1.4	6	○
54	森1-4	伊勢屋平右衛門	8,869		400	70	同右	0.5	-16	△
55	森1-3	**伊勢屋平左衛門**	8,266		700	9	**同右**	4.5	46	○

表2－3　札差の棄捐高と動向(２)

寛政元年					寛政２年	文政２年				
A 棄捐順	組番 (並順)	札差名	棄捐金高	願書	拝借金高	B 札高順	札差名	札高	順位動向 (B－A)	
			両	人	両			人.分		
56	森5-4	**十一屋善八**	8,116		2,200	32	**同右**	2.2	24	○
57	天2-4	伊勢屋嘉右衛門	7,827			15	同右	3.5	42	○
58	天5-4	**和泉屋才兵衛**	7,503	●		75	**同右**	0.4	-17	△
59	天6-1	利倉屋勘兵衛	7,111	●	1,400	47	同右	1.4	12	○
60	天4-5	伊勢屋善三郎	6,156	●		20	笠倉屋弥七(文化６)	3.1	40	×
61	天6-5	小浜屋平助	5,288	●	1,000	62	同右	1.1	-1	△
62	片6-3	町屋伊左衛門	5,090	●	100	70	坂倉屋直次郎(享和３)	0.5	-8	×
63	森3-4	近江屋三郎兵衛	5,000	●	300	63	同右	1.0	0	○
64	片3-4	相模屋久兵衛	4,956		450	67	上総屋源七(寛政９)	0.8	-3	×
65	片5-2	**和泉屋喜平次**	4,400		1,600	10	**同右**	4.0	55	○
66	森4-3	坂倉屋権八	4,274	●	1,440	60	峰村屋角次郎(文化２)	1.2	6	×
67	天5-5	木村屋藤右衛門	4,040		200	44	大口屋弥右衛門(寛政９)	1.7	23	×
68	天3-2	大口屋次郎右衛門	3,950		450	82	＊２大口屋次郎右衛門	0.2	-14	△
69	片4-4	泉屋九兵衛	3,919	●	660	85	伊勢屋恆蔵(文化15)	0.1	-16	×
70	天2-6	筏屋儀兵衛	3,860		1,200	1	森村屋次郎兵衛(改名)	8.2	69	○
71	天6-4	藤田屋与八	3,590	●	400	45	同右	1.6	26	○
72	片2-4	和泉屋権太郎	3,551		300	45	同右	1.6	27	○
73	片4-5	江原屋佐兵衛	3,414			82	＊３伊勢屋忠兵衛(寛政５)	0.2	-9	×
74	天5-1	菱屋政次郎	3,368		1,400	47	同右	1.4	27	○
75	片3-5	小玉屋庄八	3,222			66	松屋三郎次郎(寛政３)	0.9	9	×
76	天2-5	**大口屋弥平次**	3,016		2,000	14	**同右**	3.6	62	○
77	片1-4	**相模屋庄兵衛**	2,861		250	85	**同右**	0.1	-8	△
78	天5-3	伊勢屋庄五郎	2,469		400	75	同右	0.4	3	○
79	片4-2	坂倉屋太郎兵衛	1,886	●	850	24	同右	2.8	55	○
80	森4-5	伊勢屋市三郎	1,741	●		68	松坂屋市蔵(文化６)	0.6	12	×
81	森6-2	坂倉屋与惣兵衛	1,595	●	600	39	同右	1.9	42	○
82	森1-2	伊勢屋七兵衛	1,452		200	24	同右	2.8	58	○
83	片1-2	下野屋又兵衛	742		550	34	同右	2.1	49	○
84	森1-6	井筒屋庄兵衛	621			75	同右	0.4	9	○
85	片2-5	大口屋平左衛門	594		150	85	同右	0.1	0	○
86	天3-5	伊勢屋利助	539	●	500	6	同右	5.9	80	○
87	森5-5	伊勢屋喜八	319	●	250	57	利倉屋吉郎兵衛(寛政９)	1.3	30	×
88	森2-4	米屋政八	42			57	伊勢屋与兵衛(寛政12)	1.3	31	×
89	天4-4	**伊勢屋源十郎**				47	伊勢屋惣右衛門(文化12)	1.4	42	×
89	片2-2	伊勢屋仁兵衛				85	同右	0.1	4	○
89	片2-3	坂倉屋八九郎				41	伊勢屋市郎左衛門(寛政８)	1.8	48	×
89	片5-4	松屋八左衛門				70	下野屋半六(改名)	0.5	19	○
89	片6-5	伊勢屋孫兵衛				85	同右	0.1	4	○
89	森2-1	**山口屋佐吉**				17	**松屋佐吉(改名)**	3.5	72	○
89	森2-5	坂倉屋嘉七				37	同右	2.0	52	○
89	森6-6	伊勢屋兵右衛門			24,200	63	同右	1.0	26	○
	合計	96人	1,010,445	28	54,670	66人	96人	187.1		
		原史料	(1,187,800)		(55,860)			(185.2)		

註１：棄捐高は四捨五入。札高の「7.1」は、仲間入用割「７人１分」の意で、札取扱高７万1000俵のこと。

２：「札差名」の記号の※は十八大通、「順位動向」の○は棄捐高より札高の順位が同等ないし上がったもの、△は棄捐高より札高の順位が下がったもの、×は廃業したもの。

３：寛政２年に救済願書を出した札差は●で示した。

４：＊１の札差は寛政12年に松坂屋為助に譲渡、＊２の札差は文政６年に伊勢屋亀三郎に譲渡、＊３の札差は文化７年に松本屋唯吉に譲渡。

出典：棄捐高は『札差事略　中』383～393頁、札高は「業要集　下」(住友史料館所蔵、『泉屋叢考　第拾六輯　札差業と住友』50・51頁所収)。

表2－4　棄捐令後の動向（棄捐高と札高・救済金受給者の比較）

分類	棄捐高	札差数		内訳（札高との比較）						起立人	十八大通	寛政2年の融資5万両余の受給者			
		合計		上昇		下落		廃業				上昇	下落	廃業	計
		人	%	人	%	人	%	人	%	人	人	人	人	人	人
A	2万～8万3000両	19	20	5	11	13	43	1	5	8	4	2	10	0	12
B	1万～2万両	30	31	12	27	11	37	7	33	11	8	11	10	2	23
C	5000～1万両	14	15	8	18	4	13	2	10	4	0	7	4	0	11
D	1000～5000両	19	20	10	22	2	7	7	33	3	0	12	4	0	16
E	1000両未満	14	15	10	22	0	0	4	19	2	0	4	0	0	4
	合計	96	100	45	100	30	100	21	100	28	12	36	28	2	66

出典：表4－3を加工。

ランクに二五人、少ないD・Eランクに二〇人とやや前者が多かった。一方、下落者は棄捐高の大きいABCランクの者が圧倒的に多く（下落者三〇人の九三％）、廃業者はABCランク一〇人、D・Eランク一一人と拮抗していた。結局、下落者の多くが棄捐高の多いABCランクの者であった。

寛政元年九月二十三日、棄捐令で困窮した坂倉屋与物兵衛ら二八人は（前掲表2-3の●印）町奉行所へ救済願いを提出した[34]。その内訳はAランクが六人、BCランクがそれぞれ七人、Dランクが六人、Eランクが二人であり、棄捐高の大きいABCランクの者が合わせて二〇人と多かった。町奉行所では、札差仲間全員の出願ではないものの、翌二十四日に札差仲間全員を召し出して、救済金二万両を下付すると通達した[35]。前述のように、総額二万両のうち一万両は札差仲間九六人に無利息二〇年賦（二〇年据置後）で貸し付けた。残り一万両は、猿屋町会所（改正役所）へ下げ渡し、これを札旦那へ年利一二％で貸し付け、金利の三％を札差の手数料、一％を猿屋町会所の諸入用として渡し、残り八％を同所の積立金として返納することになった。なお、同年十二月に金利の八％返納は、御救いとして軽減され、当初の五年間は六％（利金三〇〇〇両）返納、六年目から一五年の間は九％（利金一万三五〇〇両）返納、その後は免除と変更された[36]。

寛政二年正月、幕府は棄捐令後の札旦那金融が貸し渋りなど不融通になっているとし、札差九六人にその理由を腹蔵なく上申するよう申し渡した。同月十八日、札差一同は棄捐令以前の貸付金利が金一両につき月銀九分（年利一八％）だったので、その利潤で格別のご用立てもできたが、棄捐令と利下げ（年利一二％）によって貸付資金が手薄となり余裕がないので、もとの金利に戻し、猿屋町会所貸付金も個別に融資してほしいと上申した。[37] おそらく、年利一八％もあれば数年の金利で元金の回収も可能となり、個別に融資してもらう方が運用に適していたからであろうが、この願いは許可されなかった。同年二月、幕府は札差の困窮を鑑み、天明五年四月から寛政元年五月まで五年間の未返済証文（年利六％に引き下げられた証文）を抵当に、猿屋町会所から債権高の四〇％を融資することにした。[38]

その融資高（拝借金高）は、前掲表2-3にあるように札差六六人（全札差九六人の六八％）にたいし金五万五八六〇両が実施された（一人平均八四六両）。寛政元年九月二十三日に融資願を提出した札差二八人のうち二一人も融資を得ることができた。前掲表2-4によって融資を受けた札差六六人の内訳とその後の経営動向を探ってみた。これによると、Aランクが一二人、Bランクが二三人、Cランクが一一人、Dランクが一六人、Eランクが四人であり、棄捐高の大きいABCランクの者が合わせて四六人と多かった。融資を受けた後に上昇したものが三六人、下落したものが二八人、廃業が二人となっており、融資を受けた札差の半数に効果があったことがわかる。前掲表2-2で札差株の移動をみると、この時期は③の時期にあたっており、その移動が年平均〇・七件と、一件にも満たない。融資の効果は、この札差株の移動の少なさからも実証できる。寛政の棄捐令後、設立された猿屋町会所は、町奉行―町年寄（樽屋）―改正役所―札差という指揮命令系統により、幕府の札差末端統制機関としての役割を果たしていった。まさに、猿屋町会所は札差の統制・救済のための「改正役所」であった。[39]

（1）「業要集」（三田村鳶魚『未刊随筆百種』第四巻　中央公論社　一九七六年）九八頁。
（2）『札差事略　上』（一橋大学札差事略刊行会　一九六五年）二四〇頁。

(3)　註(1)「業要集」、九九頁。
(4)　江戸幕府日記の「享保八録」(国立公文書館所蔵)。
(5)　註(2)に同じ。
(6)　同右、二四一～二四二頁。
(7)　北原進「宝暦―天明期の江戸商業と札差」(西山松之助編『江戸町人の研究』第一巻　吉川弘文館　一九七二年)二九〇頁。
(8)　北原進「寛政・天保の改革と江戸札差」(『国史学』九〇号　一九七三年)一～七頁。
(9)　一橋大学札差事略刊行会編『札差事略　下』(創文社　一九六七年)五七六～五七八頁の上り株理由を参照。
(10)　註(7)北原論文、二六六・二六七頁、甲府札差については、角田洋子「甲府における札差株仲間について」(『甲斐史学』二二号　一九六七年)、北原進「甲府札差における天保主法改革」(『甲府市史研究』創刊号　一九八四年)。
(11)　註(7)北原論文、二六七～二六九頁。
(12)　十八大通と札差については、註(7)北原論文の二五五～二五八頁、同『江戸の札差』(吉川弘文館　一九八五年)八七～一一二頁。以下の逸話は本書による。
(13)　註(7)北原論文、三〇〇～三〇八頁。
(14)　同右、三〇一～三〇二頁。
(15)　註(9)『札差事略　下』、二八〇頁。
(16)　一橋大学札差事略刊行会編『札差事略　上』(創文社　一九六五年)二八〇頁。
(17)　同右書、三六二～三七八頁、註(12)北原前掲書、六四頁。
(18)　註(16)『札差事略　上』、三六五頁。
(19)　同右書、三七九～三八一頁。
(20)　利息計算、金一両は銀六〇匁替であるから、一両につき一か月銀九分(〇・九匁)の利率は、〇・九匁を六〇匁で除して一・五％となる。これが十二か月で年利一八％を得る。
(21)　北原進「寛政の棄捐令について」(『歴史評論』一六二・一六三号　一九六四年)、註(7)北原論文、三一〇～三三四頁。これらをまとめた註(12)『江戸の札差』、同書改題の『江戸の高利貸』（吉川弘文館　二〇〇八年）参照。
(22) 一橋大学札差事略刊行会編『札差事略　中』（創文社　一九六六年）二八七〜二八九頁。
(23) 同右書、二八九〜二九二頁。
(24) 同右書、二九四〜二九七頁。
(25) 同右書、三〇六〜三七二頁。
(26) 同右書、三〇一・三〇二頁。
(27) 註(21)北原前掲書・論文参照。
(28) 竹内誠『寛政の改革の研究』（吉川弘文館　二〇〇九年）一三四頁。
(29) 註(22)『札差事略　中』、三〇一頁。
(30) 註(28)竹内前掲書、一四一〜一四七頁。
(31) 註(22)に同じ。
(32) 註(22)『札差事略　中』、三八三〜三九三頁。原史料の棄捐高合計と計算値は合致しない。
(33) 「業要集　下」（住友史料館所蔵）には、朱書きで札高が記されている。この札高は『泉屋叢考　第拾六輯　札差業と住友』の五〇・五一頁に翻刻されている。
(34) 註(22)『札差事略　中』、三〇一〜三〇二頁。
(35) 同右書、二九八〜三〇二頁。
(36) 同右書、四七二〜四七四頁。
(37) 同右書、三九六〜四〇一頁。
(38) 同右書、四七六〜四八六頁。なお、対象となった債権は、「武家方ゟ銘々請取候五拾両壱分米金済方証文」とある。五拾両一分の利息とは、「元金五〇両にたいして、利子一か月金一分」の意味であり、一か月金一分の利子は、一二か月で三両となる。よって年間利子三両を元金五〇両で除すれば、年利六％となる。
(39) 札差と猿屋町会所の関係については、註(28)竹内前掲書、三八〇〜三八二頁参照。

第3章　札差証文について

第一節　札差と俸禄米受取の代行手続き

本章では、旗本・御家人などの徳川幕臣団のうち、幕府米蔵からサラリーの蔵米を支給される蔵米取が、どのようにしてその受取を札差に代行させたのか、また札差は蔵米取からどのような形式の証文で依頼をうけ、蔵米を担保に生活資金を貸し付けたのか。蔵米取と札差が交わした札差証文を紹介する。前章で述べたように、蔵米取は、春夏に支給される借米《かしまい》と、冬に支給される切米をそれぞれの請取手形によって受けとることになっていた（一二三頁参照）。その手形の真偽を確かめるのが書替《かきかえ》奉行（御切米改役）の役割であった。ここでは、俸禄米の受けとりの手続きとそれにかかわる人々を確認したい。幕末の慶応二年（一八六六）ではあるが、春の御借米請取手形の雛形はつぎのようになっていた(1)。

　　請取申御借米之事
高百俵之内
　一米弐拾五俵　　但三斗五升入
右は当春為御借米請取申処、仍如件
　慶応二年寅正月

日光奉行支配吟味役
何　某㊞

吉岡栄之輔殿
垣屋　義助殿

「（紙背）表書之通可有御渡候也
小倉但馬守㊞

吉岡栄之輔㊞
垣屋　義助㊞

御蔵奉行衆」

すなわち、書替奉行の吉岡栄之輔と垣屋義助は、百俵取の日光奉行支配吟味役某が上役の日光奉行小倉但馬守（正義）の裏書きを取って差し出した御蔵米請取手形（春借米二五俵）について手形改めおこない、裏印（保証印）を与えている。その後、代行の札差手代がそれを御蔵奉行に持参するとともに、この請取手形と照合した渡《わたし》高《だか》・石代金《こくだいきん》・旗本の姓名・札差名を記した手形を作り、この紙を丸めて玉手形として準備した（玉組という）。玉手形は、札差の手代によって御蔵にある玉場に持ち込まれ、そこでは御蔵奉行と配下の役人、および札差行司と札差の手代たちが立ち会いのもと、蔵米受取の順番を決める抽選がおこなわれた。すなわち、札差行司が手代たちからとりまとめた玉手形を玉振り役に渡し、ただちにまとめて玉柄杓に入れると、「玉落ち」といって玉手形が一個ずつ振り出され、出た順番に玉手形と引き換えに木製の御蔵札が各札差の手代に交付された（図3−1）。札差はこれを蔵米取（日光奉行吟味役某）に報告し、後日この鑑札によって御蔵から出米を受けとった（第5章第

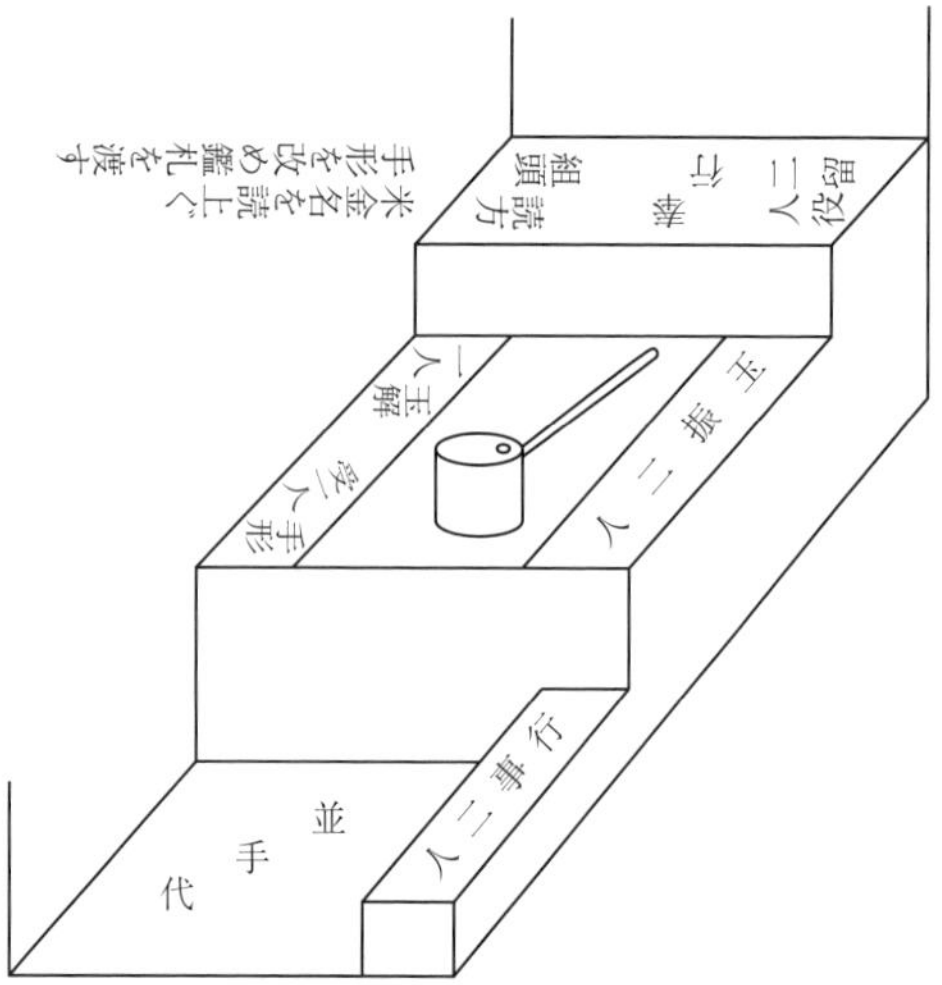

図3-1　玉場ノ席図
（『幸田成友著作集　第1巻』92頁）

一節、泉屋甚左衛門店の実例参照）。

一方、札差店の役職としては、図3-2にあるように札差主人（支配人以下を任免し、行事月番に勤務）、支配人（主人の代理として、業務一切を担当）、勤方名代人（行事月番の主人代理）、対談人（蔵米取・蔵宿師の応対）、米方（御蔵渡り米を査収）、書替方（書替奉行から裏印手形を受け取り、玉組・玉入を実施）、請取方（御蔵庭出米を査収し、蔵米取の屋敷への飯米渡しや売方を通じて払米を実施）、御金方（御蔵金庭へ出頭し、石代金を受け取り米方へ渡す）などがあった。そのほか、専門の出入業者として売方（御蔵庭渡り米の分配と売捌き実施する仲間）、運送方（米運搬の車力・背負仲間）、蔵船（水上運搬人の仲間）、舂入《つきいれ》（飯米を精米し、屋敷へ送付する仲間）があった。

第二節　札差証文の残存状況

江戸の徳川幕臣団（旗本・御家人などの蔵米取）を取引相手とした札差仲間は、慶応四年（一八六八）四月の江戸開城により幕臣団が解体されると、消滅する運命にあった。そのため、札差が蔵米取と交わした証文・書状類の残存状況はきわめて少ない。本節ではその残存状況を概観する。ちなみに、札差証文によると、取引先の蔵米取は「札旦那」、札差は「蔵宿」と称している。以下、適宜この呼称を用いる[2]。

現在、札差証文は一橋大学附属図書館所蔵の青地家旧蔵史料（札差伊勢屋幾次郎、貴二九八）と住友家文書（札差

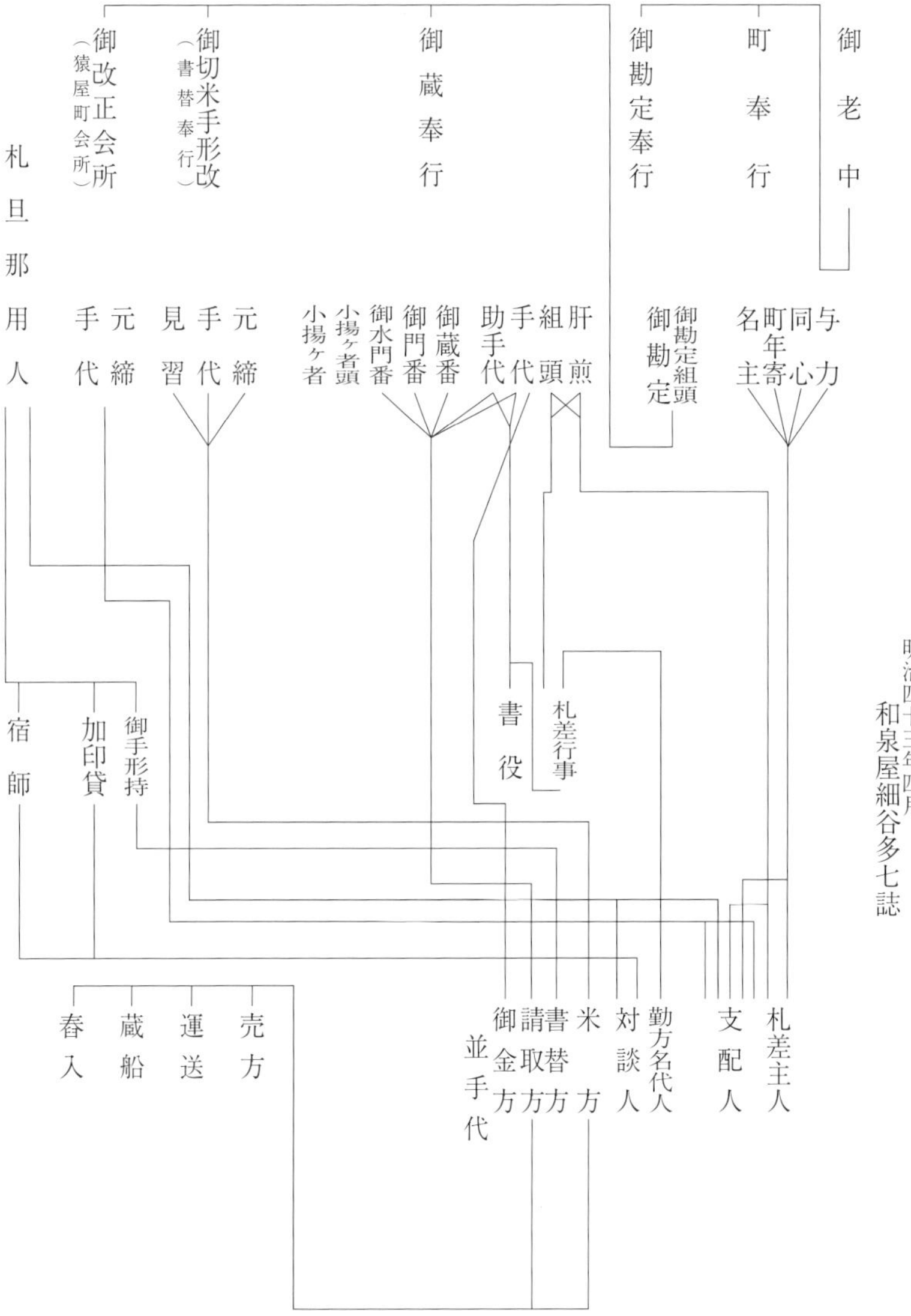

図3－2　札差業務連系分担之図（『幸田成友著作集　第1巻』83頁の図を加工）

泉屋甚左衛門・同茂右衛門・同平右衛門）に残るのみである。青地家文書には蔵米取の「御蔵札差頼証文」「対談取極《とりきめ》証文」が一四七点残り、住友家文書には「御蔵札差証文」「対談証文」「借用証文」などを含めた札差証文が泉屋甚左衛門（泉甚）分二〇二人、同茂右衛門（泉茂）分五三人、同平右衛門（泉平）分一二人の合計二六七人分ある。

住友家文書に残された札差証文は、明治二年（一八六九）正月の閉店にさいし、貸付金の回収が可能と判断されて大坂本店に持ち帰られたものであり、借金が棒引き、ないし年賦返済とされた寛政元年（一七八九）の棄捐令、天保十四年（一八四三）の無利息年賦返済令以前のものはきわめて少ない(3)。これらの札差証文は、いずれも蔵米取の名前順に史料番号を付して、『住友史料叢書　札差文書』の一と二の二冊（思文閣出版）に収録した。以下の史料引用は、同書の史料番号により、札差文書一の場合（泉甚一の〇〇）、同二の場合（泉甚二の〇〇）（泉茂二の〇〇）とする。

表3-1は、泉屋甚左衛門店の札差証文二〇二人分のうち、禄高ないし役職が判明する蔵米取七一人を一覧表にしたものである。その禄高は一〇〇俵～五〇〇俵取の者が多く、役職も天守番、清水家奉行・用人、代官手附、大番、小普請、甲府勤番、京都見廻組、医者など多彩である。

取引理由をみると、札差の依頼関係が五八人、金子の貸借関係が一二人、幕末の軍役金請取関係が六人であった。もっとも古い「御蔵札差頼証文」は、文政十一年（一八二八）十二月の荻原作之助（泉甚一の四一）であり、同じく「金子請取証文」では享和四年（一八〇四）正月の小出大助（泉甚一の六八）、「金子借用証文」では文化五年（一八〇八）二月の渡瀬惣次郎（泉甚二の一九九）となる。なお、泉屋甚左衛門店と伊勢屋幾次郎店の「御蔵札差頼証文」「対談取極証文」の記載内容には多少の相違があり、各札差別に定式証文を作成していたようである(4)。

第三節　札差証文の書式

泉屋甚左衛門店の札差証文は、前述の『住友史料叢書　札差証文』の一と二に収録したが（前頁参照）、そのうち最も取引内容が詳細に分かるのが戸田金之助（小普請・本高三〇〇俵）である。戸田とは、文久二年（一八六二）三月に取引を開始し、そのさい作成された「御蔵札差頼証文」「対談取極証文」から、つぎの札差に転宿する（札差を替える）までの取引内容がよくわかる証文・書状三〇通が残っている（泉甚一の一一九）。以下、戸田を事例に、前掲図3－2の札差業務連系分担を参照しながら定式証文を解説しよう。

（1）御蔵札差頼証文

御蔵札差頼証文之事

一此度我等御切米本高三百俵御蔵米渡札差、其方江相頼候処実正也、然ル上者、春夏御借米・冬御切米請取手形調印之上、其時々可相渡間、其方ニ而書替所両判取之被致差札、米金其方江請取、米者御蔵時之相場ニ売払勘定相立可被申候事

一年々三季御切米書入、其方ゟ為前金致借用候儀者、我等勤向幷勝手向為要用相頼候ニ付、三季御切米其時々御蔵渡米金共、其方ゟ借用金之方江金三拾両ニ付壱ヶ月金壱分宛之利足を加江、元利共引取勘定相立可被申候事

一札差料之儀者、壱ヶ年高百俵ニ付金壱分宛之割合を以三季ニ割合、目録面ニ而引取可被申候、向後御切米高相増、御蔵ゟ請取候節者、右之割合を以引取可被申候事

一惣而御蔵ゟ請取米之分御場所ニ而売払候節者、米三拾五石ニ付為売側金弐分宛之割合を以、其方江引取勘

役職	当該年の蔵宿（太字）とその前後の変遷	参考文献
御天守下番	上総屋源→下野屋十右衛門→**泉屋甚左衛門**	幕①47
歩兵屯所出役医師	**泉屋甚左衛門**	
（医師）	**泉屋甚左衛門**	
（医師）	**泉屋甚左衛門**	
清水高田屋敷奉行・上方御勘定	伊勢屋市右衛門→**泉屋甚左衛門**→下野屋十右衛門	
代官手附	**泉屋甚左衛門**	
子量平代官手附	**泉屋甚左衛門**	
文久元～小普請	**泉屋甚左衛門**	幕①163
小普請	伊勢屋四郎兵衛→伊勢屋清左衛門→**泉屋甚左衛門**→上総屋源三郎	幕①167
小普請	**泉屋甚左衛門**	幕①170
（医師）	**泉屋甚左衛門**	
清水家用人見習	倉屋由次郎→**泉屋甚左衛門**→山田屋金右衛門	幕①199
（医師）	**泉屋甚左衛門**	
小普請	伊勢屋四郎左衛門→坂倉屋作兵衛→**泉屋甚左衛門**	
西丸御小姓・御先手	**泉屋甚左衛門**	柳③69、⑥204
（医師）	**泉屋甚左衛門**	
篤一郎：代官手附、直右衛門：函館奉行支配並	伊勢屋三郎右衛門→**泉屋甚左衛門**	幕②71
小普請	藤田屋与八→**泉屋甚左衛門**	
（医師）	**泉屋甚左衛門**	
御小納戸	**泉屋甚左衛門**	幕②119
大番・近習番・目付・徒士奉行	**泉屋甚左衛門**	幕②124
（医師）	**泉屋甚左衛門**	
小普請	**泉屋甚左衛門**	
（医師）	**泉屋甚左衛門**	
（医師）	**泉屋甚左衛門**	
表右筆	森村屋次郎兵衛→和泉屋源兵衛→**泉屋甚左衛門**	幕②153
小姓・奥詰銃隊指図役頭取	坂倉屋長左衛門→井筒屋義兵衛→**泉屋甚左衛門**→森村屋和三郎	柳⑤252
（医師）	**泉屋甚左衛門**	
小普請	鹿島屋利助→伊勢屋幾次郎→**泉屋甚左衛門**→森村屋長左衛門	幕②210
京都見廻組	**泉屋甚左衛門**	
（医師）	**泉屋甚左衛門**	
（医師）		
（医師）	**泉屋甚左衛門**	
小普請	坂倉屋長左衛門→**泉屋甚左衛門**	
部屋住・大番・御実記調出役・銃隊指図役	**泉屋甚左衛門**	幕②273
富士見御宝蔵番	伊勢屋惣右衛門→森村屋和三郎→**泉屋甚左衛門**→伊勢屋富之助	幕③31

表3－1　札差証文一覧(泉屋甚左衛門店取引幕臣の禄高・役職判明者)

＊	幕臣氏名	取引年月	理由	依頼高
1－1	浅岡邦蔵	安政6．9	札差依頼	本高15俵1人扶持
〃 12	伊東玄晁・宮内陶亭	文久3．5	札差依頼	出役手当15人扶持
〃 13	伊東玄民	文久3．8	札差依頼	本高20人扶持、出役手当15人扶持
〃 14	伊東龍雲	文久3．9	札差依頼	出役手当15人扶持
〃 16	伊藤藤十郎・庄藏	文久2．2	札差依頼	本高7石2人扶持、足高合計20石5人扶持
〃 20	岩佐幸兵衛	安政2．5	札差依頼	本高20俵2人扶持
〃 21	岩田勇左衛門	安政5．8	札差依頼	本高20俵2人扶持
〃 22	岩間忠右衛門	巳(弘化2)4	前金借用	本高300俵
〃 23	上田孫太郎	文久2．3	札差依頼	本高200俵
〃 24	植林金三郎	嘉永3．4	前金借用	本高300俵
〃 29	遠田昌庵	文久3．6	札差依頼	出役手当15人扶持
〃 31	大河原鍋之助・錫之助	文久2．3	札差依頼	本高200俵、足高100俵、清水屋形200俵、部屋住高100俵10人扶持
〃 32	大熊良達	元治元．12	札差依頼	出役手当15人扶持
〃 41	荻原作之助	文政8．12	札差依頼	本高400俵
〃 42	荻原辰次郎(近江守)	天保12．2	借金返済	本高ほか1200俵
〃 43	奥山元省	文久3．11	札差依頼	出役手当15人扶持(本高20人扶持)
〃 64	木川篤一郎・直右衛門	天保15．7	札差依頼	本高20俵2人扶持
〃 65	倉橋幸三郎	天保13．6	札差依頼	本高30俵2人扶持
〃 67	黒田良庵	慶応2．11	札差依頼	出役手当15人扶持
〃 68	小出大助	享和4．正	金子請取	本高54俵、足高246俵、役料200俵、合計500俵
〃 69	河野主馬	未11	前金借用	本高200俵
〃 71	越山友仙	文久3．9	札差依頼	出役手当15人扶持
〃 75	小西従二郎	文久元．3	札差依頼	本高400俵
〃 76	小林文周	慶応3．12	軍役金請取	本高22人扶持
〃 78	小宮山袋玄	文久3．10	札差依頼	出役手当15人扶持
〃 81	呉黄石	文久3．8	札差依頼	出役手当15人扶持
〃 82	権太平八郎(父平太郎)	文久3．9	札差依頼	本高150俵
〃 83	斎藤豊太郎	文久元．12	札差依頼	本高300俵
〃 85	酒井玄洋	文久3．11	札差依頼	出役手当15人扶持
〃 88	佐橋忠左衛門	慶応元．5	札差依頼	本高250俵
〃 89	三宝辰蔵	元治元．12	留守中依頼	本高20俵2人扶持、他合計40俵5人扶持
〃 91	柴田文庵	文久3．7	札差依頼	出役手当15人扶持
〃 93	杉田松斎	慶応3．4	軍役金請取	20人扶持
〃 94	杉田善兵衛	文久3．7	札差依頼	出役手当15人扶持
〃 95	杉山鋳次郎	弘化2．12	札差依頼	本高30俵2人扶持
〃 96	鈴木寛之丞	安政7．正	札差依頼	部屋住高200俵
〃 100	瀧静太夫	元治2．3	札差依頼	本高228俵2斗

小姓組奥詰	坂倉屋長左衛門→井筒屋八郎右衛門→**泉屋甚左衛門**→森村小屋和三郎	幕③38
清水附・御物頭同心	坂倉屋治郎左衛門→**泉屋甚左衛門**	幕③41
小普請	坂倉屋甚兵衛→**泉屋甚左衛門**	
寄合医師	鹿島屋清三郎→笠倉屋由次郎→**泉屋甚左衛門**→井筒屋三右衛門	
清水様近習番	下野屋鉄吉→坂倉屋甚兵衛→**泉屋甚左衛門**	
(医師)	**泉屋甚左衛門**	
(医師)	**泉屋甚左衛門**	
陸軍所泊(実家保科家は医師)		幕③85
小普請	伊勢屋四郎右衛門→峰村屋角次郎→鹿島屋貢吉→**泉屋甚左衛門**→森村屋七左衛門	
甲府勤番	利倉屋庄左衛門→伊勢屋嘉右衛門→**泉屋甚左衛門**	幕③123
清水家	**泉屋甚左衛門**	
小普請	伊勢屋安右衛門→伊勢屋富之助→**泉屋甚左衛門**→坂倉屋清兵衛	
支配勘定	坂倉屋万右衛門→**泉屋甚左衛門**	
(医師)	**泉屋甚左衛門**	
奥火之番・勘定	**泉屋甚左衛門**→菱屋武右衛門	
書院番		幕③201
小普請	伊勢屋幾次郎→伊勢屋弥兵衛→**泉屋甚左衛門**	
	伊勢屋市郎左衛門→泉屋茂右衛門→伊勢屋幾次郎→井筒屋庄兵衛→**泉屋甚左衛門**→和泉屋源兵衛	
小普請	上総屋源七→鹿島清兵衛→**泉屋甚左衛門**→松屋佐吉	
講武所奉行支配・小普請	和泉屋喜平次→青地四郎左衛門→**泉屋甚左衛門**	
(医師)		
小普請	伊勢屋嘉右衛門→十一屋善八→鹿島清兵衛→**泉屋甚左衛門**→坂倉屋文六	
(医師)		
書院番格右筆	伊勢屋市右衛門→**泉屋甚左衛門**	
(医師)	**泉屋甚左衛門**	
西丸小納戸	伊勢屋庄五郎→**泉屋甚左衛門**	
(医師)	**泉屋甚左衛門**	
大番組頭	森村屋次郎兵衛→坂倉屋作兵衛→**泉屋甚左衛門**	
外国惣奉行並		幕④212
小普請	伊勢屋清左衛門→**泉屋甚左衛門**	
(医師)	**泉屋甚左衛門**	
甲府勤番カ	**泉屋甚左衛門**	
一橋家	**泉屋甚左衛門**	

〃101	竹内新五郎	文久３．９	札差依頼	部屋住高300俵、地方227石、役高10人扶持
〃102	竹川林蔵	弘化２．３	前金借用	元高2石1人扶持
〃104	竹田熊次郎	天保11．6	札差依頼	本高150俵
〃105	武田叔安	文久３．10	札差依頼	本高400俵
〃109	田中惣右衛門	嘉永５．６	札差依頼	本高10石、計150俵10人扶持
〃113	千村礼庵	元治２．４	札差依頼	出役手当15人扶持
〃115	津田為春	文久３．７	札差依頼	出役手当15人扶持
〃116	筒井鎌次郎·保科良蔵	慶応４．２	取引印鑑	本高60俵2人扶持
〃119	戸田金之助	文久２．３	札差依頼	本高300俵
〃121	伴野啓三郎	文久元．４	札差依頼	本高300俵
2-123	内藤甚右衛門	天保11．12	札差依頼	本高100俵、足高300俵、役料200俵、
〃124	内藤善次郎	安政６．12	札差依頼	本高450俵
〃125	中川次左衛門	文化11．７	札差依頼	
〃127	中村謙造	文久４．２	札差依頼	出役手当15人扶持(本高20人扶持)
〃129	中村荘助·勘兵衛	万延元．11	札差依頼	本高20俵2人扶持、足高60俵、部屋住高150俵、
〃136	根岸又八郎	慶応３．４	軍役金請取	本高250俵、足高50俵
〃143	長谷川角之進	文久３．10	札差依頼	本高450俵
〃149	日根九郎兵衛	元治２．３	札差依頼	本高400俵
〃152	平野助之進·徳太郎	嘉永４．３	札差依頼	本高150俵
〃153	福井与八郎	文久４．２	札差依頼	本高300俵
〃156	古川供道	慶応３．４	軍役金請取	20人扶持
〃158	逸見左太郎	安政６．６	札差依頼	本高200俵
〃166	松島玄英	慶応３．12	軍役金請取	20人扶持
〃170	水野長之助	嘉永５．12	札差依頼	本高17石、足高3石7人扶持、合計20石7人扶持
〃173	美濃部浩庵	文久３．７	札差依頼	出役手当15人扶持
〃174	宮内陶斎	慶応３．６	軍役金請取	20人扶持
〃182	森山与一郎	天保13．７	札差依頼	本高450俵、足高150俵、役料300俵、合計500俵
〃183	安井元達	文久３．10	札差依頼	出役手当15人扶持(本高20人扶持)
〃184	山木数馬	嘉永４．８	札差依頼	本高450俵、足高150俵、合計600俵
〃185	山口駿河守	慶応３．12	軍役金請取	本高2500石
〃189	山田米之助	嘉永２．11	札差依頼	本高200俵
〃191	柳見仙	慶応２．11	札差依頼	出役手当15人扶持
〃192	湯川金十郎	嘉永元．６	札差依頼	本高250俵
〃199	渡瀬惣次郎	文化５．２	借用証文	

註１：＊印の番号欄は、本書82頁で説明した泉甚店の証文番号と対応する。
　２：参考文献の「幕①～④」は、『江戸幕臣人名事典』第１～４巻（新人物往来社）の略称。
出典：『住友史料叢書　札差証文(一)(二)』(思文閣出版　2014・2017年)

定可被申候事
一他所ニ而米金及借用候節、其方江請負印形相頼申間敷、且下知請等之類ニ而も決而頼入不申候事
一先札差峰村屋角次郎・伊勢屋四郎左衛門方借用年賦済方金、此度其方江請負奥印相頼候上者、別紙証文表定之通済方皆済迄、年々三季御切米渡度毎其方江引落置、其時々角次郎・四郎左衛門方江直々可被相渡候、若向後札差外へ引替候ハヽ、右年賦済方金新規札差方へ請負申付、奥印為致候上、引替可申候、如此取極奥印請負相頼候上者、仮令何様之儀出来候共、右済方金渡方差留一切申入間敷候、若遺失之儀申入候共、其方奥印請負之約束を以、此方江不及断、角次郎・四郎左衛門方へ直々定通可被相渡候、其節彼是申入間敷候事
一年々三季御切米其外諸勘定差引目録書、此方江請取候上者、其時々早速相調、若書損・算違有之見出候ハヽ、早速申聞、双方共過不足之米金無利足ニ而取引致、勘定違之目録書改、引替可申候、尤此条者、季々勘定目録奥書ニ断有之候儀ニ而、若年数相立勘定違見出申入候而者、其方扣諸帳面も口々之儀ニ而、中ニ者虫喰破レ等も出来、無拠調方不行届、依之其時々能々再調致、相違見出候ハヽ、前年三季勘定目録書者、翌年春夏御借米前迄ヲ限り可申入候、右約定ニ致置候上者、其節彼是申入間敷候事
前書之通取極、御蔵札差其方江相頼候上者、向後何様之儀有之候共、三季御切米請取手形差留メ、御蔵ゟ米金直受取等、決而致間敷候、若違約致候ハヽ、何方江成共可被　訴出候、其節違乱申間鋪候、且又此末々家督代替ニ相成候共、可為同様候、依之此証文永々相用可被申候、為後日頼証文、仍如件

文久二戌年三月　戸田金之助㊞

泉屋甚左衛門殿

これは、全七か条からなっており、ほかのいずれの蔵米取の場合も内容はほとんど同じである。依頼にさいし

ては、少しでも旗本の威厳を保つため、自分の署名よりも宛名の札差名（泉屋甚左衛門）を下段に極端に小さく記している。かえって威厳のなさを自ら示しているようでおもしろい。内容を補って要約するとつぎのようになる。

①**札差（俸禄米請払い代行）の依頼規定**　御切米三〇〇俵の御蔵札差を泉屋甚左衛門へ依頼する。すなわち、春夏の借米・冬の切米請取手形に調印して渡すので、これを持参して書替奉行と御蔵奉行の両判を受け、差札して順番を待って俸禄米金を受けとること。ただし、俸禄米は時の相場で換金すること（第一条）。

②**札差前借金の利息規定**　毎年の三季切米引当の前金借用は、勤向きや勝手向き要用のため依頼するので、御蔵渡しの俸禄米金の内から前借り金の利息、金三〇両に金一分（年利一〇％）を元利差引勘定すること（第二条）。

③**札差料（俸禄米の請取り手数料）の規定**　札差料は、一か年高一〇〇俵につき金一分の割合で差引勘定すること（戸田の場合は、本高三〇〇俵なので金三分となる）。なお、今後俸禄米が増えた場合も、同様の割合で勘定すること（第三条）。

④**売側金（俸禄米の販売手数料）の規定**　御蔵から受け取った俸禄米の販売手数料は、米三五石（一〇〇俵）につき金二分の割合で差引勘定すること（戸田の場合は、高三〇〇俵なので金一両二分となる）（第四条）。

⑤**他所借入れ米金の規定**　他所から借入れ米金するさいに泉屋甚左衛門に保証印を頼まないこと、また借入れの下知請（保証命令）なども決して依頼しないこと（第五条）。

⑥**過去の札差借用年賦金立替に関する規定**　前の札差峰村屋角次郎と伊勢屋四郎左衛門の借用年賦金は、別紙証文（後掲、5御切米前金借用証文）にあるように皆済するまで毎年三季切米の内から差引勘定して支払ってほしい。もし今後新たに札差を替えた（札替ないし宿替という）場合には、新規札差から承諾の奥印を取って同人に請け負わせるので、立替金の返済について何ら一切迷惑をかけないこと（第六条）。

⑦諸勘定差引目録・控帳面類の規定　毎年三季切米そのほかの勘定差引目録を泉屋から受け取ったさい、勘定があっているかどうか調査すること。もし、書き損じや計算違いを見つけた場合には、さっそく双方とも過不足の米金は無利息で取り引きをおこない、勘定違いの目録は書き改めて引き替えること。ただし、年数がたってから右のようなまちがいが判明した場合は、泉屋甚左衛門の控え帳面も別々なので、虫食い等も生じて調査が行き届かないであろう。そのため、前年の三季切米勘定目録のまちがいが判明したら、翌年の春夏借米が支給されるまでに申し入れること。今後は約束を守り何かと申し入れをしないこと（第七条）。

以上七か条の最後に、改めて直差をしないこと、もしそうなった場合には訴訟に及んでも一切申し開きをしないこと、また家督代替りになっても、この条文どおり守られるべきことを約束し、この証文を永代用いることとした。

（2）対談取極証文

対談取極証文之事

一我等年々三季御切米書入、為前金借用申入候儀者、別紙証文を以致通用可申候、此度別紙証文之通、金三百八拾五両致借用候上者、当戌夏御借米ゟ壱ヶ年金拾六両減シニ致、飯米四拾俵相定、三季毎勘定差引残手取金を以、取賄可申候約定ニ而、当戌夏御借米迄ハ米金借用之儀、決而申入間敷候間、同御借米渡ゟ右約定之通取賄可申候、尤米者其時々相場ニ而代金ニ直シ、惣而借用前金之分者、金三拾両ニ付壱ヶ月金壱分宛之利足ヲ加江、元利共三季御切米渡之時々引取勘定可被申候事

一先宿伊勢屋四郎左衛門・峰村屋角次郎方借用年賦済方金有之上、其方江当用金致借用候上者、御切米高引当不相当之無心、決而申入間敷候事

一預ヶ金致候歟、都而金子請取書被差出候節者、其方大帳之始メニ印鑑有之候間、引合セ可申旨被相断、致承知置候事

右之通対談取極札差相頼候上者、約定相違之儀申入間敷候、為後日対談取極証文、仍如件

文久二戌年三月

戸田金之助㊞

加判　野田清左衛門㊞

泉屋甚左衛門殿

これは、具体的な取引内容を取り決めた、いわば勝手賄いの予算書というべきものであり、地方取の「勝手賄い仕方帳」にあたるものである。全三か条ないし四か条からなっていて、これもほかの蔵米取とほとんど同様の形式である。また、「御蔵札差頼証文」と同様に、自分の署名よりも宛名の札差名（泉屋甚左衛門）を下段に極端に小さく記している。

①勝手賄仕方の規定　御蔵札差依頼にさいし、家計を立て直すため御切米前金証文によって三八五両の前借りをしたが、今年（文久二年）の夏から一か年一六両ずつ元金の返済をおこなう。飯米は一か年四〇俵と定め、三季切米ごとに、本高三〇〇俵の収入からこれら飯米・前借り金の元利金・過去の札差の年賦金などを差引勘定した、残りの手取り金で家計を賄う約束であるから、今年の夏までは新たな借金は申し込まないこと。夏借米から約束どおり勝手賄いを依頼するが、米は、当時の相場で換金し、前借り金はすべて金三〇両につき一か月金一分（年利一〇％）の利息を加えて、三季切米ごとに差引勘定すること（第一条）。

②切米高不相応の借金禁止　すでに、伊勢屋四郎左衛門と峰村屋角次郎の年賦金返済があり、また泉屋甚左衛門からは当面の前借り金をしているので、三〇〇俵の切米高に不相応な無心はしないこと（第二条）。

③取引照合印の確認　札旦那の預け金があり、すべて金子受取書によって現金払出しを要求された場合は、あ

らかじめ泉屋甚左衛門の「大帳」（取引帳簿）の始めに押印した照合印と照合してから承諾すること（第三条）。なお、本証文には記載がないが、④諸用談の禁止規定として、「泉屋甚左衛門らの家業について、これまでやってきたことはその通りにやっても異存はない。かつ、諸家札旦那の取引も多いことだろうし、そのうえ諸役所への勤務もあることだから、少ない店員で、諸札旦那の用談のたびごとに屋敷に出向くことが困難であることは、十分承知している。そこで、諸用談は当方から申し入れに出向くこととし、夜分の対談や、そのほか泉屋甚左衛門の迷惑になるような掛合は依頼しないこと」の条文が加わることもある。

以上のように、具体的な勝手賄いの約定を結んだが、署名の大きさとは裏腹に、切米高不相応の無心をしないなど、下手に出ているのがおもしろい。

（3）春入屋指名の一札

差遣申一札之事

一我等飯米壱ヶ年四拾俵三季ニ割合、春入加賀屋松太郎印形を以、直々相渡可給候、為後日一札如件

文久二戌年三月

戸田金之助㊞

春入　加賀屋松太郎㊞

泉屋甚左衛門殿

戸田は「対談取極証文」の第一条で、本高三〇〇俵のうち、飯米として一か年四〇俵を差し引くとしている。支給米は玄米なので、食用にするために春米屋を指名して白米にする必要があった。この一札は、戸田が春入屋の加賀屋松太郎へ飯米四〇俵を渡すことを指名した証文である。

（4）御切米前金借用証文

つぎに戸田は、札差頼証文の第六条にある別紙証文、すなわち前々札差の峰村屋角次郎からの借金返済方法をまとめた「御切米前金借用証文」を作成し、新規札差の泉屋甚左衛門から峰村屋へ弁済する旨の奥書をとった。

　御切米前金借用之事
一金弐拾弐両壱分拾四匁八分壱厘㊞　但無利足
　此済方、当戌夏御借米ゟ春夏金壱分拾三匁壱分弐厘宛、冬金三分拾壱匁弐分六厘、都合壱ヶ年金壱両三分七匁五分済、御仕法之通皆済迄、引取勘定可被申候事
一金弐拾五両三分拾弐匁九分四厘㊞　但無利足
　此済方、当戌夏御借米ゟ春夏金三両弐分拾弐匁五分六厘宛、冬金七両壱分拾匁壱分三厘、都合壱ヶ年金拾四両三分五匁弐分五厘済、御仕法之通皆済迄、引取勘定可被申候事
右是者我等無拠要用ニ付、三季御切米書入、為前金借用申処実正也㊞、返済之儀者前書済方割合之通、当御蔵宿泉屋甚左衛門方江為引落可相渡候間、此方江不及案内、直々同人方ゟ請取勘定可被申候、為其同人江請負印形為致置候、此金子之儀者、御仕法御定之儀故、皆済迄済方差留候儀堅申入間敷候、若又御蔵宿外江引替候ハヽ、新規御蔵宿江申付請負印形為致可申候、尤此末家督代替ニ相成候共、書面之金子皆済迄此証文相用可被申候、為後日御切米前金借用証文、仍如件
　文久二戌年三月　　　　　　　　戸田金之助㊞
　　　　　　　　　　　　　　峰村屋角次郎殿
（奥書、＊印は割印）
＊前書之金子、戸田金之助様江貴殿御用立被成候処、此度拙者御蔵宿相勤候ニ付、御本文御定之通請負申処実正ニ御座候、然ル上者、年々三季御切米度毎、拙者方差引勘定不足ニ不構引落置、貴殿江直々相渡し可

申候、仮令　御屋敷様ゟ渡し方御差留被遊候共、如斯請負候上者、其儀ニ不構急度相渡可申候、若又御蔵宿外江御引替被遊候ハヽ、新規御蔵宿江申送り、請負印形為致可申候、為後日奥印仍如件

戌三月　　泉屋甚左衛門㊞

峰村屋角次郎殿

この前金高の二二両と二五両あまりの二口は、つぎの（5）「用立金申送り覚」の峰村屋の数字と一致する。ちなみに、住友家文書には多数の「御切米前金借用証文」とその証文から切り離された奥書が残されているが、証文があるものは借金を踏み倒され、奥書だけ残されたものは、借用証文本紙と引替に借金が返済されたと見てよい。また、弘化二年（一八四五）二月の坂倉屋治郎左衛門あてのものが多くみうけられるが、これは、天保無利息年賦返済令の影響で泉屋甚左衛門店の別家筋である清水家札差の泉屋平右衛門店が閉店したので、本家筋の泉屋甚左衛門が後任の坂倉屋治郎左衛門へ借金弁済を約束したためである[5]（第5章第一節参照）。よって、弘化二年二月の前金証文の札旦那は、清水家家臣団とみて相違ない。

（5）用立金申送り覚

札旦那から札差への依頼手続きが完了すると、前任の札差鹿島屋貢吉は、後任の泉屋甚左衛門へ戸田金之助の身分・石高と、過去の借財内容をまとめた「用立金申送り覚」を提出した。

覚

　　　御小普請
御高三百俵　戸田金之助様　㊞（付箋）　（付箋）「御立会米田栄意様」

貴殿江
無利足御済方

一金百五拾五両と三匁壱分七厘
此御済方、春夏拾四匁六厘ツヽ、冬金壱分拾三匁壱分三厘、
都合壱ヶ年金三分拾壱匁弐分五厘済
右同断
一金五拾三両壱分、拾弐匁壱分八厘
右同断
此御済方、春夏金壱分拾匁三分壱厘ツヽ、冬金三分五匁六分
三厘、都合壱ヶ年金壱両弐分拾壱匁弐分五厘済
峰村屋角次郎様
右同断
一金弐拾弐両壱分、拾四匁八分壱厘
此御済方、春夏金壱分拾三匁壱分弐厘ツヽ、冬金三分拾壱匁
弐分五厘、都合壱ヶ年金壱両三分七匁五分済
右同人様
右同断
一金弐拾五両三分、拾弐匁九分四厘
此御済方、春夏金三両弐分拾弐匁五分六厘ツヽ、冬金七両壱
分拾匁壱分三厘、都合壱ヶ年金拾四両三分五匁弐分五厘済
手前方御用立金
＊（＊印、割印）一金三百六拾四両壱分　　印（付箋）
「（付箋）外金四両弐分ツヽ、御搗入敷金」

右之通御用立金御座候、此外御出入等一切無御座候、以上

戌三月二日　　　　鹿島屋貢吉㊞

泉屋甚左衛門様

これを要約すると、つぎのようになる。

①戸田は本高三〇〇俵の小普請であり、三季切米の立会用人は米田栄意であること。②泉屋甚左衛門から返済してほしい借財が二口二〇八両あまりあること（おそらく、前々札差の伊勢屋四郎左衛門分であろう）。③前札差峰村屋角次郎への借財が二口四八両あまりあること。④鹿島屋自身は三六四両あまりの用立金と四両あまりの飯米春入敷金があり、そのほか一切用立金はないこと。

こうして、鹿島屋は自分の用立金三六四両あまりを泉屋に立替えてもらい、代わりに泉屋は鹿島屋から新規の札旦那戸田の素性と借財の情報を得ることができた。

（6）用立金の受取覚

前任の札差鹿島屋が、「用立金申送り覚」を後任の泉屋へ渡し、泉屋からの用立て金三六四両あまりを受けとると、鹿島屋は請取覚を発行した。

覚

一金三百六拾四両壱分也㊞

外ニ

金四両弐分也㊞　御春入敷金之分

右者戸田金之助様御突金之分、慥ニ受取申候、以上

戌三月二日

鹿島屋貢吉㊞
代儀吉

泉屋甚左衛門殿

この史料によって、用立金のことを「突金《とっきん》」と称したことがわかる。突き合わせ金の意であろう。

（７）蔵宿の誓約覚

前任の札差との清算取引が完了すると、ようやく泉屋は札旦那の戸田あてに、つぎのような札差引受けの誓約覚を差し出した。

覚

（＊印、割印）
＊一御用立金ニ而礼金幷御酒代ヶ間敷儀、一切請取不申候

一米金御用立候節者、高利幷月踊之利足、決而請取不申候

一仲ヶ間請負之外、他所之金子江奥印幷諸請合等ニ似寄候義、決而不仕候

右者此度御蔵宿私方へ被　仰付候間、為後日此段御断奉申上置候、以上

文久二戌年三月

泉屋甚左衛門㊞

戸田金之助様御内
御用人中様

これを要約するとつぎのようになる。

①**礼金、その類の禁止**　用立金に恩を着せて礼金を取ったり、酒代の類などを一切要求しないこと（第一条）。

②**高利・月踊りの禁止**　米金用立の節、規定の貸付利率以上の高利を取ったり、月踊りといって証文を書き替え

るときに、旧証文の最後の月を新証文の最初の月に組み込んで、一か月の利子を二重取りすることをしないこと（第二条）。

③奥印金の禁止　奥印金といって、自己資金を仲間以外の他人からの借入金だと偽って奥印（保証印）を押してやり、高利・高礼を取ることをしないこと（第3条）。

すなわち、札差は札旦那にたいして取引禁止事項をあらかじめ断わっているのである。このことは裏を返せば、札旦那の弱みに付け込んで、そのような不正が一般的に行われていたことを示している。

（8）三季立会役任用の一札

札旦那は用人を雇って札差と交渉したが、用人には三季切米の請取に立ち会う三季立会役と、札旦那の由緒名目で金米授受に加判する加判役があった。彼らは、札旦那の金談に辣腕をふるったので、「蔵宿師《くらやどし》」と呼ばれていた。つぎの史料は、文久二年三月の泉屋甚左衛門との新規取引にさいし、三季立会役の米田栄意を任用する旨を通知した一札である。

入置申一札之事

一我等勝手向為弁利由緒、米田栄意三季御切米勘定之節ニ立合可申間、此段左様相心得可被申候、右様議定取極置候上者、同人立合候歟、印紙無之而者決而勘定取引申間敷、且又勝手ニ付転宿いたし候歟、右立合除可申節者、以両判ヲ断書差入可申、断返し無之内者、右等之趣厳敷相守可申、為後日立合差入申一札、仍如件

文久二戌年三月　　戸田金之助㊞
　　　　　　　　　米田栄意㊞
和泉屋甚左衛門殿

戸田の用人は交代が激しく、文久二年六月に加判役が野田清左衛門から長岡藤吉に代わり、同三年十一月には三季立会役が米田の辞任にともない逸見《へんみ》左太郎（小普請　二〇〇俵、次巻一五八）の用人であった山田伝吉郎に代わった。おそらく、戸田は泉屋に顔が効く山田を雇い、宿替を優位に運ぼうとしたのであろう。同年十二月、山田は泉屋にたいして主人戸田が「此度無拠儀ニ付、森村屋七左衛門方へ宿替致度、同人《（戸田）》申聞候間」と述べ、森村屋への「用立金申送り覚」を作成してほしいと依頼している。こうやって見てくると、用人山田のなかなかの辣腕ぶりが窺えておもしろい。札旦那の宿替にさいして、用人の果たした役割は決して少なくはないのである。

第四節　札差証文の諸相

札差の業務については、幸田茂友が「札差雑考」（『幸田茂友著作集』第一巻）において、細谷太七（旧札差和泉屋多七）の旧記を元に記しているが、彼らが業務のなかで受けとり、保管した証文については、「御蔵札差頼証文」「対談取極証文」以外について説明していない。以下、泉屋甚左衛門店を事例に、前節で確認した定式証文が定まる前の旧形式の札差頼証文、従軍医師の札差頼証文、旧形式の前金借用証文、大名役料請取書など、札差に関わる多様な証文類について見ていくことにする。

旧形式の札差頼証文　旧形式の札差証文のうち、頼証文と前金借用証文の書式についてみてみよう。泉屋甚左衛門店には文化十一年（一八一四）七月の中川次左衛門（支配勘定）の札差頼証文が残っているが、これが同店に残る最古の証文である。その書式は、先述の戸田の事例にあるような箇条書きではなく、きわめて簡略なものである（泉甚二の一二五）。

蔵宿頼定証文之事

一我等蔵宿其方江相頼申処実正也、然ル上者、高相応之金子相弁用立可給候、高不相応之無心決而申入間敷候、勿論三季御切米手形早速其方江可相渡候間、書替所裏判被相調、御蔵江被致差札、米金相渡次第米者時之相場ニ売払、別紙借用金相定之通、元利共引取勘定可被申候、尤不時相渡候共、右同様可被相心得、且札差料者百俵ニ付壱ヶ年金壱分宛、并三季御切米不時物共百俵ニ付金弐分口之積を以、引取可被申候、如斯相定候上者二重書入致間敷候、若亦勝手ニ付、蔵宿外江申付候ハヽ、其方ゟ米金借用之分元利共皆済之上、宿引替可申候、為後日仍如件

文化十一戌年七月　　中川次左衛門㊞

泉屋
甚左衛門殿

すなわち、その内容は三季切米手形を書替所に持参し、書替奉行の裏判をとって蔵役所から米金を受け取り、米は時の相場で売り払うこと、別紙で定めたとおり借用金の元利を勘定すること、札差料は一〇〇俵につき金一分、三季切米・不時物とも（売側金として）、一〇〇俵につき金二分で引き取ること、頼証文の二重書入れはしないこと、蔵宿を替えるときは、借用金元利を皆済して引き替えることなどを定めており、定式証文と同じ文言が随所に見られる。定式証文の初出は、現在のところ文政八年（一八二五）の荻原作之助のものであり（泉甚一の四一、第4章第一節参照）、書式はその間に整えられたのではないかと考えている。

従軍医師の札差頼証文　つぎに幕末期の文久三・四年（一八六三・六四）と慶応二年（一八六六）に出現した定式証文がある。幕府は二度にわたる長州出兵にあたり、従軍医師を必要としたので、軍役金ではなく実際の出役を求めた。泉屋甚左衛門店に残存するのは一九通であり、文久三年五月の歩兵屯所出役医師である伊東玄晁・宮内陶亭の書式はつぎのようになっていた（泉甚一の一二、前掲表3-1も参照）。

御蔵札差頼証文之事

一我等出役御手当扶持拾五人扶持宛御蔵札差、其方江相頼候処実正也、然ル上者、月々手形可相渡間、其方ニ而差札被致、御蔵ゟ請取被申、米者時之相場ニ売払勘定相立可被申候、札差料之儀者、一人扶持ニ付月々弐合宛之割合を以、引取可被申候、尤御手当扶持見込金用等之儀、決而頼入申間鋪、且御扶持米ニ而引取候節者、御蔵ゟ其方江引取掛りと而、壱人扶持ニ付弐合宛之割合を以引取可被申候、為後日札差頼証文、仍如件

文久三亥年五月

歩兵屯所出役医師
伊東玄晁㊞
同
宮内陶亭㊞

泉屋
甚左衛門殿

その内容をみると、箇条書きではなく、出役につき一律手当が一五人扶持支給されたのでその札差を依頼すること、御蔵役所で差札して扶持米を受け取ること、米は時の相場で売り払い勘定すること、札差料は一人扶持につき月々二合とすること、御手当扶持を見込んで借用金を依頼しないこと、扶持米の請取手数料として、一人扶持につき二合を渡すこととあり、通常の頼証文とは若干その内容を異にしていた。

旧形式の前金借用証文　御切米前金借用証文は、寛政の棄捐令、天保の無利息年賦返済令によって破棄されたものが多く、天保十四年（一八四三）以前のものはほとんど残っていない。現存するものでは、享和二年（一八〇二）の穂積甚十郎のものがもっとも古い（泉甚二の一五九）。

請取申御蔵米前金之事

一金壱両壱分也㊞　但冬木義左衛門方、分米引当

右是者我等無拠要用ニ付、三季御切米書入、為前金慥ニ請取借用申処実正也㊞、返済之儀者御切米相渡次第、定之利足加へ元利急度引取可被申候、若又勝手ニ付蔵宿外江申附候ハヽ、右借用金元利皆済之上、宿引替可

中候、為後日依而如件

享和二戌年五月

穂坂甚十郎㊞

泉屋

甚左衛門殿

これには、天保無利息年賦返済令で定められた、いわゆる「御主法替」「御仕法替」の文言がない。前節の現存する多くの御切米前金借用証文は、天保の無利息年賦返済令以後に形式が整えられたと考えられる。

大名役料の請取書　これについては、脇坂中務大輔（安宅、播州龍野藩五万一〇〇〇石）の役料残金請取の事例をつぎに示す（泉甚二の一九八）。

覚

一金三千七百四拾七両壱分ト弐匁八厘㊞

右者当戌夏御役料米渡り引残金、慥ニ請取候、以上

脇坂中務大輔内

岡太兵衛㊞

泉屋甚左衛門殿

龍野藩主の脇坂中務大輔安宅《やすおり》は、文久二年（一八六二）五月二十三日から同年九月六日まで幕府の老中を勤めていた(6)。文久二年七月、脇坂安宅は泉屋甚左衛門から「夏御役料米渡り引残金」として、老中の三季役料のうち、就任最初の夏役料米を六月までに受け取り、七月にその払米代金から札差料などの諸経費を差し引いた残金三七四七両一分あまりを受け取った。脇坂は同年九月六日に老中を退任したので、役料はこの一回のみである。

大名合力米の代金請取書　これについては、松平左兵衛（信発、上野国吉井藩一万石）の事例をつぎに示す（泉甚二

の一六八）。

覚

一金八百五拾六両弐分卜壱匁五分四厘

右者御合力米之内、払代手取金慥ニ請取候所也

文久元辛酉年八月十日

松平左兵衛督内
勝手頭取
古山市左衛門㊞
山内兼三郎㊞
小林彦右衛門㊞

泉屋
甚左衛門殿

吉井藩主の松平左兵衛信発《のぶおき》は、幕府の侍従を勤めていたが、安政六年（一八五九）に水戸藩主徳川斉昭の蟄居にあたり上使の大任を果たしたので、幕府から合力米二〇〇〇俵を拝領し、文久三年にはさらに一万俵の加給を受けた。（7）すでに文久元年八月十日には、合力米の払米代金八五六両二分あまりを受けとっているが、慶応四年（一八六八）二月まで一七通の請取書が残っている。

旗本与力の札差請負証文　これについては、旗本堀田伊勢守一知《かずとも》の与力について説明しよう。堀田一知は、近江国甲賀郡に四二〇〇石の知行を有する旗本であり、文化九年（一八一二）五月三十日に中奥御小姓から百人組頭に就任し、同十一年十二月二十一日に小普請組支配に転じた。（8）百人組は、鉄砲百人組とも通称された鉄砲隊である。甲賀組・根来組・伊賀組・二十五騎組の四組があり、各組にはそれぞれ組頭一人、与力二〇人、同心一〇〇人が置かれた。堀田伊勢守は、二十五騎組の組頭であり、その配下の与力は土肥三郎助・山条右内など二〇人が

付属していた。文化十一年六月、百人組頭に就任した堀田は、配下の与力二〇人の札差を泉屋甚左衛門と森田屋市郎兵衛の両人から伊勢屋三郎右衛門につぎのように宿替えした（泉甚二の一六一）。

入置申一札之事

合金四百八拾八両壱分弐匁四分九厘　但六拾両壱分之利

但一ヶ年金四拾八両弐分拾三匁弐厘五毛済、元利之内江三季割合

一金三両壱分也　　土肥三郎助様

但此御済方、当戌冬ゟ春夏金壱分宛、冬弐分、一ヶ年都合壱両済

一金拾八両弐分　　山条右内様

但春夏金壱分九匁九分七厘五毛宛、冬三分四匁九分五厘、一ヶ年都合金壱両弐分九匁九分済

（以下、一八人分略）

右者堀田伊勢守様御組与力様方、此度貴殿方江御蔵宿被　仰付候処、右御札方ニ付、泉屋甚左衛門方引合金有之候間、則御組様ゟ市郎兵衛方江被遊御渡候、年賦金一ヶ年御済方御証文、都合金四拾八両弐分拾三匁弐厘五毛宛、三季ニ割合、甚左衛門方江同人一判を以直々御渡可被下候、尤双方連印を以御断返し致候迄者、無相違甚左衛門方江御渡可被下候、為念一札入置申処仍如件

文化十一戌年六月

森田屋
市郎兵衛㊞

泉屋
甚左衛門㊞

伊勢屋三郎右衛門殿

これによると、旧札差の泉屋甚左衛門と森田屋市郎兵衛は、与力二〇人の用立金を勘定し、新規札差の伊勢屋

にたいし、用立金四八八両一分あまりを、毎年四八両二分ずつ一〇年賦で泉屋甚左衛門へ返済するよう申し送っている。各与力の返済明細を見ると、春夏の借米、冬の切米支給時に返済するとしている。

ちなみに、地方取の与力も蔵米取と同じように組頭の配下として与力全員の知行高を記した一枚手形で知行地を与えられた。寛政期以前の幕臣団全体の与力給地は、与力一七五人にたいし三万五四一五石あまりあり、上総・下総・常陸・近江の四か国で一六四か村ほどに達した(9)。地方取とはいえ、その知行権は組頭の承認を必要としており、領主としての権限は蔵米取に近いものであった(10)。

地方・蔵米取の札差証文　徳川幕臣団は、知行地を有する地方取と蔵米支給の蔵米取に分かれるが、幕臣の中には両方を知行されたものもいる。森山与一郎家（泉甚二の一八二）は、寛文元年（一六六一）十一月、盛治のときに甲斐国の三〇〇石を上総国武射郡木戸村と下横地村（現千葉県山武市）に知行替えされた。元禄六年（一六九三）六月、盛照のときに大番組頭に昇進して、同年十二月に蔵米一〇〇俵を加増され、以後、基本的には知行高三〇〇石と蔵米高一〇〇俵のままで幕末を迎えた(11)。

天保十三年（一八四二）七月、西丸小納戸の森山与一郎（盛成）は泉屋甚左衛門に札差を依頼した。頼証文によると、本高一〇〇俵と足高一〇〇俵、および役料三〇〇俵、合計五〇〇俵の依頼であった（前掲表3-1参照）。対談証文によると（泉甚二の一八二）、「飯米之義者知行所物成之内を以取入、月々取賄申候」とあり、蔵米取のように蔵米から飯米を差し引かずに、知行所からの年貢米で飯米をまかなったことがわかる。もしまた、飯米が不足するようなことがあっても、用立ててもらった一五〇両の賄金で飯米を買い入れるので、新たに借用金を申し入れないと約束している。したがって、地方・蔵米取の旗本財政を調査するには、知行所農民と札差の両方から分析を進める必要があると考えている。

長崎奉行の札旦那預り金　これまでの札差研究では、札差が一方的に札旦那（蔵米取幕臣団）から借財を踏み倒されたと見なされていたが、幕末の混乱期には、札差が札旦那の預り金を返済できずに争論となったこともあった。たとえば、泉屋甚左衛門店では、慶応元年（一八六五）に荒尾大和守（成美）から預かった二〇〇〇両があった（泉甚一の三）。成美《しげよし》の父成允《しげまさ》は、安政の開港期に長崎奉行として活躍した人物であり、その関係で預ったものであろう。明治二年（一八六九）正月、泉屋甚左衛門店は閉店して大坂の住友本店へ引き上げることになったが、荒尾家の預り金二〇〇〇両のうち、いまだ一七五〇両を預っていた。そのため、荒尾成美に担保として浅草店舗の沽券状（譲渡証文、額面一二〇〇両）を差し入れ、返済を猶予してもらった(12)。しかし、その後も返済することができなかったので、ついに明治五年十一月十日に静岡県貫属となっていた荒尾に担保の沽券状を譲渡することで決着することができた。

一方、宝暦十二年（一七六二）二月に泉屋甚左衛門店の初代支配人丹羽茂右衛門が開業した泉屋茂右衛門店では、幕末期に二〇〇人ほどの札旦那がいたが、慶応三年七月に佐々木大之丞（本高三〇〇俵、大番）の預り金三八五両三分あまりがあり(13)、茂右衛門店の閉店にともない泉屋甚左衛門店が弁済することになった（泉茂二の二一）。明治二年正月、泉屋甚左衛門店が大坂へ引き上げる四、五日前、尾張隊士と名乗る五人が泉屋茂右衛門店への預け金証書を提示し、甚左衛門店へ弁済を迫る事件が起こった。甚左衛門店では、大坂本店と相談したいとして猶予を願ったが、同年七月まで隊士と名乗る松永庸一郎・大久保蔵司・伊藤志津摩の三人はしつように金談を申し入れてきた。ようやく、同月に佐々木大之丞の親類田辺惣十郎が登場すると、金談の元隊士三人は東京府へ逮捕された。そのうち、伊藤志津摩と名乗る人物は、佐々木家出入りの魚屋であることも判明した。こうして、明治二年九月、泉屋甚左衛門は、徳川新三位（家達）家来として駿府に移住していた佐々木大之丞へ預り残金一四三両二分あまりを年一両三分ずつ五九年賦で返済することで決着した。

代官・代官手附の札差証文

札差証文の中に、代官や代官手附などの証文が多数見られる。すなわち、稲垣藤四郎・舎人（泉甚一の一七）、岩佐幸兵衛（泉甚一の二〇）、岩田勇左衛門・量平（泉甚一の二一）、木川篤一郎・直右衛門（泉甚一の六四）、平岩治郎兵衛（泉甚二の一五〇）などがそれである。

まず代官について紹介すると、信濃中之条代官の稲垣藤四郎（豊芳）は、文化八年（一八一一）二月に掛屋の住友江戸両替店（以下、中橋両替店）から、年貢金・貸付金の取立不足につき田安御下げ金二八二五両あまりを借用したが、同九年十一月に返済しないまま死去してしまった。翌十年八月、子息舎人は泉屋甚左衛門（浅草店）を札差とし、切米二五〇俵のうち、毎年五〇俵を中橋店に返済する約束をしたことで、中橋両替店は出訴を取り下げた。代官掛屋の中橋両替店の紹介により札差を引き受けた事例である（本書第9章第二節（2）参照）。

これとは逆に、田安家老であった平岩治郎兵衛親豊は、文化五年（一八〇八）九月に子息の右膳親康が代官に就任したので、その用立金五〇両を札差の泉屋甚左衛門から借用し、毎年切米の受け取り時に返済すると約束した。この取引によって、文政五年（一八二二）八月に平岩右善は関東代官のときに、掛屋業務を中橋両替店に依頼している（本書第9章第二節（1）参照）。

最後に代官手附の札差頼証文は、天保十五年（弘化元＝一八四四）の木川篤一郎（安房・下総・上総国代官森覚蔵の江戸詰手附）、安政二年五月の岩佐幸兵衛（遠江国中泉代官川上猪太郎手附）、同五年八月の岩田勇左衛門（武蔵・相模国代官小林藤之助の手附）が残っており、三人とも高二〇俵二人扶持の札差依頼であった。そのほか、岩田量平（勇左衛門子息カ）は、文久二年（一八六二）七月に出和国寒河江《さがえ》代官林伊太郎の手附となっており、遠国の寒河江勤務なので、俸禄米の受取を子息勇太郎の印鑑で受け取りたいと依頼した。木川直右衛門（篤一郎子息）は、安政四年（一八五七）六月に箱館奉行支配並に昇進しており、文久三年五月には、俸禄米三〇俵三人扶持を箱館で受け取りたいと通知している。転勤族の給料受け取り事例として興味深い。

（1）『幸田茂友著作集　第一巻』（中央公論社　一九七二年）八七頁、以下の俸禄米受取手続きについては、同書、八二〜九六頁による。
（2）北原進『江戸の札差』（吉川弘文館　一九八五年）、末岡照啓「天保無利息年賦返済令と札差」（『国史学』一一六・一一七合併号　一九八二年）。
（3）幕府は、寛政の棄捐令と天保の無利息年賦返済令によって、それぞれの債権を破棄したので、借用証文の書替えなどによって証文が残っていないと考えられる。
（4）札差伊勢屋幾次郎の札差証文（一橋大学附属図書館所蔵の青地家旧蔵史料）参照。
（5）脇田修『泉屋叢考　拾六輯　札差業と住友』（住友修史室　一九七六年）一一二〜一一三頁。
（6）『藩史大辞典』第五巻（雄山閣出版　一九八九年）五八五〜五九五頁。
（7）『藩史大辞典』第二巻（雄山閣出版　一九八九年）三三五〜三五〇頁。
（8）『寛政重修諸家譜』第十一（続群書類従完成会　一九六五年）一七〜一九頁、『大日本近世史料　柳営補任二』（東京大学出版会　一九六三年）二一三頁。
（9）鈴木寿『近世知行制の研究』（日本学術振興会　一九七一年）三四九頁。
（10）註（8）鈴木前掲書、三七一頁、斉藤司「近世前期における与力知行地の支配について――二十五騎組与力知行地の事例――」（J・F・モリス、白川部達夫、高野信治編『近世社会と知行制』思文閣出版　一九九九年）三六四頁。
（11）『寛政重修諸家譜』第九（続群書類従完成会　一九六五年）三四九〜三五二頁、『旧高旧領取調帳　関東編』（近藤出版社　一九六九年）二六二頁。なお、同書によると、木戸・上横地の両村で実高五七〇石あまりとなっている。
（12）『住友史料叢書　浅草米店万控帳（下）・（続）ほか』（思文閣出版　二〇〇〇年）三〇六〜三〇八頁、三八四頁。
（13）「明細短冊」九一〇五（国立公文書館所蔵）。

第4章　天保の無利息年賦返済令と札差

第一節　寛政の棄捐令後の幕府と札差

寛政元年（一七八九）の棄捐令によって、札差は総額一一八万七八〇八両三分あまりの札旦那貸付金が破棄され[1]、その後の貸付利率も年利一八％から一二％へ引下げられた[2]。しかし、この法令による旗本・御家人ら蔵米取の家計の好転は一時的なものに過ぎなかった。「（札差）業要集」編者の扇谷定継によると、文化末年（一八一七）にはほとんどの蔵米取が借財を抱え、その金額の平均は、知行三百俵の武家で二八五両、八十石高の与力で一八五両、三十俵二人扶持の組付で二六両から二七両ほどであったという[3]。

まず具体例として、旗本荻原作之助（本高四百俵・小普請）の家計を見ると[4]、表4-1のとおりである。寛政元年の棄捐令によって、荻原の借財もひとたびは、ほとんどすべて破棄されたのであるが、三二年後の文政八年（一八二五）には、旧蔵宿（札差）の伊勢屋四郎左衛門から八一七両三分、坂倉屋作兵衛から三三三両三分の合計一一五一両二分の借財を背負っていた。年平均にすると、毎年五二両一分を借り続けたことになる。さらに同年十二月、住友の江戸出店として札差業を営んでいた泉屋甚左衛門（以下、泉甚と略称）に蔵宿を依頼するにさいし、三三五両を前借して、そのうち三三三両三分あまりを坂倉屋の借財返済にあてたので、手許に入ったのは差引わずか一両一分に過ぎなかった。そしてこの年十二月、表4-1が示す内訳のように勝手賄いを泉甚に依頼した。

表4－1　荻原作之助の勝手賄い内訳（文政８年12月）

科目	実数	金高	備考
収入		両分	
本高	400俵	144.0	
支出		133.3	
定金（賄金）	45両	45.0	
飯料	36俵	13.0	
札差料	1両	1.0	100俵につき金1分
売側金	2両	2.0	100俵につき金2分
元金返済	20両	20.0	泉甚（元金335両）
利息	40両1分	40.1	同上利息（年利12%）
元利返済	35俵	12.2	先々宿伊勢屋分（元金817両3分余）
差引残金		10.2	

註１：米100俵＝金36両替（文政８年の御張紙値段平均）。
　２：分以下の端数切捨て。
出典：『住友史料叢書　札差証文（一）』81～84頁。

これによると荻原の本高は四〇〇俵であるから、文政八年の御張紙値段（三季平均）で換算すると、一〇〇俵三六両替として年収は一四四両となる。これから賄金・飯料・札差料・売側金・元利返済金の必要経費を差引くと手許には一〇両二分が残った。荻原が文政八年以降に新たな借金がなく、泉甚の借金三三五両をこの勝手賄い勘定書どおり返済したとすると、一八年目には元金が完済され、その間の利息収入は約三五〇両に達した。泉甚とすれば、十分採算のとれる取引であった。

荻原家の事例に見られるように、蔵米取幕臣の家計は、札差によってまったく管理されていたのであり、一一五二両三分の借金高（泉甚分三三五両、伊勢屋分八一七両三分）が示すように、ほかの蔵米取も多かれ少なかれ多額の借財を抱えて困窮していたものと思われる。そのため蔵米取は、借財の件について札差と折衝することがあり、借財の折衝に用人あるいは浪人（蔵宿師という）などを使って不法な談判をする者が多くなったので、幕府は文政八年十一月十日に蔵宿使を使っての折衝を禁止した。(5)

一方、寛政の棄捐令によって札差は被害をうけたが、廃業者はあまり出ず、むしろ蔵米取幕臣の窮乏と反比例する形で業績を回復し、化政期（一八〇四～一八二九）には田沼期に次ぐ興隆期を迎えた。(6) こうした状況のなかで、天保期（一八三〇〜一八四三）に入ると、蔵米取幕臣と札差の関係は緊迫し、天保四年（一八三三）十月には、旗本村上大和守（義雄・大目付・一〇六〇石）の家臣が、札差和泉屋喜兵次の支配人吉蔵を殺害するという事件が起こった。従来、金談のことで刃傷沙汰はあったにせよ、死者が出たのはこの事件が初めてだったという[7]。泉屋甚左衛門店でもこの年、手代武右衛門が誰かに手庇を負わされ、それがもとで死亡した[8]。このように蔵米取の幕臣は、借財がもとで末期的様相を呈するようになった。

本章では、こうした状況に対処すべく発令された、いわゆる天保の無利息年賦返済令をとりあげ、幕府の施策とそれが札差に与えた影響を分析する。

第二節　無利息年賦返済令の発布

幕府の札差干渉は、米価が高騰の極に達しつつあった天保七年（一八三六）ころから始まり、同年五月から十一月にかけて札差五人が、華美奢侈等を理由に札差株の取放ち（没収）となった[9]。ついで、翌八年十二月には老中水野忠邦の意を承けた申渡として、札差一同を御蔵役所に召喚し、御蔵奉行小野朝右衛門ほか二人が列席して華美奢侈等の戒告を加えた[10]。

札差一同は、寛政棄捐令の苦い経験から、幕府の意図を敏感に察知し、翌天保九年三月、西丸炎上にさいし上納金を命ぜられた旗本に、通常の貸金とは別に合計二万一三五両を融通した[11]。そして、みずからは天保十一年正月と二月に一〇万八二〇〇両を西丸炎上の上納金として上納した[12]。これに対し、幕府は営業困難な札差への助成として、同年二月に一万両、五月に三〇〇〇両、合計一万三〇〇〇両を年利一〇％の一〇年賦返済という条件で、町年寄役所を介して貸付けた[13]。

その後、幕府は天保十三年三月に天保改革の一環として株仲間を解散させた。しかし、札差業は特定の札旦那との取引を必要とする業種であり、取引経験の熟練を要するので、自主的な新規開業者はなく、札差仲間への影響はほとんどなかった(14)。そのため、幕府は同年八月以降に札差対策を含む貸付金対策を矢継ぎ早に実施することになった。

まず蔵米取の救済策として、八月三日に猿屋町別口貸付金を実施した(15)。これは勘定奉行が幕府公金について猿屋町会所（寛政棄捐令後に設置された公的貸付機関）を通じて、困窮している蔵米取に緊急融資したものであった。もちろん、勘定奉行は蔵米取の家計を調査したうえで貸付けたが、年利七％の利息を三五年間すえ置き(16)、その間の利息は三六年目に棄捐にするという有利なものであった。幕府はこの貸付金によって、札差仲間の金融を統制しようとしたのであるが、これに驚いた札差仲間は、ただちに寛政の棄捐令で定められた札旦那貸付金の年利一二％を自主的に年利一〇％に引き下げたいと幕府に出願し、八月四日に聞届けられた(17)。

さらに、幕府は八月四日の札旦那貸付金利の利下げをうけて、同年九月に一般の貸付金利を年利一五％から一二％に引き下げた(18)。そして、翌天保十四年五月には、大名および地方取幕臣の借財軽減策として、馬喰町御用屋敷貸付金（馬喰町貸付金）の半高棄捐・半高年賦返済令を実施した(19)。この法令を見た札差は、蔵米取幕臣の借財軽減策を考慮しなければならなくなり、同年九月二十七日に一部無利息年賦返済令を含む仕法改正案を幕府に提出した(20)。

このように、札差は幕府の意に沿うように努力したのであるが、同年閏九月の老中水野忠邦の失脚などがあり、仕法改正案の回答が得られないまま、十二月十四日に老中土井大炊頭利位《としつら》から「札差共貸金御主法替」、いわゆる天保の無利息年賦返済令が発布された(21)。

札差共貸金主法替

天保十四卯年十二月十四日

大炊頭殿御直主計頭へ

此度札差共貸金御主法替被仰出候に付、御旗本・御家人共新古之無差別、当冬御切米渡証文書替之節を限り、無利足年賦済之積り可相心得事

一右年賦済方は、百俵に付当借百両以上は壱ヶ年金五両宛、同百俵以下は元金高之五分を以済方可致、且年賦金之分は、百俵に付別段金壱両弐分づゝ之割合を以、三季御切米・御借米之節々済方勘定可相立事

　但、向後貸方之儀は、是迄通り差支無之様可致相対事

一御扶持方米、是迄貸越候分は、当冬張紙直段三拾六両之積りを以金に直し、当十月を限り貸金高に結び勘定可相立事

一右に付ては、猿屋町会所御下げ之金儀も前書割合に応じ、無利足年賦納可相成候、向後御下げ金之儀は、都て是迄之通可相心得事

一猿屋町会所にて御旗本・御家人へ利安御貸付之儀は、差支之筋有之哉に相聞候間、以来御貸渡相止、尤是迄御貸渡有之分、札差共より之用立金に壱束にいたし、百俵に付金五両宛之割合を以、無利足年賦納可被仰付候事

右之通被仰出候間、其旨相心得、銘々分限を守、不慎之儀無之様可致もの也

　　十二月

右之通蔵宿共へ可被申渡候

　右之通町奉行へ申渡候間、可被得其意候

この条文の内容を補って要約すると、つぎのようになる。

①原則として天保十四年以前の札旦那貸付金は、新古を問わずすべて無利息とすること。

②返済方法は、一〇〇俵につき一〇〇両以上の借り入れは、一か年に五両返済として二〇年賦にすること、また同一〇〇両以下の借り入れは、元金の五分（五％）を返済すること。
③すでに過去の借金を札差に年賦返済している者は、一〇〇俵につき年間一両二分ずつ返済すればよいこと。
④ただし、今後の貸付金はこれまでどおり札旦那に支障がでないよう、相対で融資すること。
⑤扶持米取の貸越米（貸勘定の米）は、天保十四年冬の御張紙直段三六両で換金し、本年十月限り貸金高と清算勘定すること。
⑥札旦那救済策と同じように、札差が従来猿屋町会所から借りている拝借金（八万七〇〇〇両あまり）も、[22]無利息二〇年賦とすること。
⑦猿屋町会所から札旦那（旗本・御家人）への安利貸付金は、札差経営の支障となるので、今後は貸付を禁止すること。すでに貸付けた分は、札差の用立金と一緒にして無利息二〇年賦とすること。

すなわち、幕府は原則として天保十四年以前の貸付金をすべて無利息二〇年賦としたのである。しかし、札差を弾圧するばかりではその反発を招き、この年以降の札旦那金融が確保できなくなることを危惧したため、猿屋町会所からの融資など札差救済策も併せて盛り込んだ。法令発布にあたり、幕府当局者は札差の利息収入は莫大であるから、本来ならば棄捐とすべきであるが、西丸炎上の上納金や札差の自主的な札旦那貸付金利率の引き下げを考慮して、無利息年賦返済令とし元金は保証すると述べた。[23]

このような幕府の方針によって、棄捐令こそ発布されなかったものの、札差にとって無利息年賦返済令は、自ら提出した仕法改正案とは大いに相違し、[24]天保十四年以前の貸付金をすべて無利息二〇年賦とされたことは非常な衝撃であった。このため、四九人もの札差が閉店してしまったという。[25]しかし、廃業者数ならびに札差株譲渡件数はともに前掲表2-2にあるように天保期以後めだつほど増加していない。これは、幕府が寛政棄捐令後の札差対策と同様に、何らかの保護を与えていることを示しているのである。つぎに、その対策について述べよう。

第三節　無利息年賦返済令後の札差対策

（1）札差の閉店と新規札差の登用

天保十四年（一八四三）十二月十四日の無利息年賦返済令によって、幕府は蔵米取の借財を一時的に軽減し、当初の目的は達成したが、札差の困窮によりこの年以降の札旦那金融をいかに確保するか、心配しなければならなくなった。そのため前述のように、法令発布のさいに、札差が猿屋町会所から拝借した貸付金を無利息二〇年賦とし、札差の金融を圧迫していた猿屋町別口貸付金を廃して救済しようとしたが、札差四九人が閉店してしまったので、新たな札旦那金融の確保策を検討しなければならなくなった。天保十四年十二月二十二日、南町奉行鳥居甲斐守忠耀《ただてる》は、老中土井大炊頭利位へ「新規札差、御勘定所町方御用達江申付候儀申上書」と題する上申書を提出し、この中で札旦那金融の確保策についてつぎのように述べた(26)。

無利息年賦返済令によって多くの札差が閉店した結果、札旦那金融が差支えている。そこで困窮している札差のために、有力な札差から助合金を拠出させ、これによって営業を再開させたい。また、完全に閉業してしまった札差の札旦那金融は、この機会に勘定所・町方御用達を勧める有力者に札差業を始めさせ、彼らに休札を引受けさせれば、札旦那金融に支障がなくて済むだろう、と。

札差閉店による札旦那金融の支障という事態を重くみた幕府（老中土井利位）は、同日速やかに新規業者を認可することとし、鳥居は役宅において、つぎの勘定所御用達と町方御用達・同並の一五人に新規札差を命じた。

【勘定所御用達】川村伝左衛門・本庄太一郎・山上重郎兵衛・三谷三九郎・芹川六兵衛・鈴木重兵衛・森川五郎右衛門・鹿島清兵衛・三村清左衛門

【町方御用達】仙波太郎兵衛・永岡儀兵衛・村越庄左衛門・鹿島利左衛門（のち利右衛門と改名）・内藤佐兵衛

【町方御用達並】染谷利助

彼ら一五人には「札差助合金」を拠出させるとともに、[27]幕府みずからも同日に幕府御下げ金二万両を、猿屋町会所を通じて札差一同に融資する旨を申渡した。[28]

南町奉行の鳥居は、天保改革の一環として江戸の金公事《かねくじ》（金銭債務訴訟）を改正するため、債権保護に厚い大坂法を江戸に導入した人物である。鳥居は金融不融通の原因が、裁定が緩やかで迅速でない相対済し令や、一方的な債権破棄の棄捐令や無利息年賦返済令にあるとみて、これに反対していたが、老中の土井に無利息年賦返済令を押し切られてしまい、たちまち札旦那金融が逼塞してしまった。[29]その反省に立って、札旦那金融確保のために上申したのが、この札差救済金の給付と新規札差の登用策だったのである。

（2）札差救済金と新規札差の動向

天保十四年（一八四三）十二月二十二日、幕府はみずからの御下げ金二万両と、有力札差四人・新規札差一五人から一万両ずつ拠出させた二万両、合計四万両を猿屋町会所を通じて融資すると申渡した結果、翌二十三日には閉店した四九人のうち三八人が営業を再開した。[30]そして、同月二十四日に下げ渡された四万両のうち、幕府御下げ金二万両は札差八一人で割合い、その返済は年利五％で、六年目の嘉永元年（一八四八）に元利とも皆済する条件であった。[31]一方、有力な札差と新規札差が拠出した二万両は、従来の札差八一人から有力札差四人を差引いた七七人で割合い、その返済は年利六％で、翌弘化元年（一八四四）に元利とも皆済する条件であった。[32]

札差救済金が下げ渡されるや営業を再開した札差の態度には、無利息年賦返済令という幕府の一方的な命令にたいして、閉店という態度をもって示した札差の無言の抵抗が感じられる。そして、この抵抗は一応幕府を狼狽させ、低利の御下げ金を得ることに成功したのである。

天保十四年十二月二十二日、幕府から休札を引受るように申渡された新規札差一五人は、同月二十四日に先述の札差救済金一万両を拠出したのち、当分の間従来の札差の店へ同居して営業を始めることになった[33]。幕府（町奉行）は、新規札差の動向にたえず気を配り、町名主を使って彼らの動向を内密に調査させているが、翌弘化元年二月の報告では、「是迄之札差江打交リ渡世相勤候様子ニ而、追々札方相増」、「新古之無差別、一同和融致シ、家業相励取続可申様」という状況なので、幕府当局者を十分納得させる内容であった[34]。

ところが、一〇か月後の十二月にいたり、突然新規札差一五人中一〇人の者が、業務の不慣れや適当な空屋が見つからないことを理由に辞任願を提出した。そこで、再び町名主を使って真意を調査させたところ[35]、幕府が危惧している従来の札差たちとの不仲が原因ではなくて、まったく新規札差の辞任願にあるとおりと認定した。さらに、札旦那金融はすでに確保されているから辞任させても支障はないと報告してきた。

これをうけて、弘化元年十二月二十日、南町奉行跡部能登守良弼は老中阿部伊勢守正弘へ、「新規札差共差免候ニ付申上書付」と題する上申書を提出し、新規札差の登用が無利息年賦返済令後の札旦那金融の確保を目的に、当時の政策担当者であった町奉行鳥居と老中土井によって決定された政策であると述べ、今回新規札差の辞任理由を調査した結果、札旦那金融は確保されており、当初の目的は達成されているので、願いのとおり辞任させても差支えないと上申した[36]。そして、同月二十五日に老中阿部正弘は、跡部の上申どおり新規札差一〇人の辞任を許した[37]。その結果、鹿島清兵衛・仙波太郎兵衛・永岡儀兵衛・鹿島利左衛門・染谷利助の五人が札差として残ることになったのである。新規札差登用後、わずか一年たらずで容易に一〇人の辞任願が許可された背景には、政策担当者の交代（鳥居―土井ラインから跡部―阿部ラインへの交代）があったことを見逃してはならない。

以上、無利息年賦返済令後の札差対策をまとめるにあたり、ここで寛政の棄捐令後の札差対策と対比して、その特色を明らかにしたい。天保の無利息年賦返済令後の札差対策は、老中土井利位が法令発布後の十二月二十一日に申渡しているように、寛政棄捐令後の札差対策に準じた処置であった[38]。寛政棄捐令後の札差対策とは、札旦那金融確保を目的に、幕府の御下げ金二万両と勘定所御用達らの出資によって猿屋町会所を設立し、札差が貸付資金に欠乏しないように救済したものである[39]。

天保期の対策もこれと同様に、札旦那金融確保のため、幕府の御下げ金二万両と、有力札差・新規札差の拠出金二万両、合計四万両を猿屋町会所から融資して閉店した札差の営業を再開させた。また、閉店したまま休札になっている札旦那金融は、幕府の腹心ともいうべき勘定所御用達ら、江戸の有力商人を札差に登用することによって引受けさせることにした。この新規札差の登用は、天保期の札差対策の特色である。すなわち、寛政の棄捐令のときは、勘定所御用達らを使い、猿屋町会所を設立させることによって間接的に札差を統制したが、天保期には株仲間の解散中ということもあり、腹心の御用達商人を札差にすることによって、従来の札差を直接把握しようとしたものである。寛政期以来の懸案が天保期にいたってようやく実現したものと言えよう。しかし、弘化元年十二月にいたり、新規札差一五人中一〇人が業態に不慣れなどを理由に辞退することによって、幕府の目論見の一部は失敗したのである。

第四節　札旦那貸付利率をめぐる札差の対応

無利息年賦返済令後の札差救済金によって、閉店した札差も追々営業を再開したが、営業状況は必ずしも良好ではなかった。すなわち、札旦那への貸付利率は年利一〇％に引下げられていたし、無利息年賦返済令によって、天保十四年以前の札旦那貸付金の利息収入のすべてを絶たれ、元金も原則として二〇年賦という状態に陥り、確実に回収できるという保証はなかった。また、札旦那が以前に幕府から拝借した猿屋町別口貸付金を、札旦那に代わって弁済することなどもあり[40]、札差は困窮していた。

そのため、札差は弘化二年（一八四五）十月に少しでも負担を軽くするため、天保十一年（一八四〇）に町年寄役所を介して、年利一〇％で拝借していた幕府御下げ金一万三〇〇〇両の返済を、無利息年賦返済令に準じて無利息二〇年賦にしてほしいと出願し、翌弘化三年に聞き届けられた[41]。しかし、幕府の札差救済策は、札旦那金融確保のためであり、かつ札差の金融を統制しようという思惑も絡んでいたので、札差にとって十分な処置ではなかった。

札差が急速に業績を回復させるためには、新規の札旦那貸付金について、以前自主的に引下げた貸付利率を再び上げる必要があった。そこで弘化三年閏五月、札差一同八四人（新規札差五人と休業者七人を除く）は、幕府の末端札差統制機関である猿屋町会所へ利上げ願書を提出した（前掲表2-1に札差名を示した[42]）。この願書は、前後二つに分れており、前半の終りには、旧札差仲間の天王町・片町・森田町の三町のうち、一番組から三番組に属していた者が、後半の終りには同じく四番組から六番組の者が、それぞれ旧所属仲間の順番にならないように工夫して連署した。これは、株仲間解散中であることを配慮したためであり、「尤組合仲間御差止被仰付候儀ニ付、一同申合等仕候義も奉恐入候」とか、「此度同業之者とも願書江者連印不仕」と述べて、株仲間による出願でないことを強調した。その裏側には、解散中であっても強い結束力で結ばれた関係が看取される。出願にあたり、札差は札旦那貸付利率の動向から、無利息年賦返済令の影響まで述べているので、その辺から詳しく見てみよう。

寛政の棄捐令までの札旦那貸付金は、金一両につき一か月銀九分（年利一八％）の利率であったが[43]、寛政元年の棄捐令以降は年利一二％に引下げられた。天保十三年以降は、幕府の意向に沿って自主的に利下げする者もあり、年利一〇％とすることを申し出て、聞き届けられた。ところが天保十四年十二月にいたって、無利息年賦返済令が発布されたため、さらに収益が激減して困窮してしまった。そこで、欠乏した札旦那貸付金を得るために、

「他所ゟ融通繰入金等」をしてまでも御用立を続けてきたが、昨今の借入利率は二五両一分（年利一二%）[44]、あるいは三〇両一分（年利一〇%）であり、それ以下では貸してくれない。仕方なくこの利率で借入れて、札旦那へ年利一〇%で貸付けると、まったく利息収入が途絶え、札旦那の入用のつど、他所から借入れるわけにはいかなくなる。無利息年賦返済令までは、新古貸付金とも利息が付いたので、この利潤を札旦那貸付金に充当していたのに、「御用立金不残無利足ニ相成候事故、一向者補ひ無之、且身内扶助入用共、元金内ゟ追々相減候而已ニ相成行、日ニ増差迫リ」、また猿屋町会所から低利の融資を受けようと思うが、「願人追々相増候故、乍恐願高通ニ者御決済も無之、必至之時節ニ罷成候」状況である。その結果、札差は「以前之通り御利足金弐拾五両壱分之割合（年利一二%）ニ立戻リ候様仕度奉存候」と出願するにいたった。そして出願が聞き届けられたならば、「御用立御差支無之様、出精可仕奉存候」と申し出た。

この利上げ出願は、結局聞き届けられなかったが、それは再利上げによって札旦那が困窮するからという理由ではなくて、むしろ札旦那金融を今後いかに確保するかという点について、幕府当局者の評議が決着しなかったためである。すなわち、利上げ賛成論者は、利上げによって札差の利益が増加するならば、札差の申し出どおり札旦那金融が確保されるだろうと主張したが、反対論者は、利上げによって利益が増加すれば、それに付込んで、札旦那が「従前之通用立呉候様、銘々申込候節ハ、却而断方六ヶ敷迷惑」になるから「矢張其儘ニいたし置候」と、暗にこれ以上札差が困窮し、札旦那金融が差支えてはならないと主張した[45]。このように、札差の利上げ願書は一方的に却下されたわけではなく、賛否両論が対立し、決着が着かないまま沙汰止みとなったのである。こうして、無利息年賦返済令後の札差対策に苦慮していた幕府は、札差利率を上げることなく、少しでも蔵米取の金融を確保するために、弘化三年（一八四六）閏五月から十一月にかけて、天保七年に奢侈を戒めて札差株を取上げた札差松屋伝之助（天3）・伊勢屋伊兵衛（天3）・伊勢屋忠兵衛（片4）・伊勢屋嘉兵衛（片6）・松屋佐吉（森

2）の五人を赦免した。

ここで、天保の無利息年賦返済令後の株移動をまとめると、つぎのようになる（前掲表2-1・2参照）。

①天保の無利息年賦返済令以後の弘化～文久期の一九年間の株移動は、年平均〇・八件とそう多くない、これは幕府が猿屋町会所を通じて融資したためである。

②天保十三年三月の株仲間解散令によって札差仲間も解散したので、嘉永五年の仲間再興時に若干の組替えが生じた。

③弘化三年閏五月の利上げ願書の連名九三人は、株仲間解散中のためランダムに署名しており、幕府任命の新規札差五人は署名しなかった。

④天保七年に札差株を召し上げられた五人は、弘化三年に全員赦免され復帰している。

⑤札高の少ない札差に廃業者が多くみられる。

⑥新規札差五人のうち、幕末まで営業を続けたのは、勘定所御用達の鹿島清兵衛と町方御用達の鹿島利左衛門の二人だけである。

以上、弘化三年閏五月の利上げ願書をめぐる幕府と札差の動向を述べてきたが、あれほど幕府の意向を恐れ、努力してきた札差が、法令発布のわずか三年後に右のように出願できたのは、幕府当局者の中にも利上げを容認する空気が生じていたからである。すなわち、弘化四年八月に南町奉行遠山左衛門尉景元は、幕府の公定利率政策にたいして、「利足を定触示し候ハ、以之外之失策にて金銀不融通之基ニ御座候」と痛烈に批判する上申書を提出した(46)。天保改革初期の段階で、老中（強硬論）と町奉行（漸進論）の間に対立があったといわれているが(47)、これもその一例で、幕府当局者の中にも公定利率反対者がいたのである。しかし、この後も公定利率政策は存続した。札差の利上げ願書ならびに遠山の上申書は、まったく幕府の経済政策に対する苦悩を物語るものであった。

天保の無利息年賦返済令の発布にあたり、幕府当局者は、札差の利息収入は莫大であるから、貸付元金も本来棄捐とすべきであるが、西丸炎上の上納金[48]や札差の自主的な札旦那貸付金利下げを考慮して、無利息年賦返済令とし元金は保証すると、幕府に都合の良い解釈を下した。ところが、札差経営は貸付金の利息でなりたっており（後掲表5-2参照）、その貸付利息が貸付金の原資となっている以上、貸付元金の回収は従来からそう期待できるものではなかった。それゆえ、幕府は札差の手厚い救済策を実施しなければならなかったのである。天保の無利息年賦返済令は、寛政の棄捐令と同等あるいはそれ以上の打撃を札差に与えたといえよう。その実態は、次章の泉屋甚左衛門店の経営分析で説明することにする。

（1）　札差事略刊行会編『札差事略　中』（創文社　一九六六年）二八九・三八三～三九四頁。詳細は、北原進「宝暦—天明期の江戸商業と札差」（『江戸町人の研究』第一巻　吉川弘文館　一九七二年）三一七～三二六頁参照。
（2）　同右。
（3）「業要集」（三田村鳶魚編『未刊随筆百種』第四巻所収　中央公論社　一九七六年）七〇頁。
（4）『住友史料叢書　札差証文（一）』（思文閣出版　二〇一四年）八一～八六頁参照。
（5）「文恭院殿御実紀、巻六十」（『続徳川実紀　第二編』吉川弘文館　一九八二年）一三四頁参照。
（6）北原進「寛政・天保の改革と江戸札差」（『国史学』九〇号　一九七三年）参照。
（7）「天保雑記」（国立公文書館内閣文庫所蔵）、土屋喬雄『近世日本封建社会の史的分析』（御茶の水書房　一九四九年）二二〇～二四〇頁。
（8）　同右。
（9）「懲蕗略記」（一橋大学附属図書館所蔵）、『幸田成友著作集　第一巻』中央公論社　一九七二年）一二七頁参照。なお「年々諸用留　拾四番」（住友史料館所蔵）にも札差株取放ちの記事がある。
（10）　同右。

(11)「上金録」（一橋大学附属図書館所蔵）、幸田前掲書、一二八頁。
(12)同右。
(13)同右。
(14)第2章の表2-1の札差仲間変遷表参照。
(15)『日本財政経済史料』第二巻（大蔵省　一九二二年）一四四〜一四六頁。
(16)同右史料に「利金之義は、壱ヶ年延年七分三拾五ヶ年御事据、弐拾六ヶ年目棄捐之積」とあるが、「弐拾六ヶ年目」は三六年目の誤記であろう。
(17)註(9)幸田著作集第一巻、四九頁。
(18)『日本財政経済史料』第三巻（大蔵省　一九二二年）一〇七七〜一〇八八頁。
(19)同右書第二巻、一三二〜一三三頁、なお「馬喰町御用屋敷貸付金」については、竹内誠「馬喰町貸付役所の成立」（徳川林政史研究所『研究紀要』昭和四十八年度　一九七三年、のち『寛政改革の研究』吉川弘文館　二〇〇九年に所収）三九五〜三九七頁参照。
(20)註(9)幸田著作集第一巻、五〇〜五一頁。
(21)前掲『日本財政経済史料』第二巻、一四六〜一四七頁。
(22)幸田成友『江戸と大阪』（冨山房　一九三四年）二一一頁。
(23)註(15)『日本財政経済史料』第二巻、一四六頁。
(24)註(6)北原論文、一五・一六頁。
(25)「天保御主法帳」（一橋大学附属図書館所蔵）、註(9)幸田著作集第一巻、六三・一二八頁。
(26)「旧幕引継書」（国立国会図書館所蔵）、大山敷太郎『幕末財政史研究』（思文閣出版　一九七四年）一九九〜二〇〇頁。
(27)『日本財政経済史料』第一巻（大蔵省　一九二二年）二八八〜二八九頁。
(28)「吹塵録」各地方之部一（『勝海舟全集』第六巻　講談社　一九七七年）四四八〜四四九頁。
(29)神保文夫『近世法実務の研究　上』（汲古書院　二〇二一年）四七四〜四七七、四九八〜四九九頁。
(30)註(9)幸田著作集第一巻、五二〜五三頁。

(31)『住友史料叢書　浅草米店万控帳（上）』（住友史料館　一九九七年）二〇一～二〇四頁。なお、幕府の御下げ金二万両の返済については、嘉永七年「拾ヶ年賦拝借上納帳」（一橋大学附属図書館所蔵）によると、嘉永元年には返済できず、さらに五か年据置きの恩典を得たが、期限にいたっても返済できなかった。そこで、期限の翌年である安政元年から十年賦とし、ようやく元治元年に債務を果たした。

(32)同右。

(33)「旧幕引継書」、註(26)大山前掲書、二〇三～二一三頁。

(34)同右。

(35)同右。

(36)同右。

(37)同右。

(38)註(15)『日本財政経済史料』第二巻、一四八～一四九頁。

(39)竹内誠「幕府経済の変貌と金融政策の展開」（『日本経済史大系』近世下　東京大学出版会　一九六五年）二〇〇頁。のち、同氏『寛政改革の研究』（吉川弘文館　二〇〇九年）に所収。

(40)註(31)掲載書、二〇九～二一四頁。これによると、弘化元年七月に泉屋甚左衛門は牟礼郷右衛門（御書院番）・小幡勇蔵（西丸御書院番）・石津九兵衛（御幕奉行）など六人の猿屋町別口貸付金一八五〇両の弁済を引受けた。

(41)「上金録」（一橋大学附属図書館所蔵）、註(26)大山前掲書、四六七～五〇〇頁参照。

(42)註(31)掲載書、二六一～二六八頁。

(43)利息計算、金一両は銀六〇匁替であるから、一両につき一か月銀九分（〇・九匁）の利率は、〇・九匁を六〇匁で除して一・五％、これが一二か月で一八％、すなわち年利一八％を得る。

(44)利息計算、弐拾五両一分とは、「元金二五両にたいして、利子一か月金一分」の意味、一か月金一分は、一二か月で三両、すなわち年間支払利子額が三両、これを元金二五両で除すれば、年利一二％となる。以下同じ。

(45)「浅見兵太夫初筆高利貸出候儀ニ付、勘弁仕申上候書付」（『徳川禁令考』後集第二巻（創文社　一九八一年）二三八～二四三頁。

（46）　同右。
（47）　藤田覚「天保改革期都市支配をめぐる対立について――老中・町奉行の対立の歴史的意義――」（『歴史学研究』四五〇号　一九七七年）。
（48）　註(26)大山前掲書参照。

第5章　幕末期の札差経営──泉屋甚左衛門店の経営分析──

第一節　泉屋甚左衛門店（浅草米店）の来歴と業務

本章では、札差経営の具体例として「住友家文書」により、主に幕末期の泉屋甚左衛門店の経営を分析する。その中で幕府が一方的に利息の破棄を命じた天保の無利息年賦返済令と文久の安利年賦返済令の影響を論じたい。

泉屋甚左衛門店は、浅草片町四番組に属する札差で、泉屋（住友）の江戸出店として「浅草米店」と呼ばれていた[1]。その設立は、延享三年（一七四六）に五代当主友昌の弟友俊が江戸へ出向いたさい、彼の差配によって行なわれた。しかし札差仲間加入にさいしては、仲間規定が厳重で、他所者への株譲渡を禁じ、身内の者でも仲間全員の承諾を必要としたので、加入条件を満たすため、同年五月に浅草蔵前の米屋であった伊賀屋善兵衛を名義人とし、さらに彼を札差森田屋市郎兵衛（片3）の弟ということにして、その上で札差柳屋伝蔵の株を譲受けて加入した。四年後の寛延三年（一七五〇）四月には泉屋の屋号に改め、宝暦五年（一七五五）五月に善兵衛が没すると甚左衛門名義の店とした。この甚左衛門は架空名で、大坂の泉屋本店から浅草米店支配人に任命された者が代々この名前を称した（表5-1参照）。このように表向きは、独立した店であったが、泉屋部内においては、浅草米店と称する江戸出店であり、本店が一切の指示をおこなっていた。そして利益があれば本店へ送金することになっていた。

表5－1　泉屋甚左衛門の実名

歴代	泉屋甚左衛門	任期
初代	茂右衛門	宝暦5.12～同12
2代	九兵衛	同　12　～明和6.5
3代	宇兵衛	明和6　～天明5
4代	祐左衛門	天明6　～寛政8
5代	平右衛門	寛政9　～文化7
6代	彦右衛門	文化8　～文政6
7代	直蔵	文政7.2～同7.8
8代	半兵衛	同　7～　天保5
9代	清兵衛	天保5～同　14
10代	義右衛門	同　14.5～弘化5.2
11代	仁兵衛	弘化5.2～安政5
12代	伊兵衛	安政5～元治元
13代	正右衛門	元治元～明治2.1

出典：註(1)『泉屋叢考』第16輯、33頁の表に加筆

寛延四年（一七五一）十月の泉屋甚左衛門店の「浅草米店心得」によると、[2] 店員は支配人一人、相対方助ケ（対談方助手）一人、金子方一人、玉入一人、書替一人、米取手三人、賄方老女一人、食炊男一人、子供二人の合計一三人であり、御蔵見廻、御蔵日行事出勤、米請払・渡方、料理方、玉触《たまふれ》は手代六人の輪番であった。

つぎに、この「浅草米店心得」三五か条の中から札差業務に関連する条文を意訳して示そう（第3章第一節も参照）。

①手形受取から玉落・出米まで　御屋敷（以下、札旦那）業務は大切にいたし、御切米勘定の差引は入念におこなうこと（第二条）、また御切米手形・御扶持方手形が持参されたら、間違いがないかよくよく吟味して受け取ること、万一文字がかすんでいたら、その持参人には無理のない範囲で待機させ、書替所で確認したうえで受取書を渡すこと（第三条）。また、書替所へ証文（御切米手形）を持参し、裏書が済んで下げ渡されたら、控帳に記載して御蔵役所に差し出すこと（第四条）。書替所に出頭した手代は、役割と人数を確認の上、前夜に手形（蔵米の渡高・石代金・札旦那名・札差名を記したもの）を作成し、早朝に持参するまで大切に取り扱うこと（第五条）。

御蔵役所の玉入に出頭する手代は、前夜に準備した手形を玉組するために早朝に持参するが、そのさい役割人数を確認の上、手形を十分に精査し、玉組帳と読み合わせ照合して押切印を押印すること（第六条）。抽選の玉落ちが完了したら、役割の手代は早朝に御蔵役所へ金子の受取りに出頭すること。正確を期すため、それが済むま

では食事などどのような用事があろうとも、役割外の手代にまかせて帰宅してはならない。同じ役職の手代が来たら代わってもよいこと（第七条）。御蔵役所から出米を受取る手代は、米屋へ出かけ、払米値段は背付《せつけ》（米の売却代金を集金する米屋）に一任せず、諸方から情報収集すること（第八条）。

②正米取引について　これまでと同じように正米商売（現物取引）は、その年の相場の気配をよく考えなさい。とかく俵高売買（先物取引）については、利潤または損失が生じやすいので、今後は予測の米売買を堅く禁止すること。もちろん、月々の借入れ米、仕送り米は、その時の入用に応じて買入れ支弁するようにし、数か月先の買置き米はしないこと。米穀に限らず、すべて「思ひ入る商売」（先物取引）は厳重にしないようにすること（第三二条）。

③貸付金（用立金）について　札旦那への用立金は、支配人との相談なくして実施しないこと、またこれまで年賦返済してきた札旦那から、家計難で契約を更改したいと申し出があっても、支配人の了解をとって熟談したうえで回答すること、決して自分の判断で実施してはいけないこと（第九条）。札旦那への用立金証文は、毎日金子高を金子帳と照合し、札旦那別の証文を入れた紙袋に収納すること（第一〇条）。書替所に出頭する手代は、同所の業務が終わりしだい帰店し、勘定業務を手伝うこと、あわせて玉落ちの報告（玉触）をすべきだが、今後はそのための日用（臨時雇い）を雇用しないのでそう心得ること（第一一条）。

以上、泉屋甚左衛門店では、手形受取から出米・払米までの役職と手順が決まっており、札旦那貸付金についても貸付基準が定められていた。

天明八年（一七八八）十一月には、徳川御三卿の一つである清水家の蔵元となり、泉屋甚左衛門（泉甚）と坂倉屋甚兵衛（坂甚）の両人で引き受けることになった。蔵元は蔵米の管理と払米をおこない、清水家家臣の札差業務も幕臣と同じように兼務したが、その仕法は別に取り決められていた。寛政四年（一七九二）三月には、蔵元の泉甚・坂甚に加えて、坂倉屋清兵衛・泉屋茂右衛門・伊勢屋平右衛門が札差に命じられ、浜町下屋敷会所で清水御下げ金の取り扱いも開始した。その後、清水家札差はメンバーの変更があり、幕末の嘉永六年（一八五三）当時は、泉屋甚左衛門・同茂右衛門・下野屋鉄吉・坂倉屋甚兵衛・伊勢屋市右衛門・坂倉屋治郎左衛門の六人となっていた。慶応二年（一八六六）正月に清水家が廃止されたときには、先の六人に大口屋弥右衛門と山田屋金右衛門が加わっていた。

寛政元年（一七八九）の棄捐令で泉屋甚左衛門店は、棄捐高が金二万八〇四四両一分と銀八匁九分九厘、および年賦金高が一万二〇〇〇両に達し、棄捐高は全九六軒の札差の中で、上位七番目という打撃をうけた（前掲表2-3参照）。その後、業績は次第に回復し、文政二年（一八一九）には札扱い高六万四〇〇〇俵で、全札差中三位に位置する札差に成長した。なお嘉永四年（一八五一）三月の株仲間再興後も、以前と同様に浅草片町四番組に属し、本店から閉店の指令があった明治二年（一八六九）正月まで営業を続けた。

第二節　天保の無利息年賦返済令の影響

天保の無利息年賦返済令によって、札差経営がどのような影響を受けたのか、本節では泉屋甚左衛門店（以下、泉甚店と略称する）の支配人広瀬義右衛門が書き残した「浅艸米店在勤中心得書」(3)中の「浅草米店勘定帳惣縮」（本店へ報告のため作成する一年の総決算簿「勘定精帳」の抄録）によって分析をおこなう。この帳簿は、損益ならびに貸借計算を果たしている複式決算の原理を有する帳簿であり、損益部分を銀高計算、貸借部分を金高計算している。ちなみに、換算比率は幕府の公定換算率の金一両＝銀六〇目であり、以下の表示は金高に統一する。損益の勘定科目には、大坂本店への送金科目があり、大坂本店が純利益を把握しやすいように銀高にしたのであろう。また、そもそも江戸は金経済圏であり、「金一両銀六〇目替」が徹底しており、財産計算の金高表示はその反映

と考えられる。(4)

以下、理解しやすいように現在でいう損益計算書と貸借対照表に組み直したものが、表5-2と後掲表5-3である。さらに、これをグラフ化したものが図5-1である。まず、表5-2によって収益と費用の動向を考察しよう。

(1) 収益

泉甚店の収益は、「三季利《さんきり》」のほか六科目で構成されていた。以下、それぞれについて見てみよう。

①三季利　これは、旗本・御家人ら蔵米取が春夏冬の三季に受けとる俸禄米を引当とする貸付金（札旦那貸付金）の利息収入である。収益のうちではこれが最も大きく、全収益の四〇%から八〇%台を占めていた。その変動を見ると、天保十一年（一八四〇）から同十四年まで順調に収益をあげており、金二五〇〇両から金三二〇〇両台であった。このうち、天保十三年のみ貸付金の増加にもかかわらず、前年よりも約七〇〇両減少しているが、これは同年八月に札旦那貸付金を自主的に年利一二%から一〇%に引下げたためである。

そして、翌十四年に三〇〇〇両台に回復した矢先、無利息年賦返済令が発布され、同年以前の貸付金はすべて無利息とされたので、翌弘化元年の三季利はわずか三七六両にまで激減した。前年収益の八分の一となり、比率も同年全収益の四二%まで下がることになった。以後、新規貸付金の増加によって徐々に回復し、嘉永元年には金一五四九両となり、全収益中の七六%を占めるにいたった。

②札差料　これは、蔵米請払いの手数料の「札差料」（一〇〇俵につき金一分）と「売側金」（同金二分）を合算したものであり、一〇〇俵につき金三分であった。嘉永元年（一八四八）の場合は金一六二両であるから、扱い高を逆算すると、約二万一二〇〇俵となる。しかしこの札差料は、蔵米請払いにかかわる諸入費を除去した純利

表5－2　泉屋甚左衛門店の損益計算書(天保11年～嘉永元年)

項目	科目	天保11年		天保12年		天保13年		天保14年		弘化元年		弘化2年		弘化3年		弘化4年		嘉永元年	
		両	%	両	%	両	%	両	%	両	%	両	%	両	%	両	%	両	%
収益	三季利	2,711	70	3,261	52	2,564	82	3,071	85	376	42	836	61	1,296	79	1,482	78	1,549	76
	札差料	114	3	138	2	141	5	150	4	146	16	150	11	154	9	159	8	162	8
	万利	927	24	274	4	291	9	232	6	235	26	241	17	61	4	134	7	183	9
	中入	40	1	54	1	69	2	87	2	72	8	76	6	73	4	63	3	78	3.9
	店賃	56	1	56	1	51	2	50	1	50	6	49	4	59	4	55	3	55	2.7
	米利			25	0	4	0	10	0	21	2	29	2						
	大坂請			2,438	39														
	合計	3,849	100	6,247	100	3,120	100	3,600	100	899	100	1,381	100	1,642	100	1,893	100	2,026	100
費用	米損	8	0									0		20		28	1	20	1
	大坂為登	2,342	55			284	16	2,672	59	22	1	23	1	23	1	29	2	22	1
	町入用	32	1	39	2	37	2	41	1	31	2	33	2	31	2	31	2	36	1.7
	利払	761	18	571	32	391	23	425	9	364	23	511	31	660	38	800	43	850	41
	台所入用	1,123	26	1,151	65	1,025	59	1,424	31	1,000	64	932	57	1,009	59	977	52	1,135	55
	公用									150	10	147	9						
	小計	4,266	100	1,761	100	1,738	100	4,561	100	1,566	100	1,646	100	1,743	100	1,864	100	2,063	100
	純利益	-417		4,486		1,382		-961		-667		-264		-100		28		-37	
	合計	3,849		6,246		3,120		3,600		899		1,381		1,642		1,893		2,026	

註1：両以下は、四捨五入。
　2：原史料は銀高表示であったが、金1両＝銀60匁で換算(原資料による)。
　3：費用の「突合残金」(誤差)は省略した。
出典：「浅艸店在勤中心得書」(『住友史料叢書　浅草米店万控帳　(下)・(続)ほか』思文閣出版　2000年)所収。

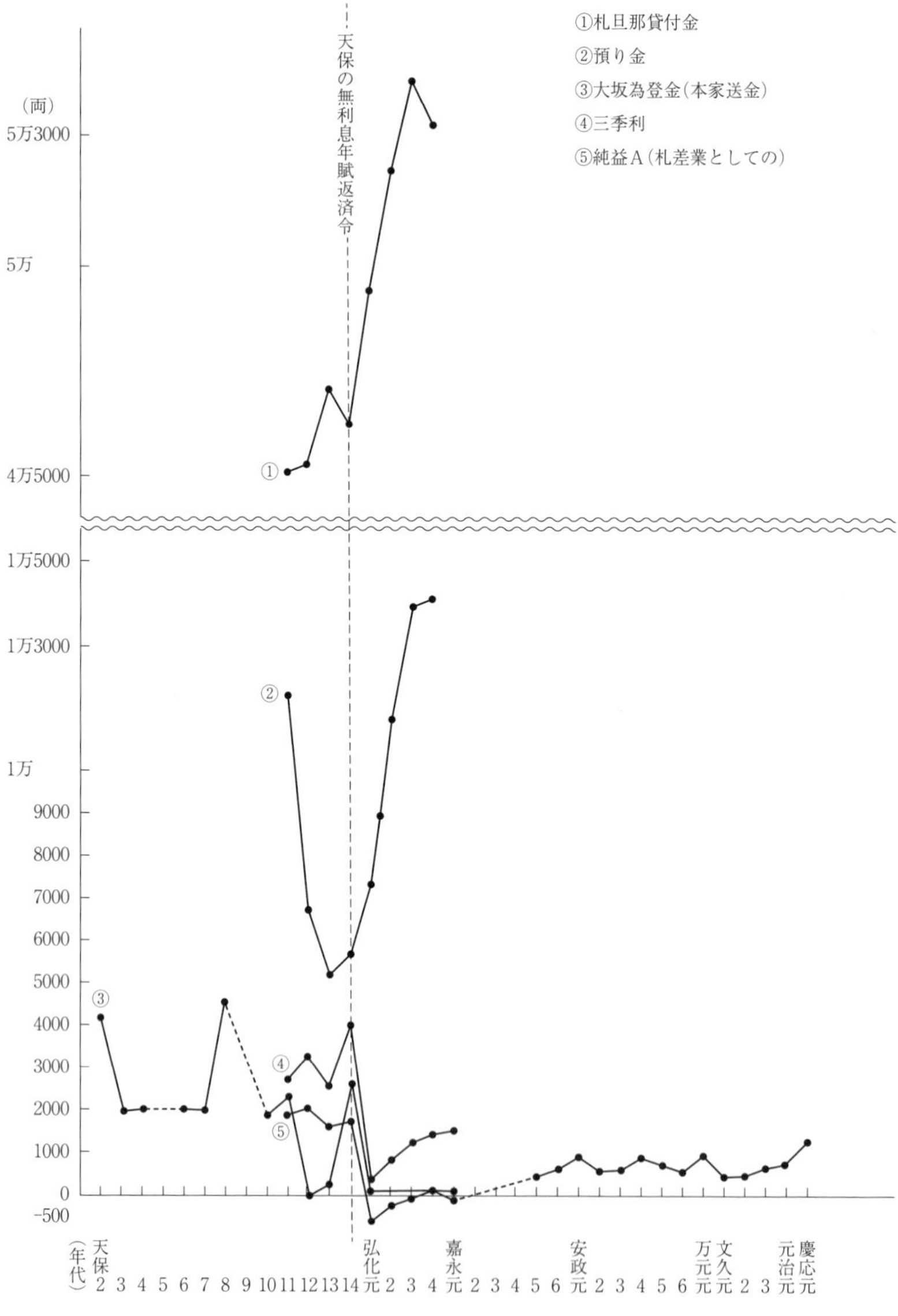

図5-1　泉屋甚左衛門店の営業成績
出典：表5-10より作成。

益と考えられるから、この扱い高より多少多く見積って考えなければならない(5)。

つぎにその変動を見ると、天保十一年から同十四年までは金一一四両から一五〇両まで徐々に増加したが、弘化元年には、前年より四両少ない一四六両に減少した。これは無利息年賦返済令によって、札扱い高が五三三俵減少したことを示している。しかし、減少高はわずかであり、その後の札差料は増加しているので、法令によって札扱い高はほとんど影響を受けなかったことがわかる。また、全収益に対する札差料の比率が二〜一一％と非常に低いことから、札差本来の収入源ともいえる札差料収入は案外に少なく、やはり蔵米請払いに付随する金融の利子収入「三季利」が、札差経営を支えていたことが明確となった。

③**万利**《よろずり》　これは、文字どおり「三季利」以外の「取替金」や「頼母子金」など、諸々の貸付金の利息収入である。天保十一年の金九二七両を最高として、翌年から弘化二年までは二〇〇両台に落ち込み、翌三年にさらに六一両に落ち込んだが、以後は一〇〇両台に持ち直した。全収益中の比率は、天保十一年と弘化元年に二〇％台となり、そのほかの年は一〇％前後であった。弘化元年の比率は、無利息年賦返済令による「三季利」の落ち込みが影響していたとはいえ、「三季利」に続く収益科目であった。よって、札差業における「三季利」と「万利」の利息収入は、天保十二年の本店送金「大坂請」を除去すると、実に全収益の八〇〜九五％を占めており、まさに札差業収入は利息収入であったといえる。

④**中入**　これは、貸付元金の一部返済高である(6)。天保十四年が最高の収益を示しているが、それも金八七両というわずかな金額である。全収益に対する比率も一〜八％と小さい。貸付元金の回収は、無利息年賦返済令の発布前後を通して大きい変化はなく、本来そう多いものでなかった。札差経営にとって札旦那貸付金の元金回収はあまり重要ではなく、「三季利」等の利息収入が大きな役割を果していたのである。

⑤**店賃**　これは、泉甚店が所持していた家屋敷の家賃収入である。浅草諏訪町東側南角から三軒目が泉甚店で、

その隣の四軒目が抱屋敷であった。[7] 毎年、金五〇両前後の安定した収入源であったが、全収益中の比率は一～六％ぐらいであり、これもあまり大きい収益源ではなかった。

⑥米利　これは、正米取引の利益である。この正米取引で損失を出すと、費用項目の「米損」として記載される。正米取引は、先述の寛延四年（一七五一）七月の「浅草米店心得」第三二条にあるように、相場の時期をよく考えて売り払い、手元に米俵が残らないよう適切に処置し、先物取引はしてはならないと規定した。しかし、寛政元年（一七八九）の棄捐令以降、幕府の札差干渉が激しくなり、札差が持っていた米仲買商的な要素が失われるなかで、[8] 泉甚店も例外ではなかった。正米取引の収損益の額に見られるように取引高はわずかであり、収益があったのは天保十二年から弘化二年（一八四五）までの間だけであり、その最高収益もわずか金二九両であった。そして、全収益に対する比率も二％以下であった。なお、嘉永元年（一八四八）当時に取扱っていた米の産地は、武蔵（比企米）・下総・相模（神奈川米）・越前・越後・河内などであった。[9]

⑦大坂請　これは、大坂本店から泉甚店への送金である。泉甚店は天保十二年だけ大坂本店へ送金をせず、逆に金二四三八両の送金を受けている。理由は定かでないが、この年八月には大坂本店から別子銅山・長堀吹所・浅草米店など各営業店部に倹約令が出されており、[10] 浅草米店の営業を強化するために送金したものであろう。

以上、収益の細目について述べてきたが、天保十二年の大坂請を除けば、札差業の収益源は利息収入である。その意味で無利息年賦返済令の影響は甚大であった。しかし幕府の札差救済金（猿屋町会所）や大坂本店など諸預り金により貸付資金が充当されたのち、弘化二年以降は順調に「三季利」が増加していることも注目される。

（2）費用（支出）

浅草米店の費用は、「米損」ほか五科目から構成されていた。以下それぞれについて見てみよう。

①**米損**　これは、収益の「米利」のところで説明したように正米取引の損失である。天保十一年に金八両の損失が生じているが、翌十二年から弘化二年まで五年間は米損が計上されなかった。その後、弘化三年から嘉永元年までの三年間は金二〇両台の損失（全支出の一％）となった。

②**大坂為登《のぼせ》**　これは、別名を「大坂貢金《こうきん》」とも呼び、浅草米店で利益があれば、大坂本店へ送金することになっていた。定例の為登金は、文化年間が一五〇両、文政年間が三〇〇両となっていた（文政二年のみは、大名から金融を依頼されたので二〇〇〇両である）。ところが、天保期に入ると臨時金が頻繁となり、同二年に四一五〇両、同三年に一九五〇両、同四年・六年・七年に各二〇〇〇両、同八年に四五〇〇両、同十年に一八五〇両と非常に増加している(11)。しかし、天保十四年の無利息年賦返済令を境に、札差経営は苦境に追い込まれたので、同年の二六七二両を最後に、翌弘化元年から嘉永元年までわずか二〇両台に激減し、多額の送金は不可能となった。全費用における比率を見ても、天保十四年以前は五〇％台であったが、その後は一％台に激減している。なお、化政期に定例の仕送りが可能であったということは、寛政の棄捐令によって打撃をうけた札差が、化政期には経営を回復し、田沼期に次ぐ繁栄期を迎えていたことを示している。

③**町入用**　これは、定式の町費であり、「地面年貢」「町入用・七分積金」「家守給金・店賃」の三つから構成されていた。弘化四年の場合、それぞれ一両二分、二二両一分、八両となっており、町入用の大部分は「町入用・七分積金」であった。支出額は天保十四年の金四一両を除き、毎年三〇両台と安定している。全費用に対する比率は、一～二％なので、そう大きい金額ではなかった。

④**利払い**　これは、預り金にたいする利息の支払いである。預り先の詳細については、後述の「預り金」（表5-8、5-9）のところで説明する。利払い額は、天保十一年には金七六一両であったが、翌十二年に五七一両、十三年に三九一両と落ち込んでいる。これは、天保十三年九月に一般貸付利率が年利一五％から一二％に引下げ

表5－3　台所入用の内訳(弘化4年)

科目	銀高(原史料)	金換算	比率
	貫目	両	%
人件費			
手代遣	22,658	378	38.7
世帯賄費	14,541	242	24.8
湯髪	697	12	1.2
薬料	1,345	22	2.3
麁物	3,397	57	5.8
世帯	9,101	152	15.5
寄付寄進費	8,433	141	14.4
神仏	2,115	35	3.6
合力	6,318	105	10.8
業務費	7,455	124	12.7
小買物	979	16	1.7
紙買入	826	14	1.4
普請	4,043	67	6.9
日雇	1,293	22	2.2
道中	315	5	0.5
接待進物費	5,518	92	9.4
台所家業	1,478	25	2.5
客入用	1,958	33	3.3
屋敷用	938	16	1.6
進物	1,144	19	2.0
合計(16口)	58,604	977	100.0

註1：金銀とも両・貫目以下は四捨五入。
　2：金1両＝銀60匁替(原史料による)。
出典：表5－2に同じ。

られた影響と考えられ、事前に預り金を減額することで利払いを抑え、貸付利息の減収を補おうとしたものであろう。天保十四年以降の増加は、預り金の増加によるものである。

⑤台所入用　これは、表5-3にあるように一六口の細目から構成されており、弘化四年の台所入用総額は金九七七両であった。出費の多い順にその比率を示すと、人件費が三八・七%、世帯賄費が二四・八%、寄付寄進費が一四・四%、業務費が一二・七%、接待進物費が九・四%となり、内部経費（給料・世帯賄入用・業務入用）が全体の七六・二%を占め、外部経費（寄付寄進費・接待進物費）が残りの二三・八%ということになる。人件費が全体の四割弱を占めるのは当然として、札旦那ら諸方への接待進物費が一割ほどもあるのは相当な出費といえよう。

⑥公用　この内容については不明であるが、臨時支出と考えられ、弘化元年と二年に計上されているのみである。

以上、費用についてまとめると、必要経費の台所入用と利払い、それに大坂為登金が支出の代表であった。ところが天保十四年の無利息年賦返済令以後、収益の激減によって多額の大坂為登金は不可能となり、台所入用と利払いが支出の代表となった。弘化元年以後は、預り金の増加によって利払いが急増した。

表5-4　利益処分　（単位：両）

年次	収益	支出	純益A	大坂為登	大坂請	純益B
天保11	3,849	1,925	1,924	2,342		-417
同　12	6,247	4,199	2,048		2,438	4,486
同　13	3,120	1,454	1,666	284		1,382
同　14	3,600	1,890	1,711	2,672		-961
弘化元	899	1,545	-645	22		-667
同　2	1,381	1,623	-241	23		-264
同　3	1,642	1,720	-78	23		-100
同　4	1,893	1,836	57	29		28
嘉永元	2,026	2,041	-15	22		-37

註1：両以下は、四捨五入。
　2：原史料は銀高表示であったが、金1両＝銀60匁で換算（原史料による）。
出典：表5-2に同じ。

(3)　純利益

これは、当該年度収益から当該年度費用を差引いて算出される。ところで前掲表5-2の純利益は、大坂請・大坂為登金を含めて算出した純利益であるから、泉屋住友の江戸出店としての純利益である。それゆえ、本店の経営状態や事情によって大きく変動している。そこで本店の経営事情に左右されない純利益、いわば泉甚店の札差業による純利益を示すために作成したものが表5-4である。すなわち純利益Aは、札差業としての純利益、純利益Bは本店の江戸出店としての純利益を示している。

まず、純利益Aを見ると、泉甚店は天保十四年まで金一六〇〇両から二〇〇〇両台の純利益をあげていたが、無利息年賦返済令によって、弘化元年には六四五両の欠損を出すにいたった。その後は欠損額を縮め、弘化四年には五七両の純利益を計上したが、翌年には再び一五両の欠損を出した。この欠損は、甚左

弘化2年		弘化3年		弘化4年	
両	%	両	%	両	%
52,293	68.5	54,469	69.0	53,358	67.4
6,027	7.9	5,802	7.4	5,474	6.9
4,931	6.5	5,216	6.6	5,231	6.6
276	0.4	340	0.4	374	0.5
11,734	15.4	11,734	14.9	11,734	14.8
336	0.4	179	0.2	302	0.4
759	1.0	1,148	1.5	2,653	3.4
76,356	100.0	78,887	100.0	79,126	100.0
11,308	14.8	13,940	17.7	14,150	17.9
65,048	85.2	64,948	82.3	64,976	82.1
76,356	100.0	78,887	100.0	79,126	100.0
42,500		42,500		42,500	

衛門襲名による台所入用の増加によるものである。その後は全盛期ほどではないが、前掲図5-1にあるように慶応元年まで順調に純利益を計上した（本章第三節も参照）。

一方、純利益Bは不規則な変動を示している。すなわち、札差業の純利益Aは天保十四年まで順調であるのにたいし、十一年には純利益Aを上まわる本店送金をして欠損となり、逆に十二年には本店からの送金によって大幅な純利益をあげている。弘化元年以降は、純利益Aの欠損によってさすがに本店送金は減少したが、送金は続けられており、純利益Bの欠損額を大きくした。この純利益Bの変動は、泉屋（住友）全体の経営の反映でもあり、泉屋の経営全般にわたる分析によって解明されるべきものである。

（4）資産

資産は、表5-5にあるように七科目によって構成されており、現有資産（「米有物」「金銀銭」）と貸付資産（「御屋敷様方（札旦那）貸付金」「取替」「年賦帳」「頼母子帳」「永代帳」）とに分類される。天保十一年（一八四〇）の場合、全資産の九一・七%は貸付資産であり、以後七年間を通して見ても九〇%台である。札差の資産は貸付金であるといっても過言ではなく、その中で最も大きいものが札旦那貸付金であった。

①御屋敷様方（札旦那）貸付金　この貸付金の利息が、先述した収益の「三季利」となる。引用した泉甚店支

表5－5　泉屋甚左衛門店の貸借対照表

項目	科目	天保11年		天保12年		天保13年		天保14年		弘化元年	
		両	%	両	%	両	%	両	%	両	%
資産	御屋敷様方貸付金	45,153	62.0	45,325	62.7	47,112	65.3	46,298	64.6	49,484	68.0
	取替	6,073	8.3	5,182	7.2	5,896	8.2	5,837	8.1	5,222	7.2
	年賦帳	3,728	5.1	4,766	6.6	4,714	6.5	5,287	7.4	5,279	7.3
	頼母子帳	381	0.5	440	0.6	448	0.6	251	0.4	272	0.4
	永代帳	11,477	15.7	11,613	16.1	11,612	16.1	11,732	16.4	11,733	16.1
	米有物	151	0.2	119	0.2	177	0.2	28	0.0	80	0.1
	金銀銭	5,922	8.1	4,832	6.7	2,165	3.0	2,209	3.1	677	0.9
	合計	72,885	100.0	72,278	100.0	72,123	100.0	71,641	100.0	72,747	100.0
負債	預り金	11,813	16.2	6,719	11.7	5,183	7.2	5,662	7.9	7,434	10.2
	純資産	61,072	83.8	50,558	88.3	66,940	92.8	65,979	92.1	65,313	89.8
	合計	72,885	100.0	57,278	100.0	72,123	100.0	71,641	100.0	72,747	100.0
積金	積金	40,000		40,000		40,000		42,500		42,500	

註：両以下は、四捨五入。
出典：表5－2に同じ。

表5－7　取替先(弘化4年)

取替先	金高	比率
	両	%
別家	3,275	59.8
茂右衛門(札差)	480	8.8
平右衛門(札差)	1,640	30.0
徳右衛門	1,155	21.1
札差・町名主	1,877	34.3
坂倉屋太郎兵衛	650	11.9
坂倉屋治郎右衛門	820	15.0
利倉屋庄左衛門	345	6.3
名主　伊蔵	62	1.1
武家・寺社	323	5.9
筒井紀伊守	251	4.6
青砥秀作	45	0.8
本間啓太夫(浅草寺代官)	5	0.1
浅草寺御殿	22	0.4
総計	5,474	100.0

註：両以下は、四捨五入。
出典：表5－2に同じ。

表5－6　札旦那貸付金の推移

年次	当用		年賦		利不足		合計	
	両	%	両	%	両	%	両	%
天保11	20,522	45	24,632	55			45,153	100
同　12	21,079	47	24,247	54			45,325	100
同　13	22,384	48	24,728	52			47,112	100
同　14	1,373	3	44,924	97			46,298	100
弘化元	6,094	12	43,389	88			49,484	100
同　2	10,422	20	41,871	80			52,293	100
同　3	14,064	26	40,405	74			54,469	100
同　4	14,398	25	38,956	68	3,750	7	57,104	100

註1：両以下は、四捨五入。
　2：原史料は銀高表示であったが、金1両＝銀60匁で換算(原資料による)。
出典：表5－2に同じ。

配人広瀬義右衛門の「浅草米店勘定帳惣縮」は決算簿の抄録なので、貸付先の札旦那（旗本）については省略しているが、筆者は残存する札差証文によって二〇〇人あまりを明らかにした[12]。そのうち、前掲表3‐1では役職と禄高が判明した七一人を一覧表にしたので参照してほしい。さて、貸付金の動向を見ると、天保十一年から弘化四年（一八四七）まで四万五〇〇〇両から五万三〇〇〇両台へと増加傾向にあり、資産中に占める比率も六二％から六九％と大きいものであった。天保十四年の無利息年賦返済令は棄捐ではなく、元金は原則として二〇年賦と保証されていたので、同年以降も貸付金は減少することなく計上された。

この札旦那貸付金は本来当用貸（普通貸付）であるが、蔵米取の要求によって天保十一年には、表5‐6にあるようにすでに五五％が年賦貸となっていた。これに加えて、天保十四年の無利息年賦返済令によって、同年の貸付金四万六二八八両のうち四万四九二四両（全体の九七％）が年賦貸とされ、残るわずか一三七三両（同三％）が当用貸となった。この結果、年賦貸は寛政元年（一七八九）の棄捐金高二万八〇四四両と、年賦貸金三〇〇〇両の合計を一万両以上も上まわるものとなった。貸付元金は、原則として二〇年賦と保証されたものの、「中入」（元金の一部返済高）に見られるように元金の回収は本来そう期待できるものではなかったので、前節で明らかにしたように無利息年賦返済令は棄捐令と同等あるいはそれ以上の打撃であった[13]。そのため、収益を回復するには新規貸付高を増加する必要があり、弘化元年から新規貸付高は徐々に増加し、同四年には金五万七一〇四両に達したのである。これにより、当用貸と年賦貸の割合は、それぞれ二五％と六八％に改善された。

②取替　これは、諸侯・寺社・商人らへの不時の立替金である。これらの貸付利息が収益科目の「万利」に入った。表5‐7によって弘化四年の「取替帳」の貸付先を見ると、金五四七四両のうち別家が五九・八％、札差・町名主が三四・三％、武家・寺社（浅草寺）が五・九％であった。札差関係の別家や商人への立替金が多かったといえよう。取替高は金五〇〇〇両から六〇〇〇両台であり、全資産の七～八％であった。

③年賦帳・永代帳・頼母子帳　これらは、「年賦帳」が年賦返済金、「永代帳」が永代の返済不能金、「頼母子帳」が頼母子講への出金を記入したものである。「年賦帳」と「永代帳」は不良資産であり、前者が三〇〇〇両から五〇〇〇両台、後者が一万一〇〇〇両台となっており、天保十四年から「年賦帳」はわずかながら増加しているが、「永代帳」は凍結されているためか金高に変化がない。全資産に占める割合は、「年賦帳」が五％から七％台、永代帳が一四％から一六％台となっていた。両者を合計すると全体の二〇％強となり、かなり不良資産を抱え込んでいたことがわかる。また、「頼母子帳」は二〇〇両から三〇〇両台であり、全資産にたいする割合は、わずかに一％以下であった。

④米有物《こめありもの》・金銀銭　これは、①から③までの貸付資産にたいし、現有資産である。「米有物」は天保十一年から十三年まで一〇〇両台であったが、天保十四年に二八両、弘化元年に八〇両と減少した。これは無利息年賦返済令によって利息収入が激減したために、現金収入を得る手段として、平常より多くの正米取引をしたためであろう。全資産に対する割合は、全期間を通して一％以下とわずかである。

「金銀銭」は、天保十一年の六〇〇〇両弱から減少し続け、天保十四年には二二〇九両となった。翌弘化元年には六七七両と前年の三分の一まで落ち込んだが、同四年には天保十四年の水準まで回復している。弘化元年の急激な落ち込みは、無利息年賦返済令の影響によって現金銀の支出が増加したためであろう。全資産にたいする割合は、〇・九％から八・一％であった。

⑤積金　これは簿外資産であり、非常時の備金である。天保十三年まで四万両であったが、翌十四年には増加されて四万二五〇〇両となった。天保七年以降は、幕府の札差干渉を敏感に感じとっていたので、同十四年の無利息年賦返済令後の増金は、当然の処置であったと考えられる。

以上、資産をまとめると、札差としての資産は札旦那貸付金に代表される貸付資産であり、その中にはかなりの不良資産が含まれていた。このことは、札差が権力の干渉を最も受けやすい業種であることを示している。また、資産全体の動向を見ると、天保十一年から同十四年までわずかながら減少傾向にあったが、翌弘化元年から急増した。これは無利息年賦返済令によって利息収入が減少したため、新規に札旦那貸付金を増加させたからである。この資金は、つぎに述べる預り金によって充当された。

(5) 預り金と純資産

帳簿上は預り金となっているが、その多くの本質は他所からの借入金であり、この借入利息が費用科目の「利払い」として計上された。札差経営の営業資金である札旦那貸付金は、もっぱら「三季利」によって賄われていたが、他所借入金や預り金も有効に利用していた。

(1) 預り先

預り金の分析にさいし、弘化四年の預り先を一覧にしたものが表5-8であり、預り金の動向を探るために、残存している借用証文から主要預り先を調査したものが表5-9である。弘化四年の預り金は、表5-8にあるように一万四一五〇両であった。このうち、大坂本店が五〇七八両（三五・九％）と最も多く、以下、商人二一三二両（一五・一％）、猿屋町会所二〇〇四両（一四・二％）、別家手代一五一五両（一〇・七％）、武家八五一両（六％）、町年寄役所五七一両（四％）、嵯峨清凉寺三七六両（二・七％）、旧札差仲間一八八両（一・三％）、その他一四三三両（一〇・一％）の順であった。以下、それぞれについて内容を検討しよう。

ⓐ大坂本店　泉甚店は大坂本店の営業店部なので、預り金が一番多かったのは当然であろう。本店からの借入金の中には、本店名義の武家預り金を内部流用したものもあった。天保の無利息年賦返済令にさいし、本店は経営立直しのため、二〇〇〇両を下げ渡している。

表５－８　預り先一覧（弘化４年）

預り先	金高	比率	年利	備考
	両	%	%	
大坂本店（小計）	5,078	35.9		
本家	2,030		7.2	西条様1400両、酒井様630両分
〃	785		6.4	
〃	200			荒尾土佐守御用立の分
〃	63			口々の分、縮め出す
〃	2,000			天保14年の御仕法替え下し金
商人（小計）	2,132	15.1		
家主清七	40		6.0	
伊勢屋四郎左衛門他２人	142		6.0	猿屋町会所御下ヶ金2万両77人割の分を預り
十一屋善八	1,000		3.0	史料に月利3分とあるが、誤か
笹屋久助	450		7.2	
伊勢屋幾次郎	500		2.5	史料に月利2分5厘とあるが、誤か
猿屋町会所（小計）	2,004	14.2		
改正役所	272		5.0	2万両81人割の分
〃	1,733		5.0	口々での預り
別家・手代（小計）	1,515	10.7		
別家　嘉右衛門	100		6.0	
故別家　清寿	500		8.4	
別家　平右衛門	600		8.0	立替金返済まで返済せず
手代　平助	200		6.0	
故手代　常次郎	115		3.0	
武家（小計）	851	6.0		
清水家	100		6.0	
杉正	75		6.0	
河野完寿	200		6.0	
山口	14		無利息	
土屋（寅直、土浦藩）	300		〃	
井関	51		〃	
日置	110		〃	
町年寄役所（小計）	571	4.0		
町年寄役所	200		10.0	
〃	200		8.0	
〃	171		無利息	
清凉寺（小計）	376	2.7		
嵯峨　栄寿講	200		3.0	
〃　〃	100		3.0	
〃　常念仏	76		10.0	
旧札差仲間（小計）	188	1.3		
元四番組	98			伊勢屋忠兵衛の改正役所下し金
〃　積金	80		無利息	
〃　〃	10		2.5	史料に月利2分5厘とあるが、誤か
その他（小計）	1,433	10.1		
新札差十五人衆	59		6.0	助合金、弘化元年返済期限
御蔵役所				
諸方口々・手代預り	1,375			
総計（計算値）	14,148	100		
総計（実数）	14,150			

註：両以下は四捨五入し、端銀は切り捨てた。そのため、総計に誤差がある。
出典：表５－２に同じ。

表5－9　預り金の動向

年次	猿屋町会所		町年寄役所		江戸古銅吹所	武家					商人				その他	合計	清水家（共同）	
						清水家		荒尾家	その他	小計	十一屋善八		その他	小計				
	金高	年利	金高	年利	金高	金高	年利	金高	金高	金高	金高	年利	金高	金高	金高	金高	金高	年利
	両	%	両	%	両	両	%	両	両	両	両	%	両	両	両	両	両	%
文政6	190	6											300	300		490		
7			100	8					650	650						750		
8									100	100						100		
9			200	10												200	3,000	6
10									473	473			100	100	20	593		
11									200	200	400	10	3,110	3,510		3,710	2,000	6
12			400	8		1,500	8		355	1,855			1,550	1,550		3,805	3,000	8
天保元			200	10							2,000	10		2,000	40	2,240		
2			200	10		1,000				1,000			1,600	1,600		2,800	3,000	8
3						1,000				1,000			200	200		1,200		
4						3,000	7		1,000	4,000						4,000	3,000	7
5			300	8												300	1,800	7
6																		
7			200	10												200		
8						2,500	7			2,500						2,500		
9																		
10						1,500	7		100	1,600						1,600		
11						3,000	7		500	3,500						3,500		
12			200	10												200		
13									200	200						200		
14	272	5	200	8												472	3,000	6
	321	6														321		
弘化元						1,000	8			1,000						1,000		
2	1,750	5							150	150						1,900		
3	250	5							3,000	3,000	2,000	6		2,000		5,250		

4	700	5						(200)	4,135	4,135	1,500	6		1,500		6,335		
嘉永元	750	5	200	10					3,130	3,130	3,000	6		3,000		7,080	1,500	6
2	1,200	5 5	200 200	10 9					1,880	1,880	4,500 1,000	6 6	1,200	6,700		10,180		
3	2,200	5							1,175	1,175						3,375		
4	1,700	5	200	10					910	910						2,810		
5	1,900	5				3,000	6		1,350	4,350						6,250		
6	600	5	200	6		1,000	6		1,220	2,220						3,020	3,000	6
安政元	700	5							1,320	1,320						2,020		
2	1,500	5							1,220	1,220			400	400		3,120		
3	2,350	5	200	10		500	7		1,220	1,720						4,270		
4	1,200	5							1,220	1,220			500	500		2,920		
5	1,550	5							1,220	1,220						2,770		
6			200	8					1,220	1,220						1,420		
万延元					4,600				1,220	1,220						5,820		
文久元					7,400				720	720						8,120		
2					6,900				100	100						7,000		
3			200	8	12,010				100	100						12,310		
元治元					4,900				100	100						5,000		
慶応元					8,000			2,000	100	2,100			1,000	1,000		11,100		
2			200	8	8,400			1,750	100	1,750						10,350		
3					9,050			1,750	100	1,750						10,800		
明治元					8,000			1,750		1,750						9,750		
2					8,000			1,750		1,750						9,750		

註１：両以下は四捨五入した。
　２：項目の「清水家（共同）」預りは、泉屋甚左衛門（泉甚店）と清水家札差の５人である。
　３：天保14年の猿屋町会所預り金272両は、札差救済金４万両の泉甚店分である。
　４：江戸古銅吹所の掛屋預り金は当該年の差引残高（嘉永６年に住友江戸両替店とともに引受け、万延元年から預り金判明）。
出典：『住友史料叢書　江戸浅草米店万控帳（上）』『同（下）（続）ほか』（思文閣出版　1997年・2000年）掲載の証文類より。

ⓑ商人　弘化四年には（表5-8）、家主の清七を除くと札差六人からの借入金がある。この中には、伊勢屋四郎左衛門ら二人の例に見られるように、幕府が無利息年賦返済令後に貸下げた札差救済金を、ほかの札差に貸付けた場合もあった。商人の中での大口借入先は、表5-9にあるように札差の十一屋善八であり、無利息年賦返済令後に多くの融資をうけている。

ⓒ猿屋町会所（改正役所）　これは、寛政の棄捐令後、猿屋町に会所をつくり、幕府の御下げ金と勘定所御用達らの出資によって札差への救済融資を行なった役所で、幕府の札差末端統制機関として機能していた。貸付利率は寛政二年（一七九〇）七月以降に年利六％であったが、天保十四年の無利息年賦返済令以後は年利五％に引下げられた。

泉甚店の場合、経営が安定していたころにはほとんど借入れていないが、表5-9にあるように無利息年賦返済令後に急増して総額一万九〇〇〇両ほどに達している。やはり年利五％という低利の融資には魅力があったことがわかる。預り金のうち、天保十四年の五九三両（表5-9の二口）は幕府の札差救済金である。(14)

ⓓ別家・手代　弘化四年には（表5-8）、五人から一五一五両を預っていたが、預り利率は年利三％から八・四％（平均六・二八％）と低利であった。泉甚店とすれば、身内の金は借入れやすく、別家や手代も貯蓄として安心して預けたのであろう。

ⓔ武家　弘化四年には（表5-8）、七家から預っているが、概ね利息を目的とした預け金と考えられる。このうち長崎奉行の荒尾家については、第3章第四節で述べたように、慶応元年（一八六五）に二〇〇〇両を預っていたが、明治二年（一八六九）正月の泉甚店閉店にさいし預り残金一七五〇両を返済できなかったので、その抵当として同店の沽券状を差し出している。すでに弘化四年には大坂本店が荒尾大和守の預り金二〇〇両を泉甚店の預り金として流用しているので（表5-8参照）、慶応元年の預り金は新規ではなく付け替えと考えられる。(15)

清水家からの預り金は、清水家の金融活動と関連し重要であった[16]。清水家の御下げ金は、猿屋町会所を通して蔵前の札差一同に貸付けられる場合と、清水家勘定所から直接に清水家の蔵元と札差に貸付けられる場合とがあり、前者は、寛政二年五月に始められた仕法で、清水家は猿屋町会所から借用した四〇〇〇両を蔵元の泉屋甚左衛門と坂倉屋甚兵衛に管理させ、今回は四〇〇〇両のうち二九七〇両を年六分で蔵元両名に貸下げ、配下の札差に割渡すこと、配下の札差は手許金を差加えて年六分で札旦那に貸付けることになっていた[17]。その貸付関係はつぎのようになっていた。

清水家（六分）→猿屋町会所→蔵元→札差（六分）→（一割二分）札旦那

清水家・札差ともに六分の利息収入が得られるようになっており、両者に有利な貸付仕法であったといえよう。

一方、後者の貸付関係は、表5-9の預り利率で勘案するとつぎのようになっていた[18]。

天保十三年八月以前　清水家（七～六分）→蔵元・札差（六分）→（一割二分）札旦那

天保十三年八月以後　清水家（六～六・六分）→蔵元・札差（三・四～四分）→（一割）札旦那

清水家の蔵元と札差が個人や共同で借用するものであり、清水家の利息収入を多くした金融御用であった。泉甚が、個人または共同で借入れた清水家の御下げ金は、後者の方法によるものであり、借入高を累計すると、単独の一万九〇〇〇両と共同の二万三三〇〇両があった。その動向を見ると、天保十四年の無利息年賦返済令までは、経営も安定していたので、多くの金融を引受けるとともに、自らも利息収入を得ていた。しかし、法令発布後の困窮した経営状況にあっては、大切な御用は引受け兼ね、清水家の御下げ金よりも低利で、返済期限の有利な猿屋町会所の貸付金を借入れるようにしていることがわかる。

ⓕ**町年寄役所**　これは、町年寄の喜多村彦右衛門・館市右衛門・樽藤左衛門が差配した貸付金で、表5-9によると、年利八％から一〇％の短期融資金であった。泉甚店としては、定例の御用として幕末まで預っていた。

このうち、弘化四年（表5-8）の一七一両は無利息年賦返済令後の札差救済策として、前年に無利息二〇年賦とされた。

ⓖ**清涼寺**　これは、住友初代政友の草庵があった京都嵯峨清涼寺からの預り金であり、弘化四年（表5-8）に三七六両であった。その利息は寺の維持管理費にあてられた。

ⓗ**旧札差仲間**　泉甚は、片町四番組に属する札差だったので、その関係から旧札差仲間の積金を預ったものである。弘化四年（表5-8）に一八八両を預っていた。

以上、天保十四年の無利息年賦返済令を契機に、本店や猿屋町会所など有利な預り先からの借入金が増加していることが判明した。

（2）　預り金の増加と純資産

つぎに、預り金全体の動向を表5-5によって検討しよう。天保十一年に金一万一八一三両の預り金があった。この中には、清水家の御下げ金三〇〇〇両が含まれていたので、平常の預り高よりも多くなった。以後の預り金は減少し、天保十四年に五六六二両に半減した。ところが弘化元年には、前年より二〇〇〇両ほどの増加となり、翌二年から徐々に増加して、弘化四年には一万四一五〇両に復した。このことは、天保の無利息年賦返済令によって、貸付金の原資である「三季利」が激減したために、これを補うために他所預り金を増加させたことを表している。そして預り先も、本店や猿屋町会所など低利で借入れやすい方へと移行した。また、預り金の増加によって、天保十四年以降の純資産（前期末残銀）は六万五〇〇〇両台から六万四〇〇〇両台になった。さらに、嘉永六年（一八五三）には住友江戸両替店とともに江戸古銅吹所掛屋を引きうけたので、預り金が判明する万延元年（一八六〇）以降は一万両前後にふえた（表5-9）。

第三節　文久の安利年賦返済令とその後

（1）法令発布とその影響

天保十四年（一八四三）十二月、泉屋甚左衛門店は無利息年賦返済令で大打撃を受けた。これを表5-10の泉屋甚左衛門店の純利益で検証すると、発布後の五年間は欠損を出すなど低迷したが、猿屋町会所（改正役所）や清水御下げ金の拝借、武家・商人からの預り金によって、嘉永五年（一八五二）には経営を完全に立て直すことができた。その後、安政二年（一八五五）十月、泉屋甚左衛門店は大地震による類焼で店舗を焼失し、店舗を建て替えることになった。同四年三月の平面図によると[19]、店先は諏訪町表通りに面し、隅田川の河岸通りに貸家六軒を配置している。同五年十月二日には、居宅続き土蔵の新規補修を出願し[20]、その普請費用は二九九一両あまりの大金であった。そのため、純利益は安政元年と四年には九〇〇両台まで復活したものが、安政五年と六年には三

表5-10　泉屋甚左衛門店の純利益

年次	西暦	純利益	
		銀高（原史料）	金換算高
		貫目	両
天保11年	1840	115,463	1,924
〃　12年	1841	122,854	2,048
〃　13年	1842	99,962	1,666
〃　14年	1843	102,652	1,711
弘化元年	1844	-38,725	-645
〃　2年	1845	-14,485	-241
〃　3年	1846	-4,657	-78
〃　4年	1847	3,424	57
嘉永元年	1848	-911	-15
〃　5年	1852	25,501	425
〃　6年	1853	41,024	684
安政元年	1854	57,014	950
〃　2年	1855	36,635	611
〃　3年	1856	37,570	626
〃　4年	1857	55,797	930
〃　5年	1858	18,515	309
〃　6年	1859	35,668	594
万延元年	1860	59,219	987
文久元年	1861	26,677	445
〃　2年	1862	28,886	481
〃　3年	1863	39,437	657
元治元年	1864	46,390	773
慶応元年	1865	79,073	1,318

註1：両・貫目以下は四捨五入。
　2：金1両＝銀60匁（原史料による）。
出典：慶応2年「浅草店勘定ニ付上申書」（『泉屋叢考』第21輯付録資料）31〜37頁。

○九両と五九四両に落ち込んだ。翌万延元年（一八六〇）には九八七両を計上し、無利息年賦返済令後の最高純利益を上げたが、翌年文久元年（一八六一）二月には盗賊に忍び込まれ、一七五五両あまりを強奪されるという不運に遭遇した。[21] このため、純利益は同年と翌年にかけてふたたび四〇〇両台に落ち込んだ。

こうした状況の中で、文久二年（一八六二）十二月二十九日に幕府は困窮する蔵米取にたいし安利年賦返済令を翌三年から実施すると、つぎのように達した。[22]

水野和泉守申渡、大目付より万石以下之面々へ、旧臘廿九日相触候書付弐通之写

一御蔵米取之面々、勝手向御救のため是迄之借入金は新古之無差別、当冬（文久三）御切米渡証文書替之節を限り、年七分に利下げ之事

一年賦済方百俵に付、五拾両以上者元金弐拾ヶ年賦、三拾両以上者拾五ヶ年賦、右以下者拾ヶ年賦済之事

但、無利足年賦済方相成候分、並向後借金之儀者是迄之通に候事

右之通被仰出候間、其旨相心得、銘々分限守不慎之儀無之様可致候事

右之趣向々へ可被相触候

これを要約すると、つぎのようになる。

①文久三年冬（九月）以前の貸付金は、新古の差別なくすべて年利七％とすること。

②返済方法は、一〇〇俵につき五〇両以上の借財は二〇年賦、三〇両以上は一五年賦、三〇両以下は一〇年賦とすること。

③すでに過去の借金を札差に年賦返済している者は、一〇〇俵につき年間一両二分ずつ返済すればよいこと。

④ただし、無利息年賦返済令の返済分や、札差からの新規借用金はこれまで通り（年利一〇％）とすること。

すなわち、札差としては天保十四年から文久三年まで、わずか一七年間の貸付金が年利七％引き下げられたただ

けであり、元金の返済も一律に二〇年賦ではなく、貸付金高によって二〇年賦、一五年賦、一〇年賦と細分化された。また、無利息年賦返済令の年賦返済はそのまま継続され、新規貸付金の貸付利率は従来どおり年利一〇％が適用されたので、その影響は限定されたといえよう。

泉屋甚左衛門店（片4）の経営もそれを反映しており、翌三年の純利益は六五七両を計上し、元治元年に七七三両、慶応元年に一三一八両と順調に回復している。その理由を考えると、安利年賦返済令が無利息ではなく、その後も年利七％の利息と元金が保証されたこと、嘉永五年から純利益を積み立てていたこと、前述したように嘉永六年（一八五三）に住友江戸両替店とともに江戸古銅吹所（大坂銅座の出張所）の掛屋御用を引き受け[23]、万延元年（一八六〇）以降は一万両前後の多額の預り金があった（表5-9）ことなどがあげられよう。しかし、慶応二年の大坂本店への報告によると、表5-11にあるように過去一二年間の累積不足金は一八五〇両に及んでおり、これに安政の地震・普請入用金二九九一両、盗難・手代取替引負金六五〇〇両、住友江戸両替店への取替金一万一四六〇両を加算すると、総欠損金は二万二八〇一両に達していた。そのため、さすがに住友江戸両替への助成金は文久三年でストップしている。とはいえ、泉屋甚左衛門店は安利年賦返済令後に、本来は大坂本店へ送るべき純利益金を江戸住友両替店に仕送りし、自身の火災・盗難にも耐えうるだけの体力は残っていたのである。

表5-11　泉屋甚左衛門店の欠損高（慶応2年）

（単位：両）

項目		金高
泉甚店純利益（嘉永5～文久3年）	A	7,699
江戸両替店の諸方年賦金立替（嘉永5～文久3年）	B	9,549
泉甚店欠損	C＝A－B	1,850
地震・普請入用欠損	D	2,991
盗難・手代取替欠損	E	6,500
江戸両替店立替金	F	11,460
欠損合計	C～E	22,801
泉甚店純利益（元治元・慶応元年）		2,091

註：両以下、四捨五入。
出典：表5-2文献解題8頁の第2表を改訂。

一方、第3章第四節（一〇六頁）で述べた泉屋（丹羽）茂右衛門店（森5）は、天保十四年の天保の無利息年賦返済令によって打撃を受け、翌年に泉屋甚左衛門店に一時的に同居した[24]。その後は経営を立て直し、文久の安利年賦返済令も乗り切ったが、元治元年（一八六四）には経営が悪化している。表5-12で同年の収入をみると、泉茂店は一九二人の蔵米取との取引によって[25]、七六四両の利息収入と一八〇両の「米札差料」（米利・札差料カ）があったが、猿屋町会所（改正役所）や札旦那（御屋敷）への利払いを差引くと七〇七両の純利益となった。利息収入の半分は、安利年賦返済令によって年利七％に削減されたものであり、純利益には店員の給料や必要経費が計上されていないので、これを差引くと手元にはほとんど残らなかったであろう。

また、表5-13によると、札旦那貸付金一万一〇一七両一分の五〇％が年利七％に引き下げられており、合計の一六％が無利息ないし無返済金であった。貸付利息の減収は避けられなかったのである。そのため、慶応三年（一八六七）十一月には札旦那預り金の利息返済に窮し、幕府の札差融資機関である猿屋町会所からの借入金一九七二両の返済猶予を出願した[26]。このとき、泉屋甚左衛門店は加判人組合七人の一員として保証人となっており、茂右衛門店分の弁済を求められた。

ところで、伊勢屋（青地）惣右衛門店（天4）の経営分析をおこなった北原進の研究によると[27]、文久二年末の取引旗本一九九人は金五両未満から四〇〇両以上の借金があったという。そのうち、法令発布後の数例の借金高をみると、図司錠次郎（小普請、三〇〇俵一〇人扶持）は三〇〇両の横ばい、鈴木平之丞（役職不明、二〇〇俵）は二五〇〜三〇〇両の横ばい、内藤仁兵衛（御小姓組、三〇〇俵）は七〇〇両と上昇傾向、吉田荘之丞（役職不明、三五〇俵）は九五〇両に上昇、荒川忠次郎（書院番、四〇〇俵）は一七五〇両の横ばいであったという。

ここで、札差の株移動（廃業）をみると（前掲表2-1・2参照）、安利年賦返済令以後の文久三年から慶応三年まで五年間の株移動は、五件あり、年平均一・二件と平均よりやや多い。その廃業者をみると、文久三年が菱屋

表5-12　泉屋茂右衛門店の年間収入(元治元年)

科目	細目	金	銀	銀換算	比率
		両分	匁	貫　匁	%
一ヶ年之利	利息収入	764.0	0.6	45,840.6	80.9
	当用(通常利息)	375.0	0.63	22,500.63	40
	七分(年利7%)	389.0		23,340.00	41
米利・札差料		180.0		10,800.00	19
合計	合計A	944.0	0.63	56,640.63	100
利払い	改正役所	97.3		5,865.00	19
	御屋敷	139.1		8,355.00	26
	小計B	237.0		31,620.63	100
純利益	C＝A－B	707.0	0.63	25,020.00	79
合計	合計(B＋C)	944.0	0.63	56,640.63	179

註：金1両＝銀60匁替(原史料による)。
出典：「子年分　御屋敷様方御用立金書抜」(住友史料館所蔵)。

表5-13　泉屋茂右衛門店の貸借対照表(元治元年)

項目	科目	金	銀	銀換算	比率
		両　分	匁	貫　匁	%
御屋敷貸付金	当用(通常金利)	3,750.0	3.79	225,003.79	34
	七分(年利7%)	5,550.2	13.69	333,043.69	50
	小計A(貸付資産)	9,300.2	17.48	558,047.48	84
	無利息	749.1	13.27	44,968.27	7
	当時、無返済	968.0	14.16	58,094.16	9
	小計B(不良資産)	1,717.1	27.43	103,062.43	16
合計	合計C(A＋B)	11,017.3	44.91	661,109.91	100
預り金D		7,666.3	12.54	460,017.54	70
純資産(C－D)		3,351.0	32.37	201,092.37	30
合計		11,017.3	44.91	661,109.91	100

註：金1両＝銀60匁替(原史料による)。
出典：表5-12に同じ。

武右衛門（天5）、元治元年が上総屋忠兵衛（片3）・永岡儀兵衛（片6）・大口屋源七（森2）、慶応元年と二年が相沢屋作蔵（天6）・森村屋次郎兵衛（天2）であった。上総屋・大口屋は由緒ある享保九年の起立人であり、森村屋（筏屋）はこれに次ぐ享保二十一年の加入者、菱屋は棄捐令以前の安永七年の加入者、永岡屋は町方御用達で天保十四年の新規札差、相沢屋は安政七年加入の新参者であった。

泉屋甚左衛門、同茂右衛門、伊勢屋惣右衛門の経営を見る限り、文久の安利年賦返済令は蔵米取救済という点で寛政の棄捐令、天保の無利息年賦返済令ほどの効果がなかったといえよう。逆に札差は体力を消耗し、由緒ある札差たちが廃業しはじめる契機となったのである。

（2）泉屋甚左衛門店の閉店

天保十四年（一八四三）の無利息年賦返済令によって、札差は貸付資金に欠乏したが、翌弘化元年（一八四四）からの新規貸付金については年利一〇％の利息が保証されていたので、貸付資金さえ確保されれば、その回復は容易であった。そして一旦経営が安定してしまえば、清水御下げ金など諸方からの借入金によって、貸付金をさらに増大させ、利息収入の拡大を図ることができるはずであった。それにもかかわらず、無利息年賦返済令以後の札差は、以前のように際立った繁栄期を迎えることはなかった（前掲図5-1参照）。その理由は、札旦那への貸付利率が年利一〇％に抑制されていたことと、猿屋町会所の融資が潤沢ではなかったことによる（前掲表5-9参照）。そのため文久二年の安利年賦返済令でも、幕府は思い切った処置がとれず、すでに述べたように翌三年冬（九月）以前の貸付金を無利息ではなく、三％引下げて七％とし、元金も最高二〇年賦と保証し、新規の貸付金は従来どおり年利一〇％とした。

文久三年正月に幕府は、天保の仕法替にならって、猿屋町会所から札差救済金二万両を貸下げ、その返済は前例と同じ年利五％の五か年据置き、六年目一括上納という条件であった(28)。しかし、猿屋町会所の資金提供者であった勘定所御用達と町方御用達の新規札差一五人は次々と離脱し、鹿島利左衛門と染谷次助の二人が残るだけとなった（前掲表2-1）。しかも、安利年賦返済令で、札旦那への貸付金利が年利一〇％に据置かれたことは、年利一〇％が引下げの限界であったことを示している(29)。

慶応四年（明治元）四月、明治維新による徳川幕府の崩壊で、旗本は札差の貸金を踏み倒したまま没落していった。泉屋甚左衛門店も、ほかの札差と同じようにその存立基盤を失くしてしまった。同年六月に泉屋茂右衛門店は、甚左衛門店に家財道具の売却代金と札差仲間受取金三〇〇両を差し入れ閉店し、茂右衛門店の証文が甚左衛門に残されることになった。泉屋甚左衛門店に残されたのは、ただの紙切れとなった札差証文と、多額の借金であった。

明治元年十一月、泉屋甚左衛門は幕府崩壊後のようすをつぎのように記している。

今般徳川御家駿府へ御引移被為遊候ニ付、御札方様過半御供被遊候事ニ而、札差ゟ御用立金当夏御借米渡り元金置居、御勘定被仰出、続而前高之始末ニ相成、専要之業体者自ら皆潰相成（中略）、業体相続方ハすて置、大勢之暮方ニ差支候間、先達而ゟ召使之もの追々暇差出(遣)し、当時纔之人数なからも休業之儀ニ付、其日を暮兼、一同苦心罷在候

これを意訳すると、徳川家が静岡藩に移封され、幕臣団の大半が静岡藩に移住したので、札差から札方様（蔵米取幕臣団）への当面の貸付金決済は、夏（閏四月）借米渡し時に元金据置きとされてしまった。つづいて、以前の貸付金の決済をしようとしたが、専業の札差業自体が崩壊したので事業継続を断念した。すると、大勢の店員を抱えては無理があるので、先だってより使用人を解雇した。当時、わずかの店員で休業しているが、その日暮らしも難しく皆で生計を立てることに苦心している、ということになろう。翌明治二年（一八六九）正月、つい

に泉屋甚左衛門店は閉店し、残された借金は大坂本店で処理されることになった。

（1）札差店開業の経緯は、末岡照啓「近世中期住友の家政改革と入江友俊――意見書と決算簿から見た成長戦略――」（『住友史料館報』四四号　二〇一三年）、概要については脇田修『泉屋叢考　第拾六輯　札差業と住友』（住友修史室　一九七六年）参照。なお、清水家蔵元の端緒については、『住友史料叢書　年々諸用留九番ほか』（思文閣出版　二〇〇七年）六七～八〇頁、脇田同上書、六八～七九頁。終焉については慶応二年正月「清水家廃止につき申合」（住友史料館所蔵）参照。

（2）川﨑英太郎『泉屋叢考　第弐拾参輯　近世住友の家法』付録史料二（住友史料館　一九九七年）参照。

（3）『住友史料叢書　浅草米店万控帳（下）・（続）ほか』（思文閣出版　二〇〇〇年）所収の「浅艸米店在勤中心得書」参照。

（4）末岡照啓「近世後期住友出店の決算簿」（『住友修史室報』一一号　一九八四年）、鈴木敦子「江戸小判六十目」（*Discussion Papers In Economics And Business*, 22-04-Rev. 2 Graduate School of Economics Osaka University, 2023）。最終閲覧日：二〇二三年一〇月一七日。

（5）註（1）脇田前掲書、一〇三頁。

（6）註（4）末岡論文、四二頁。文化四年七月の住友江戸両替店「覚（中橋店勘定請払残徳用金報告覚）」（住友史料館所蔵）の勘定科目にも「中入」があり、諸方用立金の一部返済金と考えられる。

（7）註（3）前掲『住友史料叢書　浅草米店万控帳（下）（続）ほか』三二四頁によると、浅草米店は元禄十四年三月十四日に買入、坪数一四四坪、沽券金高六〇〇両、その抱屋敷は安永七年十二月に買入、坪数一九〇坪、沽券金高七七五両となっている。

（8）北原進「近世中期における江戸浅草御蔵米仲買・背附仲間および札差米売方について」（『経済学季報』一二巻一・二合併号　一九六三年）。

（9）「嘉永酉中春、東部両店緊要識」（住友史料館所蔵）、註（1）脇田前掲書の付録一二～一四、一九～二〇頁参照。

（10）「年々諸用留　拾四番」（住友史料館所蔵、『住友史料叢書』続巻予定）。

(11) 註(1)脇田前掲書、一二七頁の第13表参照。

(12) 泉屋甚左衛門店の札旦那で判明する者は、『住友史料叢書　札差証文　一』（思文閣出版　二〇一四年）と、『住友史料叢書　札差証文　二』（二〇一七年）で二〇二人を明らかにしたが、札高が半分以下の泉屋茂右衛門店で二〇〇人ほどいるので（後掲註24の史料）、実際はその倍以上であろう。

(13) 『住友史料叢書　浅草米店万控帳（上）』（思文閣出版　一九九七年）の弘化三年間五月「札旦那貸付金利上げ願書」によると、札差一同は「御用立金不残無利息ニ相成候事故、一向補ひ無之」「元金之内ゟ追々相減候而已ニ成行」と記している。

(14) 五九三両あまりのうち、幕府御下げ金二万両の八八人割分二七一両三分は、元治元年に返済された。

(15) 「荒尾平八郎様預り金差引覚」（註3前掲『住友史料叢書　浅草米店万控帳（下）（続）ほか』三八六～三八七頁所収）にも付替え記事があり、文久四子年（元治元）に預り金二一〇〇両が「写替（転記）」され、預かり残金一八〇〇両が「丑年廻ル」と慶応元年に転記され、明治元辰年には一七〇〇両となっている。本文の返済証文との差額五〇両は利子であろうか。

(16) 清水御下げ金の出所は、幕府御下げ金や蔵元の身元保証金であり、これを札差のほか関東の清水領農村へも貸付けた。

(17) その仕法については、『札差事略　中』（創文社　一九六六年）五七五～五七九頁と、註(1)脇田前掲書、七五～七七頁を参照。

(18) 註(13)前掲『住友史料叢書　浅草米店万控帳（上）』九七～一〇二頁。

(19) 稲葉和也「蔵前・札差の住まい」（前掲『住友史料叢書　浅草米店万控帳（下）（続）ほか』の月報一四）、註(2)前掲『住友史料叢書　札差証文　一』の口絵参照。

(20) 註(3)前掲『住友史料叢書　浅草米店万控帳（下）（続）ほか』二〇七頁の記事四八。

(21) 同右書、二三二～二四三頁の記事六四。

(22) 『日本財政経済史料』第二巻（大蔵省　一九二二年）四六～四七頁。文久三年正月二十四日に年賦返済金の追加通達があり、一〇〇俵につき七〇両以上の借財は三〇年賦、一〇〇両以上は四〇年賦、一五〇両以上は五〇年賦とされた（『幕末御触書集成』第四巻　岩波書店　一九九三年）三八八頁。

(23)　註(3)前掲『住友史料叢書　浅草米店（下）・（続）ほか』八五～八八頁、二九一～二九五頁。江戸古銅吹所については、小葉田淳「江戸古銅吹所について」（『日本歴史』三四一号　一九七六年、のち『日本銅鉱業史の研究』思文閣出版一九九三年所収）参照。
(24)　註(13)前掲『住友史料叢書　浅草米店万控帳　（上）』二〇四・二〇五頁の記事一七三。
(25)　泉屋茂右衛門「子年分　御屋敷様方御用立金書抜」（「茂右衛門借銀始末一件書」所収、住友史料館所蔵）。
(26)　慶応三年十一月「乍恐以書附奉願上候」（同右）。
(27)　北原進「幕末期における札差仕法改正と旗本借財」（『東京都江戸東京博物館研究報告』三号　一九九八年）。
(28)　『幸田成友著作集』第一巻（中央公論社　一九七二年）二二〇頁によると、「拝借金上納元帳」（一橋大学附属図書館所蔵）によって、慶応三年十一月まで利子を納めたことはわかるが、元金上納期限が明治元年に当たるので、多分元金はそのままになってしまったのだろうと述べている。
(29)　参考までに札旦那貸付金の利子の変遷を示しておこう（註(28)幸田前掲書、三二～五四頁）。享保九年七月の株仲間結成以前に年利二〇％かそれ以上、同年七月の株仲間結成によって年利一五％に抑えられたが、寛保三年正月の申渡に「拾五両壱分（年利二〇％）之定にても至極高利に相当」とあるので、この間に享保九年の規定が改正されたのか、貸借両者によって勝手に年利二〇％に引き上げられたのか不明である。その後、延享四年に年利一五％、寛延二年に年利一八％、寛政元年九月の棄捐令によって年利一二％となり、天保十三年八月の札差の自主的利下げによって年利一〇％となった。

第6章　近世における旗本救済策と勝手賄いの特質

第一節　徳川幕臣団と財政問題——問題の所在——

旗本・御家人と呼ばれる徳川幕臣団には、(1)その俸禄を幕府米蔵から春夏冬の三季に俸禄米金で拝領する蔵米取と、知行地を拝領し、在地の農民から徴収した年貢米金で家計を維持する地方取《じかたどり》があった。彼らは「旗本八万騎」と呼ばれるようにいずれも幕府権力の担い手であり、また主要な政策担当官僚でもあった。

前掲表1-1にあるように宝永期（一七〇四〜一七一〇）の幕臣団人数は、蔵米取が一万七六八三人（七八％）、地方取が二五〇七人（一一％）となっており、(2)圧倒的に蔵米取が多かった。その知行高は、地方取が二七五万八七七〇石（六四％）、蔵米取が一一二万二九九〇石（二六％）であり、蔵米取はその人数の多さとは裏腹にその取り分が少なかった。そのことは、鈴木壽によって旗本身分の者について明らかにされている。(3)

ここで、表6-1によって旗本ら幕臣団の幕府財政に占める割合を見ておこう。(4)幕府の財政史料は少なく、しかも全体を把握できる享保十五年（一七三〇）、弘化四年（一八四四）、文久元年（一八六一）、同三年、元治元年（一八六四）の五年分のうち四年分が幕末に偏っている。幕府の歳出入は米方（現米収入）と金方（現金収入）に分かれ、それぞれ定式（通常）と別口（特別）があったが、表6-1では歳出入の全体を俯瞰するため、定式と別口を合算している。なお、幕末期の金方歳出入には貨幣改鋳による臨時金出入りが大勢を占めていたが、通常の歳

表6－1　江戸幕府の歳入・歳出(定式・別口)一覧

項目	年次	享保15年(1730)	比率	弘化元年(1844)	比率A	比率B	文久元年(1861)	比率A	比率B	文久3年(1863)	比率A	比率B	元治元年(1864)	比率A	比率B
	科目	石	%	石	%	%	石	%	%	石	%	%	石	%	%
米方歳入	歳入合計	854,240	100	615,034	100		557,642	100		663,416	100		667,831	100	
	年貢米	500,019	59	582,012	95		519,868	93		564,835	85		543,363	81	
	その他	354,221	41	24,106	4		16,397	3		12,132	2		15,849	2	
	別口			8,916	1		21,377	4		86,449	13		108,619	16	
米方歳出	歳出合計	484,576	100	656,870	100		607,074	100		659,567	100		756,325	100	
	三季切米・役料	151,264	31	304,192	46		261,362	43		278,508	42		262,363	35	
	合力米・扶持米等	168,192	35	248,901	38		231,876	38		238,017	36		298,353	39	
	その他	165,120	34	101,222	15		90,178	15		108,441	16		98,444	13	
	別口			2,555	0		23,658	4		34,601	5		97,165	13	
	科目	両	%	両	%		両	%		両	%				
金方歳入	歳入合計(定式・別口)	798,752	100	4,531,105	100		4,328,449	100		10,516,003	100		10,760,681	100	
	同上(貨幣改鋳を除く)			1,830,686		100	1,853,085		100	3,341,819		100	1,876,931		100
	年貢金	508,985	64	657,529	15	36	946,333	22	51	974,901	9	29	943,944	9	50
	その他	279,762	35	1,173,157	26	64	906,752	21	49	2,366,918	23	71	932,987	9	50
	貨幣改鋳益			837,467	18		1,822,251	42		3,665,048	35		4,439,843	41	
	貨幣改鋳納金	10,005	1	1,862,952	41		653,113	15		3,509,136	33		4,443,907	41	
	合計(A+B+C)	798,752	100	4,531,105	100		4,328,449	100		10,516,003	100		10,760,681		
金方歳出	歳出合計(定式・別口)	731,168	100	4,077,591	107		4,097,366	118		10,614,613	112		11,101,092	114	
	同上(貨幣改鋳を除く)			2,218,519		112	3,399,433		122	6,994,275		118	6,206,442		124
	三季切米・役料	246,877	34	358,934	9	16	595,196	15	18	559,196	5	8	688,322	6	11
	合力金・手当金	103,805	14	69,360	2	3	168,053	4	5	140,099	1	2	288,333	3	5
	役所費(代官所等)			362,367	9	16	619,728	15	18	642,442	6	9	762,930	7	12
	御下金(禁裏・大名等)			56,715	1	3	364,982	9	11	591,206	6	8	914,833	8	15
	御下金(札差等)			152,251	4	7	47,594	1	1	188,610	2	3	379,774	3	6
	貸付金(大名等)			27,292	1	1	253,699	6	7	402,479	4	6	166,449	1	3
	貸付金(在方・町方等)			29,804	1	1	69,223	2	2	98,721	1	1	56,507	1	1
	その他	380,486	52	1,161,796	28	52	1,280,958	31	38	4,371,522	41	63	2,949,294	27	48
	貨幣改鋳渡金			1,859,072	46		697,933	17		3,620,338	34		4,894,650	44	

註1：幕府の歳出入は、米方と金方に分かれ、それぞれ定式(通常)と別口(特別)があったが、すべて合算した。
　2：金方歳出入の比率については、貨幣改鋳を除外した比率Bを作成し、通常の歳出入比率を判別できるようにした。
出典：飯島千秋『江戸幕府財政の研究』(吉川弘文館　2004年)27～30頁の表1-(1)、104～106頁の表16、108頁の表17、110～111頁の表18を加工した。

出入をみるために貨幣改鋳関係を除外した比率Bを設定し、米方は比率A、金方は比率Bによって分析する。

米方歳入は代官支配の直轄領から徴収される「年貢米」である。享保十五年（一七三〇）には、米方歳入の五九％が年貢米であったが、幕末期の弘化元年から元治元年までは八〇～九〇％台を占めていた。一方、歳出は蔵米取に支給される「三季切米・役料」と大名や地方取などに支給される「合力米・役料」が多かった。享保十五年には、それぞれ米方歳出の三一％と三五％であったが、幕末期には前者が四〇％台ないし三〇％台、後者が三〇％台であった。米方歳出入は蔵米取と大いに関係していたといえよう。

つぎに金方歳入も、やはり「年貢金」であり、比率Bをみると、享保十五年には六四％を占めており、幕末期も三〇％台～五〇％であった。歳出は蔵米取に支給される「三季切米・役料」金が、享保十五年に三四％であったが、幕末期には一六％から六％にまで落ち込んでいる。これとは反対に、大名や札差などへ救済のための御下げ金や貸付金が増加しており、これを合計すると一二％から二五％になっている。天保の無利息年賦返済令や文久の安利年賦返済令の影響であろう。

以上、幕府財政に占める徳川幕臣団（蔵米取・地方取）の歳出は膨大なものであり、彼らの家計崩壊は幕府自身の存続にも直結するものであった。そのため、幕府は彼らの家計破綻によって支配体制が動揺することを恐れ、当初からそのときどきに倹約令を発し、救済策を講じてきた。

この点、蔵米取幕臣団の救済策については、寛政の棄捐令・天保の無利息年賦返済令・文久の安利年賦返済令などを通して、かなり明らかにされたが、[5] 地方取幕臣団のそれについては十分ではなく、両者の救済策の関係もいま一つ明確ではない。これとは逆に、地方取の家計破綻の様相は、各旗本の勝手賄いの分析を通してかなり明らかにされているが、[6] 蔵米取のそれについてはよくわかっていない。

本章では行論のつごうにより、前章までの蔵米取と札差の関係から対象を広げ、地方取を含めた幕臣団全体を対象とする。まず幕府の法令によって旗本の救済策についてその特徴を調べ、ついで家計維持のため勝手賄いにいたる経緯を、その両者の勝手賄いの定式証文を紹介しながら解明し、旗本勝手賄いの特質を明らかにしたい。

第二節　幕府の旗本救済対策と米価の変遷

(1) 米価の変遷

旗本財政（地方取の場合）や旗本家計（蔵米取の場合）の窮乏は、過去の研究によると近世後期に突然顕在化したように思われているが、表6-2の幕府救済法令をみていくと、旗本救済金や金銀貸借の相対済し令、貸付金の利下げ令、棄捐令など近世前期から対策が講じられていたことがわかる。すなわち、幕府初期の寛永九年（一六三二）に旗本知行地の税額調査、同十二年に拝借金五万八七〇〇両の下付、同二十年に困窮状況の調査などが実施されていることをみれば、当初から窮乏していたのは明らかである。また、慶安四年（一六五一）七月、徳川一門の松平定政（三河刈谷城主）が旗本たちの困窮を見かねて、「所領の地二万石をよび居宅、武器、雑具にいたるまで、悉く還附するのむねを記し」出家した事実も、これを如実に物語っている。(7)

その原因については、近世前期の軍役の過重性などが考えられようが、近世全般を通してより直接的には米価の変動が関係していたものと考えられる。すなわち、蔵米取は幕府から春夏冬の三季に三分の一ずつ、享保八年（一七二三）からは、それぞれ二五％・二五％・五〇％の割合で俸禄米を受け取り、俸禄米の一部は「御張紙値段」により現金で支給され、残りは札差の手を通じて浅草の蔵前相場で換金された。一方、地方取は知行地から徴収した年貢米を、江戸の蔵屋敷や米会所に運び米仲買を通して換金した。なお、村方で地払いや石代納される場合には、「御張紙値段」が参考とされた。このように旗本諸氏は、米価とくに「御張紙値段」に大きく左右されたのである。そこで、御張紙値段の変遷と旗本家計の法令との関係を見たものが、図6-1である。

表6－2　徳川幕臣団の救済法令一覧

	年次	項目
●	寛永９．６．14	旗本知行地の税額調査(『徳川実記』第２編551頁)
○	同　10．２．７	寛永の地方直し令(『徳川実記』第２編584頁、1000石以下の大番・書院番・小姓組番士572人余に対し実施)
●	同　12．７．７	譜代大名・旗本に対し、50万8700両の拝借金を下付(『徳川実記』第２編685頁)
	同　20．２	旗本の困窮情況の調査(『御触書寛保集成』1697)
◎	明暦３．２	明暦大火の類焼困窮旗本へ拝借金を下付(『御触書寛保集成』1682)
	貞享２	金銀貸借の相対済令(『牧民金鑑』下巻789頁)
○	元禄10．７．26	元禄の地方直し令(500石以上の蔵米取幕臣団542人に対し、三ツ五分物成詰で知行渡し)(『御触書寛保集成』1383)
◎	同　12．閏９	旗本の面々不勝手につき、万石以下の幕臣団へ拝借金下付(『御触書寛保集成』1688)
	同　15．閏８	金銀貸借の相対済令(『牧民金鑑』下巻789頁)
●	宝永６．７	万石以下の幕臣団の拝借金返納を免除(万石以上は３分の１返納)(『御触書寛保集成』1696)
	享保４．11．15	金銀貸借の相対済令(享保14．12．13解除)(『牧民金鑑』下巻790頁)
○	同　８．６	足高の制(『御触書寛保集成』1713)
○	同　９．７．21	札差仲間結成109人、蔵米取への貸付利率は原則年利15％
	同　14．10．27	元禄15年以降の貸付利率を年利５％以下に申渡し(米穀下直難儀につき)(『牧民金鑑』下巻791頁)
◎	同　14．12．15	500石以下の幕臣団へ拝借金下付(米穀下直難儀につき)(『御触書寛保集成』1726)
●	同　17．７	享保の蔵米直し令(万石以下布衣以上の役職者で、知行所が出羽・陸奥・信濃・越後・越前の５か国にある者)(『御触書寛保集成』1390)
●	寛保２．６	寛保の蔵米直し令(万石以下布衣以上の役職者で、知行所物成が10年平均二ツ九分以下のもの)(『御触書寛保集成』1394)
○	延享元．９．12	御家人借米の棄捐令(『徳川実記』第９編98頁)
	同　３．３．27	金銀貸借の相対済令(『牧民金鑑』下巻792頁)
●	寛延２．７．２	寛延の蔵米直し令(享保17．７令に同じ)(『御触書天明集成』2636)
○	同　２．	札差の貸付利率、年利18％と定められる
◎	宝暦３．11	1000石以下の幕臣団へ拝借金下付(米穀下直、小身者困窮につき)(『御触書宝暦集成』1254)
●	明和５．９	明和の蔵米渡し令(寛保２．６令に同じ)(『御触書天明集成』2636)
◎	天明６．11	万石以下の幕臣団へ拝借金下付(『御触書天明集成』2815)
●	同　７．９	天明の蔵米渡し令(享保17．７令に同じ)(『御触書天明集成』2833)
○	寛政元．９	寛政の棄捐令(①天明４．２以前の貸付金元利とも全て棄捐)、②天明５．４～寛政元．５までの貸付金は、年利６％で、元金は知行高100俵につき年３両の年賦返済、③寛政元以降の新規貸付金の年利は12％とする。札差の損失総額は118万両)(『札差事略　中』289～292頁)
	同　９．９	金銀貸借の相対済令(『牧民金鑑』下巻795頁)、『札差事略』によると、札差は札旦那貸付金が相対済ましとなるか「甚だ恐怖仕」とある
	文化14．12	馬喰町貸付屋敷の成立(公的貸付機関の一本化)
●	文政３．６	地方取幕臣団に対し、馬喰町・遠国代官・御預り所貸付金の無利息・安利年賦返済令(①文化14までの知行高100石につき30~50両の借金は、年利５％に引き下げ、②その余りの借金は無利息、③元金返済は、知行高100石につき年４両とする)(『御触書天保集成』6208)

	同　7.10	万石以上(大名)に対し、馬喰町・遠国代官・御預り所貸付金の無利息・安利年賦返済令(①領分1万石につき2,000両～4,000両までの借金は、年利5％に引き下げ、②その余りの借金は無利息、③元金返済は、領分1万石につき年300両とする)(『御触書天保集成』6213)
○	同　8.11	蔵宿師(札旦那雇の交渉人)による札差への借金対談禁止(『徳川実記』)
●	同　13.8	万石以下(含尾張藩家臣)に対し、①遠国代官貸付金の無利息・安利年賦返済令(条件は文政3.6令に同じ)、②地頭入用金は、村方引き受け借金として郷印証文に書替えて村方より返済のこと(『御触書天保集成』6214)
●	同　13.11.4	大和屋太右衛門に対し、「武家方知行所収納米引受元」(武州会所と称する地方取の札差機関)設立許可、天保13.1空米帳合法のため停止(「天保撰要類集」七十六)
○	天保13.8.4	札差の札旦那貸付金利を年利12％から10％に引き下げ(本表註2幸田書49頁)
	同　13.9	一般の貸付金利を年利15％から12％に引き下げ(『日本財政経済史料』第3巻1077～1088頁)
●	同　14.5	万石以上(大名)・万石以下(旗本)の馬喰町貸付金を半高棄捐、半高年賦返済令(『同上』第2巻131～132頁)
○	同　14.12.14	天保の無利息年賦返済令(①天保14年以前の札差借金は、全て無利息20年賦返済)(『同上』第2巻146～147頁)
○	嘉永6.9.6	棄捐令の風聞取り消し(武家金融をはかるため)(『続徳川実記』第3編23頁)
◎	同　6.9.16	万国以下の幕臣団へ拝借金下付(『同上』30～31頁)
●	同　6.10.9	領分・知行所の村替の内願禁止(『同上』44～45頁)
◎	文久元.2.28	300石以下の幕臣の拝借金は無利子10年賦返済、100俵以下の幕臣へは下賜金(『同上』第4編28～29頁)
	同　2.12.3	万石以下100俵まで兵賦差出令(『同上』455～456頁)
●	同　2.12.29	万石以下、馬喰町貸付金の安利年賦返済令(文久元年までの借金、年利5％、20年賦返済)(『日本財政経済史料』第2巻137頁)
○	同　2.12.29	文久の安利年賦返済令(翌3年冬以前の札差借金、年利7％で、元金は100俵につき50両以上の借金が20年賦返済、同30両以上が15年賦返済、同30両以下が10年賦返済)(『同上』46～47頁)
○	同　3.1.24	文久の安利年賦返済令の追加(元金は100俵につき150両以上の借金が50年賦返済、同100両以上が40年賦返済、同70両以下が30年賦返済)(『続徳川実紀』第4編521頁)
●	慶応3.7.22	万石以下の地方取、10か年物成高(安政4～慶応2)差出令(『同上』第5編224頁)
●	同　3.9.26	万石以下の地方取、軍役金差し出し令(軍役金期間中、馬喰町貸付金ほかすべての貸付金は無利息に据置き)(『同上』266～267頁)
○	同　3.9.26	3,000石以上・以下の切米取、軍役金は金納のこと(『同上』267頁)
●	同　3.10.10	地方蔵米直し令(『同上』272頁)
○	同　4.元.26	蔵米取、新規札差借財の据置き令(『同上』369頁)
○	同　4.3.8	200俵以下の蔵米取、救済令(夏借米は米4分・金6分で、100俵80両替、新規札差借財は元金据置き)(『同上』402頁)

凡例：●は、地方取に対する法令。○は、蔵米取に対する法令。◎は、救済金(ただし、類焼など自然災害の救済金は省略した)。

註1：倹約令は省略した。

2：札差貸付金の引用は、『幸田成友著作集』第1巻の31～54頁も参照。

岩橋勝によると、全国的な米価の変遷は、①慶長～元禄期（一五九六～一七〇三）、②宝永～元文期（一七〇四～一七四〇）、③寛保～文政期（一七四一～一八二九）、④天保～慶応期（一八三〇～一八六七）の四期に分けられるという。(8) 図6-1は、江戸の御張紙値段なので承応元年（一六五二）からしか判明しないが、第一期は米価の上昇期であり、とくに延宝・天和年間は高値である。第二期は米価の変動期で、元禄・宝永・正徳・享保にわたる四回の貨幣改鋳によってその変動が激しく、とくに享保期（一七一六～一七三五）は落ちこみが激しい。第三期は、米価の長期安定期であり、とくに天明～文政期（一七八一～一八二九）の四〇年間は下値の安定期である。ただし、そのなかにあって天明期は、飢饉による米価の高騰が顕著である。第四期は、米価の上昇期であり、文政・天保期（一八一八～一七四三）のたびかさなる貨幣改鋳や天保の飢饉による変動があり、とくに安政六年（一八五九）の横浜開港と、これにたいする安政・万延の貨幣改鋳による上昇は著しい。

こうした、米価（御張紙値段）の動きと表6-2の旗本救済法令との関係を見ると、各期とも変動の激しいときに法令が頻繁にでている。とくに、長い米価の低迷期ののち急激に高騰し、その極に達した直後の低落期に出された場合が多い。すなわち、宝永五年（一七〇八）の拝借金返済免除令のときは、元禄前半期に米三五石につき二〇両から三〇両台（三季平均）と低廉であったものが、その後半期には四七両にまで高騰したあと、法令前年に三七両に下落している。また、享保四年の相対済し令、同九年の札差仲間結成と貸付金利の統制、同十四年の金利引き下げ令、同十五年の拝借金下付と矢継ぎばやに金融統制令が申し渡されたときは、享保三年の新金銀切り替えを考慮しても、それ以前に三〇両台であったものが同三年に七七両に急騰するや、翌年に三〇両に急落し、同八年以降は長く二〇両台に低迷している。そのほか、延享の棄捐令、寛政の棄捐令、天保の無利息年賦返済令、文久の安利年賦返済令のときも同様の傾向であった。

これは、旗本諸氏が米価の低迷期に収入減に陥り、財産を蓄える余裕のないまま、急激な米価の高騰におそわ

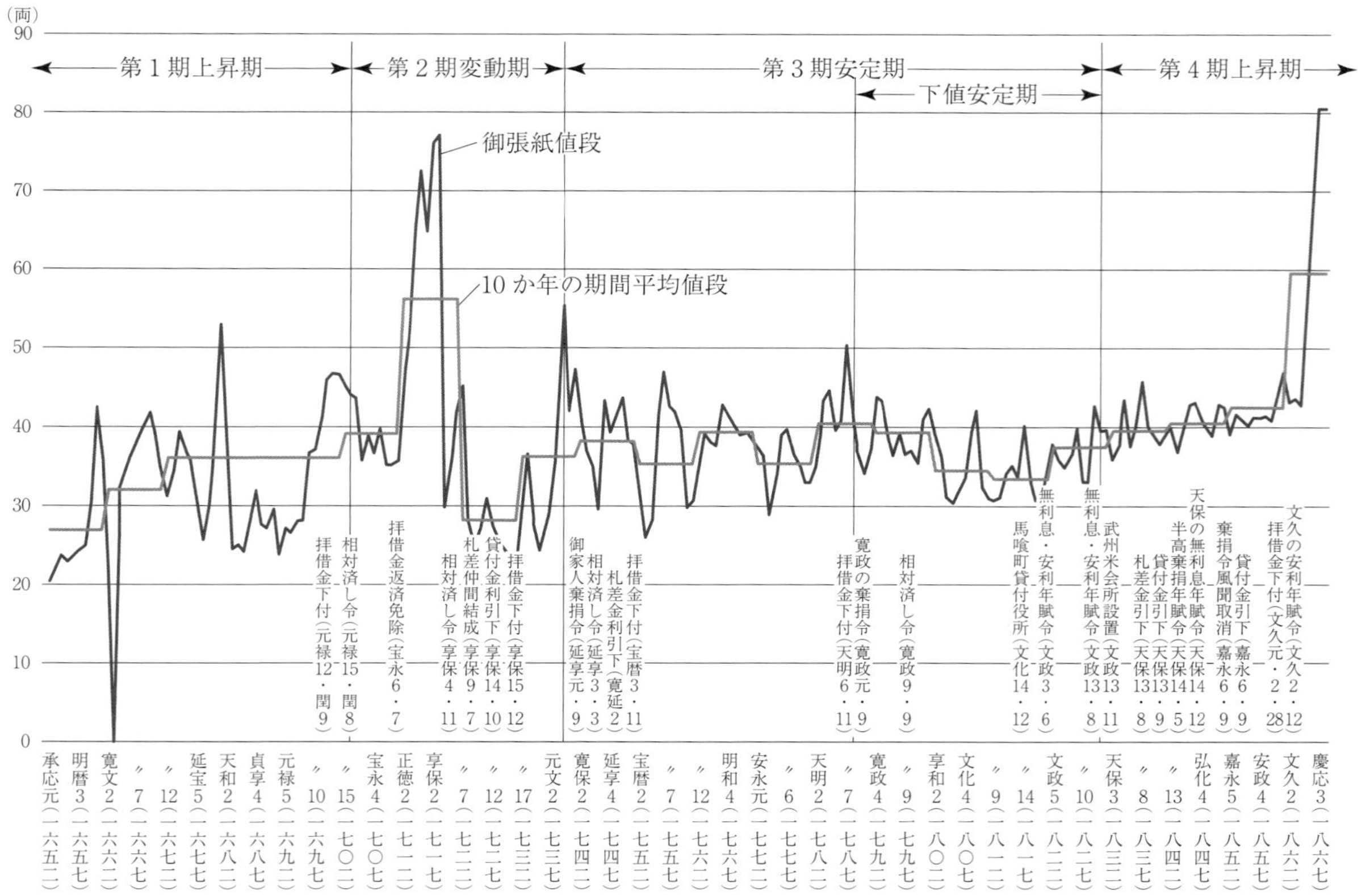

図6-1　旗本救済法令と米価(御張紙値段)の相関図(図1-1と表6-2より作成)

れ、一時的に収入は増加したにせよ、米価と連動して諸物価が高騰したため、生活状況は改善されないまま、再び急激な米価の下落により、収入が減少して家計が決定的に破綻するからである[9]。

（２）旗本救済策の転換

ここで、旗本救済法令をまとめると、その対策は、宝暦〜天明期（一七五一〜一七八八）を境に大きく前後二つに分けられると思う。

【宝暦〜天明期以前の救済策】

①旗本拝借金の下付による直接救済　旗本への拝借金の下付は、困窮や米穀の安値などを理由に、寛永十二年から天明六年（一七八六）まで、判明するだけでも六件を数えるが、後期は嘉永六年（一八五三）の一件だけである。なお、これには旗本屋敷の類焼や、風水害などの自然災害による救済金は含まれていないので、これを加えるとその件数はさらに多くなるであろう。

②旗本知行の地方直し・蔵米直しによる家計の均質化　旗本にとってその知行を地方《じかた》（知行地）で拝領するか、または蔵米（俸禄米）で拝領するか、その損得勘定は、知行渡しの時期と知行地の条件によって一概にはいえない。そのため、幕府はたびたび地方直しと蔵米直しをおこなって、地方取と蔵米取の均質化を図った。近世前期においては、幕臣団の再編成を目指して寛永十年と元禄十年に大規模な地方直しを行ったが[10]、元禄十年の場合は五〇〇石以上の蔵米取五四二人を地方知行に直すさいに不利益にならないよう、彼らの蔵米一俵（三斗五升）を知行地一石に換算するため「三ツ五分物成詰」をもって知行渡ししたことは、両者の均質化を考慮したからにほかならない。また、中期以降における寛保二年（一七四二）・明和五年（一七六八）の蔵米直し令は、困窮した地方取を知行所物成「十ヵ年平均二ツ九分以下」、すなわち一俵あたり二斗九升以下の劣悪な生産条件から解放するも

のであった。

③間接的金融対策による救済　幕臣団の金融救済策については、金銀貸借の相対済し令と貸付金の金利統制が考えられるが、金利については、享保九年の札差仲間結成による蔵米取金融の統制と、同十四年の貸付金の金利引下げ令がめぼしいもので、幕臣団全体には、主として相対済し令の影響が大きかったと思われる。

相対済し令とは、債権者＝金融業者にたいして、金融訴訟は受理しない＝「相対で済ませよ」というもので、本来は金銀訴訟の煩雑さを避けるために発令したといわれているが、実質的には幕臣団を含むすべての債務者を間接的に救済することになった。[11]その発令は、判明するだけでも貞享四年（一六八七）・元禄十五年・享保四年・延享三年（一七四六）・寛政九年（一七九七）の合計五回で、いずれも米価の変動が激しい時期ではあるが、寛政九年令以外はすべて宝暦～天明期以前であった。このように、宝暦～天明期以前は金融業者にたいして、おおむね間接的な金融統制をおこない、債権の破棄や繰り延べにあたる棄捐令や無利息年賦返済令を発するなど直接的な干渉はおこなわなかった。ところが、以後はつぎのように変化したのである。

【宝暦～天明期以後の救済策】

①旗本拝借金の減少と公金・名目金貸付による間接救済　幕府は財政の悪化にともない、その利殖を図るため、宝暦～天明期ころから積極的に公金貸付政策を開始し、その財政支出を貸付金・御下げ金という形で、馬喰町御用屋敷（貸付役所）や遠国奉行・代官などへの公金貸付や、また御三家・御三卿・寺社への名目貸付として資金提供した。[12]これにより、化政期（一八〇四～一八二九）の江戸はその前後に類を見ないほど金融市場が活発となり、[13]天保期以後の幕末期には幕府金方歳出の実に一二％から二四％にあたる約二七〇万両から一五〇〇万両が貸付金・御下げ金に支出された（前掲表6-1の比率B参照）。

ちょうどこれとは逆行するように、旗本への直接的救済金の下付は減少し、すでに見たように天明期以後はわずかに一件にしか過ぎなかった。そのため、旗本は家計の不足を少しでも補うため、幕府みずから支出したこれら公金貸付や名目金貸付に頼り、間接的な救済をうけることになった。しかしながら、公金貸付や名目金貸付の本質は利殖を目的とした貸付資本であり、旗本は一時的には救われたかに見えても、最終的には困窮していく運命にあった。そこで幕府は、つぎのような対策をとる必要に迫られたのである。

②札差と公金貸付の債権破棄と軽減策　すなわち、札差という一定の金主を有する蔵米取の救済は、寛政元年の棄捐令、天保十四年の無利息年賦返済令、文久二年の安利年賦返済令、慶応四年正月と三月の借財元金据置令に見られるように、札差債権の破棄・軽減ないし繰り延べによって断行された。一方、これとは事情の異なる地方取は、馬喰町貸付金など幕府公金をかなり借用していたので、幕府自ら自腹を切り、これら公金貸付の一部破棄や軽減ないし繰り延べを文政三年と七年の無利息・安利年賦返済令、天保十四年の半高棄捐令・半高年賦返済令、文久二年と三年の安利年賦返済令によって断行した。このように、幕府は知行形態の異なる両幕臣団の救済策について不公平のないよう絶えず努力していたのである。このほか、札差はもちろん、一般の貸付金利の引き下げも積極的におこなった。

しかしながら、金融業者への積極的介入は、旗本への貸付忌避を招き、彼らのその後の金融の道をふさぎ、ひいては彼らの家計を圧迫する恐れがあるので、札差については棄捐令・無利息年賦返済令・安利年賦返済令のたびに必ず救済金を支給している(14)。また、一般の金利引き下げについても、幕閣内部で金融確保の観点から賛否両論対決するところがあった(15)。

以上、幕府の旗本救済策について米価との関連を見ながら述べてきたが、これを要するに、幕府は蔵米取・地方取の公平を考えながら、米価変動の激しい時期に救済策を断行しており、それは宝暦～天明期を境により積極化していったといえるのである。

第三節　旗本勝手賄いの成立と依頼定式証文

勝手賄いとは、旗本がその収入の全部を一定の金主＝賄い主にわたして、家計全般の面倒を見てもらうことをいう。たとえば、蔵米取の賄い主は、幕府の米蔵から支給される俸禄米を担保に家計全般の面倒を見てもらった札差のことであり、地方取の場合は知行所の年貢米金すべてを渡して、家計全般の面倒を見てもらった町方の商人や村方の名主・在郷商人などである。その対象は、地方取のほうが知行形態がさまざまであるだけに幅が広かった。

第2章第一節で見たとおり、蔵米取は当初は、直差《じきさし》といって直接米蔵に出向いて俸禄米を受け取り、これを米蔵近辺の米屋で換金していたが、天和期（一六八一〜一六八三）のころから幕府米蔵の付近で俸禄米の払米を扱ってきた「御蔵前近辺米屋」が、旗本の俸禄米受払い手続きまで代行し、受取りにさいして「差札」して順番を待った。これが札差の起源であり、名前の由来である。(16) すなわち、蔵米取勝手賄いの始まりは札差が登場した天和期と考えられ、その成立・一般化は、札差が享保九年（一七二四）に株仲間を結成したときであろう。蔵米取が札差へ勝手賄いを依頼する過程は、一般的につぎのように考えられる。

【蔵米取の勝手賄い】

①直差（旗本自身が、直接俸禄米を受け取り換金する）。

②借財の増加と札差その他からの借金（俸禄米を引当にした場合が多い）。

③札差への勝手賄いの依頼（定式証文の提出）。

つぎに、地方取の勝手賄いについては、過去の実例から享保期にすでに見られるが、これが一般化したのは家政改革が頻繁に行われた宝暦〜天明期のころであろう。地方取が勝手賄いにいたるまでには、一般的につぎのような段階が考えられる。

【地方取の勝手賄い】

①知行所村々や内外の有力農民からの借金（年貢米引当）。

②知行所村々への年貢先納や御用金上納の命令。

③知行所村々の有力農民・在郷商人・町方商人からの借金、および幕府公金（馬喰町・遠国奉行貸付金など）や御三家・御三卿・寺社名目金からの借入れ（郷印証文引当）。

④村方の有力農民・在郷商人・町方商人への勝手賄い依頼（勝手賄い定式証文の提出）。

以上のように、旗本の勝手賄いにさいしては蔵米取・地方取とも一定様式の依頼書（これを定式証文と呼ぶことにする）を提出していた。蔵米取と地方取の借金については、前者が春夏冬の三季に支給される俸禄米を抵当に、後者が知行所の年貢米金を抵当（併せて郷印証文も提出）にしていた。その事例は本書第9章第一節の信州中之条代官稲垣藤四郎（蔵米取二五〇俵）と、大和五条代官辻甚太郎守眉《もりよし》（地方取五〇〇石、知行地上州安蘇・足利両郡二ヵ村）で説明するが、[17]これまで地方取の①②を含めた村方勝手賄い（村方の有力農民・在郷商人への勝手賄い依頼）については、市町村史などでかなりその実態は紹介されながらも、その文書形態については吉永昭が旗本巨勢氏について述べたもの以外はほとんど見あたらない。[18]ましてや、地方取の町方賄いや蔵米取の勝手賄いについてはほとんどないに等しい。[19]そこで、住友史料館所蔵の札差泉屋甚左衛門店と住友江戸両替店関係史料のなかから、蔵米取旗本の勝手賄いと地方取旗本の町方勝手賄いに関係する証文をまとめると、両者の勝手賄い証文はおおよそつぎのような定式証文となる。

【蔵米取の定式証文】

Ⓐ「御蔵札差頼証文」（勝手賄いの依頼書）。

Ⓑ「対談取決証文」(具体的な取引内容を取り決めた証文)。

Ⓒ「御切米前金証文」(家計再建のための前借り金証文、以上ⒶⒷⒸの三点は、セットにして新任の札差に提出)。

Ⓓ「札旦那用立金の申送り覚」(札旦那の身分・石高・借財内容を記した前任の札差から新任の札差へ提出する借財の清算勘定書)。

Ⓔ「札旦那用立金の受取覚」(前任の札差が新任の札差から受けとる)。

Ⓕ「札差引受けの覚」(後任の札差が札旦那に提出する誓約書)。


【地方取の定式証文】


ⓐ「勝手賄い依頼議定証文」(勝手賄いの依頼書にあたる)。

ⓑ「下知書」(旗本から知行所にたいし、賄い主に勝手方を依頼した命令書)。

ⓒ「知行所郷印証文」(「下知書」によって、知行所村々から賄い主に提出させた勝手賄いの承諾書)。

ⓓ「知行所郷村高書付」(知行所の収入を示した書付)。

ⓔ「勝手賄い仕法帳」(勝手賄い実施にあたっての予算書)。

ⓕ「月割金請取書」[20](賄い主に提出した月々仕送り金の受取書)。


以上、地方取旗本はⓐⓒⓓⓔⓕの五点をセットにして賄い主に提出したのであるが、次節では具体的に蔵米取は逸見《へんみ》家の、地方取は一色《いっしき》家の場合で定式証文を紹介し、財政・家計の実態を分析したい。

第四節　逸見家にみる蔵米取の勝手賄い

(1)　逸見家の略歴

逸見家は、もと武蔵国鉢形城主北条氏邦(氏政の弟)に仕え、秩父に采地を有していた[21]。天正十八年(一五九〇）に北条氏の滅亡後、義助の代に徳川家康に仕え、相模国大住郡のうちに三五〇石の采地を賜った。義助は大番を勤め、文禄の役、関ヶ原の役、大坂夏の陣にもしたがうなど、子飼いの家臣同様の働きをして大番組頭となった。その子義持も大番組頭を勤め、寛永十年（一六三三）に上総国山辺郡において二〇〇石を、慶安四年（一六五一）には廩米二〇〇俵を加えられ、合計五五〇石と二〇〇俵を知行することになった。その後、寛文三年（一六六三）十二月一日の家督相続にさいし、嫡男義寛が五五〇石を相続し、弟一義には二〇〇俵を分けて分家させた。この分家一義が、逸見左太郎家の初代である。当初は、母方の姓猪子を称していたが、三代義章のときに旧姓逸見に復した。

幕末期の当主義親は、七代目にあたり寛政五年（一七九三）に生まれた。文化六年（一八〇九）十一月二十六日に一七歳で家督を相続し、非役の小普請入り、同九年十二月二十六日に大番、文政五年（一八二二）三月八日に西丸新御番へ番替え、天保十三年（一八四二）五月五日に四八歳で病気のため小普請入りとなり、その後はずっと小普請に属していた。

逸見家は、歴代大番を勤めるなど番方（武官）の家系であったが、傑出した人物は出ていない。いわば、二〇〇俵取りのまま禄高の加増もなく、また減俸もないという平凡な下級旗本であった。安政六年（一八五九）六月、逸見左太郎義親六六歳のときに鹿島清兵衛から泉屋甚左衛門に札差を替えたが（これを札替とか宿替・転宿という）、それ以前は札差十一屋善八→伊勢屋嘉右衛門→鹿島清兵衛という順で宿替していた。

（2）札差証文にみる勝手賄い

安政六年六月、逸見佐太郎義親（小普請・二〇〇俵取）は泉屋甚左衛門に札差を依頼した。蔵米取の勝手賄い定式証文については、すでに第3章第三節において文久二年（一八六二）三月の戸田金之助を事例に紹介したので、ここでは、勝手賄いを取り決めた札差定式証文（前節Ⓐ〜Ⓕ）のうち、ⒶⒷⒹを中心に解説する。

（1）Ⓐ「御蔵札差頼証文」

札差の依頼内容については、「御蔵札差頼証文」全七か条によって判明するが、証文の内容は定式化されており、いずれの旗本の場合も内容はほとんど同じである。(22) 以下、内容を補って要約しよう。

①札差（俸禄米請払い代行）の依頼規定　切米二〇〇俵の御蔵札差を泉屋甚左衛門方へ依頼し、春夏の借米・冬の切米請取手形に調印して渡すこと。泉屋はこれを書替奉行と御蔵奉行に持参して両判を受け、差札して順番を待って俸禄米金を受け取り、俸禄米は時の相場で換金すること（第一条）。

②札差前借金の利息規定　毎年の三季切米引当の前金借用は、勤向や勝手向き要用のためであるから、御蔵渡しの俸禄米金の内から、公定利率の金三〇両に金一分（年利一〇％）で元利差引勘定すること（第二条）。

③札差料（俸禄米の請取り手数料）の規定　札差料は、一か年高一〇〇俵につき金一分の割合で差引勘定し、今後俸禄米が増えた場合も、同様の割合で勘定すること（第三条）。逸見の札差料は、高二〇〇俵なので金二分となる。

④売側金（俸禄米の販売手数料）の規定　御蔵から受け取った俸禄米の売側金は、米三五石（一〇〇俵）につき金二分として差引勘定すること（第四条）。逸見の売側金は、高二〇〇俵なので金一両となる。

⑤他所借入れ米金の規定　他所からの借入れ米金について、泉屋に請取印を頼んだり、保証印を依頼したりしないこと（第五条）。

⑥過去の札差借用年賦金の立替に関する規定　前札差の十一屋善八と伊勢屋嘉右衛門の借用年賦金は、別紙証文（御切米前金証文）にあるように皆済するまで毎年三季切米の内から差引勘定して支払うこと。もし、今後新たに宿替をしたときは、新規札差から承諾の奥印を取って同人に請け負わせるので、立替金の返済について何ら一切迷惑をかけないこと（第六条）。

⑦諸勘定差引目録・控帳面類の規定　これについては、前述の戸田と内容が同じなので省略する（九〇頁）。以上七か条の最後に、改めて直差をしないこと、もしそうなった場合には訴訟に及んでも一切申し開きをしないこと、また家督代替りになっても、この条文のとおり守られるべきことを約束している。

（２）Ⓑ対談取決証文

つぎに、逸見は泉屋へ具体的な取引内容を取り決めた「対談取極証文」全四か条を提出した。いわば勝手賄いの予算書というべきもので、地方取の「勝手賄い仕方帳」にあたるものである。

①勝手賄仕方の規定　御蔵札差依頼にさいし、御切米前金証文で一八〇両を前借りしたが、今年（安政六年）の冬から一か年金一〇両ずつ元金を返済する。ただし、今年の冬だけ別に一〇両を加算し二〇両とすること。飯米は一か年米三〇俵と定め、高二〇〇俵の収入から三季ごとに、飯米および前借の元利金と前札差の年賦金などを差引き、残りの手取り金で家計を賄うので、今年の冬まで新規の借金は申し込まないこと。冬切米から約束どおり勝手賄いを依頼するが、米は当時の相場で換金し、前借金はすべて金三〇両につき一か月金一分（年利一〇％）の公定利息を加えて、三季切米ごとに差引勘定すること（第一条）。

②切米高不相応の借金禁止　すでに、札差十一屋善八と伊勢屋嘉右衛門の年賦返済金があり、また泉屋からは当面の前借金をしているので、二〇〇俵の切米高に不相応な無心はしないこと（第二条）。

③取引照合印の確認と④諸用談の禁止規定　この両条文は、前述の戸田と内容が同じなので省略する（九一頁）。

以上のように、具体的な勝手賄いの約定を結んだわけである。このほか、逸見側からは、泉屋に「御切米前金証文」を提出して、当面の家計再建のための金一八〇両を前借りしたことがわかるが、つぎの札差に宿替するさいに清算されたためか、証文は残っていない。こうして、札旦那から札差への勝手賄い依頼の手続きは完了したのである。

（3）　Ⓓ札旦那用立金の申送り覚

つぎに、札旦那から札差への勝手賄い依頼の手続きの完了と同時に、前任の札差鹿島清兵衛は、後任の泉屋甚左衛門に「用立金申し送り覚」を提出した。これは、前任の札差鹿島が逸見左太郎の身分・石高・借財内容を泉屋に申し送ったものである。これを要約すると、①逸見は石高二〇〇俵の小普請であること、②前々の札差伊勢屋嘉右衛門への借金は五両ほどあり、無利息で毎年三両ずつ返済中（約一・五年賦）であること、③前の札差十一屋善八への借金は四五両三分ほどあり、無利息で毎年一〇両ずつ返済中（約四・五年賦）であること、④鹿島自身は一四九両ほどを用立てており、そのほか一切用立金はないこと、となる。

以上、鹿島から泉屋への申送りにより、泉屋は新規の札旦那逸見の素性と借財の情報を得ることができた。そこで泉屋は前任の伊勢屋と十一屋の年賦金、ならびに鹿島の逸見家用立金を肩代りし、鹿島へ一四九両あまりを渡して受取書をもらった。

こうして、前任の札差と借財の清算取引が完了したのであるが、つぎに具体的に逸見の家計状況を分析し、どのようにして封建領主として生き延びることができたのかを考えてみよう。

（3）　家計状態と用人

安政六年六月、逸見が泉屋に札差（勝手賄い）を依頼したときの家計状態を、「御蔵札差頼証文」、「対談取極証文」、および「札旦那用立金の申送り覚」によって再現すると、表6-3のとおりである。すなわち、収入は本高の二〇〇俵だけでほかに役高などの副収入はない。

これを同年の平均相場（御張紙値段米一〇〇俵＝四二両替）で換金すると金八〇両になる。これから、飯料三〇俵（金換算一二両）・札差料金二分・売側金一両・泉屋前借金の元金返済高二〇両と利子一八両、十一屋への返済

表6－3　旗本逸見左太郎(小普請)の家計(安政6年6月)

	費目	実数	金高	備考
			両分	
収入	本高	米200俵	80.0	
	計(A)		80.0	
支出(経費)	飯料	米30俵	12.0	
	札差料	金2分	0.2	米100俵につき金1分
	売側金(米販売手数料)	金1両	1.0	米100俵につき金2分
	泉屋への元金返済	金20両	20.0	前借金180両の元金返済(翌年～10両)、年利10%、16年賦返済
	同　　利息返済	金18両	18.0	年利10%、16年賦返済
	十一屋への元金返済	金10両	10.0	先の札差借金45両余、無利息4.5年賦
	伊勢屋への元金返済	金3両	3.0	先々の札差借金5両余、無利息2年賦
	計(B)		64.2	
賄金	差引(A－B)		15.2	実質生活費(金15両2分)

註：米100俵につき金40両替(安政6年の御張紙値段平均)として換算。
出典：『住友史料叢書　札差証文　二』(思文閣出版　2017年)77～81頁。

金一〇両、伊勢屋への返済金三両の合計六四両二分を差し引くと、一年目はわずか一五両二分しか残らなかった。この年をこの金額で何とか凌ぐことができれば、二年目以降は対談取決にあるように泉屋への元金返済が一〇両に減るので、これを勘案して同様に計算すると、二年目の手取り金は二五両二分、三年目から元金返済が順調に進めば利息も減少する予定であった。これは机上の計算であり、はたして初年度を一五両二分で維持できたのか明らかでない。

同年十一月、逸見が用人山田伝吉郎を雇い、勝手賄いの取締加判人に立てて来たところを見ると、新たな借金が必要になったためと思われる。それは、つぎのような一札であった。

差遣申一札之事

一我等勝手向為取締由緒、山田伝吉郎加判ヲ以米金共申入候間、左様相心得可給候、為後日差遣申一札、仍如件

安政六未年十一月

逸見左太郎㊞

加判　山田伝吉郎㊞

泉屋甚左衛門殿

ところで、逸見は用人の山田を介して、米金の借入を申し入れることにしたのであるが、早くも三年後の文久二年（一八六二）三月十一日には、札差を坂倉屋文六に札替（宿替）する旨、つぎのような書状を差し出した。

（上書）
「泉屋甚左衛門殿　山田伝吉郎内
用事　三井勇次」

以手紙致啓上候、然者過日者逸見左太郎様御金談之儀ニ付、不一通り御深切ニ被成下、千万忝存候、然ル処、兼而旧冬札替之儀頼置候処、此度坂倉屋文六方へ札替出来致候間、申送り之儀、早々無差遣御差出可被下候、尤拙者儀取引之節ハ、文六方へ立合申候間、例之通り加印之申送り可被成下候、右申入度、其外者召出、万々可申述候、以上

（文久二年）
三月十一日

逸見左太郎㊞
山田伝吉郎㊞

泉屋甚左衛門殿

おそらく、山田は泉屋からの借金がこれ以上無理と判断するや否や、三月七日に泉屋と借財の件について重ねて談判した結果、肩代りをしてくれる札差があれば宿替しても構わないという文言を引き出したのであろう。その一方で山田は、秘かにつぎの蚕食すべき札差を前年冬から物色しており、同月十一日にようやく「此度坂倉屋文六方へ札替出来致候間」と泉屋に通知し、坂倉屋宛の「札旦那用立金申送り覚」を作成してほしいと依頼したのである。

以上で、逸見と泉屋の取引は完全に終了したのであるが、用人山田については余談がある。翌文久三年十一月、山田は逸見の用人を辞し、第3章第三節で紹介した旗本戸田金之助（小普請・三〇〇俵）の用人となり、逸見の時と同様に勝手向き取締加判人であるべき旨を札差泉屋甚左衛門に届け出た。戸田は安政六年以来泉屋の札旦那で

あったが、用人の交代が激しく、文久二年野田清左衛門から米田栄意と長岡藤吉の両人に変わり、同三年十一月米田の辞任にともない山田が就任したものである。おそらく、戸田は泉屋に顔が効く山田を雇い、宿替を優位に運ぼうとしたのであろう。案の定、十二月に山田は泉屋にたいして主人戸田が「此度無拠儀ニ付、森村屋七左衛門方へ宿替致度、同人《（戸田）》申聞候間」、森村屋への「札旦那用立金申送り覚」作成してほしいと依頼している。こうやって見てくると、用人山田のなかなかの辣腕ぶりがうかがえておもしろい。

第五節　一色家にみる地方取の勝手賄い

(1)　一色家の略歴

一色家は、天文年間（一五三二～一五五五）の直朝の代に下総の古河公方足利晴氏・義氏父子に仕え、武蔵国葛飾郡幸手庄に住んでいた[23]。天正十八年（一五九〇）にその子義直は、徳川家康の関東入部にさいし、これに拝謁して本領幸手庄において五一六〇石あまりの地を賜った。その後、その知行地を下総国相馬郡に移されたが、慶長五年（一六〇〇）の会津進発にさいし、老年ながらもお供を願い出た功労により、下総国和歌領において養老料一〇〇〇石を加増されすべて六一六〇石を知行した。

慶長年間（一五九六～一六一五）に家督をついだ照直は、将軍秀忠の御小姓となり、近江国蒲生郡においてさらに二〇〇〇石を加増され、父の養老料を含めると合計八一六〇石となった。ところが、寛永十一年（一六三四）に照直は父義直に先立ち死亡したため、同十六年に養子直氏が家督を相続するまで、義直が再び当主となった。そのさい、加増分三〇〇〇石が削られ、もとの五一六〇石に戻ったのである。

承応元年（一六五二）十二月二十七日の家督相続にさいし、直氏の嫡男直房が四五〇〇石を相続し、弟直武に六六〇石を分地、さらに貞享元年（一六八四）七月十二日には、本家直房の遺領四五〇〇石の家督相続があり、嫡男直與が三五〇〇石を相続、弟直政が一〇〇〇石を分けてもらって分家した。この分家直政が、一色山城守直《なお》温《あつ》家の初代である。初代直政は元禄九年（一六九六）七月五日に御小姓組の番士となり、同十年七月二十六日下総国相馬郡の領知一〇〇〇石を同国葛飾郡に移され、以降幕末まで変わらなかった。

一色家の歴代当主は源次郎と称し、御書院番の番士を世襲した平凡な旗本であったが、幕末期の六代目直温は、歴代一族の中で最も傑出した人物であった。文政九年（一八二六）十二月二十七日、直温は九歳で家督を相続し小普請入り、天保十四年（一八四三）十一月に二六歳で御小納戸となり、これを手始めに嘉永五年（一八五二）五月に三五歳で御目付、安政元年（一八五四）五月に海防御用目付に昇進し、以後同年七月に軍制改革御用をかわきりに、三年五月に講武所創建御用、五年二月に大船製造御用・軍艦繰練御用など幕府軍政改革に尽力した。

さらに、同年同月、四一歳で堺町奉行に転じ、三月に諸大夫に任じられ山城守と改称した。九月には大坂町奉行となり民政に尽くしたが、万延二年（文久元年＝一八六一）正月に四四歳で勘定奉行（公事方）に転じ、十月に外国奉行、翌年十二月に勘定奉行（公事方）再勤・兼道中奉行、同月に一橋家家老、元治元年（一八六五）六月に大目付、七月に御書院番頭と要職を歴任したあと、翌二年（慶応元年＝一八六五）正月に四七歳で辞任して寄合となった。ところが、慶応二年十二月に再び製鉄奉行に任じられ、同四年（明治元年）閏四月の江戸開城とともに御役御免、勤仕並寄合となった。

このように一色直温は、幕末動乱期の幕府近代化に活躍した人物であった。また、大坂町奉行時代には、堂島米相場にも注意を払い「正空売買聞書」・「米商秘説」という米相場の解説書は、一色家の蔵書として伝わり、のちに幸田成友が遺族から譲り受け、現在は一橋大学附属図書館に所蔵されている。(24)

（2）勝手賄いの定式証文

安政五年四月、一色山城守直温（堺町奉行・一〇〇〇石）は、住友江戸両替店に年貢米金などすべてを差入れて家計全般の世話を依頼した。それでは、定式証文（前節ⓐ〜ⓕ）のうち、具体的に残る安政五年四月のⓐⓒⓓ証文によってその内容を解説しよう。(25)

（1）ⓐ「勝手賄い依頼議定証文」

議定証文之事

一旦那勝手向月割賄方之儀御頼入候処、折節御店向先年改革被致候義ニ付、其儀難相整候趣、内実委敷承り候而者達而と難申入、乍併旦那此度堺表江御役相蒙候義ニ候得ハ、何れ共用途筋相頼不申候而者忽差支、依之来ル未年ゟ三ヶ年之間用達之義、再応及御頼談候処、程克実意を以承知致し被呉、忝次第ニ奉存候、然ル上者、別紙之通知行所一同郷印申付、向後議定通聊無相違、毎年米金員数通十一月廿五日限、其許方江直ニ為相納可申間、右之内を以前条賄方借用ニ相成候分ハ、定式之利足を加へ元利勘定可被相立候、右ニ付而ハ知行所之者江下知書相渡有之候間、米金渡方之儀ニ付彼是故障ヶ間敷義ハ勿論、決而米金納方等差止メ申間敷候、此段安心可給候、此度之儀者前顕之通、是ゟ達而頼入候儀ニ候へ者、月割之外臨時等之儀者相頼申入間敷、其他已来内外公私ニ付、如何様之義出来候共、聊約定通無相違取計可申候、依之為後証一札如件

安政五午年四月

一色山城守内
鈴木悦之進㊞
吉川源太夫㊞
大原謙蔵㊞
森新兵衛㊞

住友吉次郎殿

「表書《裏書》之通相違無之者也

一　山城㊞㊞　」

これは、安政五年四月に一色直温家の家臣鈴木悦之進・吉川源太夫・大原謙蔵・森新兵衛の四人が連署・連印で住友吉次郎友訓（江戸両替店）宛に、主人直温がこのたび堺町奉行に就任したので、安政六年から三年間の勝手向き月割仕送り金を依頼した証文である。当時の住友江戸両替店は、嘉永二年に多額の負債を抱えて一時休店し、安政四年から営業を再開したばかりで、その経営は苦しかった。(26) そのため、一色側も「折節、御店向先年改革被致候ニ付、其儀難相整候趣、内実委敷承り候而者、達而と難申入」と配慮したが、やはり堺町奉行就任の物入りが多いため、「再応及御頼談候処、程克実意を以承知」してくれることになった。そこで、つぎのように約定した。

①**年貢米金の納付期限**　年貢米金は、毎年十一月二十五日限りに知行所から住友江戸両替店へ納付させること。

②**勝手賄い借用金の利息**　勝手賄いの借用金については、「定式之利足を加へ」元利勘定をおこなうこと。

③**勝手賄いの知行所対策**　勝手賄いを依頼する件については、知行所下総国葛飾郡椿村・三ヶ尾村・二ツ塚村・金杉村・中村・二ツ木村・後平井村、千葉郡原村の八か村にたいして「下知書」を交付してよく申し聞かせているので、年貢米金の納付について「彼是故障ヶ間敷義ハ勿論、決而米金納方等差止メ」などないから安心してもらいたい。

④**臨時借用金の禁止**　今度の件は、一色家から依頼したことなので、定例の月割仕送り金のほかに、臨時の出金は申し込まないこと。

以上、取り決めを承認するため、証文の紙背に当主直温の「表書之通相違無之者也」という裏書・署名・裏印があった。

（2）ⓒ「知行所郷印証文」

これは安政五年四月、一色知行所の椿村ほか七か村が、地頭所からの下知書に従い勝手賄いの承諾を、住友江戸両替店に届け出た郷印証文である。

郷印議定之事

此度御地頭所御勝手向御賄金、貴殿方江御頼御承知、月割御出金被下候段忝存候、然ル上者、来未年郷中村々畑成金百拾七両ト永九拾五文七分、米千五拾五俵ト弐升弐勺但四斗入、年々十一月廿日限り聊無相違、貴殿方へ御渡し可申候、尤米ハ別紙石高其時々相庭を以金納取計可申、右ニ付而者御地頭所ゟ御下知書相渡り、村方江受取置可申候、右様御議定一統郷印致し候上者、以来も違約之儀者無之候条、此段御安心可被下候、為其郷印証文依而如件

安政五午年四月

下総国葛飾郡椿村
名主　祐右衛門㊞
組頭　幸右衛門㊞
百姓代　重左衛門㊞
同国同郡三ヶ尾村
名主　新左衛門㊞
組頭　甚右衛門㊞
百姓代　藤左衛門㊞
同国同郡二ツ塚村
組頭　市右衛門㊞
百姓代　四郎兵衛㊞

同国同郡金杉村
組頭　助右衛門㊞
百姓代　伊　三　郎㊞
同国同郡中村
名主　勘右衛門㊞
組頭　卯　之　助㊞
百姓代　運　次　郎㊞
同国同郡二ッ木村
組頭　勘右衛門㊞
百姓代　兵右衛門㊞
同国同郡後平井村
名主　伊　　八㊞
下総国千葉郡原村
名主　清　左　衛　門㊞
組頭　甚　左　衛　門㊞
百姓代　三郎右衛門㊞

住友吉次郎殿

前書之通、我等立会取極候儀ニ付、聊相違無御座候、以上

一色山城守内
鈴木悦之進㊞
吉川源太夫㊞

大原謙蔵㊞
森　新兵衛㊞

「（裏書）表書之通相違無之者也
一　山城㊞　」

これによると、知行所八か村の村役人が連名で、一色地頭所の勝手賄いを承諾してくれたことについて謝礼を述べ、つぎのように約定した。

①年貢米金の納付額　来る安政六年から、知行所八か村の年貢米一〇五五俵二升二勺（四二二石二升二勺）と、畑成金（年貢金）一一七両・永九五文七分を、毎年十一月二十日までに住友江戸両替店へ納付すること。

②年貢米の換金　年貢米は、その時々の相場をもって換金し金納すること。

③下知書の受取　上記の件については、地頭所から勝手賄いの下知書を受け取っており、承知していること。

以上、文末には村方一統が郷印したからには「以来も違約之儀者無之候条、此段御安心可被下候」と結んでいる。これを保証するため、一色家用人鈴木悦之進ほか三人の奥書と連署・連印があり、証文の紙背には「勝手賄い依頼議定証文」と同様に当主直温の裏書・署名・裏印があった。

（3）ⓓ「知行所郷村高書付」

これは、知行所から賄主の住友江戸両替店にたいして、村高と年貢米金高を報告したもので、この書付によって住友では一色家の知行所の状況を把握することができた。つぎに、史料の様式を示そう。

覚

一高六百六拾三石壱斗五升弐合五勺　　下総国葛飾郡椿村
壱ヶ年収納米㊞百六拾六俵三斗壱升三合　　名主給米小石代米引残り、全ク御蔵入分

畑成金七拾九両三分ト永四拾五文六分、銭拾壱貫三百弐拾五文㊞

（中　略）

高合千七百五拾壱石壱斗六升八合九勺

収納合米千五拾五俵二升二勺

畑成合金百九両三分ト永弐百九拾九文四分、銭四拾七貫弐百拾文、此永七貫四拾六文三分

右之通り相違無御座候、以上

安政五午年四月

一色山城守知行所
葛飾郡椿村
名主　祐右衛門㊞
組頭　幸右衛門㊞
百姓代　重左衛門㊞
（以下七か村の村役人名省略）

住友吉次郎殿

この内容をまとめたものが、表6-4である。安政五年四月の一色家知行所は、下総国葛飾郡に七か村、同国千葉郡に一か村で、現在の千葉県船橋市・松戸市・流山市・野田市・千葉市一帯に分散していた。八か村の総村高は三五六一石であったが、各村とも相給になっているので一色家の知行高はその約五〇％にあたる一七五一石であった。また、その年貢米高（収納米）は四二二石（一〇五五俵）、年貢金は一〇九両であったが、いま仮に、年貢金一〇九両を一両一石として換算すると総年貢高は約五三一石となり、知行高一七五一石で除すると、その年貢率は三公七民となり、かなり農民の手元に余得が残った計算になる。なお、年貢米と年貢金の割合から稲作の農村であったことがわかる。

表6－4　旗本一色知行所の概況（安政５年）

知行所	村高（A）	知行高（B）	（A/B）	収納米	年貢金	備考
	石	石	（%）	石	両.分.朱	
下総国葛飾郡椿村（埼玉県杉戸町）	993.8	663.2	66.7	66.7	79.3.0	幕領→元禄10年5給（幕領1･旗本領4）、明治9年（戸数82戸、人口462人、馬23頭）
同　二ツ木村（千葉県松戸市）	352.7	352.7	100.0	132.3	3.3.0	幕領→元禄10年1給（旗本一色領）、明治24年（戸数47戸、人口335人、馬14頭）
同　三ヶ尾村（千葉県野田市）	1,325.5	347.1	26.2	84.9	17.0.0	幕領→元禄10年3給（幕領1･旗本領2）、明治9年（戸数53戸、人口327人）
同　中村（不明）	224.4	110.0	49.0	26.8	4.1.2	3給（旗本3）
同　二ッ塚村（千葉県野田市）	152.5	103.2	67.7	27.6	3.1.0	2給（幕領1･旗本領1）、明治8年（戸数18戸、人口127人）
同　金杉村（千葉県船橋市）	233.1	90.8	39.0	56.8	0.3.0	4給（幕領1･旗本領3）、明治9年（戸数112戸、人口561人）
同　後平井村（千葉県流山市）	121.2	22.1	18.2	5.5	0.0.2	2給（旗本領2）、明治24年（戸数16戸、人口82人、馬7頭）
小計	3,403.2	1,689.1	49.6	400.6	109.0.0	
下総国千葉郡原村（千葉県千葉市）	157.8	62.1	39.4	21.4	0.3.0	2給（藩領1･旗本領1）、明治24年（戸数27戸、人口227人、馬18頭）
総計	3,561.0	1,751.2	49.2	422.0	109.3.0	収納米の実数は、1,055俵（422石）である。

註１：村高・知行高・収納米は下二桁を四捨五入した。
２：収納米は俵数であったが、史料の１俵＝４斗で石に換算した。年貢金は、分朱以下の端数を切捨てた。
出典１：安政５年１月「一色山城守郷村高書付」（住友史料館所蔵）、末岡照啓註（17）書の付録史料26所収。
２：村高は慶応４年（『旧高旧領取調帳　関東編』近藤出版　1969年）、備考は『埼玉県の地名』『千葉県の地名』（平凡社　1993年・1996年）。

表6－5　一色直温（堺町奉行）の家計（安政５年４月）

	費目	実数	換算（金）	（銀）	（銭）	備考
			両.分.朱	匁	文	
収入	年貢米	米931俵余（372石4斗）	372.0.0	24		嘉永６～安政４年まで、過去５年平均収納高
	年貢金	金117両2分1朱、銭251文	117.2.1		251	夏成皆済金共
	役料	米600石	600.0.0			
	拝領金	金440両	440.0.0			年始・八朔金
	計（A）		1,529.2.1	24	251	
支出（経費）	飯米	米100石	100.0.0			
	堺表暮方金	金940両	940.0.0			
	堺表暮方不足金	金240両	240.0.0			１か月20両×12か月分
	計（B）		1,280.0.0			
賄金	差引（A－B）		249.2.1	24	251	江戸留守宅の家来手当、諸借財返済金に充当

註１：原史料では、収入（年貢米+年貢金）－支出（堺表暮方不足金）となっていたが、一色家の家計全般を見るために役料・拝領金（年始八朔金）・飯米・堺表暮方金を加えて算出した。
２：米１石＝金１両替（原史料による）。
出典：「一色家勝手方、年中諸御入用御仕法帳」（住友史料館所蔵、表6－4に同じ）。

（3）　勝手賄い仕法帳と家計

一色家家臣鈴木悦之進ほか三人が前項でみたⓐⓒⓓの証文に基づいてⓔ「勝手賄い仕法帳」（原書名は「年中諸御入用御仕法帳」といい、一色家勝手方の作成）を作成した。表6－5にあるように、安政六年（一八五九）から三か年の家計運営を試算して、住友江戸両替店に提出した予算書である。この「勝手賄い仕法帳」は一色家に限らず個々の旗本の家計状況を知る一級史料である㉗。

さて、一色家の収入は①知行所八か村から年貢米九三一俵（三七二石）と、②年貢金一一七両二分一朱であった。ただし、これは嘉永六年から安政四年まで五か年間の平均収納高のため、安政五年四月の「知行所郷村高書付」の年貢米よりも一二四俵ほど少なく、年貢金で八両ほど多くなっている。そのほか、③堺町奉行の役料が六〇〇石、④年始・八朔の拝料金が四四〇両あった。これらを史料の換算率にしたがい米一石＝金一両で換算し集計すると、総収入は金一五二九両二分一朱となった。堺町奉行就任による役料と拝借金

（年始・八朔金）は、総収入の実に七〇％弱を占めていたのであるが、またこれに関わる支出も大きいものであった。すなわち、経費として①飯米（食料費）一〇〇石（一〇〇両）、②堺町奉行所での生計費にあたる堺表暮方金九四〇両、また、③同所で予想される生計費の不足金「堺表暮方不足金」二四〇両（一か月二〇両×一二か月）があり、合計一二八〇両となり、堺での必要経費がそのほとんどを占めていた。よって、総収入一五二九両二分一朱から総支出一二八〇両を差し引くと金二四九両二分一朱が手元に残る計算となった。

しかしながら、この残った二四九両二分一朱はすべてが自由に使えるのではなく、江戸役宅の家来の手当や、諸借財の返済にあてなければならず、おそらく最終的には不足したであろう。同年作成された別の勝手賄い仕法帳によると、江戸役宅の家来の手当が一二〇両、諸借財の返済金が一三〇両、臨時費が一〇〇両、知行所等の無尽掛金が一六両となっており、これだけでも三六六両となるのである(28)。

なお、残念ながらⓑの「下知書」とⓕの「月割金請取書」とも残っていないので、その後いつまで勝手賄いを続けたのか不明である。ただし、取引は幕末まで続いたことが慶応元年九月六日付の大坂本店宛、江戸両替店の書状によって判明する(29)。

一一色摂津守様御儀、去歳《元治元年》御進発御供被仰付、御旅扶持御定高共、御取越被成、其頃当方ゟ御用立金四百両、一旦御返済相成、去子年九月中両地差引へ入張仕置候、外ニ金六百両無利足ニ而御預ケ有之候、其後御病気ニ付御役御免ニ相成候処、右御旅扶持御取越米返納被仰付、此節迄ニ追々御預り金皆納ニ相成申候、然ル処、御女子様御縁組相調候ニ付、右御入用金四百両御用弁之儀御頼被成候間、当方ニて融通出来候得ハ、早速御間渡り可申上之処、当節御必死之場合ニ付行届不申、甚以心配罷在候、右ニ付急便ヲ以大坂表へ申遣し候、彼地ゟ差下し次第御用弁可仕旨申上置候間、状着次第、金四百両急速御差下し被下度奉頼上候（以下略）

内容を補って要約すると、前年（元治元年）八月十四日、当時四六歳の一色直温は、御書院番頭として長州征討の御供を仰せ付けられた。そのため臨時収入の「御旅扶持御取越米」が入り、江戸両替店からの用立金四〇〇両を一旦返済のうえ、さらに六〇〇両もの大金を無利子で預けてくれた。その後、一色直温は病気のため、本年(慶応元年)正月十八日に職を辞し、非役の寄合となったので「御旅扶持御取越米」も返納となり、当店の預り金六〇〇両も追々皆納した。ところが、直温の息女の縁談が調い、四〇〇両の用立を依頼されたので、当店で融通できれば早速にも用意したいのだが、とても行き届かない状態なので、大坂本店から至急四〇〇両を送金してほしいというものであった。

なお、安政四年当時の家臣は、鈴木悦之進・吉川源太夫・大原謙蔵・森新兵衛の四人であったが、文久四年には、鈴木悦之進と大原謙蔵が辞任したので、大原一族の大原謙太左衛門・吉川源太夫・森新兵衛の三人に減少し、さらに同年二月には、大原謙太左衛門と吉川源大夫が辞任して、吉川一族の吉川練蔵・舟津友蔵・森新兵衛の三人になった。[30] こうして、当初からの家臣は森新兵衛ただ一人となったが、非世襲の人物は用人であろう。

以上、一色家の家計について述べてきたが、勝手賄いを依頼するにいたったきっかけは直温の堺町奉行就任に関わる物入りにあり、住友江戸両替店への勝手賄い依頼は旗本用人を通じてであった。旗本用人は、堺町奉行との関係から大坂の住友に目を付け、住友江戸両替店に交渉を持ちかけたのであろう。この点、同店が文政十年に勝手賄いを引き受けた旗本伊奈家との共通点が見いだせる(第10章第二節参照)。天保十三年に伊奈遠江守忠告《ただつぐ》(一〇〇〇石)は堺町奉行に就任し、翌十四年に京都町奉行へ役替えとなった。そのさい、「堺・持越金、幷八朔金道中用意金ヲ以相賄申候仕合御座候間、此上当地(大坂本店)拝借金銀三〇貫目相願申候」と、定例の月割り出金のほかに大坂本店から銀三〇貫目(金五〇〇両)の出金を希望している。[31] よく「関東大名の大坂借銀」といわれるが、[32] これは旗本についても言えることであろう。

第六節　旗本勝手賄いの特質と課題

(1) 蔵米取勝手賄いの特質

蔵米取旗本の勝手賄い研究については、明治維新によって旗本と共生関係にある札差が没落したため史料が散逸し、その研究実績はきわめて乏しい。それにくらべて、地方取の勝手賄いの研究は、その金主が一定ではなく村方の有力農民や在郷商人・町方商人など多岐にわたっており、札差がなることもあった[33]。このように、地方取の勝手賄いに関する研究はその史料が金主側に何らかの形で残されていることが多かったので、かなりの実績が積み上げられている。

まず、蔵米取旗本の勝手賄いについては、すでに第4章の萩原作之助(前掲表4-1)、本章の逸見左太郎(前掲表6-3)の例を分析したが、札差泉屋甚左衛門店の「対談取極証文」によって、この両者を含めた一四人の一年間の勝手賄い費(生活費)を算出したものが表6-6である。重複するが、荻原作之助(本高四〇〇俵、小普請)をはじめ、竹田熊次郎(本高一五〇俵、小普請)、内藤甚右衛門(本高一〇〇俵など六〇〇俵、清水家)、倉橋幸三郎(本高三〇俵ほか、小普請)などは、収入である禄高から支出(必要経費)を差し引いた賄金(生活費)で一年間の生計を立てていた。支出には定例生活費の「定金」、食料費の「飯米」、手数料の「札差料」「売側金」、当代札差からの借入金の元利返済金、先代ならびに先々代札差からの借入金と年賦返済金から構成されていた。旗本一四人の禄高は、三〇俵から九〇〇俵取と格差があり、その役職も清水家、西丸小納戸、元甲府勤番、大番組頭、小姓など多岐にわたるが、小普請が九人と半数以上を占めていた。収入の五〇%以上を生活費にまわせた旗本は、竹田・内藤・倉橋・森山・湯川・小西の六人であり、その他八人は借金返済などにより、生活を圧迫されていたといえよう。

								賄金（1年間）	
（飯米） 同左	（札差料） 同左	（売側金） 同左	（借金Ⅰ） 年賦返済	（利息） 利払いⅠ	（借金Ⅱ） 年賦返済	（借金Ⅲ） 年賦返済	計B	差引 A－B	収入 比率
俵	両	両	両	両	両	両	両	両	%
36俵 13	（金1分） 1	（金2分） 2	335 20	年利12% 40	818 13		134	10	7
24俵 9	（金1分） 0	（金2分） 1	136 8				18	37	67
60俵 22	（金1分） 2	（金2分） 3	300 25	御定通り			52	170	77
不詳	（金1分） 0	（金2分） 0	22 1	年利10% 2	1		4	7	64
年貢米	（金1分） 2	（金2分） 5	90 10	6			68	284	81
18石 20	（金1分） 1	（金2分） 1	50 0				22	76	78
25俵 10	（金1分） 1	（金2分） 1	85 27	年利10% 9			47	29	39
15俵 6	（金1分） 0	（金2分） 1	110 8	年利10% 11	7		33	30	47
200俵 84	（金1分） 2	（金2分） 3	420 25	年利10% 42			156	97	38
30俵 12	（金1分） 1	（金2分） 1	180 20	年利10% 18	10	3	65	15	19
30俵 12	（金1分） 1	（金2分） 2	550 25	年利10% 55	7	20	122	58	32
40俵 19	（金1分） 1	（金2分） 2	380 15	年利10% 38	6	15	95	43	31
40俵 17	（金1分） 1	（金2分） 2	385 16	年利10% 39	2	17	93	36	28
60俵 28	（金1分） 1	（金2分） 2	370 20	年利10% 37			88	96	52

表６－６　蔵米取旗本の勝手賄い一覧(泉屋甚左衛門店、文政８年～文久２年)

史料番号	旗本	年次	禄高(本高・役料等)	役職	御張紙値段	収入 (禄　高) 金換算A	支出 (定金) 同左
					両	両	両
41	荻原作之助	文政８.12	本高400俵	小普請	36	400俵 144	45
104	竹田熊次郎	天保11.６	本高150俵	小普請	37	150俵 56	
123	内藤甚右衛門	天保11.12	本高100俵、足高300俵、役料200俵、	清水家	37	600俵 222	
65	倉橋幸三郎	天保13.６	本高30俵2人扶持	小普請	39	30俵 12	
182	森山与一郎	天保13.７	本高450俵、足高150俵、役料300俵	西丸小納戸	39	900 351	45
192	湯川金十郎	嘉永元.６	本高250俵	元甲府勤番	39	250俵 98	
189	山田米之助	嘉永２.11	本高200俵	小普請	38	200俵 76	
152	平野助之進・徳太郎	嘉永４.３	本高150俵	小普請	42	150俵 63	
184	山木数馬	嘉永４.８	本高450俵、足高150俵	大番組頭	42	600俵 252	
158	逸見左太郎	安政６.６	本高200俵	小普請	40	200俵 80	
124	内藤善次郎	安政６.12	本高450俵	小普請	40	450俵 180	
83	斎藤豊太郎	文久元.12	本高300俵	小姓・奥詰銃隊指図役頭取	46	300俵 138	
119	戸田金之助	文久２.３	本高300俵	小普請	43	300 129	
75	小西従二郎	文久元.３	本高400俵	小普請	46	400 184	

註１：金換算値は四捨五入、禄高は該当年の御張紙値段(前掲表１－４の三季平均参照)で換算した。
　２：(借金Ⅰ)と(利払いⅠ)は現札差の泉屋甚左衛門分、(借金Ⅱ)は前札差分、(借金Ⅲ)は前々札差分を意味する。
出典：『住友史料叢書　札差証文(一)(二)』(思文閣出版　2014・2017年)。史料番号は同書による。

　ここで注目したいのは、借金に困窮した旗本は、第3章の戸田、本章の逸見などの事例でみてきたように、札差の宿替によって危機を克服していたということである。転々と宿替をするうちに、積もり積もった過去の札差の借金は幕府の棄捐令、あるいは無利息・安利年賦返済令によって、破棄ないし無利息永年賦となったであろうし、また用人を使っての交渉によっても同様のことをおこなったであろう。旗本の宿替にさいして、用人の果たした役割は決して少なくないのである。

(2)　地方取勝手賄いの特質

　つぎに、地方取旗本の勝手賄いについて研究実績をまとめたものが表6-7である。これは管見の限りで集めたもので、完全ではないが大方の傾向をつかめると思う。地方取勝手賄いの特質を明らかにすることによって、蔵米取との関係や勝手賄い全体を考える材料としたい。その特質は、つぎの五項目にまとめられよう。

(1)　成立時期

　勝手賄いの早い事例としては、享保十一年（一七二六）に土井利起（二〇七〇石・書院番頭）が知行所名主の川口家への依頼したものと、享保十八年に井上正晴（五〇〇〇石・書院番頭）が江戸町人の垂水屋清兵衛へ依頼したものがあるが、これは例外に属するのではないだろうか。旗本勝手賄いの一般的成立は、サンプルの数が少ないとはいえ、三二例中じつに三〇例までが宝暦期以降なのである。旗本の家政改革は、宝暦・安永期ごろから盛んにおこなわれ維新期にいたった、といわれているが[34]、これは勝手賄いの成立と表裏一体の関係をなすものであろう。

　また、すでに幕府財政との関連から指摘したように、宝暦期を境に幕府の旗本救済策が転換したことが、家政改革と勝手賄いの成立に何らかの影響を及ぼしていると考えられる。事実、旗本の借入金の中に馬喰町・遠国奉行等の公金貸付や名目金貸付が増加し、これらの元利返済のための年貢先納金の下知書や仕法書が村方に多数残されている。

勝手賄いは、その依頼する金主によってつぎの四つに分類される。

（2）　金主の種類

①**町方賄い**　江戸など町方の商人に依頼するもの。

②**村方賄い**　知行所の名主など村方に依頼するもの。

③**在郷商人賄い**　知行所やその近隣の在郷商人に依頼するもの。ただし、知行所の在郷商人が村役人になった場合は、村方賄いの範中に入る。

④**旗本用人勝手賄い**　旗本の用人に依頼するもの。とくに、用人が全権を掌握して采配を振るった場合をいう。

一般的に、勝手賄いは「町方賄い」から始まり次第に「村方・在郷商人賄い」へと移行していくことが考えられる。すなわち、「村方賄い」が成立するためには、ある程度の農民の経済的成長が必要だからである。各旗本の実例を表6-7によって見ると、土屋・井上・松崎・戸田のような近世中期の勝手賄いには「町方賄い」が多く見られ、近世後期以降は「村方・在郷商人賄い」の方が多くなる傾向にある。ただし、この条件もその時々の旗本の役職や、用人および賄い主の思惑によっても左右されたので、多少の例外はあろう。

（3）　旗本の役職

勝手賄いを分析する場合、依頼した当時の旗本の役職は重要である。長沢家の場合、高家という役職のため石高以上の格式が必要となり、勝手賄いによる資金調達が図られたと指摘されている[35]。また、伊奈・一色家の場合は、堺・大坂・京都町奉行就任の物入りにさいし、江戸店持ちの大坂商人の方が調達金に便利なので、住友家の江戸出店に勝手賄いを依頼し、大坂本店からの出金を期待している。いわゆる「関東旗本の大坂借銀」である。大坂の商人にとって、お膝元の町奉行からの要請は断わりづらかったであろう。

知行所数(国別村数)	出典
12か村(武蔵3・常陸3・相模4・遠江1・大和1)	木村龍彦「旗本知行所における年貢米の特質」(『埼玉県史研究』20号　1988年)
8か村(常陸)	立正大学古文書研究会編『旗本家政の展開と割元：旗本井上氏の事例』(同研究会　1980年)
2か村(相模国)	国立史料館編「相模国大住郡土屋村腹家文書目録(その一)」(『史料館所蔵史料目録』第47集　1988年)
1か村(武蔵国旛羅郡永井太田村)	国立史料館編「武蔵国幡羅郡永井大田村掛川家文書目録」(『史料館所蔵史料目録』第10集　1964年)
13か村(武蔵2・上野6・上総5)	埼玉県文書館編『諸家文書目録　Ⅳ(松原家)』第27集(1988年)
12か村(駿河国富士郡)	若林淳之『旗本領の研究』(吉川弘文館　1987年)171～244頁
7か村(下総1・常陸6)	国立史料館編「下総国相馬郡川原代村木村家文書目録」(『史料館所蔵史料目録』第32集　1980年)
6か村(三河4・山城1・下総1)	築島順公「転換期に於ける旗本知行所の財政構造」(東北史学会『歴史』54輯　1980年)
7か村(武蔵5・相模2)	山口徹「幕末期における旗本財政」(『社会経済史学』28-2　1962年)
12か村(信濃8・上野2・武蔵2)	鈴木壽『近世知行制の研究』(日本学術振興会、1971年)240～286頁
19か村(下総12・上総7)	川村優『旗本知行所の研究』(思文閣出版　1988年)399～441頁
8か村(下総7・河内1)	川村優『旗本知行所の支配構造』(吉川弘文館　1991年)159～271頁
1か村(武蔵国旛羅郡中奈良村)	安達満「天保期の地頭賄と上層農民の動向」(『関東近世史研究』9号　1977年)
5か村(上野)	田畑勉「近世後期における旗本鳥居家財政について」(『群馬県史研究』21号　1985年)
4か村(下野国安蘇郡・都賀郡)	白川部達夫「近世後期、一旗本の家政改革と農村の動向」(『佐野市史近世史編論文集』(佐野市史資料集第13集　1976年)
4か村(武蔵2・下総1・上野1)	仙谷鶴義「旗本家政の展開と知行所支配の変質について」(『法政史論』5号　1978年)

表6-7　地方取旗本の勝手賄い一覧(享保11年～慶応4年)

No.	旗本名	石高	役職	勝手賄い期間	勝手賄い担当者(金主)	
1	土屋利起	2,070	寄合・書院番頭	享保11.1.7～	②	川口兵左衛門(武蔵国入間郡中野村名主)
				宝暦3.1～同9	①	伊勢屋三郎右衛門(札差カ)が川口家金主
2	井上正晴	5,000	書院番頭	享保18～	①	垂水屋清兵衛(江戸商人)
	同　正朝	〃		宝暦5～明和元	①	重本屋吉右衛門・銅屋伊平治(江戸商人)
	同　正為	〃		天明6～天保期	③	野沢惣兵衛(北条村在郷商人)
				弘化4～	③	糸賀屋惣兵衛(大貫村在郷商人、井上家割元)
3	窪田正方	400	大番	宝暦4～明和3	②	知行所名主(相模国土屋村と黒岩村)
4	松崎明純	500	書院番・小姓	宝暦6～	①	亀屋長五郎・那智屋源右衛門(江戸商人カ)
5	三島政甲	1,500	西丸小姓組頭	宝暦8.7～	②	知行所名主(武蔵国香美郡四軒在家村ほか)
6	戸田忠汎	2,570	小普請頭	宝暦10～	①	播磨屋作右衛門(駿河清水湊廻船問屋)
	同　忠倚	〃	書院番		①	〃
	同　忠皎	〃		明和8～	④	佐藤権之丞(用人)
	同　忠集	〃	書院番	安永2～	③	渡辺平右衛門(東海道原宿役人・米塩商人)
				天明7.4～	②	知行所(駿河国中里村・長沢新田)
7	土屋易直	2,100	書院番・使番	宝暦12.2頃	②	知行所名主(下総国相馬郡川原代村の割元)
8	板倉勝延	8,000	定火消	明和3～	②	深溝陣屋
9	長沢資祐	1,400	高家	安永頃～幕末	②	知行所7か村
10	仙石政寅	2,700	浦賀・堺町奉行	安永頃～幕末	②	田中家(信州地代官・小県郡矢沢村庄屋格)
11	中根正寧	6,000	定火消	天明6～天保期	③	多田庄兵衛(下総国香取郡須賀山村在郷商人)
12	石河政央	2,700	使番	寛政4～	③	多田庄兵衛(同上)
13	曲淵景胤	400	小姓	寛政4.12～	②	野中彦兵衛(武蔵国幡羅郡中奈良村名主)
	同　景雄	〃	大番	寛政6.7～	②	〃
	同　景雄	〃	〃	天保2～	②	中奈良村近辺の上層農民(融通積立講)
14	鳥居忠容	1,500	小納戸	寛政6～幕末	②	吉田家(上野国勢多郡新川村名主)
15	堀田正名	3,000		寛政7～	③	猪狩次郎右衛門(奥州三春商人カ)
	同　正修	〃		享和3～	④	鈴木彦兵衛他(本家堀田佐倉藩からの附人)
		〃		文政7.3～	②	名主藤兵衛(知行所鎧塚村)
		〃		文政8～天保8	④	奥田伴右衛門(親類の永井高槻藩からの附人)
		〃		天保9～	④	立見武左衛門他(本家堀田佐倉藩からの附人)
16	天野伝之助	810	小普請	寛政11.6～	②	惣左衛門(武蔵国多摩郡蓮光村)
				享和3.4～	①	金子屋善右衛門・猪瀬文司
				文化6～同12	②	富沢奥右衛門(蓮光村年寄・組頭)
				〃	④	榎木此右衛門(用人)

4か村（武蔵国足立郡3・入間郡2）	埼玉県文書館編『武笠家・厚沢家・若谷家文書目録』第23集（1986年）
3か村（武蔵国埼玉郡）	小林正雄「旗本知行村落―武州埼玉郡蜂屋領を中心として―」（1981年國學院大学卒論レジュメ）
7か村（下総2・常陸2・伊豆3）	須田茂「近世後期旗本知行村の動向」（『大野政治先生古稀記念房総論集』同書刊行会　1980年）
6か村（武蔵国足立郡）	本書第6章第2節参照
13か村（遠江国城東・山名・豊田郡）	本書第10章2節の表10－4参照
8か村（下総国葛飾郡7・千葉郡1）	本書第6章第6節参照
11か村（上総2・三河9）	本書第10章2節の表10－4参照
21か村（駿河国駿東・富士・庵原郡）	若林淳之『旗本領の研究』（吉川弘文館　1987年）269～301頁
5か村（武蔵2・）	大口勇次郎「『夢酔独言』の虚像と実像」（『江戸とは何か―江戸の幕末―』4巻　至文堂　1986年）
3か村（武蔵国足立郡）	埼玉県文書館編『武笠家・厚沢家・若谷家文書目録』第23集（1986年）
8か村（武蔵国多摩郡）	北原進「幕末における旗本借財の内容と特質」（北島正元編『近世の支配体制と社会構造』吉川弘文館　1983年）
6か村（武蔵3・伊豆3）	埼玉県文書館編『田口（栄）家・中川家文書目録』第26集（1988年）
22か村（三河）	吉永昭「幕末期旗本財政の構造」（『日本歴史』）457号　1986年）
7か村（三河）	同上
13か村（三河2・武蔵4・常陸7）	同上
6か村（上総5・武蔵1）	川村優『旗本知行所の研究』（思文閣出版　1988年）442～468頁

				文政元～ 天保12～	② ②	小前百姓の村方賄い 富沢宗右衛門(奥右衛門子息・名主)
17	山田政教	330	大番	文化９．２頃	②	知行所(武蔵国足立郡高畑村)
18	蜂屋半之丞	720	書院番頭	文化11～ 天保６～	④ ④	金沢瀬兵衛(親類、勘定組頭) 樋口一十郎(用人)
19	有馬純長	1,800	使番	～文政４	① ②	堺屋久太郎 知行所5か村
20	伊奈幸之助 同　忠告 同　忠慎	1,600	 堺・京町奉行 目付	～文政10 文政10～ ～慶応４	② ① ①	知行所6か村 住友吉次郎(江戸本両替)、笹田右十郎(用人) 〃
21	長谷川正以	4,070	寄合・火消	文政7.8～同11	①	〃
22	一色直温	1,000	堺・大坂町奉行	安政５．４～	①	〃
23	鈴木親之助	1,000	書院番	文久2.3～慶応4	①	〃
24	秋山正知	4,700	寄合	～天保４ 天保４．２～	① ②	鈴木与兵衛(沼津宿商人) 小林角右衛門(知行所名主、のち士分・用人)
25	岡野融政 同　融貞	1,500	小普請 小普請	文政11頃 天保６ 天保７．１	④ ④ ② ④ ②	岩瀬権右衛門(用人) 田島庄右衛門(用人) 知行所 大川丈助(用人、不法罷免訴訟に勝小吉介入) 鈴木多平(知行所の相州淵野辺村名主)
26	島田八郎左衛門	500	小納戸	天保９．10頃	②	知行所(武蔵国足立郡代山村)
27	遠藤六郎左衛門	950		嘉永4～安政5頃	①	上総屋惣助→石川・市川・大丸屋平三郎
28	本多主税	1,000	使番・寄合	嘉永５頃	②	知行所名主(武蔵国葛飾郡東大輪村)
29	巨勢利国	5,000	寄合	～安政２ 安政２．２～	① ③	太田屋徳九郎 鈴木善九郎(三河国宝飯郡御馬村豪農・豪商)
30	筧帯刀	1,000	大番頭組	安政３～	③	鈴木善九郎(同上)
31	曲淵勝矩	2,000	小普請組頭		③	鈴木善九郎(同上)
32	阿部四郎兵衛	1,000	小普請	安政６～文久元	④	大森善左衛門(用人、のち不正一件で解任)

註：勝手賄い担当者(金主)の分類は、①町方賄い、②村方賄い、③在郷商人賄い、④旗本用人賄いとした。

（4）金主交代の諸相

旗本は、勝手賄い先の金主を決して一人に限定することはなかった。判明するだけでも、天野・堀田・岡野家の五回を筆頭に、井上・戸田家の四回、土屋・曲淵・蜂屋・有馬・伊奈・秋山・遠藤家の二回に見られるように転々と金主を交代した。これは、金主の首のすげ替えによって累積した借財をつぎの金主に立替えさせ、あわよくば踏み倒して帳消しにしようとしたものである。ちょうど蔵米取が札差を転々と宿替して生き延びていくようなもので、困窮する旗本が従来行ってきた常套手段であった。近世中期以降、商品経済の発達により、年貢収入だけでは生きて行けなくなった旗本が、借金・年貢先納金・御用金の調達という模索の中から、資本を蓄え成長してきた農民・商人へ「勝手賄いの依頼」といういわば寄生の方法によって、新たに彼らの蓄積を蚕食しようとしたものである。

たとえば、旗本長沢氏の場合、安永期（一七七一～一七九〇）以降に勝手賄いを担当してきた知行所武州多摩郡小比企村（現八王子市）の名主磯沼家に寄生したため、同家は今後の賄い金を調達するために家財の売却・太刀の質入れまでもおこない、天保期（一八三〇～一八四三）以降はとくに土地所有高が急激に減少した[36]。また、旗本大岡氏の場合（知行所、武蔵七・相模一の計八か村一四九五石）、駿府町奉行の公金貸付を借用し、これを知行所相州高座郡堤村（現茅ヶ崎市）の名主の個人的負債として転嫁し、名主が返済不能で逃散するや、その所有地を上地させたうえで売却し、その代金で返済するという強権を振るった[37]。ただしこのような、借財を一〇〇％知行所や金主に転嫁するということは、むしろ例外に属する方であろう。

一方、金主側もただ黙って蚕食されていたわけではない。蚕食されることと裏腹に、勝手賄いの立場を利用して、地位の安定・経営の安定を図ろうとする一群の金主もあった。

たとえば、旗本秋山氏（知行所駿州駿東・富士・庵原郡七か村、四七〇〇石）の知行所庵原郡西方村（現清水市）の名主小林家は、もと同村の小前百姓であったが、桐水油の商売によって徐々に頭角を現し、寛政年間（一七八九～一八〇〇）の嘉七の代に組頭となり、文化十三年（一八一六）に名主となった。さらに文政九年（一八二六）、嘉七は秋山家から名字帯刀を許され、併せて知行所七か村の「割元」となり、同十年にその子角右衛門は江戸の秋山家に出府して勝手賄いの調査を担当した。その後、天保四年（一八三三）に角右衛門は鈴木与兵衛（沼津宿商人）の勝手賄い役辞任に代わってこれを引き受け、六年には村方人別から外れ本市場陣屋詰の士分となり、百姓株を息子に譲った。同十二年正月には用人本席政務掛に登用され、明治維新後に西方村に帰るまで、近習格・用人席等を歴任した。このように、小林家は勝手賄いに携わることによって一介の百姓から士分に取り立てられ、その後の地位の安定を図ることができた(38)。

また、旗本遠藤氏は（知行所武州多摩郡八か村、九五〇石）、嘉永四年（一八五一）に上総屋惣助に勝手賄いを依頼したが、わずか七年後の安政五年（一八五八）には石川・市川あるいは大丸屋平三郎という有利な商人に首をすげ替えた。これは、幕末の江戸または多摩郡における、激しい経済変動と活発な商品流通によって浮沈する一群の商人層が、小領主権力に付着することによって経営の安定を得ようと競争し、旗本がそれら競合関係にある商人群から随時有利な条件で金主を取捨選択していたからである(39)。このように見てくると、地方取と金主の関係は、まさに蔵米取と札差のような共生関係にあったといってよいであろう。

（5）　旗本用人の役割

旗本にとっての用人は、大名の家老に準ずる役職で、主たる仕事は支配の上司と折衝する公用方と、家計の運用に責任をとる賄い方であった。旗本によって譜代の家来が代々勤めるケースもあったが、近世中期以降はそのつど理財に明るい者を雇って賄い方の用人とする場合が多かった。理財に明るい身分不詳の遍歴の財務家、その系譜は元禄・宝永期（一六八八～一七一〇）の松波勘十郎と俳人の上島鬼貫にさかのぼることができよう(40)。前者は、三河国加茂郡の旗本鈴木市兵衛家（五〇〇石）を始め、大和郡山藩（本多氏一一万石）、備後三次藩（浅野氏五万石）、陸奥棚倉藩（内藤氏五万石）、水戸藩（徳川氏三五万石）の財務を担当し[41]、後者は筑後三池藩（立花氏一万石）、越前大野藩（土井氏四万石）を経て、松波と同じ大和郡山藩を担当した[42]。彼らは、主に大名領を担当しているが、旗本領においても遍歴の財務家（用人）がいたのである。

宮地正人は「旗本用人論」のなかで[43]、大坂町奉行の用人を務めた野々村治兵衛・市之進親子の事例によって、用人を「それぞれの期間・機構と長官の間に立って、事務を円滑に進める集団」と位置づけ、その集団は政治都市江戸に多数存在したという。しかし、旗本の役職就任時にその機構を支えるだけでなく、家計を維持するために雇われた用人も多数存在した。旗本用人とは、役職機構や家計を支えるために雇われた集団と位置づけるべきであろう。

筆者はすでに前掲表6-7によって、旗本三二家のうち、戸田家（二五七〇石）、堀田家（三〇〇〇石）、天野家（八一〇石）、蜂屋家（七二〇石）、伊奈家（一五〇〇石）、鈴木家（一〇〇〇石）、岡野家（一五〇〇石）、阿部（一〇〇〇石）の八家の勝手賄いに用人が関係していたことを示した。旗本用人は、金主の選定や賄い金の調達に辣腕を振るった反面、知行所農民の反発を勝って訴訟となり、追放され罷免になった場合もあった。

たとえば、伊奈家の用人笹田右十郎は、なんらかの理由で住友江戸両替店に顔のきくやり手の人物であった。文久元年（一八六一）十一月、笹田は住友にたいして松岡肇（清水付小十人、前田慎兵衛）への金五〇両の用立を依頼し、同二年三月には旗本鈴木親之輔（書院番・一〇〇〇石）の用人を兼務して、住友両替店と勝手賄い約定を仲介、一色家と同じ定式証文を提出させている。また、慶応三年（一八六七）五月に伊奈家知行所の武蔵国足立郡植田本村（現大宮市）ほか五か村の村役人が地頭所役人あてに差し出した「御請書之事」によると、用人笹田右十郎は、年貢米を納めたのに、払米代金の入金がないので他所から借入金をして済ませたと偽り、謝礼金を取りそのほか不実の取り計らいをして、払米代金一六〇両あまり、謝礼金五〇両を着服している。年貢米の「御払方等之儀者、笹田右十郎様御引合被成候趣御座候得共、前段之儀村々小前末々まで疑惑いたし」、地頭のためにならないとして何回も地頭所に訴えたが、逆に申し諭され取り合ってもらえなかった。ついに知行所の村役人は、今後「私共惣代ニ而強奉願候も」恐れ入るので今回はこれで承伏するが、小前百姓が納得できるようなんとか慈悲の沙汰を下してほしいと願い出た。

また、岡野家の場合（知行所、武蔵二か村、相模・摂津・近江各一か村の一五〇〇石）、天保六年に当主融貞は、それまでの村方賄いが倹約一方だったことを嫌い、知行所農民の反対を押し切って「公辺に明るい」という大川丈助を用人に雇った。大川の賄い仕法は、倹約よりも支出のたずなをゆるめ殿様の御機嫌をとるタイプであり、不足金は自分の立替金で済ますやり方であった。同九年六月に融貞は大川の尽力で西丸御小姓となったが、その借財は積もりに積もって三〇〇両あまりに達し返済を求められた。岡野家では、同年九月に大川を罷免して立替金の踏み倒しを図ろうとしたが、なんと大川は老中太田備中守資始《すけとも》に駕籠訴したのである。結局、翌十年に岡野家の借地人で御家人の勝小吉（海舟の実父）が仲介人となって、摂津の知行所御願塚村《ごがづかむら》（現伊丹市）へ出張、大芝居を演じて同村からまんまと六〇〇両を召し上げ、これから大川に三〇〇両あまりを返済してこの一件は落着した[44]。この場合の勝小吉は、蔵米取が札差に借金を申し込むときに使った「蔵宿師」の役割そのものであった。

このように、旗本の勝手賄いについては、地方取も蔵米取と同様に用人が重要な役割を果たしていたのであり、その動向は見逃せないものである。

（3）研究の課題

つぎに旗本の勝手賄いについて、今後解明されなければならない問題点について述べておこう。

①旗本の創出過程と知行権　創出過程については、天正十八年（一五九〇）の関東入国知行割の旗本、大名分地の旗本、寛永十年（一六三三）の地方直し創出の旗本、元禄十年（一六九七）の地方直し創出の旗本の四つに分類されよう。このうち、元禄十年以前の古い時代に創出された旗本は、一円知行であって大身の者が多く、幕末まで知行地を踏襲した者が多い(45)。一方、元禄十年以降の旗本は、五〇〇石以上の蔵米取五四二人が地方知行に直されたもので、それ以前の旗本に比べて人数は圧倒的に多いが、石高は五〇〇から一〇〇〇石クラスと小なく、その知行地も分散して何給にも錯綜している場合が多かった。その結果、元禄十年以前の旗本の知行権（検地施行・司法権など）はより強固であったと考えられる。やはり旗本の勝手賄いを分析するさいには、知行権の強弱がどのように作用するのかを考慮しなければならない。

②地域市場との関係　旗本知行地の分布は全国四〇か国に及んでおり、そのうち関東・東海・畿内に多くみられる(46)。旗本勝手賄いは、年貢米の前売り・地払い・江戸屋敷への廻送などを通じて地域米穀市場や、在方金主の成長基盤となる地域商品経済の発展と大いに関係しているので、その点を関連づけて見る必要があるだろう(47)。

早い時期の地域市場との関係事例として、重田正夫は元禄期の旗本大久保忠行（目付・御前鉄砲頭、武州多摩郡・入間郡三か村で一二〇〇石知行）をあつかう。重田論文では、川越・坂戸の金主や同所の米穀市場との関連から、①年貢米の前売りによる先納（年貢米を抵当にした借金）、②年貢米の地払い、③年貢米の江戸屋敷廻送の実態を明らかにした。また、酒井一輔は、天保十三年（一八四二）から旗本津田信義（小姓組・書院番の番頭、下総・上総・安房・伊豆の一四か村で六〇〇〇石知行）の勝手賄い主として、下総国香取郡佐原村の清宮秀堅（質商）と伊能景春（醤油醸造業）を分析した(48)。津田家の勝手賄いは在郷商人賄いに分類され、年貢米は佐原の酒造家や米穀商人によって換金された。清宮・伊能両家はこの代金を預り運用したのであるが、幕末の佐原は利根川水運にも恵まれ、関東有数の在方町であった。そのため、勝手賄いの資金は清宮・伊能両家によって旗本の生活費だけに消費されず、御用達商人や知行所商人への貸付金として運用され利殖された。いわば、地域のファンドとして運用されたというのである。旗本と金主が食うか食われるかではなく、むしろお互いに利用し合い共生していく関係にも注目したい。

③大名の勝手賄いとの類似　これについては、筆者はすでに旗本勝手賄いと大名の蔵元業務が、年貢米を引き渡して家計の賄いを定例の月割り出金によっておこなうという形態において類似することを、住友江戸両替店の旗本伊奈家（一〇〇〇石）勝手賄いと盛岡藩（南部氏一〇万石）の蔵元業務を通して明らかにした（第10章参照）[49]。また、馬喰町・遠国奉行など公金貸付の利用方法も大名と地方取旗本では類似しており、その軽減策も万石以上（大名）・万石以下（旗本）ともに相前後して実施されている（前掲表6-2参照）。この点、旗本の勝手賄いは大名の家計・財政改革との関連でみていく必要があろう。いずれにしても今後に残された課題である。

以上、旗本勝手賄いの一般的成立は、幕府財政や米価の変遷・商品経済・商業資本との関係から、蔵米取は札差仲間が結成された享保期、地方取は家政改革が頻繁となった宝暦期ころであったと考えられる[50]。幕府の旗本救済策は宝暦〜天明期を境に大きく転換し、それまでの救済下付金による直接的手段から、札差など金融業者への棄捐令や利下げ令、および公金貸付の一部破棄など金融市場への積極的介入へと変化し、それによって旗本の借財を軽減しようとした。この変化は、農商人が貸付資本として成長し、旗本の家計が苦しくなっていた証拠でもあり、勝手賄いが成立する要因でもあった。

しかしながら、勝手賄いの成立は決して旗本領主権の後退と考えてはならない。旗本は金主（蔵米取は札差、地方取は農商人など）を転々と替え借財をつぎつぎに転嫁し、あるいは臨時雇いの用人を使って金主に無理難題を押し付け、借財の踏み倒しをおこなった。こうして、旗本は金主に寄生し蚕食することによって、家計が破綻しながらもその後生きながらえたのである。むしろ、時代に即応した収奪体系を確保したといってもよいであろう。

一方、金主側もただ蚕食される側に甘んずることなく、地域のファンドとして活用したり、自らの地位と経営の安定に利用したりする者もあった。そのなかで、用人や家臣に取り込まれた金主の一部には不正が発覚し、訴訟や村方騒動に及んだ例も少なくない(51)。今後の勝手賄い研究は、定式証文の分析によってその実態が次々に明らかにされることを期待して、ひとまず本章を終わることにしたい。

（1）旗本と御家人の違いは、将軍に御目見すなわち謁見が許されるかどうかによって決まり、旗本にはそれがあり、御家人にはそれがなかった。一般的に旗本は一万石を越えると大名に昇格し、その知行高は一万石未満から一〇〇俵以上ほどと御家人より多かった。

（2）鈴木壽『近世知行制の研究』（日本学術振興会　一九七一年）一九二～一九五頁。

（3）註(2)鈴木書、二〇八～二一一頁によると、寛政期の場合、旗本総数五一〇〇人（ただし、現米・扶持米取一〇五人をのぞく）の五六％にあたる二八三六人が蔵米取で（なお、元禄十年の蔵米地方直し令によって、五〇〇石以上の蔵米取五四二人が、地方知行に直されたので、それ以前はもっと多かったであろう）、残り四四％の二二六四人が地方取であった。知行高を比較すると、地方取はその総知行高三二四九万二五石あまりの実に八一％にあたる二六二万七五〇〇石を占め、蔵米取はわずか一九％の六二万一五二五石でしかなかった。なおその階層は、五〇〇石取り以下が圧倒的に多く、蔵米取総数の実に九一％が、比較的知行高の高い地方取でもその三〇％がこれに該当した。

（4）大野瑞男『江戸幕府財政史論』（吉川弘文館　一九九六年）、飯島千秋『江戸幕府財政の研究』（吉川弘文館　二〇〇四年）、大口勇次郎『徳川幕府財政史の研究』（研文社　二〇二〇年）参照。

（5）北原進『江戸の札差』（吉川弘文館　一九八五年）、同「寛政の「棄捐令」について」（『歴史評論』一六二・一六三号　一九六四年）、同「宝暦―天明期の江戸商業と札差」（西山松之助編『江戸町人の研究』第一巻　吉川弘文館　一九七二年）、同「寛政・天保の改革と江戸札差」（『国史学』九〇号　一九七三年）、末岡照啓「天保の無利息年賦返済令と札差」（『国史学』一一六・一一七合併号　一九八二年）。

（6）本章表6-7の出典など。

（7）『寛政重修諸家譜』第一（続群書類従完成会　一九六四年）三一五頁、大石慎三郎『江戸転換期の群像』（東京新聞出版局　一九八二年）一五九頁。

（8）岩橋勝『近世日本物価史の研究』（大原新生社　一九八一年）四〇九～四五三頁。

（9）註（5）末岡論文、本書第1章第七節参照。

（10）小暮正利「初期幕政と寛永地方直し」（『駒沢史学』二一号　一九七四年）、同「近世初期旗本領の形成」（『関東近世史研究』一四号　一九八二年）、所理喜夫「元禄期幕政における元禄検地と元禄地方直しの意義」（『史潮』八七号　一九六四年）、大舘右喜「元禄幕臣団の研究」（『國學院雑誌』六六巻二号　一九六五年）、深井雅海「元禄期旗本知行割替の一考察」（徳川林政史研究所『研究紀要』一九七四年）。

（11）相対済し令について、古くは黒板勝美『国史の研究』（文会堂　一九〇八年）、三上参次『江戸時代史』上・下巻（冨山房　一九四三・一九四四年）、津田秀夫『江戸時代の三大改革』（弘文堂　一九五六年）などで借金に苦しむ旗本・御家人の救済策とされてきた。これにたいし、大石慎三郎は『享保改革の経済政策』（お茶の水書房　一九六一年）、『享保改革の商業政策』（吉川弘文館　一九九八年）によって、金銀貸借の訴訟件数の多さからこれを軽減するためであったと主張した。いっぽう、宇佐美英機は『近世京都の金銀出入と社会慣習』（清文堂　二〇〇八年）において京都の町触れを検討し、相対済し令は全国一律に適応されるものではなく、地域的に効力が異なるとした（一四五頁）。江戸の場合、大石自身が「「相対済し令」を奇貨として、借金返済をしぶった不埒な旗本御家人がいたことは事実である」（大石一九六一　一一七頁、同一九九八　一三四頁）と認めており、本書では相対済し令を救済策の一つと考えたい。

（12）竹内誠「幕府経済の変貌と金融政策の展開」（『日本経済史大系』近世下　東京大学出版会　一九六五年）、三浦俊明『近世寺社名目金の史的研究』（吉川弘文館　一九八三年）、西川武臣「文政期以降の幕府公金貸付政策と幕藩制」（『地方史研究』一七一号　一九八一年）。

（13）末岡照啓「化政期江戸地廻り経済発展期における江戸両替商」（林陸朗先生還暦記念会編『近世国家の支配構造』雄山閣　一九八六年）。

（14）註(5)末岡論文、本書第4章第三・四節参照。
（15）同右。
（16）註(5)北原書・諸論文、本書第2章第一節参照。
（17）末岡照啓『泉屋叢考　第弐拾壱輯　近世後期住友江戸両替店の創業と経営』（住友修史室　一九八七年）も参照のこと。
（18）吉永昭「幕末期旗本財政の構造」（『日本歴史』四五七号　一九八六年）。吉永論文によると、旗本巨勢氏の安政二年二月の勝手賄い定式証文は、①勝手賄い依頼の「議定書」（当主と家臣の二通）、②具体的勝手賄いの取決書にあたる「差入申一札之事」、③勝手賄い実施にあたっての予算書ともいうべき勝手賄い「仕法立帳」、④月々の仕送り金の領収書である「月割金請取書」が残されている。
（19）札差証文の翻刻による勝手賄いの紹介は脇田修『泉屋叢考　第拾六輯　札差業と住友』（住友修史室　一九七六年）の山田米之助（小普請・二〇〇俵）と、宮本又次『泉屋叢考　第弐拾輯　近世住友金融概史』（住友史料館　一九八三年）の竹田熊次郎（小普請・一五〇俵）がある。いずれも註(22)掲載書に収録。
（20）註(17)末岡書において、伊奈兵庫忠慎（目付・一〇〇〇石）の「定金請取帳」を紹介したが、一色家のものは伝存していない。なお、ほかに鈴木親之輔（書院番・一〇〇〇石）家の「月々金子請取帳」などもあり、名前は多少異なっているものの、中身はほとんど同じである。
（21）以下の系譜は、『寛政重修諸家譜』第三（続群書類従完成会　一九六四年）一一六・一一七頁、「江戸城多聞櫓明細短冊」三八三〇（以下、「明細短冊」と略記、国立公文書館所蔵）。
（22）『住友史料叢書　札差証文（一）（二）』（思文閣出版　二〇一四・二〇一七年）参照。
（23）以下の記述は、『寛政重修諸家譜』第二（続群書類従完成会　一九六四年）一七九～一八二頁、『明細短冊』、『大日本近世史料　柳営補任』第一～六巻（東京大学出版会　一九六三～一九六五年）による。
（24）島本得一編『堂島米会所文献集』（所書店　一九七〇年）。
（25）註(17)末岡書付録資料二六「一色山城守勝手賄手続証文」参照。
（26）同右書、一二八～一三六頁。

(27) 註(25)に同じ。
(28) 一色家御勝手方「堺奉行被仰付候ニ付、凡積年中諸入用御仕法帳」（住友史料館所蔵）。
(29) 「元治二丑中　表状控（中橋支配方）」（住友史料館所蔵）。
(30) 文久三年三月「諸国名前帳」（住友史料館所蔵）。
(31) 天保十四年九月「暮方仕法帳」（住友史料館所蔵）。
(32) 森泰博『大名金融史論』（大原新生社　一九七〇年）。
(33) 文政十二年十一月に多門《おかど》鎗次郎正文（鉄砲玉薬奉行、二〇〇石・二〇〇俵取）は、知行所武州足立郡側海斗村（現さいたま市）と水判土村（同上）の郷印証文によって札差泉屋甚左衛門から金一四〇両を借用した（「多門鎗次郎郷印証文」住友史料館所蔵）。また、表6-7の旗本土屋家の金主伊勢屋三郎右衛門は、前掲表2-1によると、片町六番組に属した札差の高柳氏と考えられ、今後地方取金主の名前が商人の場合は札差であるかどうか注意を要する。
(34) 北原進「幕末における旗本借財の内容と特質」（北島正元編『近世の支配体制と社会構造』吉川弘文館　一九八三年）。
(35) 山口徹「幕末における旗本財政」（『社会経済史学』二八巻二号　一九六二年）。
(36) 同右。
(37) 註(12)西川論文、大口勇次郎「『夢酔独言』の虚像と実像」（勝部真長・井上勳編『江戸とは何か——江戸の幕末——』第四巻　至文堂　一九八五年）。
(38) 若林淳之『旗本領の研究』（吉川弘文館　一九八七年）。農民から士分取立となって旗本用人となる過程については、松本良太『武家奉公人と都市社会』（校倉書房　二〇一七年）、野本禎司『近世旗本領主支配と家臣団』（吉川弘文館　二〇二一年）参照。
(39) 註(34)北原論文。
(40) 註(7)大石書、一九四～一九六頁。
(41) 林基「松波勘十郎捜索（一）～（一二）」（『茨城県史研究』一九～三三、三五・三六、五五～五七巻　茨城県歴史館　一九七四～一九八六年）。
(42) 「藤原宗迩伝」（『伊丹市史』第七巻所収　一九七三年）。

(43)　宮地正人「幕末旗本用人論──江戸都市論に旗本社会をどう組み込むか──」(『明治日本の政治家群像』吉川弘文館、一九九三年)、のち同『幕末維新期の社会的政治史研究』(岩波書店　一九九九年)。

(44)　註(37)大口論文。

(45)　註(10)小暮論文(一九七四年)によると、寛永の地方直しの加増を受けた五六三人のうち、実に六六%の三七五人が幕末まで知行地をそのまま継承したという。この点、澤村怜薫『近世旗本知行と本貫地支配』(岩田書院　二〇二四年)が示唆に富む。精神的な本貫地意識を加味する必要があるだろう。

(46)　註(2)鈴木書。

(47)　地方市場との関連で述べたものに、井上定幸「旗本領における年貢米の地払い形態」(『群馬文化』一〇〇号　一九六八年)、築島順公「転換期に於ける旗本知行所の財政構造」(東北史学会『歴史』五四輯　一九八〇年)、重田正夫「元禄期旗本知行の年貢──武州入間郡赤尾村大久保氏の事例──」(埼玉県立文書館『文書館紀要』二号　一九八七年)などがある。

(48)　酒井一輔「幕末期旗本財政の変容と地域経営」(『社会経済史学』八〇巻二号　二〇一四年)。なお旗本津田家については、『寛政重修諸家譜』第二〇(続群書類従完成会　一九六六年)一八三・一八四頁参照。津田日向守信義については、『大日本近世史料　柳営補任』四(東京大学出版会　一九六四年)二三一頁、『同上書』五(同上　一九六五年)二八九・三二〇頁参照。津田信義子息の内記については『江戸幕臣人名事典』第三巻(新人物往来社　一九九〇年)七九頁参照。

(49)　註(17)末岡書。本書第10章第一節・第二節参照。

(50)　註(34)に同じ。

(51)　川村優「幕末における旗本阿倍氏知行村の一動向」(『大野政治先生古稀記念房総史論集』一九八〇年)、高橋実「旗本領農民闘争の展開とその特質(一)(二)」(『茨城県歴史館報』七・八号　一九八〇・一九八一年)。

第7章　明治維新後の幕臣団と札差

第一節　徳川幕臣団の解体と朝臣化

(1)　幕臣のゆくえ

慶応三年(一八六七)十月十四日、十五代将軍徳川慶喜は朝廷に大政を奉還し、二八〇年あまりにわたる徳川の幕府政治は幕を降ろした。これにより公武合体派と倒幕派の公卿・諸藩は、主導権争いを一層はげしくしていた。十二月九日、突然、岩倉具視ら倒幕派の公卿は、薩長両藩のうしろ盾によって宮中に集まり、王政復古の大号令を発した。同夜、小御所会議で慶喜に辞官・献地を命ずることを決定し、ここに明治維新政府が樹立された。翌慶応四年(明治元)正月一日、慶喜はこれを不服として朝廷に薩摩藩征討の表を提出し、京都の南方鳥羽・伏見において幕府軍と薩長藩との間で戦闘が開始されたが、近代装備に優る薩長両藩のまえに幕府軍が総くずれとなると、同月六日に慶喜は軍艦で江戸へ脱出した。二月九日には恭順の意を示すために幕閣を罷免し、十二日には上野寛永寺の大慈院に蟄居した。二月十一日から十三日にかけて、新政府軍は江戸へ向けて進軍し、四月十一日に江戸は無血開城となり、慶喜は水戸へ隠居した。徳川幕臣団の解体がいよいよ開始されるのである(1)。

本章で触れる主な出来事をまとめた表7-1によると、慶応四年四月二十七日、新政府は旧徳川幕府に幕臣の知行地を没収するため、その禄高を提出させた(2)。これによると、地方取の知行高二〇六万五五八〇石、蔵米取の

表7－1　明治維新後の旧幕臣・官禄関係年表

年次	記事	出典
慶応4．4．4	徳川慶喜水戸に蟄居、江戸城・軍艦等接収。	『大蔵省沿革史』9頁
4．4．14	大阪の富商に会計基立金募集。	同上10頁
4．4．27	田安慶頼、幕臣の禄高大総督府に提出、知行高3,065,580石、切米高4,151,112石、役料米5,830石、役金・手当金・隠居料金402,660両余。	同上17頁
4．閏4	旧江戸町奉行の与力・同心を江戸鎮台に隷属させ、家禄を支給。	同上463頁
4．5．3	旧幕臣の帰順者を朝臣とする。	同上18頁
4．5．19	社寺裁判所・民政裁判所・市政裁判所を置く。	同上19頁
4．5．20	江戸鎮台を置き、民政・市政・社寺裁判所を分管し、関東諸国の租税・会計・市街・社寺等を掌理。	同上19頁
4．5．24	1万石以下の采邑、社寺の領地を附近府県の管轄とする。	同上19頁
4．5．24	徳川亀之助(家達)駿河国府中70万石に移封。	同上19頁
4．6．11	江戸鎮台、代官の制を改める。	同上20頁
4．6．13	月給金規則改定。	同上20・464頁
4．7．17	江戸を東京と改称、江戸鎮台を廃し江戸鎮将府を置き、駿河以東13か国総管、市政裁判所を廃し東京府を置く。	同上22頁
4．8．8	民政裁判所を会計局と改称。	同上24頁
4．8．22	旧幕臣に扶助米支給。	同上464頁
4．8．	駿河以東13か国の幕臣采邑を各県にて管掌。	同上25頁
4．9．10	旧幕臣、本領安堵と詐称し采地人民の金穀求索禁止。	
4．9．13	旧幕臣で各衙庁奉職者の給録、鎮将府配下の処置定。	同上26頁
4．9．20	旧幕臣の帰順申請期日を9月25日までと限定。	同上27頁
4．9．	旧幕臣の官吏に扶助米支給を改定(米金混給)。	同上468頁
4．10．5	浅草・本所両倉廩の掲牌を改定。	同上468頁
4．11．18	旧幕臣の帰順者は、扶持米を本禄に合算支給。	同上469頁
4．11．	旧幕臣の官僚、家禄に月給金合算支給。	同上470頁
4．12．5	官吏の月給金支給規定。	同上470頁
明治2．1．24	旧幕臣の官吏、采邑転換を命じた者は廩米を給付。	同上476頁
2．4．3	禄税の制定。算定は、切米額に糧米1口(1人扶持)を廩米5俵、給金1両を廩米1俵として合算し税率賦課。給金の御張紙値段は廃止し、悉皆廩米で支給。	同上484・485頁
2．8．22	旧幕臣に扶助米を支給。	『大蔵省沿革史』464頁
2．8．22	官禄渡方規則を制定。	同上494～496頁、『法令全書』第2巻309～313頁
2．8．28	官禄米領受証票の様式設定(8.23官員官禄受領証書案)。	『大蔵省沿革史』499頁、「公文類聚」(国立公文書館所蔵)
2．8．18	官禄受取証書の通達。	『法令全書』第2巻366頁
2．9．25	官禄渡方出納司規則制定。	「公文類聚」(同前所蔵)、『法令全書』第2巻378・379頁

2.10.9	官位相当表に照らして官禄支給。	『大蔵省沿革史』501頁
2.12.3	士族・卒族の禄制を確定し、廩米支給。	同上504・505頁
2.12.8	関八州・伊豆・奥羽七州府県の石代納、旧幕御張紙値段3両増しを廃止。	「公文類聚」(同前所蔵)、『法令全書』第2巻504頁
2.12.27	凶荒につき諸官官禄米、1石8両の平均相場で渡す(浅草御蔵庭相場の問合せ)。	「公文類聚」(同上)
2.12.	浅草廩米の札差禁止、通商司の管轄とする。	『法令全書』第3巻268頁
3.3.24	通商司、浅草官廩米の発売事務規則制定。	同上第3巻275・276頁
3.3.28	官禄米、価格下落の場所は米1石＝金8両相場で渡す。	「公文類聚」(同前所蔵)
3.8.29	官禄、当年10月から再び現米渡し。	同上(同上)
3.10.8	官禄、金米取交じりの場合、米2割、金8割とす。	同上(同上)
3.10.29	官禄、浅草米廩より直受取の遅参者は、渡方延期。	同上(同上)
3.閏10.29	明治3年の石代納、御張紙値段を用いる(米35石＝金199両1分と永229文、米1石＝5両2分と永200文)	同上(同上)
3.11.9	官禄渡規則の金渡しは前月御蔵庭相場の30日平均。	同上(同上)
4.4.28	府県官禄は、東京御蔵庭平均相場で下付す。	同上(同上)
4.5.3	府県へ当年5・6両月の官禄平均相場(1石金6両2分と永29文)通達。	同上(同上)
4.7.5	通商司廃止。	『法令全書』第3巻301頁
4.7.10	官禄切手の渡日制定。	「公文類聚」(同前所蔵)
4.9.	官禄を廃し、月給金とする。	『大蔵省沿革史』574頁
4.9.18	月給金交付規則制定。	同上575〜576頁

切米高四一五万一一二石、役料米五八三〇石、隠居料金四〇万二六六〇両であった。

閏四月、新政府は民政の安定を急ぎ、旧江戸町奉行の与力・同心を江戸鎮台に隷属させ、家禄を与えて朝臣とした。五月三日には、江戸の旧幕臣にたいし、帰順するものは朝臣にすると達し、同月十五日には京都在住の幕臣にたいしても同様の処置がとられた。同月十九日、江戸町奉行は市政裁判所、勘定奉行は民政裁判所、寺社奉行は寺社裁判所となった。同年七月十七日、江戸は東京と改められ、江戸鎮台は江戸鎮将府となって駿河以東の一三か国を管理し、市政裁判所は東京府となった。八月八日に民政裁判所は鎮将府会計局となり、十月十八日に鎮将府が廃止されると会計官（大蔵省）出張所となった。

ところで、慶応四年七月二十四日、徳川宗家を相続した田安亀之助（家達）にたいし、江戸から駿河府中（静岡）藩七〇万石を下賜すると達せられた。ここに徳川幕臣団三万二〇〇〇人あまりは、①静岡藩移住、②朝臣化、③帰農商化の選択を迫られるこ

禄税		中大夫・下大夫・上士の禄制									
明治２.４.３の達		明治２.12.３の達									
禄高	税率	等級	原禄	実米高D	扶助米高B	削減率E	等級	原禄	実米高D	扶助米高B	削減率E
俵	%		石	石	石	%		石	石	石	%
1,000	7	1等	9,000～1万	250	350.0	29	12等	600～800	55	70.0	21
500	6	2等	8,000～9,000	225	350.0	36	13等	400～600	45	52-70	25-36
300～500	5	3等	7,000～8,000	200	350.0	43	14等	300～400	35	52.5	33
100～300		4等	6,000～7,000	175	350.0	50	15等	200～300	28	35.0	20
	4	5等	5,000～6,000	150	350.0	57	16等	150～200	22	17.5	▲26
		6等	4,000～5,000	135	175.0	23	17等	100～150	16	17.5	9
25～100	3	7等	3,000～4,000	120	175.0	31	18等	80～100	13	14.0	7
		8等	2,000～3,000	105	105.0	0	19等	60～80	11	14.0	21
25俵未満	0	9等	1,000～2,000	90	105.0	14	20等	40～60	9	14.0	36
		10等	1,000～1,500	75	105.0	29	21等	30～40	8	旧儘	
		11等	800～1,000	65	70.0	7	士13石、卒8石未満		旧儘		

とになった(3)。

①の幕臣については、当初の八月九日ころには五三〇七人であったが(4)、その後つぎつぎに無禄幕臣の移住志願があり、明治四年末の移住幕臣の総計は一万三六六六人に及び、そのうち八〇〇〇人以上が無禄であった(5)。

②の幕臣について、同年五月に新政府は朝臣化を抑制する定員削減案を示し(6)、江戸在住の幕臣は上野戦争前に勤仕したものが一等、同じく進退伺を提出したものが二等、戦争後に勤仕したものが三等、同じく戦争後に勤仕を希望したものが四等に区分された。江戸以外に在住の幕臣は、自ら勤王証書提出の者が一等、賊軍の支配地にあり家来が提出の者が二等、家来が官軍の捕虜となり証書だけ提出した者が三等に区分されたという。同年九月二十日、旧幕臣の朝臣化申請期日は同月二十五日までと限定され、同年十一月までに朝臣を仰せつけられた者は一等二三二人、二等一〇〇八人、三等三六二九人の合計四九二九人であった(7)。

表7－2　旧幕臣の朝臣禄高（扶助米）推移

幕臣時代の禄高		朝臣後の禄高					
		明治元．8．22の達			明治元．9の達		
知行高	実米（手取）高 A	扶助米高（本領安堵高）	石換算高 B	削減率 (A-B)/A	扶助米の金米支給 実米	扶助米の金米支給 金	石換算高 C
石	石	俵	石	%	俵	両	石
5,000～1万	1,750～3,500	1,000	350.0	80～90	400	480	348.7
3,000～5,000	750～1,750	500	175.0	76.7～90	200	240	174.3
1,000～3,000	350～750	300	105.0	70～86	165	108	104.7
500～1,000	175～350	200	70.0	60～80	110	72	69.8
300～500	105～175	150	52.5	50～70	105	36	52.4
200～300	70～105	100	35.0	50～66.7	70	24	34.9
100～200	35～70	50	17.5	50～75	40	8	17.5
40～100	14～35	40	14.0	0～60	32	6.4	14.0
40石未満	14石未満	旧のまま	14石未満		24	4.8	10.5
					実米交付		

註1：知行高に対する免（年貢率）は定法35％として実米Aを算出。▲印はマイナスを示す。
　2：俵の石換算は、定法の1俵＝0.35石として算出した。
　3：金換算は、慶応4年4月の御張紙値段1石＝金2.3両とした。
出典：『明治前期財政経済史料集成』第2巻464～466頁、504～505頁。

③の帰農商化した者は、幕臣団三万二〇〇〇人あまりから①②を差し引いた一万三四〇五人あまりであったといえよう。

(2) 朝臣化した旧幕臣の禄高

慶応四年五月二十七日、新政府は旧幕臣の朝臣化を促進するため、新政府に帰順を表明した高家・交代寄合を「中大夫」、一〇〇〇石以上の旗本を「下大夫」、一〇〇〇石以下で一〇〇石までの旗本を「上士」と称して朝臣に編入した[8]。同年八月二十二日、新政府は静岡に移住しなかった旧幕臣の朝臣化にそなえ、家禄を削減して本領安堵（救助米の支給）することにした。表7－2にあるように幕臣時代の知行高を一万石以下から四〇石以上および四〇石未満の九段階に区分し、朝臣化の代償としてそれぞれ実米一〇〇〇俵（三五〇石）から四〇俵（一四石）の割合で本領を安堵したのである。すなわち、知行高五〇〇〇～一万石の幕臣は禄高一〇〇〇俵（三五〇石）、同三〇〇〇～五〇〇〇石の幕臣は五〇〇俵（一七五石）、一〇〇〇～三〇〇〇石の幕臣は三〇〇俵（一〇五石）、五〇〇～一〇〇〇石の幕臣は二〇〇俵（七〇石）、三〇〇～五〇〇石の幕臣は一五〇俵（五二・五石）、同二〇〇～三〇〇石の幕臣は一〇〇俵（三五石）、同一〇〇～二〇〇石の幕臣は五〇俵（一七・五石）、同四〇～一〇〇石の幕臣は四〇俵（一四石）、四〇石未満は従来通りとされた。その削減率は、知行高の多い者ほど高くなっており、五〇〇石以上の幕臣は、朝臣になると六〇～九〇％が削減されたのである。同年九月には、実米と給金を取り混ぜて支給されることになったが、当時の御張紙値段で換算すると、ほぼ同額の支給高であった（表7-2のBC参照）。

明治二年（一九六九）六月、版籍奉還が実施され、諸藩主は天皇に土地と人民を返納した。これにより藩主は知藩事に任命され、家禄は一〇分の一に削減された。同年八月、新政府は出仕者の官禄を制定したが（後述）、朝臣化した無役の中大夫・下大夫・上士についてはその呼称を含め、俸禄米高も削減する必要が生じた。同年十二月三日、新政府は朝臣化した幕臣につぎのように達した(9)。

藩主ヲ以テ知藩事ニ改任シ、更ニ其禄制ヲ更定シタリ、因テ併セテ旧幕府臣僚ニ係ル中下大夫・上士等ノ名号ヲ廃シ、之ヲ士族及ヒ卒ト改称シ、禄制ヲ確定シテ各地方庁ニ貫属セシム。宜ク聖旨ヲ欽体シ命ヲ守リ職ヲ尽スヘシ、其ノ俸禄ハ廩米ヲ以テ支給シ、采地ハ悉皆還納セシム

すなわち、諸藩の版籍奉還にならって幕臣も中大夫・下大夫・上士の呼称を廃止して士族・卒族と改称し、禄制を確定して地方庁の管轄に移す。また、廩米（俸禄米）を支給して采地（知行地）はすべて返納させるというのである。

表7-2によると、旧幕臣の禄制は原禄一万石取以下を二一等級に分け、一八等までが士族、それ以下を卒族とした。実米支給高は、一等の二五〇石から二一等の八石までかなりの差があったが、明治元年の扶助米高B（本領安堵高）と同二年の禄制による実米高Dを比較するとほぼ全員削減されている。その削減率Eを多い順にみ

ると、五等（五七％）、四等（五〇％）、三等（四三％）、二等・二〇等（三六％）、一四等（三三％）、七等（三一％）、一等・一〇等（二九％）、一三等（二五～二六％）、一二等・一九等（二一％）、九等（一四％）、一七等（九％）、一一等・一八等（七％）などとなっていた。削減率二九％以上は、一等から七等（原禄四〇〇〇石～一万石）の旧幕臣に多く、とくに四等・五等（原禄五〇〇〇～七〇〇〇石取）では五〇％台に及んでいた。

第二節　官禄の制定と札差の禁止

（1）官禄の制定と支給手続き

明治二年（一八六九）一月、新政府は会計官（同年七月に大蔵省）出納司の処務規則を制定し、官禄・旅費など金穀出納事務は出納司で管轄することにした。浅草米蔵も御蔵奉行に代わり出納司（実務は朝臣となった旧幕臣）の管轄となったのである。同年四月三日、会計官は官員の禄にたいして禄税を徴収することにしたが、金米の混合支給なので御張紙値段の換算によって税率を確定するほかなかった。しかし、御張紙値段は微禄の幕臣を救うための便法であり、「維新ノ今日宜ク当ニ旧習ヲ洗祓スヘシ」として廃止し、全額を俸禄米で支給することになった。さらに同月二十五日には、旧幕臣の中下大夫・上士にも軍役の代わりに禄税が採用された。その税率は、一〇〇〇俵取の七％から二五俵取の無税まで六つに分かれていた[10]（前掲表7-2参照）。

同年八月二十二日、会計官は官吏の月給金を停止し「官禄定則」（旅費金規則は省略）を制定した[11]。これをまとめた表7-3（左側）によると、官禄は第一等「左右大臣」の一二〇〇石から第一六等「官省・寮司・諸局附属」の一二石まで一六等級に分かれており、最下位の一六等は三つに細分化されていた。すなわち、第一等から三等（一二〇〇石～七〇〇石）までが大臣・参議・各省の卿クラスであり、第四等（六〇〇石）が各省の大輔クラス、第五等（五〇〇石）が各省の少輔クラス、第六～七等（三四〇石～四二〇）が各省の大丞・権大丞、および諸寮の頭

明治4．9			
月給金	年俸換算	明治2換算	役職
両 800	両 9,600	両 9,600	太政大臣
600	7,200	8,000	左右大臣
500	6,000	5,600	参議、議長、諸省卿、宣教長官
400	4,800	4,800	副議長、諸省大輔、宣教次官、大弁務使、文部大博士、大典医
350	4,200	4,000	大内史、大議官、一等寮頭、諸省少輔、中弁務使、文部中博士、司法大判事、侍従長、中典医
250	3,000	3,360	権大内史、大外史、中議官、一等寮権頭、諸省大丞、宣教判官、少弁務使、二等寮頭、文部少博士、司法中判事、少典医
200	2,400	2,720	少内史、権大外史、少議官、一等寮助、諸省少丞、宣教権判官、二等寮権頭、三等寮頭、一等医正、兵学大教授、文部大教授、司法少判事、侍従、大侍医
150	1,800	2,160	権少内史、少外史、一等寮権助、外務大記、二等寮助、三等寮権頭、一等司正、二等医正、兵学少教授、文部中教授、司法管事、司法大解部、権大侍医
100	1,200	1,600	権少外史、神祇大掌典、外務少記、二等寮権助、三等寮助、一等司権正、一等軍医、兵学大助教、二等司正、文部少教授、司法権管事、司法中解部、次侍従、少侍医
70	840	1,040	大主記、諸寮大属、諸省大録、神祇中掌典、諸司大令史、二等軍医、兵学少助教、文部大助教、司法少解部、宮内大監、権少侍医
50	600	680	権大主記、諸省権大録、神祇少掌典、諸寮権大属、諸司権大令史、一等軍医副、兵学得業生、文部中助教
40	480	536	中主記、諸省中録、諸寮中属、諸司中令史、二等軍医副、文部少助教
30	360	400	権中主記、諸省権中録、諸寮権中属、神祇大神部、諸司権中令史、軍医試補、宮内少監、大伶人
25	300	264	少主記、諸省少録、諸寮少属、大舎人、中伶人、神祇中神部、諸司少令史、内舎人、大駁者
20	240	208	権少主記、諸省権少録、諸寮権少属、権大舎人、少伶人、神祇少神部、諸司権少令史、権内舎人、中駁者
15	180	160	少駁者
12	144	—	少駁者

表7－3　官禄米(明治２年８月)から月給金(明治４年９月)への移行

明治２．８			
等級	現米	役職	
第1等	石 1,200	左右大臣	→
第2等	1,000	大納言、海陸軍大将	→
第3等	700	神祇伯、参議、民部・大蔵・兵部・刑部・外務卿、弾正尹、開拓長官	→
第4等	600	宮内卿、集議院長官、大学別当、春宮伝、留守長官、民部・大蔵・兵部・刑部・外務大輔、弾正大弼、海陸軍中将	→
第5等	500	神祇大副、宮内大輔、集議院次官、大学大監、皇太后宮・皇后宮・春宮大夫、知府事、留守次官、開拓次官、大弁、民部・大蔵・兵部・刑部・外務少輔、弾正少弼	→
第6等	420	神祇少副、宮内少輔、大学少監、中弁、民部・大蔵・兵部・刑部・外務大丞、刑部大判事、弾正大忠、海陸軍少将	→
第7等	340	神祇大祐、宮内・大学大丞、大学大博士、皇太后宮・皇后宮・春宮亮、春宮学士、大参府事、知県事、留守判官、開拓判官、少弁、民部・大蔵・兵部・刑部・外務権大丞、刑部中判事、弾正権大忠、諸寮頭	→
第8等	270	宮内大典医、集議院判官、神祇権大祐、宮内・大学権大丞、大学中博士、権知県事、留守権判官、開拓権判官、太政官大史、民部・大蔵・兵部・刑部・外務少丞、刑部少判官、弾正少忠、諸寮権頭	→
第9等	200	宮内省中典医、集議院権判官、神祇少祐、宮内・大学少丞、大学少博士、皇太后宮・皇后宮・春宮大進、少参府事、太政官大史、民部・大蔵・兵部・刑部・外務権少丞、弾正権少忠、諸寮助、諸司正	→
第10等	130	宮内省侍従、宮内省少典医、神祇権少祐、宮内・大学権少丞、大学校大助教官、弾正台大巡察、諸寮権助、諸司権正	→
第11等	85	大参県事、神祇官大史、大学校中助教、皇太后宮・皇后宮・春宮少進、太政官権少史、六省大録、刑部省中解部、外務省中訳官、弾正台大疏、諸局大主典、諸寮允、諸司大祐	→
第12等	67	大学校大主簿・少助教・大寮長、皇太后宮・皇后宮・春宮権少進、少参県事、六省権大録、刑部省少解部、外務省少訳官、弾正台少巡察、職坊府大属、諸局権大主典、諸寮権允、諸司権大祐	→
第13等	50	神祇官少史、大学校少主簿・中寮長・大得業生、諸県大属、太政官主記、六省少録、弾正台少疏、職坊府権大属、諸局少主典、諸寮大属、諸司少祐	→
第14等	33	諸県権大属、太政官官掌、六省権少録、大学校少寮長・中得業生・大写字生、弾正台巡察属、職坊府少属、諸局権少主典、諸寮権大属、諸司権少祐	→
第15等	26	神祇官史生、諸県少属、職坊府権少属、六省・集議院・大学校・弾正台史生、職坊・留守官・開拓史生、大学校少得業生・中写字生、諸寮少属、諸司大令史	→
第16等1等	20	神祇官官掌、諸県権少属、省掌、院掌、校掌、台掌、職掌、坊掌、大学校少写字生、府県史生、諸寮権少属、諸司少令史	→
第16等2等	15	使部、仕丁	
第16等3等	12	官省寮司諸局附属	
第17等	—		

註：明治４年の役職には、17等の下に等外１等～４等があり、月給はそれぞれ10両・８両・７両・６両となっていた。
出典：『法令全書』第４巻(原書房　1974年)309～310頁、340～345頁。

クラス、第八〜一〇等（二七〇〜一三〇石）が各省の少丞・権少丞、および諸寮の権頭・助、諸司の正・権正クラスであった。第一一等（八五石）以下は、八五石以下の小禄者であり、官位も諸寮の允、および諸司の大祐クラス以下であった。

官禄定則と同時に布達された「官禄米交付定則」（全一四か条）によると、[12]官禄は隔月に二か月分がまとめて支給され、支給月の二十二日から二十四日の三日間に交付された（第一条）。官禄米を換金する場合は、交付日の十日前に出納司に申請し、換算値段は前月の十日・二十日・晦日の平均相場とする。ただし、第一等〜六等官は禄米の四分の三を換金し、四分の一は浅草倉廩《そうりん》（米蔵）からの実米渡し、第七等〜一一等の者は三分の一、一一等以下の者は半分を実米渡しとすることになっていた（第三条）。

同年八月「官禄渡方出納司規則」が制定され、九月二十五日に八月付でつぎのように通達された。[13]

官禄渡方出納司規則

一現米月割ハ合止メニテ四捨五入ノ事

一米相場平均値段ハ壱石当リニ引直シ、永一文ニ止メ四捨五入ノ事

一渡方金数一人別ニ取調、金一朱ニ止メ、永三拾一文二分五厘以上ハ切上ケ、右ニ不満分ハ切捨ノ事

一相場平均ノ儀ハ御蔵庭相場ノ内、上下二等有之節ハ下ヲ用ヒ、上中下三等有之節ハ中等ヲ用ヒ、定日立相場無之節ハ、前日又ハ前々日ノ相場ヲ用ヒ候事

二年八月　東京出納司

当地ノ儀ハ、御蔵庭立相場無之候ニ付、中国中米相場相用ヒ、其余同断

在阪出納司

すなわち、現米（実米）の月割支給は停止し、端数は四捨五入すること。米渡しの相場については、同年四月

に御張紙値段が廃止されたので、旧来の三五石ではなく一石で計算して、端数は永一文、すなわち一〇〇〇分の一両のことなので、下三桁で四捨五入すること。換金して渡す場合は一人ずつ調査して、金一朱（〇・〇六二五両）の単位まで計算して、端数の永三一文二分五厘、すなわち〇・〇三一二五両以上は切り上げ、それ未満は切り捨てること。現米を換金するための平均相場は、浅草御蔵場相場とし、相場が上下二つの場合は下値段、上中下の三つの場合は中値段を採用し、相場が立たない日は、前日または前々日の相場を採用すること。また、大阪では浅草の御蔵場相場（蔵前相場）が採用できないので、中国米の中値段を採用することになっていた。

つぎに、官禄の受取証書（用紙美濃紙）について紹介する(14)。

証

一何等官禄

右何ノ何月分受取候処如件

月　日　　苗字官名印

受取証書には、官員の等級と禄高が記してあり、これを受けとった旨の署名捺印をすることになっていた。勅任官以上の華族は、家来の署名捺印での受けとりが許可された。官禄受取証書は、幕臣の御蔵米請取手形の役割を果したといえよう。

(2) 札差の禁止

明治二年十二月、新政府は旧幕府から引き継いだ浅草官廩を札差に管理委託することをつぎのように禁止した(15)。

浅草廩米ノ評価ヲ札差官廩ニ出入シテ廩米ノ発支、糶売ヲ料理スル商賈ノ称目ニ委スルヲ禁停シ、本司之ヲ管理スルニ議決ス

すなわち、新政府は札差について「浅草官廩に出入りして廩米の発給・支出業務に携わり、米の競売を差配す

る商人」とみており、これらの一切の権限を禁止し、会計官（大蔵省）の通商司が管理することになった。明治二年二月に設立された通商司は、海外貿易と国内の金融商業を管轄する機関であり、東京・京都・大阪の三都や、主要港である横浜・神戸・新潟・大津・敦賀の八か所の豪商にたいして、為替会社（銀行）と通商会社（商社）を設立するよう命じた。これにより、札差・両替商を含めた東京の有力な商人は東京為替会社・通商会社に加入することになった（第11章参照）。

こうして、通商司が浅草官廩の管理をおこなうことになったので、明治三年三月二十四日に「廩米《りんまい》発売法規」全一九か条が制定された(16)。これによると、禄米を除く廩米の交付は、毎月二・四・七・九のつく日の一二回とし（第一条）、各衛署の受領する廩米は受取る分と競売にかける分を区別して、その三日前に通商会社に申告することになっていた（第二条）。また、じゅうらい浅草蔵米の受取にかかわった札差の業務は、第三条・第六条・第七条・第八条でつぎのように限定された(17)。

第三、札差等入米ト称シ、自恣ニ廩米ヲ糶売スル如キ、今後厳ニ之ヲ禁ス、糶売セサルヲ得サル事故有ラハ、通商会社ニ申請シ、而ル後ニ糶売ス可シ、若シ違犯セハ其ノ営業ヲ停止セン。

（中略）

第六、米券ハ通商会社製造シ、通商司官員之レニ検印ス。

第七、廩米ノ搬出ハ、辰牌ヲ期シテ整頓シ米質苞装等ヲ査閲シ、巳牌ニ射票セシメ、午牌開票ス。

第八、中票者ハ翌日巳牌ヲ限リ価金ヲ通商会社ニ納致シ、苞米ヲ札差ヨリ収領シテ領受証書ヲ上程セシム。

すなわち、札差は幕臣の俸禄米受取から離れ、米商人として浅草米蔵の入札（セリ売り）に関与したが、じゅうらいのように自由に入札に参加することができず、通商会社に申請して参加することになった。貯蔵米受取の米券（米手形）は通商会社が発行し、通商司の官員が検印した。廩米の搬出は、辰牌（午前八時ごろ）に米俵を並べ、米質や梱包を検査・閲覧して、巳牌（午前一〇時ころ）に入札を開始、午牌（正午）に開票した。中票者（落札者）は翌日の午前一〇時ころに通商会社に米代金を納入し、札差から苞米（米俵）を受けとると、通商会社にその領収書を納付した。

明治四年四月二日、通商司は諸藩から東京・大阪市場に米穀が集まらなくなったので、東京商社（通商会社）に現米取引のほかに、先売り取引を許可した。米商となった札差にとって従来の現物取引も衰退していったのである[18]。こうして、明治二年十二月に札差業務が禁止されると、札差は消滅する運命にあったのである。

（3）廃藩置県と官禄米の廃止

明治三年三月二十八日、官禄米の価格の下落が激しい場所については、米一石を金八両替の相場で渡すとされたが[19]、同年八月二十九日には米価も落ち着いたためか、同年十月から官禄米は現米渡しにすると通達された。ところが、十月八日には官禄米を皆米・皆石代で渡すことに支障はないが、米金交じりは煩雑となるので、十分の二は米、十分の八は金にすると通達され、翌四年三月十九日にはすべて現米渡しとなった。ただし、四月二十八日に府県の官禄は五月から東京相場（蔵前相場）の石代をもって金で渡されることになった。同年七月十日には官禄米切手が渡されることになり、浅草御蔵での受取日が神祇官・太政官が十七日、民部省・集議院が十九日、大蔵省・司法省が二十二日、外務省・大学南校・工部省が二十四日、東京府・大学・大学東校が二十七日と定められた[20]。

明治四年七月十四日に廃藩置県が断行されると、九月二日に官禄米が廃止され、九月分から前掲表7-3にあるような月給が官員に支給されることになった[21]。これによると、月給は第一等「太政大臣」の八〇〇両から第一七等「少駆者《ぎょしゃ》」の一二両まで一七等級に分かれていた。すなわち、第一等から三等（月給八〇〇両～五〇〇両）までが大臣・参議・諸省の卿クラスであり、第四等（四〇〇両）が諸省の大輔クラス、第五・六等（三五〇両・二五〇両）が諸省の少輔・大丞、および一等寮の頭・権頭クラス、第七等・八等・九等（二〇〇両・一五〇両・一〇〇両）が諸省の小丞、一等寮の助・権助、二等寮の権頭・助・権助、三等寮の頭・権頭・助クラスであった。第一〇等以下は、月給七〇両を下まわる下級官僚であり、官位相当の月給表となっていた。これを年俸に直すと、第一等の九六〇〇両から第一七等の一四四両となり、明治二年の官禄米の換算値段とほぼ同一であった。

また、明治五年二月三十日、旧幕府が諸藩（一万石以上の大名）に貸付けていた諸貸付金（馬喰町郡代貸付金・上野宮貸付金・幕領代官所貸付金・大坂銅座貸付金など）は、「朝敵ノ罪命ヲ蒙リ、其家一度ヒ及滅亡」として借金棒引きの棄捐とされた[22]。新政府は幕府を敵視し、幕府の諸藩への貸付金を肩代わりしてくれなかったのである。ところが、同年四月十二日、新政府は廃藩置県にともなう諸藩の藩債処理（藩債の肩代わり）を通達した[23]。その原文はつぎのとおりである。

旧藩負債一般御処分ノ儀、年度ノ区別最緊要ノ儀ニ有之、既貸借ノ道天保十四卯年旧幕府ニ於テ、元来相対貸借之分此節限裁許付申付、自今貸出候分ハ前々ノ通可及裁許候、是迄取上裁許日限等申付置候分ハ、向後済方奉行所ニ於テ取扱致間敷云々ノ発令ヲ参考シ、右卯年以前ノ部ヲ古借トシテ悉皆棄捐シ、弘化元辰年ヨリ慶応三卯年迄二十四年間ノ部ヲ中借トシテ無利息五十ヶ年賦、明治元辰年以来ノ部ヲ新借トシテ二十五ヶ年賦三年据置、年四朱ノ利ト定メ、古・中・新ノ区別三種ニ相立可然哉ノ事

これをまとめると、

①**古借**　天保十四年（一八四三）以前の古借は棄捐。
②**中借**　弘化元年（一八四四）から慶応三年（一八六七）までの二十四年間の中借は、無利息五〇年賦返済。
③**新借**　明治元年（一八六八）からの分は新借として三年間据置後、年利四％の二五年賦返済。

となる。すなわち、新政府は一万石以上の大名の債務を古借・中借・新借の三つに区分し、中借と新借については藩債として債務保証したのである。

ところが、一万石未満の旗本については、「諸藩へ調達金致候旧幕旗下ノ儀ハ、主家ト共ニ一旦亡滅ノ姿ニテ、上野日光寺ノ貸金スラ棄捐ノ上ハ、同一轍ノ理合ト存候間、一切消除致」とあり[24]、幕府と共に滅亡したのだから上野宮貸付金（第8章第三・四節参照）に準じて諸藩への債権が破棄され、また札差らへの債務も藩債のように肩代わりしてくれなかったのである。大坂の両替商加島屋広岡家の大名貸を分析した小林延人は、「対幕府・一橋家・旗本の債権は認定率ゼロである」と指摘しているが[25]、それは住友江戸両替店や泉屋甚左衛門店などすべての金融業者に当てはまることであった。

新政府の藩債処理は、旧幕府の寛政棄捐令や天保無利息年賦返済令にならって、天保十四年を基準に借金棒引きの棄捐、無利息年賦、利子付き年賦とされたのであるが、旗本ら幕臣団の債務は肩代わりされずに破棄されてしまった。この点、幕府は天保改革によって江戸に「大坂法」を採用し（序章・第4章第三節参照）、札差ら江戸商人の債権をある程度保護したといわれているが、西南雄藩を主体とした新政府はこれを否定したといえよう。

こうして、徳川幕臣団のほとんどは家禄も債務も保証されずに没落するほかなかった。そのため、札差は幕臣団への貸付金を回収することすら不可能となり、廃業せざる得なくなったのである。江戸の札差・両替商などの金融業者が銀行へと連続しない理由の一端かも知れない。

ともあれ、享保九年（一七二四）の札差仲間結成いらい、札差は二万人にもおよぶ蔵米取幕臣団と共に経済変動の中を共生関係で生き抜いてきた。しかし、政権交代と米納年貢に支えられた石高制が解体に向かう中で、札差は消滅する運命にあったといえよう。

（1）千田稔『維新政権の秩禄処分』（開明書院　一九七九年）によると、「維新政権期での旧徳川家臣団の解体に関する研究はほとんどないと言ってよく」（一九五頁）と指摘している。旧幕臣の秩禄処分の概要については、同書一九五～二六一頁参照。
（2）『明治前期財政経済史料集成　第八巻　秩禄処分沿革概要ほか』（原書房　一九七九年）二七六頁。
（3）同右書、二七八頁、『静岡県史　通史編5　近現代一』（一九九六年）九頁。
（4）註(1)千田書、二三一・二三二頁。
（5）同右書、二三三頁。
（6）同右書、二三五頁。
（7）同右書、二三六頁。
（8）註(2)書、二七七頁。
（9）『明治前期財政経済史料　第二巻　大蔵省沿革史（上）』（原書房　一九七八年）五〇四・五〇五頁。
（10）同右書、四八四・四八五頁。
（11）同右書、四九四・四九五頁。
（12）同右書、四九五・四九六頁、「公文類聚」明治二年八月条（国立公文書館所蔵）。
（13）『法令全書』第二巻（原書房　一九七四年）三七八・三七九頁、「公文類聚」明治二年九月二十五日条（国立公文書館所蔵）。
（14）同右書、三七九頁、「公文類聚」明治二年八月二十二日条（国立公文書館所蔵）。
（15）『明治前期財政経済史料集成　第三巻　大蔵省沿革史（下）』（原書房　一九七八年）二六八頁。
（16）同右書、二七五・二七六頁。
（17）同右。
（18）同右書、二九九頁。
（19）「公文類聚」明治三年三月二十八日条（国立公文書館所蔵）。
（20）同右、明治四年七月十日条。

(21)『法令全書』第四巻（原書房　一九七四年）三〇九～三一〇頁、三四〇～三四五頁。『明治前期財政経済史料　第四巻　歳入出決算報告書』（原書房　一九七九年）三四〇～三四五頁。

(22)『明治前期財政経済史料集成　第九巻　藩債処分禄ほか』（原書房　一九七九年）一〇・一一頁。

(23) 同右書、一四～一六頁。

(24) 同右書、一五頁。

(25) 小林延人「国家による債権の認定」（同編『財産権の経済史』東京大学出版会　二〇二〇年）九三頁。

第Ⅱ部　幕藩領主と江戸両替商

第8章　江戸両替仲間の結成と金融政策

第一節　江戸両替仲間の結成

(1) 江戸両替仲間について

江戸の両替商を大きく分けると、本両替屋とそのほかの脇両替屋（銭屋）になる。本両替屋は資力も大きく、金銀のみを取扱い、貸付、為替、両替など金融業務を広範に行い、信用度の高い両替商である。そのため幕府は、本両替屋につぎのような御用を担当させた。(1)

①公金の金見（鑑定）と両替。
②預り金と金銀包立《つつみたて》（貨幣品位の保証）。
③金銀相場の書上。
④貨幣改鋳時の新古金銀の引替。

本両替屋については、明暦三年（一六五七）の大火によって記録が消失したので、それ以前のことはよくわからない。三井高維《みついたかすみ》は「本両替と云ふ名前は、本両替町の町名から取つたものであつて、両町両替屋即ち本両替町・駿河町の両替屋を総称したものであらう」と述べている。(2)『両替年代記』の「古来ゟ本両替屋名前略記」によると、明暦三年以前から文化五年まで累計の本両替数は七三人である。表8-1によると、明暦三年以前が三

表8－1　本両替の加入・廃業年次

（人）

加入年次／廃業年次	明暦3.以前	明暦3–寛文7	寛文7–延宝2	延宝2	元禄3	元文元	宝暦元	不詳	文化5	廃業合計
万治(1658-1660)	6									6
寛文(1661-1672)	7	7								14
延宝(1673-1680)	4	4								8
天和(1681-1683)	1									1
貞享(1684-1687)	0									0
元禄(1688-1703)	8	6	1							15
宝永(1704-1710)	3	1								4
正徳(1711-1715)	1									1
享保(1716-1735)	4		1	1	1					7
元文(1736-1740)		1			1					2
宝暦(1751-1763)								1		1
明和(1764-1771)					1	1				2
寛政(1789-1800)	1						1	1		3
文化(1804-1817)	1				1			1		3
文政(1818-1829)									2	2
存続					1				3	3
加入合計	36	19	2	1	5	1	1	3	5	73

註：加入・廃業者が欠けている年次は、該当者がいない。
出典：三井高維編『新稿　両替年代記』原編15～19頁の「古来ゟ本両替屋名前略記」

六人、明暦三年から寛文七年（一六五七～一六六七）が一九人、寛文七年から文化五年（一六六七～一八〇八）までが一八人となっており、寛文七年以前が五五人を占めていた。

つぎに廃業時期をみると、第一のピークが寛文年間（一六六一～一六七二）の一四人であり、第二のピークが元禄年間（一六八八～一七〇三）の一五人であった。第一のピークは原因不明であるが、明暦の大火によって経営難に陥ったことが考えられる。第二のピークは「町人考見録」に見られるように、京都の豪商が大名貸（一六人）や驕奢（六人）などで没落した時期にあたる。大坂では旧来の両替商の没落による連鎖的な金融取付騒ぎが発生しており、江戸にも波及したものと考えられる(3)。

前述の「古来ゟ本両替屋名前略記」によると、本両替屋メンバーは江戸在住の苗字を有する同族の豪商が多い。たとえば三谷三九郎一族（七家）、海保六兵衛一族（四家）、江島用蔵一族（四家）、朝田与兵衛一族（三家）中川三郎兵衛一族（三家）、大坂屋六右衛門一族（三家）坂倉三郎右衛門一族（二家）、蔵田七郎右衛門一族（二家）などである。元禄四年（一六九一）二月に幕府は御為替御用達を任命し、大坂御金蔵から江戸御金蔵への送金為替を担当させたが、三井次郎右衛門、坂倉屋三郎兵衛、大坂屋六右衛門、海保六兵衛、朝田与兵衛、中川三郎兵衛など一二人中一一人が江戸本両替であった。彼らは享保五、六年ころから御為替三井組、寛保二年（一七四二）ころから御為替十人組と公称するようになったという(4)。

一方、脇両替屋（銭屋）は三組《みくみ》両替屋と番組両替屋に分かれる。三組両替屋は神田・三田・世利組の三組に分かれ、正徳四年（一七一四）六月に「重立候銭屋名前可書上」として、三田組二三人、神田組二四人、芝組（のちの世利組）二一人、合計三組六八人の脇両替屋が書上げられた。その後、享保九年（一七二四）の番組両替屋結成によって「三組」と称するようになったらしい。三組両替屋は脇両替屋のうちでも資力があり、銭のみならず金銀も取扱い、本両替ほどではないが広範に金融業務をおこないながら、一般商業を兼務する者が多かった。そのほか、彼らは本両替の店前で金銀や銭相場の立会いを行い、本両替にその相場を通知する役割もあった。

これにたいし、番組両替屋は二番から二七番組に分かれ、銭のみを取扱い、その多くは質屋をはじめとして酒、油、紙など日用品の小売りをおこなっており、その売溜銭《うりためせん》の売買、両替の必要から両替屋を始めた者たちである。

これらの本両替屋、三組両替屋、番組両替屋を町方両替屋と総称した。これにたいし、上野領や済松寺《さいしょうじ》領の寺社に属する門前の両替屋を寺社方両替屋と呼称した。それぞれの成立年代は、番組両替屋が享保九年に二七組に編成されたことのみが明らかであり、ほかは本両替屋が明暦三年（一六五七）以前、三組両替屋もそれと同じくらい古くから存在していたと考えられる。

（2）享保三年の両替仲間結成と変遷

享保三年（一七一八）閏十月、幕府は物価安定策として発布した「新金銀通用令」[5]が、有効に実施されるために同月江戸町方両替屋の株を六〇〇と定めた。ここに、表8-2にあるような江戸両替仲間が成立したのであった[6]。その変遷を見ると、まず法定両替屋数は、安永九年（一七八〇）十二月に従来の町方六〇〇株に寺社方三五株の加入を許可し、六三五株と増加したが、さらに天明四年（一七八四）十一月に両替屋役金上納の関係から、八株ふえて六四三株となった。天保十二年（一八四一）には株仲間の解散によって営業自由となり、新規に一六人が開業した。そして、嘉永四年（一八五一）の株仲間再興によって、従来の六四三株にこの一六株を仮組として加入を許可、六五九株となって幕末にいたった。

まず、本両替屋の変遷を見ると、享保三年に一六人いたが、元文元年（一七三六）に一一人となり、安永元年（一七七二）には、表8-3（折込）にあるように三谷一族五人と三井次郎右衛門のわずか六人に減少し、文化四年（一八〇七）ついに三井次郎右衛門一人となってしまった。そこで翌文化五年、三組両替屋の内から中井（播磨屋）新右衛門、竹原文右衛門、殿村左五平、升屋源四郎、住友（泉屋）吉次郎（友聞《ともひろ》）の五人が選ばれて本両替屋となった。彼らは、後述することとなるが相場立会仲間というグループに属しており、以後の本両替屋はこのグループから任命されている。

つぎに三組両替屋の変遷を見ると（表8-2）、享保四年に五八人、天明三年に五五人であったが、天明四年に両替屋役金の関係で四〇人と減少した。ところが天明～享和期（一七八一～一八〇三）の間に倍増し、文化元年には一二九人にも達した。以後一二〇人台で推移し幕末にいたった。また番組両替屋は、天明三年に五三三人であったが、天明四年に両替屋役金に反対し、二一五人が休業したので一時は三一八人となった。その後旧に復し、文化元年には四九三人となり、以後幕末まで五〇〇人前後であった。なお寺社方両替屋は、天明三年以降文化三

表8－2　江戸両替仲間の変遷

法定両替屋人数		両替屋実数(判明する年のみ)								法定人数の変遷理由
期間	総計	年次	種類						総計	
			町方			寺社方		仮組		
			本両替	三組	番組	上野領	済松寺領			
享保3～安永8	600	享保3	16							享保3年の株仲間結成。
		同　4		58						
		同　9		61						
		元文元	11							
		同　5	8							
		明和4	9							
		安永元	6							
安永9～天明3	635	天明3	6	55	533	15	4		613	安永9年12月の町触(旧来の600人に寺社方35人)。
天明4～天保12	643	天明4	6	40	318	15	4		383	天明4年11月の町触(両替屋天秤役金の関係)による。
		同　8	6							
		寛政11	5							
		同　12	3							
		文化元	2	129	493	15	4		643	
		同　3	2	129	492	15	4		642	
		同　4	1							
		同　5	6							
		同　8	5							
		文政元	6							
		同　8	5							
		天保元	4							
嘉永4～明治2	659	嘉永4	4	127	511	16	4		662	嘉永4年12月に株仲間再興(旧来の643人に仮組16人)。
		同　7	4	128	499	15	4	16	666	
		安政2	4							
		慶応2	5							
		明治元	4							
		同　2	4						536	

註1：天保12年～嘉永4年は、株仲間解散中。
　2：町方両替屋のうち、三組は神田・三田・世利組のこと、番組は二～二七番組までである。
出典：註(1)三井高維『校註　両替年代記』原編、同『新稿　両替年代記関鍵』二巻　考証篇、41～51頁。

年まで一九人であった。その後、嘉永四年に二〇人となったが、同七年に再び一九人に戻った。

（3）三組両替仲間の台頭

三組両替屋は、天明三年に五五人、同四年に四〇人であったが、文化元年に二一九人と増加した。その背景には、江戸地廻り経済圏（江戸とその周辺諸村の商品生産と流通市場圏）の発展にともなう金融活動の活発化が考えられよう。そして直接その契機となったのが、天明元年八月にはじまった両替屋役金一件よる江戸両替仲間の再編成である。天明元年八月、幕府は御金改役の後藤庄三郎と金座の救済のため、両替業界から役金徴収を企画した[7]が、番組両替屋は小規模のためとくに痛手を蒙るので、二一五人の休業をもって強硬に抵抗するなど難航した[8]。ようやく天明四年十一月に江戸市中の両替屋株を六四三株と定めるにいたった[9]。これにより両替六四三株を本両替、三組両替、番組両替屋などに割当て、一株につき年額一四両、合計九〇〇二両の役金を向こう一〇年間徴収しようとした[10]。この結果、本両替屋六人と済松寺領両替屋四人に四三株、三組両替屋四〇人に一四五株、番組両替屋一三八人に四四〇株、上野領両替屋一五人に一五株を割当て、各両替仲間は自己持分のあまりをそれぞれ一般の商人に貸付けた[11]。

本両替屋の場合、一般の商人三〇人に貸付けたことが判明し、その業種は、質屋、酒屋、油屋などが多かった[12]。三組の場合も一〇〇株あまりが、田沼期の経済発展に乗じて成長した新興商人に貸付けられたであろう。後年ではあるが嘉永七年の「両替地名録」[13]によると、三組両替屋一二八人の職業は、両替業を専業とするもの一八人（一四・一％）、両替業を兼業するもの一一〇人（八五・九％）であり、兼業の業種は酒屋三八人（二九・七％）、質屋一五人（一一・七％）、油屋一一人（八・六％）、紙屋九人（七・〇％）、茶屋五人（三・九％）、蠟燭屋四人（三・一％）、小間物屋三人（二・三％）、その他二五人（一九・六％）となっていた[14]。

表8-3　江戸本両替仲間・相場立会仲間の変遷

名前	住所	本店	A本両替	B相場立会仲間	安永元～天明7		天明8～寛政10		寛政11		寛政12～享和3		文化元～同3		同4		同5		同6～7		同8～10		同11～14		文政元～同7		同8		同9	
					A	B	A	B	A	B	A	B	A	B	A	B	A	B	A	B	A	B	A	B	A	B	A	B	A	B
三谷三九郎	駿河町	江戸	万治2～寛政12		○		○		○																					
三谷庄左衛門	駿河町	江戸	(明和4)～寛政12		○		○		○																					
三谷善次郎	本革屋町	江戸	宝暦元～寛政12		○		○		○																					
三谷喜三郎	駿河町	江戸	(享保3)～寛政12	(天明8)～	○		○	□		□		□		□																
三谷勘四郎	本両替町	江戸	(寛文4)～文化3	寛政12～	○		○		○		○	□		□		□		□												
三井次郎右衛門	本両替町	京都	元禄2～明治5		○		○		○		○		○		○		○		○		○		○		○		○		○	
中井(播磨屋)新右衛門	金吹町	江戸	文化5～明治5	(天明8)～				□		□	○	□	○	□		□	○	□	○	□	○	□	○	□	○	□	○	□	○	□
竹原文右衛門	室町	江戸	文化5～明治5	(天明8)～				□		□		□		□		□	○	□	○	□	○	□	○	□	○	□	○	□	○	□
殿村佐五平	大伝馬町	伊勢	文化5～天保元	(天明8)～				□		□		□		□		□	○	□	○	□	○	□	○	□	○	□	○	□	○	□
升屋源四郎	堀留	江戸	文化5～文政8	(天明8)～				□		□		□		□		□	○	□	○	□	○	□	○	□	○	□		□		□
住友(泉屋)吉次郎	中橋上槇町	大坂	文化5～嘉永2	文化11～												■	○	■	○	■		■		□	○	□	○	□	○	□
村田七右衛門	神田佐柄木町	伊勢	嘉永3～慶応3	文化4～												□		□		□		□		□		□		□		□
伊勢屋源兵衛	本船町	伊勢		文化4～												□		□		□		□		□		□		□		□
小川清兵衛	箱崎町	江戸		(文化6)～																□		□		□						
合計					6	0	6	5	5	5	3	6	2	6	1	7	6	7	6	7	5	7	5	8	6	7	5	7	5	7

名前	住所	本店	A本両替	B相場立会仲間	文政10		同11		同12		天保元		同2		同3		同4		同5		同6		同7		同8		同9		同10		同11		同12		同13		同14		弘化元		同2		同3		同4		嘉永元		同2	
					A	B	A	B	A	B	A	B	A	B	A	B	A	B	A	B	A	B	A	B	A	B	A	B	A	B	A	B	A	B	A	B	A	B	A	B	A	B	A	B	A	B	A	B	A	B
三井次郎右衛門	本両替町	京都	元禄2～明治5		㉖		㉗		㉘		㉙		㉕		㉖		㉘		㉓		㉔		㉗		㉜		㉗		㉖		㉖		㉗		㉑		○		㉕		㉔		㉖		㉔		㉔		㉕	
中井(播磨屋)新右衛門	金吹町	江戸	文化5～明治5	(天明8)～	㉞	□	㉟	□	㉝	□	㉞	□	㉝	□	㉟	□	㊱	□	㊱	□	㉝	□	㉜	□	㊶	□	㊴	□	㊷	□	㊸	□	㊶	□	㊲	□	○		㊲		㊲		㊳		㉝		㉞		㊲	□
竹原文右衛門	室町	江戸	文化5～明治5	(天明8)～	⑲	□	⑳	□	㉑	□	㉑	□	㉒	□	⑳	□	㉕	□	㉕	□	㉕	□	㉒	□	㉓	□	㉒	□	㉒	□	㉑	□	㉓	□	㉔	□	○		㉕		㉔		㉔		㉔		⑳		㉓	□
殿村佐五平	大伝馬町	伊勢	文化5～天保元	(天明8)～	⑭	□	⑱	□	⑰	□		□		□								□		□		□		□		□		□		□		□														
升屋源四郎	堀留	江戸	文化5～文政8	(天明8)～		□		□		□		□																																						
住友(泉屋)吉次郎	中橋上槇町	大坂	文化5～嘉永2	文化11～	㉝	□	㉚	□	㉘	□	㉗	□	㉖	□	㉖	□	㉕	□	㉙	□	㉖	□	㉔	□	㉒	□	㉒	□	㉒	□	㉑	□	㉒	□	㉒	□	○		㉓		㉒		⑳		㉑		㉑		⑳	
村田七右衛門	神田佐柄木町	伊勢	嘉永3～慶応3	文化4～		□		□		□		□		□		□		□		□		□		□		□		□		□		□		□		□														□
伊勢屋源兵衛	本船町	伊勢				□		□																																										
合計					5	7	5	7	5	6	4	6	4	5	4	(4)	4	4	4	4	4	5	4	5	4	5	4	5	4	5	4	5	4	5	4	5	4	—	4	—	4	—	4	—	4	—	4	—	4	(3)

名前	住所	本店	A本両替	B相場立会仲間	嘉永3		同4		同5		同6		安政元		同2		同3		同4		同5		同6		万延元		文久元		同2		同3		元治元		慶応元		同2		同3		明治元		同2		同3		同4		同5	
					A	B	A	B	A	B	A	B	A	B	A	B	A	B	A	B	A	B	A	B	A	B	A	B	A	B	A	B	A	B	A	B	A	B	A	B	A	B	A	B	A	B	A	B	A	B
三井次郎右衛門	本両替町	京都	元禄2～明治5		㉖		㉗		㉕		㉓		㉗		㉕		㉖		㉔		㉓		㉓		㉘		㉗		㉖		㉖		㉙		㉙		㉘		㉘		㉚		㉛		㉗		㉚		㉚	
中井(播磨屋)新右衛門	金吹町	江戸	文化5～明治5	(天明8)～	㊱	□	㊲	□	㊳	□	㊴	□	㊵	□	㊵	□	㊴	□	㊳	□	㊳	□	㊳	□	㉟	□	㊴	□	㊴	□	㊲	□	㊴	□	㊱	□	㊴	□	㊵	□	㊵	□	㉛		㉞		㉟		㉞	
竹原文右衛門	室町	江戸	文化5～明治5	(天明8)～	㉑	□	㉑	□	⑱	□	⑱	□	⑲	□	⑳	□	㉒	□	㉒	□	㉖	□	㉕	□	㉖	□	㉘	□	㉙	□	㉖	□	㉖	□	㉓	□	㉕	□	㉘	□	㉔	□	⑮		⑯		⑱		⑲	
村田七右衛門	神田佐柄木町	伊勢	嘉永3～慶応3	文化4～	㉛	□	㉟	□	㊱	□	㉟	□	㉜	□	㉜	□	㉞	□	㉝	□	㉝	□	㉞	□	㉘	□	㉜	□	㉛	□	㉙	□	㉚	□	㉚	□	㉚	□	㉜	□		□								
小野(井筒屋)善次郎	田所町	京都	慶応2～明治5	安政2～												□		□		□		□		□		□		□		□		□		□		□	㉕	□	㉘	□	㉝	□	㉘		㊴		㊳		65	
竹川彦太郎	南茅場町	京都		安政2～												□		□		□		□		□		□		□		□		□		□		□		□		□		□								
島田新七	本船町	江戸		文久元～																										□		□		□		□		□		□		□								
合計					4	3	4	3	4	3	4	3	4	(3)	4	5	4	5	4	5	4	5	4	5	4	5	4	5	4	6	4	6	4	6	4	6	5	6	5	6	4	6	4	—	4	—	4	—	4	—

註1：表中のA○は本両替、丸ツキ数字は店員数。
　2：表中のB□は相場立会仲間、■は包改めに限り加入。集計の(　)は推定。
　3：年次の(　)は推定。
出典：本文註(1)三井高維『校註　両替年代記』原編、同『新稿　両替年代記関鍵』一巻　資料篇、相場立会仲間は「諸事控」7冊(三井文庫所蔵　架蔵番号364～370)。

その後、天明七年六月に松平定信が老中となり、政策が変わった段階で、同年七月二十九日に両替屋役金は廃止され、江戸両替仲間の組織も旧に復すことになった(15)。この結果、本両替屋貸付株の両替屋は「已来本両替屋を放し、住居最寄之番組江加入」と番組両替屋に加入することになった(16)。また、三組両替屋貸付株の両替屋は「已来本株・貸付株之無差別、辰年(天明四年)已来加入之分共、悉三組ニ而申合可商買(売)候事」と三組両替屋へ加入することになった(17)。その数は文化元年時点で一二九人と、天明四年のほぼ三倍にふくれあがった。また番組両替屋付の貸付株両替屋も、すでに述べた本両替屋付の両替屋とともに最寄の番組に加入し(18)、文化元年時点では四九三人とほぼ旧に復した。

第二節　三都の為替仲間の成立

(1)　江戸相場立会仲間と大坂・京都の為替仲間

こうして両替屋役金一件は、田沼期を通して成長してきた市中商人を両替仲間、とくに三組両替屋に吸収する結果を招いた。本両替仲間の共有文書「両替年代記」によると(19)、相場立会仲間の設立年次は不明であるが、正徳・享保期（一七一一～一七三五）から本両替は相場に立会わず、三組両替の立ち会い気配相場（売買希望値段）を本両替屋が決定して両町に書き上げていたという。ところが、天明八年前後のことと考えられるが、「三組の内、金銀重ニ取扱候者分れて、両替町之相場仲間と唱」える仲間が出現したと述べている。すなわち、寛政七年（一七九五）の相場立会仲間「諸事控」によると(20)、天明三年に江戸―京都・大坂間の「逆為替」取立と納渡《おさめわたし》手数料が取り決められ、天明八年には江戸相場立会仲間と大坂の本両替為替仲間および京都の為替本両替仲間との間で為替取引規定が制定されたと記している。その後、文化四年五月に制定された相場立会仲間「定」一〇か条はつぎのようになっている(21)。

①金銀相場は、毎日午前は朝四つどき（一〇時）から九つどき（一二時）まで立会い取引すること、午後は夕七つ半どき（一七時）から暮れ六つまで（一八時）に取引すること。
②相場立会値段に不同がないように売買すること。
③仲間と相談のうえ取り決めたことは厳守し、何事によらず漏洩しないようにすること。
④歩銀（為替打銀・両替切賃）の差引決済は、毎年正月・七月の二十四日に照合し、二十五日におこなうこと。
⑤すべて正金銀（現金・現銀）での取引をおこない、なるべく取引が夜にならないようにすること。
⑥京都・大坂為替（代金取立為替）のことで、京都・大坂から依頼された場合は、相場立会仲間でよく相談のうえ、取引経験のある人と熟談して実施すること。
⑦古来から取引している包金銀のほかは、みだりに取り扱わないこと。
⑧新規の包金銀が差し出された場合、相場立会仲間でよく相談して取り扱うよう決められているので、旧例により差出人から一札を取ること。もっとも、封印のまま取り扱うことなので、入念に相談すること。
⑨下り金銀の掛改めは、銘々が封印のまま取り扱うこと。仲間の包金銀であっても封印が欠損していれば、ときどき掛改めをおこなうこと。

この規定は、その後文政十二年（一八二九）二月、天保九年（一八三八）四月、嘉永五年（一八五二）正月、安政七年（万延元年＝一八六〇）正月、とそのまま踏襲されたが、明治二年（一八六九）四月に新政府によって金札相場所が設立されると、その条文が改められた[22]。

こうして、江戸の相場立会仲間（「両替相場仲間」ともいう）は、大坂、京都の有力な両替商（大坂では「本両替為替仲間」、京都では「為替本両替仲間」と称する）と、互いに密接な連絡を保って、金銀相場ならびに為替取組に関する商業取引を結んだ[23]。その設立は、田沼期における江戸両替商（とくに三組）の為替業務の発展と、大坂・京都両替商の商業金融上での機能低下という状況を背景に、[24]三都の両替商のうちとくに金銀相場に関係ある者たちが、為替取引と金銀両替の円滑化、および為替打銀《うちぎん》[25]（現在の手形割引料に似た利子）と両替切賃《きりちん》（手数料）の安定確保のために結成したと考えられるのである。

江戸の相場立会仲間の変遷を表8-3で見ると、天明八年（一七八八）には本両替の三谷喜三郎と三組両替の中井新右衛門・竹原文右衛門・殿村左五平・升屋源四郎の五人であったが、寛政十二年（一八〇〇）から享和三年（一八〇三）の間に本両替の三谷勘四郎が加わり六人となった。文化四年（一八〇七）には三谷喜三郎が廃業したが、新たに三組両替の村田七右衛門・伊勢屋源兵衛が加わり七人となった。文化六年には三谷勘四郎が廃業したが、三組両替の小川清兵衛が加わり七人を維持した。文化十一年には三組両替の住友（泉屋）吉次郎が加わり、同十四年までピークの八人となったが、翌文政元年（一八一八）には小川清兵衛がぬけて七人にもどった。同十二年には伊勢屋源兵衛がぬけて六人となり、さらに翌天保二年（一八三一）には升屋源四郎が抜けて五人となり、同三年から五年までは殿村左五平が経営難により休業して四人となった。同六年に殿村左五平が復帰したので五人となったが、升屋源四郎は文政八年に経営難で休業したので復帰することはなく、殿村左五平も天保六年に伊勢松坂の本店が休業したので、天保十三年以降はこの両人をはぶいた四人であったと考えられる。嘉永二年（一八四九）には住友吉次郎（友視）が休業したので三人にまで落ちこんだが、幕末期の安政三年（一八五六）には京都に本店をもつ小野善次郎と竹川彦太郎が加入して五人となり、さら文久二年（一八六二）には三組両替の島田新七が加わり六人にまで回復した。これは、横浜開港などにより為替取引が活発化したためであろう。

大坂の両替仲間には、十人両替・本両替・南両替・三郷惣銭屋仲間などがあったが、[26]本両替為替仲間には表8-4にあるように大坂で由緒ある十人両替・本両替の者が就任していた。天明八年から文化三年までは、旧来の平野屋仁兵衛・泉屋理兵衛・鴻池屋庄兵衛・長浜屋次右衛門・炭屋安兵衛・米屋長兵衛などが一〇人前後で結成

（人）

合計（京都の為替本両替仲間）	伊勢屋藤兵衛	万屋治兵衛	万屋甚兵衛（長兵衛）	大黒屋善兵衛	大文字屋伝兵衛	大文字屋四郎右衛門	甲屋次郎兵衛	近江屋儀右衛門	万屋忠兵衛	竹原弥兵衛	伊勢屋弥太郎	合計（大坂の本両替為替仲間）	加賀屋林兵衛	布屋（山口）吉郎兵衛	紀伊国屋（川淵）正三郎	河内屋又右衛門	近江屋（森本）権兵衛（楢之助）	竹川彦太郎	大黒屋源兵衛（五兵衛）	竹原市五郎（与兵衛）	加島屋（長田）作五郎	加島屋（長田）作之助・作次郎	銭屋惣兵衛	銭屋佐壱郎	銭屋清兵衛	銭屋せい
	本	本	本	本	本	本	本	本	本	本	本		本	本	本	本・十	本・十	本・十	本・十	本	本・十	本	本	本	本	
7				○	○	○		○	○	○	○	9														
												11														
												10														
												10														
												9														
4								○	○	○	○	8														
5							○	○	○	○	○	18				○	○	○	○	○		○				
5							○	○	○	○	○	19							○	○		○				
5							○	○	○	○	○	21							○	○		○				
5							○	○	○	○	○	21							○	○						
4								○	○	○	○	22					○	○	○	○		○				
—												20							○	○		○				
—												23							○	○		○				
5			○				○		○	○	○	18					○		○	○						○
5			○				○		○	○	○	18					○		○	○						○
5			○				○		○	○	○	21				○	○		○	○		○			○	
5			○				○		○	○	○	19				○	○			○		○		○		
7	○	○	○				○		○	○	○	18				○	○	○			○	○	○			
6		○	○				○		○	○	○	21	○	○	○	○	○	○			○	○	○			

表8－4　大坂の本両替為替仲間と京都の為替本両替仲間

氏名	平野屋仁兵衛	平野屋甚右衛門	泉屋（住友）理兵衛・甚次郎	炭屋善五郎	炭屋五郎右衛門	炭屋（白山）安兵衛・なお	炭屋彦五郎（白山）	鴻池（中原）庄兵衛・庄十郎	鴻池（草間）伊助	鴻池（井上）重太郎	長浜屋次（喜）右衛門	米屋（殿村）平右衛門（鉄五郎・平太郎）	米屋（石崎）喜兵衛	米屋吉右衛門（恒七）	米屋（今堀）長兵衛	米屋（平井）太兵衛	米屋（殿村）伊太郎	米屋（青木）分兵衛	銭屋権兵衛	銭屋（垣内）清右衛門・清吉	銭屋弥助	銭屋（逸見）佐兵衛	銭屋儀兵衛	銭屋忠兵衛（忠三郎）	銭屋権右衛門
両替仲間	本・十		本・十	本	本	本・十	本・十	本・十	本	本		本・十	本・十	本	本・十	本	本	本	本	本	本	本	本	本	本
天明8.9.6	○		○	○	○	○					○	○	○						○						
寛政8.9.26	○		○	○	○	○	○	○			○	○	○						○						
寛政9.10.5	○		○	○	○	○	○				○	○	○						○						
寛政12.10	○		○	○	○	○	○				○	○	○						○						
享和元.3.22	○		○	○	○	○	○				○	○	○												
文化3.3.29	○		○	○	○	○	○					○	○												
文化7.12.2	○				○	○	○	○				○	○	○	○		○			○	○				
文政8.10.22	○	○	○			○	○	○	○	○			○		○	○				○	○	○	○	○	
文政8.12.12	○	○	○			○	○	○	○	○		○	○	○	○	○				○	○	○	○	○	
文政10.11.11	○	○	○			○	○			○		○	○	○	○	○	○	○		○	○	○	○	○	○
文政11.5.19	○					○	○	○	○	○		○	○	○	○	○	○			○		○	○	○	○
文政11.5.24	○					○	○	○	○	○		○	○	○	○	○	○			○		○	○	○	○
文政12.2.22		○	○			○	○	○	○	○		○	○	○	○	○	○	○		○	○	○	○	○	○
天保元.2.10			○			○	○	○		○		○	○	○	○	○		○				○	○		○
天保5.2.10			○			○	○	○		○		○	○	○	○	○		○				○	○		○
天保8.2			○			○	○	○	○	○		○	○	○	○	○		○		○		○	○		
天保9.1.17			○			○	○	○	○	○		○	○	○	○	○		○		○		○			
安政3.9.29						○	○	○	○	○	○	○	○		○			○		○				○	
慶応3.6.11						○	○	○	○	○	○	○	○		○			○		○				○	

註：両替仲間の「本」は本両替、「十」は十人両替。
出典：各年の相場立会仲間「諸事控」7冊（架蔵番号364～370　三井文庫所蔵）。

していたが、文化七年以後は銭屋弥助・加島屋作五郎・近江屋権兵衛・紀国屋正三郎・布屋吉郎兵衛などが加入して二〇人前後にまで増加した。まさに、化政期の江戸地廻り経済圏の発展に呼応した為替取引であった。

京都の両替仲間には、御掛屋・本両替・小両替・新規小両替・銭屋があったが、(27) 為替本両替仲間は表8-4にあるように、京都の有力な本両替仲間であった。京都の本両替は上組・中組・下組・延会所《のべかいしょ》引請下組からなり、寛政九年二月の仲間帳によると、伊勢屋弥太郎と近江屋儀右衛門は上組の行事、大黒屋善兵衛は中組の行事、竹原弥兵衛と万屋治兵衛は下組の行事、万屋忠兵衛と甲屋次郎兵衛は延会所引請下組の行事であった。天明八年には七人であったが、化政期以降は大文字屋と大黒屋がぬけて四、五人となった。幕末期の安政三年には万屋治兵衛と伊勢屋藤兵衛が加入して再び七人となった。

(2)　三都の為替取引と江戸のメンバー

ここで、近世後期の江戸―上方間の為替取引を示すと図8-1のようになる。江戸時代の江戸―上方間の一般的な資金移動を見ると、幕府は大坂御金蔵に納めた年貢金などを江戸御金蔵へ送金する必要があった。また諸藩も大坂蔵屋敷において販売した年貢米や国産品の代金を江戸藩邸へ送金しなければならなかった。これにたいし、江戸は消費都市として日常必需品を上方から移入しており、江戸の問屋商人は、上方の問屋商人にたいして代金を支払わなければならなかった。そこで幕府、諸藩の上方→江戸という資金移動と、問屋商人の江戸→上方という資金移動は相殺される関係にあった。そのさい、上方と江戸両替商の信用取引によって、幕府（御為替組）、諸藩、問屋商人とも現金の送金はおこなわず、ただ為替手形（送金為替、代金取立為替）の授受によって両地間の貸借を相殺した。

具体的には図8-1にあるように、①上方の両替商は、江戸に貸勘定のある上方の問屋商人から逆為替（代金取立為替）手形を買取り、②これを江戸の取引両替商（コルレス先）へ送る。③江戸の両替商は、この取立為替手形をもって江戸の問屋商人から商品代金を受取る。④この代金を江戸両替商は、上方の取引両替商から当座預りしておき、⑤後日上方の取引両替商から、自分宛に振出される御為替組の「御為替手形」、大名の「送金為替手形」の支払い準備金とした。

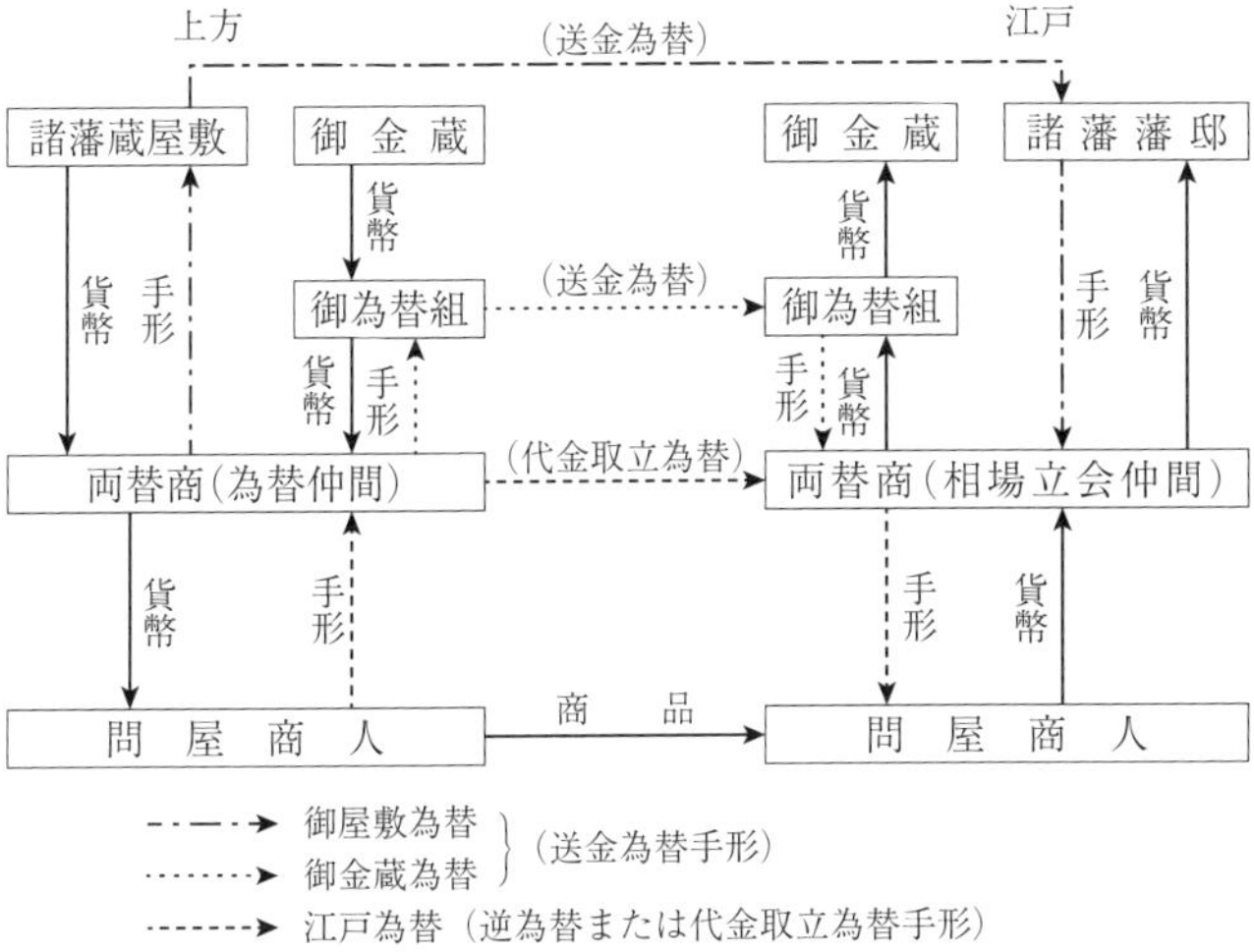

図8-1　江戸―上方の為替取引

註1：大坂の本両替為替仲間・京都の為替本両替仲間以外の一般商人が発行した（印元となった）御金蔵為替手形（御為替手形）は、「御為替銀」の名目を借りた貸付証文と考えてよい。

2：近世後期以降「為登為替《のぼせかわせ》」（江戸→大坂の送金為替手形）も見られるようになった。

こうして、両地間の為替取引は決済されたが、天明期ごろからこの為替取引に活躍した両替商こそ、江戸においては表8-3にあるような相場立会仲間加入の両替商であり、大坂・京都においては表8-4にあるような為替仲間加入の両替商であった。

江戸の相場立会仲間は、若干の送金為替は取組みながらも、逆為替は取組まなかったので、逆為替の取立と納付については、大坂・京都の為替仲間から手数料を受取った(28)。その額は、天明三年に金一〇〇両につき銀一匁、銀一〇貫目につき銀二匁と定められたが、文政十二年に金だけが金一〇〇両につき銀二匁に値上げされた(29)。

さて、江戸相場立会仲間のメンバーは、表8-3でみたように本両替の一部と有力な三組両替から構成されており、有力な三組両替は文化五年以降に本両替となり、そのまま相場立会仲間のメンバーでもあった。その総数は多いときで八人、少ないときで五人であった。相場立会仲間のメンバーが、両替業界において相当の実力を有していたという事実は、天明四年の両替屋役金の引受け株数でもわかる。すなわち三谷喜三郎が、本両替のうちで最も多い一一株、同勘四郎が四株であった。三組両替は、多い順に中井新右衛門が一二株、升屋源四郎と殿村左五平が各一二株、竹原文右衛門が八株、村田七右衛門と小川清兵衛が各七株を引きうける予定であった[30]。

相場立会仲間は、たえず金融関係について取決めを結ぶなど、関係役所から申渡しをうけている。寛政五年（一七九三）には仲間包銀の結封についての申合わせ[31]、同六年には常是《じょうぜ》役所から「御預り地上納銀幷御代官上納銀」の包改料改正申渡し[32]、同七年には江戸酒問屋為替渡方についての取決めなど[33]、枚挙にいとまがない。文化四年から慶応四年（一八六八）まで踏襲された相場立会仲間「定」一〇か条は[34]、①金銀相場立会の規定、②為替取引の規定、③包金銀の掛改めと適用の規定、④御屋敷や町方得意先との取引規定、の四つに分類される。このうちとくに④の規定に属する「銘々御出入御屋鋪幷ニ町方取引得意先等、せり取候様成儀致間敷候事」という条文は、当時相場立会仲間が大名や町人との金融取引を競いあい奪い取るほど広範におこなっていたことを示している。そしてこの実力が、相場立会仲間をして没落していく旧来の本両替に代わり、新規本両替に登用せしめる理由である。

第三節　新規本両替仲間の登用と経歴

(1)　本両替三谷一族の没落

享保三年（一七一八）、江戸の本両替屋は一六人であったが、安永元年（一七七二）には三谷三九郎を本家とする三谷一族五人と三井次郎右衛門の合計六人となってしまった。江戸を代表する三井と三谷一族だけになってしまったのである。その三谷一族も、天明期（一七八一～一七八八）になると三組両替屋の台頭および相場立会仲間の活躍と逆行するように、寛政期（一七八九～一八〇〇）に相ついで休業し、文化四年（一八〇七）には三井一人となってしまった。これは、本両替屋が享保期以降の新しい経済変化に対応できなかったためと考えられるが、三谷一族の没落は、寛政十一年（一七九九）に三谷喜三郎が経営難に陥ったことから始まっている。この事件は、その後の両替業界に多大の影響を及ぼし、文化五年に新規本両替採用の直接原因となったので、その辺の事情から詳しく述べよう。

三谷喜三郎（三喜）は、天明八年（一七八八）以降に勘定所御用達頭取を勤めた、江戸初期以来の豪商三谷三九郎の別家である。天明期の三喜は、両替屋役金にさいし、両替株を十一株も引受けるほどの繁盛ぶりで[35]、「商内手広当時第一」の両替商であった[36]。また、店は金銀相場立会所にも近かったので、店へ立寄る人も多く「自然と金銀相庭之元〆の如」くなり[37]、相場に立会う両替商や相場に関係ない人からも多量の金銀を預っていた[38]。ところが、寛政十一年に思わぬ手違いによって金繰りがつかず休業してしまった[39]。その手違いとは、一説によると、本家三谷三九郎からの借入金が違約によって入らなかったためだという[40]。当時、三九郎は米沢藩の寛政改革の立役者として相当の金子を用立てており、この影響があったのかもしれない[41]。いずれにせよ、三喜の休店によって「市中耳目を驚かす程」の騒ぎとなり、両替業界は「三喜封金銀已来不通、是迄出し有之分ニ替金候ハヽ、銘々損毛」という状況に陥った[42]。債権者は七〇余人に達し公訴に及んだが、そのなかには三組両替屋として台頭し、三喜とともに相場立会仲間となった中井新右衛門、竹原文右衛門、升屋源四郎がいた[43]。その関係からか、中井・竹原・升屋の三人で四〇〇〇両の債権があり[44]、中井家はこの時期に経営が悪化している[45]。

本家の三谷三九郎は、三喜救済のためそれまでの融資金すべてを棄捐とし、引当ての沽券状を差戻すとともに

「苗字取上、音信不通」として、本家・別家の縁を切った[46]。翌十二年九月二十八日、三喜は中屋喜三郎と改名して再び開店した。しかし、これは肝煎・名主らが債務を果たさせるために開業させたものなので[47]、ほどなく「家蔵も切売する様」になり、享和三年（一八〇三）に本両替を休業し、ついに翌文化元年六月の喜三郎死去によってこの一件は落着した[48]。

(2) 文化五年の新規本両替の登用

この事件によって、本家三谷三九郎はもちろん、分家の善次郎、庄左衛門にも借財返済の影響がおよび、寛政十二年四月に相ついで本両替を休業した[49]。三谷勘四郎は「縁者なれ共、同家に非ずして紋も異也」と、遠縁だったので[50]、直接の影響はおよばなかったが、文化三年七月十三日、「故障之儀にて暫相休候」と、休業を三井次郎右衛門へ届けた[51]。これにより、この日に三井は町年寄役所（樽屋）へ本両替の幕府御用業務「北御番所毎暮、金銀包立」、「平日弐朱判引替」、「清水様包金銀」、「諸御役所金見」、「其外不時御用」などが一人では差支えるので、「本両替へ加入之者、御差図被下度」と出願した[52]。同日、町年寄はただちに三組両替で相場立会仲間の中井新右衛門、竹原文右衛門、升屋源四郎の三人を呼び出し、「本両替出来候迄日々三井方へ立会、書上相庭取極候」と、本両替業務のうち金銀相場の書上と取決めを命じた[53]。これは相場立会仲間の実力を認めた処置であるが、本両替登用までにはいたらなかった。しかし、翌四年正月四日に三谷勘四郎が再開店し、本両替に復帰しても先の三人をそのまま登用しつづけたことは、本両替登用への布石であった[54]。

文化五年六月二十三日、三谷勘四郎はまたもや「身上向不手廻ニ付」休業し、ついに十月十三日に廃業するにいたった[55]。そこで、三井は再び町年寄（樽屋）役所に「本両替屋壱人ニ付、相場書上・上納金銀下改等差支候」[56]と出願したところ、町年寄は町奉行所へ上申のうえ、十二月十九日に金吹町の中井（播磨屋）新右衛門、室町一丁目の竹原文右衛門、堀留一丁目の升屋源四郎、大伝馬町一丁目の殿村左五平、中橋上槇町の住友（泉屋）吉次郎の五人に新規本両替を申付けた[57]。彼らは、いずれも為替取引、金融業務に精通した有力な三組両替で、相場立会仲間にも加入していた。幕府は三井と新規本両替五人を使って、化政期の金融政策を乗り切ろうとした。この経緯を明らかにする前に、本両替六人の経歴について見ておこう（表8-3も参照）。

(3) 三井次郎右衛門[58]

三井家の先祖は、伊勢松坂の出身で酒屋、質屋を営んでいた。延宝元年（一六七三）以来、三都に進出し呉服、両替業を営み、本店を京都に定めた。次郎右衛門は、三井同族八家（のち十一家）の一つで、江戸両替店の主人名であった。

江戸両替店は、天和三年（一六八三）五月に駿河町に開設され、元禄二年（一六八九）に本両替仲間に加入した。同四年の御金蔵為替開始にさいしては、三井組を組織して御為替組となった。御為替御用は幕末まで勤めたが、本両替御用は途中元文元年から宝暦二年まで御用多端との理由で辞退した。翌三年九月に再び本両替仲間に加入し、明治五年までその職にあった。このように三井は、歴代の江戸両替商のなかでは最も長期にわたり本両替を勤め、その中心的な存在であった。

近世後期、天保十三年下期（七月十五日〜十二月）の三井江戸両替店の経営は、表8-5にあるように①京都両替店の預り金七万二三六九両（全体の五一・八%）を中心に、②大坂両替店の預り金三六三六両（同二・六%）、③幕府御用貸付預り金七三九二両（同五・三%）、④上野宮（寛永寺）の寺社預り金二七二〇両（同一・七%）、⑤御用御貸付預り七三九二両（同五・三%）、⑥講預り金三〇三四両（同二・二%）を資金に諸貸付業務をおこなった。三井家では大名・武家貸をほとんど行わず、もっぱら江戸有数の問屋商人に貸付けていたが、その貸付には①家質貸《かじちがし》

（単位：両）

項目	三井（天保13年下期）			住友（天保６年）			中井（寛政11年）		
	科目	金額	%	科目	金額	%	科目	金額	%
預り金	京店	72,369	51.8	本店	49,100	49.8	内部預り	63,113	50.9
	大坂店	3,636	2.6	田安家	5,058	5.1	引除方	24,769	20.0
	上野准后預り	3,720	2.7	一橋家	2,587	2.6	内覚所	10,078	8.1
	御用御貸付預り	7,392	5.3	大名	6,150	6.2	御初穂所	28,266	22.8
	講預り金	3,034	2.2	代官	1,875	1.9	幕府・代官預り	40,251	32.5
				旗本・武家	7,168	7.3	御用方	9,011	7.3
				別家・手代	690	0.7	代官	31,240	25.2
				その他	1,565	1.6	商人預り	20,668	16.7
							買出方	13,068	10.5
							商人当座	7,600	6.1
	合計	90,151	64.5	合計	74,193	75.2	合計	124,032	100.0
当座預り金				御代官年貢帳	5,281	5.4			
				諸向取替所	11,075	11.2			
				為替方	7,133	7.2			
				合計	23,489	23.8			
	積金	10,904	7.8	（純財産）	1,007	1.0			
	普請金（含積金）	22,163	15.9						
	貸付内済金	14,727	10.5						
	延金	1,320	0.9						
	その他	529	0.4						
	合計	49,643	35.5	合計	1,007	1.0			
	総計	139,794	100.0		98,689	100.0			

表8－5　三井・中井・住友両替店の経営内容

項目	三井（天保13年下期）			住友（天保６年）			中井（寛政11年）	
	科目	金額	%	科目	金額	%	科目	金額
貸付金	家質貸	1,700	1.2	大名	22,863	23.2	大名	38,049
	質物貸	1,700	1.2	商人	21,142	21.4	商人貸付	19,275
	上野宮御貸付	24,705	17.8	代官	8,237	8.3	御意附込所	12,007
	上野宮別口貸付	35,987	25.9	旗本・武家	6,678	6.8	家質方	3,703
	御用御貸付	24,300	17.5	別家・手代	3,642	3.7	附込所	3,565
				田安家	73	0.1	内部貸付	77,867
				一橋家	525	0.5	酒店	20,986
				その他	759	0.8	親族	12,718
				小計	63,919	64.8	手代	44,163
				預り分	-4,753	-4.8		
	合計	88,392	63.7	合計	59,166	60.0		
当座貸付金				御代官年貢帳	1,285	1.3		
				諸向取替所	1,841	1.9		
				為替方	414	0.4		
				合計	3,540	3.6		
不動産	店持屋敷	25,435	18.3	地代	4,359	4.4	（不動産）	27,758
現金	有合銀	5,840	4.2	正有物	18,886	19.1		
手形				為替手形有物	3,533	3.6		
その他	普請代り	15,994	11.5	両替帳	3,682	3.7	普請方	6,201
	その他	3,185	2.3	その他	5,523	5.6		
	合計	19,179	13.8	合計	9,205	9.3		
	総計	138,846	100.0	総計	98,689	100.0		

註１：両以下、四捨五入。
　２：中井家の分は、主要項目貸借の差引残高でなので、直接資産・資本を表すものではない。
　３：三井家の金高換算は、金１両につき銀64.8匁である。
出典：三井家、『三井両替店』（三井銀行　1983年）272頁の第４－７表。
　　住友家、末岡照啓『泉屋叢考　第弐拾壱輯　近世後期住友江戸両替店の創業と経営』（住友修史室　1987年）106・107頁の第16表
　　中井家、田中康雄「寛政期における江戸両替商の経営――播磨屋新右衛門家の場合――」（『三井文庫論叢』２号　1968年）160・161頁の第31表。

表８－６　三井・中井・住友両替店の収益

（単位：両）

	項目	三井（天保12年下期）			住友（天保６年）			中井	（寛政11年）		（寛政12年）	
		科目	金額	%	科目	金額	%	科目	金額	%	金額	%
収入	両替	歩切賃	131	1.4	両替利	104	3.6	直方	65		44	1.4
		銀銭売買徳			金銀包歩銀	23	0.8	改賃方			150	4.8
		合計	131	1.4	合計	127	4.5	合計			194	6.1
	為替				為替利	85	3.0	内覚所（為替）			130	4.1
					為替日歩	210	7.4					
		合計			合計	295	10.3	合計			130	4.1
	利息	利息入	8,837	93.1	利請口々	2,086	73.1	利息方	1,158		1,466	46.5
	家賃	家方功納	528	5.6	家賃請	107	3.8	（不動産）	987		933	29.6
	扶持米				扶持米代	174	6.1	内覚所（扶持）			432	13.7
	その他				臨時口々等	64	2.2					
	総計	総計	9,496	100.0	総計	2,853	100.0	総計			3,155	100.0
支出	利払い	利息払	5,417	57.0	利払口々	2,618	68.1					
		合計	5,417	57.0	合計	2,618	68.1					
	諸経費	店前入用	223	2.3	諸入目小払渡	1,229	31.9					
		支配人・組頭役料	285	3.0								
		店賄雑用小遣共	530	5.6								
	支出計		6,455	68.0		3,847	100					
	純利益	純利益	3,041	32.0	純利益	-994						
	総計		9,496	100.0		2,853						

註１：両以下、四捨五入。
　２：三井家の金換算は、金１両につき銀62.75匁（天保12年の平均相場）。
　３：中井家の金換算は、金１両につき銀63.25匁（寛政12年の平均相場）。
出典：三井家は、松本四郎「幕末・維新期における三井大元方の存在形態」（『三井文庫論叢』２号　1969年、59頁の第９－２表）。
　住友家は、表８－５の末岡書122頁の第19表。中井家は、表８－５の田中論文153頁の第４表。

一七〇〇両（全体の一・二％）、②質物貸《しちものがし》一七〇〇両（同一・二％）、③上野宮貸付金二万四七〇五両（同の一七・八％）、④上野宮別口貸付金三万五九八七両（同二五・九％）、⑤御用貸付金二万四三〇〇両（同一七・五％）があり、③④⑤の名目金貸付が全体の六一・二％を占めていた。中井・住友家に比べて、資本金のなかに積金、普請金、貸付内済金（貸倒れ準備金）などの内部資金が三五・五％もあり、経営基盤がしっかりしていたことがわかる。その収益は、表8-6にあるように、①利息収入が八八三七両と全収益の実に九三・一％を占め（ただし、このなかには若干の為替収入も含まれている）、つぎに②家賃などの不動産収入五二八両（五・六％）、③両替収入一三一両（一・四％）となっていた。両替商資本は、まさに貸付資本であり、この期の純利益は、全収益金九四九六両から利払い、諸経費など六四五五両を差引いて、金三〇四一両となった。

近世中期以降の三井江戸両替店の貸付規模（上下二期合計）は、天明～享和期（一七八一～一八〇三）が七～八万両台と、ほぼ横ばいであったが、文化期（一八〇四～一八一七）に入ると、江戸地廻り経済圏の展開とともに、文政期前半（一八一八～一八二三）にかけて一〇～一四万両台に急増した。ところが、文政期後半（一八二四～一八二九）になると、文化期以降の貸付金回収が滞って九～一〇万両台に落ち込んだ。文政十年には、現状打開のため新たに江戸各町内の家主へ連印証文をもって貸付けることを計画し、上野宮別口貸付金をその資金に充当して経営難を克服した。三井江戸両替店の貸付高は、天保期（一八三〇～一八四三）にかけて一五～二〇万両台となり、ピーク期を迎えた。ところが、天保十三年の株仲間解散令により一四～一六万両台に減少した。さらに、弘化期（一八四四～一八四七）以降は、家質貸・質物貸が減少したので、御用御貸付、上野宮貸付金を増加させることによって、安政期（一八五四～一八五九）には二〇万両に回復して幕末にいたった。維新後は、明治政府の会計官為替方、三都の通商司為替会社の総頭取など政府の諸御用を勤め、明治七年（一八七四）七月一日に三井銀行（現、三井住友銀行）を設立した。

（4）中井（播磨屋）新右衛門(59)

中井家の先祖は、江州水口の出身で、元禄年間に江戸本革屋町の本両替三谷忠左衛門方に奉公した。正徳四年（一七一四）八月二十七日に独立して、金吹町に両替店を開業した。享保四年（一七一九）には三組両替のうち世利組に属していた。このころから積極的に大名の江戸藩邸における公金の掛屋御用を勤め、上方からの御屋敷（大名）為替を引受けた。開業年次は不明であるが。新川での下り酒問屋兼営は、為替取引の関係上、これと相互補完的な意味合いを持つものであった。宝暦四年（一七五四）には、初代新右衛門の四女勢以《せい》が札差笠倉屋平十郎に嫁ぎ、中井両替店は札差との関係もできた。

天明八年（一七八八）前後、相場立会仲間の結成に参加し、三都の為替取引に重きをなした。天明八年十月には、幕府から勘定所御用達に任命され、寛政十二年（一八〇〇）まで寛政改革遂行の一翼を担う町人グループの一員となった。これによって幕府との関係が一段と親密化し、寛政八年には、御郡代附貸付方（のちの馬喰町貸付役所）の掛屋御用を単独で拝命した。寛政十二年における取引先を見ると、徳川御三卿の田安・一橋家をはじめとして、高松、福山、熊本など西国を主とする二一藩との関係があり、代官二七人の掛屋御用も勤めた。

同年の営業状況を前掲表8-5によって見ると、①内部資金（御初穂所・内覚所引除方）、②幕府・代官関係預り金、③商人関係預り金などを資金に、そのほとんどを貸付に用いていた。貸付先は、①大名、②商人などの外部と、③手代・親族などの内部関係者であった。その収益は、前掲表8-6にあるように寛政十二年の場合、①貸付利息が一四六六両（全体の四六・五％）と最も多く、つぎに②家賃など不動産収入九三三両（同二九・六％）、③大名御用にともなう「内覚所」の扶持収入四三二両（同一三・七％）、④両替収入の「直方」「改賃方」一九四両（同六・一％）、⑤「内覚所」の為替収入一三〇両（同四・一％）の合計三一五五両であった。

文化五年、このような実績によって本両替に任命された。その店員数は、三三〜四〇人と本両替仲間のなかで最も多かった。文政八年には増上寺名目金貸付の金主となり、弘化四年（一八四七）十二月には、町奉行から「永々苗字御免」を申し渡されている。慶応三年以後は、「馬喰町貸付役所出精につき」、勘定奉行所支配となって町方人別から脱することになった。明治維新後も、明治元年（一八六八）十二月十三日に会計官為替方御用、翌二年五月に通商司為替会社頭取並兼御貸付方に就任するなど、江戸有数の商人であることに変わりはなかった。明治十六年に中井銀行を開業し、昭和二年（一九二七）三月の金融大恐慌による閉店休業まで営業を続けた。

（５）竹原文右衛門・升屋源四郎・殿村左五平

竹原家は、江戸出身の両替商で、室町一丁目に開業したが、その年次は明らかではない。初見は享保四年（一七一九）、三組両替屋のうち神田組に属していたことがわかる(60)。天明期の両替屋役金では、同四年の両替株引請案において、中井、升屋、殿村についで八株を予定されるほど有力な両替商であった(61)。

天明八年前後、相場立会仲間の結成に参加し、尾州家御為替御用を引受けるなど広く金融活動をおこなっていた(62)。このため、寛政元年に幕府から勘定所御用達に任命された(63)。文化五年（一八〇八）には本両替となり、以後明治五年までこれを勤めた。維新後も、明治政府の通商司為替会社頭取並兼貸付方を勤めたが(64)、その後の消息は不明である。店員数は一九～二六人であり、店員久兵衛は「両替年代記」の著者として有名である(65)。

升屋は江戸出身の両替商で、堀留一丁目に開業したが、その年次は明らかではない。初見は正徳五年（一七一五）、三組両替屋のうち神田組に属していたことがわかる(66)。天明期の両替屋役金では、中井家と同数の一二株を予定されるほど有力な両替商であった(67)。

天明八年前後、相場立会仲間の結成に参加し、紀州家御為替御用を引受けるなど広く金融活動をおこなった(68)。その実績によって文化五年に本両替となった。文政期には住友江戸両替店とともに、浜松藩積金講の世話役も勤めたが[69]、文政八年十月二十二日に「俄ニ源四郎方取引差支ニ付」本両替を辞退し休業した[70]。升屋の休業によって、大坂の米屋吉右衛門と同分兵衛が振出した「江戸為替」（代金取立為替）が不渡りとなり、為替取引が混乱した。このため文政九年三月、江戸と大坂両替商の間で「江戸為替定書之事」が定められ、為替取引が安定した[71]。升屋は文政八年に本両替を辞退したものの、天保元年までは相場立会仲間に加入している。

殿村家の本店は伊勢松坂にあり、江戸大伝馬町一丁目に出店を設置したが、その年次は明らかではない。初見は元文元年九月、幕府が銭高値につき両替商の持銭を調査したとき、「三組之内、殿村左五平」として登場する[72]。天明期の両替屋役金では、竹原家と同数の八株を予定されている[73]。天明八年前後、相場立会仲間の結成に参加し、御細工所御作事方定両替および紀州家御為替御用を勤めた[74]。とくに紀州藩とは縁が深く、松坂御為替組の元取として、藩の諸御用を引受けた[75]。これらの実績によって、文化五年に本両替仲間に加入した。店員数は一四～一七人であった。文政期になると経営難と類焼が重なり、同十二年に休業して本両替を辞退した。なお、天保二年まで相場立会仲間に名を連ねたが、同六年に松坂本店も経営難により休業した[76]。

（6）住友（泉屋）吉次郎[77]

沿革　住友家は近世最大の銅山・銅精錬業者であり、文化八年（一八一一）に幕府から別子立川《べっしたつかわ》両御銅山御用達を拝命し、苗字使用を許された。本店は、大坂長堀茂左衛門町にあり、江戸出店は中橋上槇町にあった。住友内部では、これを地名によって中橋店と通称していた。中橋店の設立は遠く寛文末年までさかのぼるが、その主たる業務は、銅山・銅精錬業に関する諸出願、陳情の窓口であった。そのほか若干の抱屋敷の管理や縁故貸もおこなったが、金融業といえるほどのものではなかった。

設立から一四〇年ほどを経た文化二年、住友は江戸中橋店において両替業を創始することにしたが、これは当時金融・商業活動が活発となった江戸で、幕府から拝領する別子銅山救済関係の公儀拝借金を「諸方江貸附」、その「利潤を以、御銅山方手当ニ差向候積」という思惑があったからである。文化二年三月、中橋店支配人直蔵は両替業開始の手始めに、住友の京都別家大橋与四郎（一橋家御呉服師）の仲介によって一橋家掛屋を出願し、同年九月に許可されると、中井（播磨屋）新右衛門と月番で勤めることになった。同年十月には、代官稲垣藤四郎豊芳（信州中之条）、十二月には代官上野四郎三郎資善（信州）の年貢金掛屋御用を引受けるなど、急速に各種金融業務をおこなうようになった。

こうして中橋店は、「両替仲ケ間加入仕不申而者、不弁利之儀も御座候故」、文化二年に三組両替屋のうち世利組に加入し、正式に両替商となった。そして、為替・両替取引がいよいよ盛んとなり、文化四年五月に相場立会仲間から「泉屋包」金銀の仲間通用を許可され、同十一年には正式に相場立会仲間に加入した。また文化五年三月には、田安家掛屋御用を勤め、そのほか大名や代官の掛屋御用も広く手がけた。一例をあげると、文政九年の取引先は御三卿の田安・一橋家をはじめとして、大名は松山藩、盛岡藩など一五藩、旗本は伊奈幸之助惟忠、長谷川図書正以など四家、代官は平岩右膳親康、辻甚太郎守眉《もりよし》など一七家、合計三八家におよんだ（第9章・10章参照）。

文化五年十二月、こうした実績を買われて本両替となり、幕府の金融政策に協力することになった（以下、本章では中橋店を住友江戸両替店と表記する）。文化七年、住友江戸両替店は相場取組の不手際によって、本両替の職を翌八年から文政元年（一八一八）まで退いたが、その後は嘉永二年（一八四九）の一時休店まで勤めた。その店員数は、表8-3にあるように、文政十年に三三人と中井両替店についで二番目に多かったが、天保期にかけて減少し、嘉永二年の休店時には二〇人と、本両替四人のうちで最も少ない人数であった。

経営内容　天保六年の経営状況を前掲表8-5で見ると、①大坂本店からの預り金四万九一〇〇両（全体の四九・八％、うち一万二〇〇〇両は浅草札差店の本店送金分）を中心に、②田安御下げ金五〇五八両（同五・一％）、③一橋御下げ金二五八七両（同二・六％）、④大名六一五〇両（同六・二％）、⑤代官一八七五両（同一・九％）、⑥旗本・武家七一六八両（同七・三％）などの諸預り金に、当座預り金、残金（純財産）を加えた資本金九万八六八九両から、六万三九一九両（全体の六四・八％）を貸付けた（預り分を除く）。

その内訳は、大名・代官・旗本らの領主金融に三万八三七六両（同三八・九％）、江戸有数の問屋商人への商業金融に二万一四二両（同二一・四％）であった。具体的な経営内容は第9章・10章に譲るが、田安・一橋家とは掛屋御用と「御下ヶ金」の取扱い。諸大名とは、掛屋・蔵元御用や諸調達金御用、および江戸藩邸における国元（大坂蔵屋敷）為替金の先納・貸越御用。代官とは掛屋御用と年貢金などの立替。旗本とは年貢米を担保とする勝手賄い。商人とは商用貸付、および為替手形の過振りによる当座貸越金融であった。

その収益は、前掲表8-6にあるように、①利息収入が二〇八六両と全収益の実に七三・一％を占めていた。つぎに、②為替収入が二九五両（一〇・三％）、以下③扶持米収入一七四両（六・一％）、④両替収入一二七両（四・五％）、⑤家賃収入一〇七両（三・八％）、⑥その他の収入六四両（二・二％）となっていた。住友江戸両替店においても両替商資本は貸付資本そのものであるということができ、この年の純利益は、①から⑥までの全収益二八五三両から利払い二六一八両と諸入目一二二九両の合計三八四七両を差引いて九九四両の欠損となった。

経営推移　住友江戸両替店（中橋店）は、化政期の江戸地廻り経済圏の発展期に成長した典型的な両替商である。開業間もない文化三年、両替業収益として三〇〇両を計上し、金融市場の活発化にともない文化五年からは「田安御下ヶ金」の名目貸付によって成長した。文政八年には収益のうち一〇〇〇両を大坂本店に送金している。ところが、文政期の金融市場緊縮化政策にともない、住友江戸両替店もほかの両替商と同様に諸貸付金が利下げ年賦貸とされていった。このため住友江戸両替店は、文政十年から「田安御下ヶ金」を町奉行所を介して大名・

旗本などへ貸付けるなど、新規貸付先の開拓に努めたが、うまく軌道に乗らなかった。そして翌十一年には、「江戸中橋店も近年夥敷損銀有之、兼而心痛致候所、当年者別而不融通ニ相成、此節急々壱万両差下し不申而者、同所も及休店可申候」という状態であった。そこで、大坂本店は翌文政十二年から、住友のいま一つの江戸出店である泉屋甚左衛門店（浅草札差店）の本店送金分二〇〇〇両を毎年江戸両替店に仕送りすることにし、住友江戸両替店はこれによって経営を立て直すことになった。天保六年（一八三五）にいたり、貸付先は田安・一橋家をはじめとして、代官一〇家、大名一〇家、旗本・武家四六家、商人四六家などであったが、総貸付高六万三九〇〇両の実に五一・四％は、年賦・永代貸の不良資産であった。そのため、前述のように同年の営業成績は九九四両の欠損となり、浅草店の仕送り金なしには未だ経営は立ち行かなかった。

天保十四年十二月に札差へ発布された「無利息年賦返済令」は、頼みとする泉屋甚左衛門店の住友江戸両替店への仕送りを不可能とした。さらに嘉永二年（一八四九）、大坂本店は銅座預り金返済の件で資金繰りに行詰まり、営業成績の悪い江戸両替店はやむなく休店することになった。同年十月、住友江戸両替店は本両替をはじめ、田安・一橋家および代官の掛屋を辞退し、そのほかほとんどの金融業務から退いた。翌嘉永三年、住友江戸両替は別子銅山の江戸御用向取次出張所として残されることになり、上槇町から正木町へ移転した。そして本店から毎年二〇〇両ずつ賄料が送られ、休店時の借財三万両あまりは、貸付金の回収と泉屋甚左衛門店からの仕送り金によって年賦返済することになった。こうして、住友江戸両替店は表向きには経営を回復し、嘉永四年三月の「諸問屋名前帳」では三組両替屋のうち神田組として記載され、再び両替商仲間の一員として復帰することになった。

安政四年、住友江戸両替店は正木町から南槇町に移ると、古金銀引替、為替取組、貸付、両替など本格的に活躍するようになった。文久元年（一八六一）五月には、再び田安家掛屋を命ぜられ、翌二年十二月には、横浜貿易との関係から信州飯田藩（堀氏）の国産生糸送り荷に対する為替金支払方を、慶応元年（一八六五）二月には盛岡藩（南部氏）の国産生糸仕入金の預り方を命ぜられた。その間、住友江戸両替店の外部預り金（借財）は次第に決済されていったが、これと逆行するように身内の泉屋甚左衛門店からの仕送り金は、嘉永五年から文久三年までの一二年間で八八七六両、そのほかの臨時借り入れ金が六四六〇両にも達していた。これにより明治維新後、泉屋甚左衛門店の札差業が衰退すると、住友江戸両替店も立ち行かなくなった。

明治元年（一八六八）十月、大阪本店は江戸両店の閉店整理を申渡し、翌二年正月に住友江戸両替店は、札差の泉屋甚左衛門店とともに閉店した。そして、江戸両店の店員の一部は、大阪本店勤務となり、その金融実務の経験が、大阪本店や神戸支店における並合《なみあい》貸付（商品担保貸付）、荷為替貸付に活用された。この業務が発展して、明治二十八年に住友銀行（現、三井住友銀行）が設立された。

第四節　文化・文政期の幕府金融政策と本両替

（1）　文化期の金融政策

文化五年（一八〇八）、幕府は一度に五人もの新規本両替を採用したが、これは江戸地廻り経済圏の発展に対応する、幕府のつぎのような政策を実現するために必要としたのである。

①文化期の金融市場統制策　文化期（一八〇四〜一八一七）は江戸問屋商人の発展により、金融市場が活発となり、公金貸付や御三家、御三卿、寺社の名目金貸付が、その前後に類をみないほど積極的に展開された時期である。文化五年に幕府は、「町方御用達」を任命し、彼らに町奉行・町年寄が取扱う公金の運用を依頼した(78)。まさにこの年、幕府は新規本両替を採用し、三井とともにその統制下に置くことによって、彼らが従来取扱っている公金、名目金を統制し、江戸金融市場に介入しようとしたのである。本両替はつぎに示すように、何らかの形で公用・名目金貸付に関係していた(79)。

三井　御為替組・幕府御用預り貸付金・上野宮（寛永寺）貸付金・上野宮別口貸付金
中井　馬喰町貸付役所掛屋・代官掛屋・一橋家掛屋・増上寺貸付金(80)
住友　代官掛屋・田安家掛屋・一橋家掛屋
竹原　尾州家御為替御用
升屋　紀州家御為替御用
殿村　紀州家松坂御為替組元取、御細工所御作事方定両替

②米価調節・公金貸付資金（御用金）の管理　文化期は、米価調節（買米による下落米価の引上げ）資金や公金貸付資金を三都の問屋商人からの御用金に求めていた(81)。とくに江戸では、文化三年に江戸商人および幕領農民にたいして、幕初いらい初めて御用金が命じられた。以後、文化十年、天保七年、同八年、同九年と幕末まで続いた。このほか十組問屋、札差からの冥加金、上納金を徴収したが、これら金銀の預り、金見、包改め、御金蔵納めなどの管理について本両替を必要としたのである。文化期の実例では、文化三年と同十年の御用金の取扱い(82)、文化五年の払米代金一万二〇八五両あまりの金見と包改め(83)、同六年の十組問屋冥加金八一五〇両の預りと包改めなどがあった(84)。このように、文化期の金融政策は、本両替（一部、町方御用達）の協力によってなされたのである(85)。

(2)　文政期の金融政策

文政期（一八一八〜一八二九）に入ると、同一二年の幕閣の交代により商業政策は大きく変化する(86)。

①公金貸付の縮小整理　幕府は、文化期に著しく拡大した公金貸付の回転円滑化のため、文化十四年に馬喰町貸付役所を設け(87)、取扱い機関を一本化した。文政期以降、馬喰町貸付役所によって公金貸付が整理され、貸付元金と利金の回収に力がそそがれると、必然的に貸付高は減少することになった(88)。これにより、大名財政や旗本家計

は圧迫を受け、藩政・家政改革を断行することになり、本両替ら金融業者は、その影響を直接こうむることになる。また幕府は、大名や旗本の救済のため、文政三年六月に旗本に対する馬喰町貸付金の利子引下げ・年賦返済令を発し、[89]さらに文政七年十月には諸大名にたいして同様の法令が発布された。[90]これによってもまた、本両替は右の法令に準じて利下げ、年賦返済をおこなわなければならなくなった。

②貨幣改鋳と古金銀引替　文化期の買米を中心とする物価政策にかわって、文政期には貨幣改鋳による物価政策がとられた。[91]文政元年に幕府は、真文二分判の改鋳を手始めに、以後、文政二年、三年、七年、十一年、十二年、天保三年と、合計八種類の金銀貨を鋳造した。[92]これにより、本両替は古金銀と改鋳金銀の引替えという重要な役割を担うようになった。貨幣改鋳は、一部世上の「金銀不融通」を解消して通貨量を増加させ、商品流通の拡大に効果があったかもしれない。しかし、幕府の改鋳益金を目的とする無計画な貨幣改鋳は、貨幣相場を変動させ、米価と諸物価の均衡を破綻させた。[93]このような幕府の諸政策の影響もあって、江戸の問屋商人は経営が悪化し、借金返済に困窮し、財産処分、ひいては閉店休業、退転する者まであらわれた。文政八年十月、三井江戸両替店の本店報告書によると、このころ「米問屋仲間等も手広ニいたし候者も、相休候者も多分有之」という状況であった。[94]

江戸両替商を始めとする金融業者は、前述した①公金貸付の縮小整理により大名、旗本からの貸付金回収が滞り、②の貨幣改鋳と古金銀引替政策と相まって、江戸市中問屋商人からの貸付金回収が滞った。こうして本両替六人も経営危機に瀕したのであるが、三井は新規貸付先の開拓と上野宮別口貸付金の開始によって、中井、竹原もさまざまな経営努力によって経営を回復した。しかし、升屋は文政八年十月、殿村は文政十二年、相ついで休業した。住友も貸付金の回収と新規貸付先の開拓に努力したが、文政十二年ころから欠損を出し、嘉永二年（一八四九）にいたって休業した。こうした不況期における営業浮沈の差は、経営努力はもちろん、幕府御用を独自に拝命しているか否かの差もあったであろう。

以上、文化期、江戸地廻り経済圏の発展によって、江戸の仕入れ問屋が発達し、商業金融市場が大いに拡大した。また、これにともない公金貸付、名目金貸付が積極的に展開され、領主金融市場も拡張した。これら金融市場の発展によって、江戸両替商も貸付資本として急成長を遂げたが、その代表が文化五年の中井、竹原、升屋、殿村、住友の新規本両替五人であった。彼らは、三都の両替商と為替取引関係にあり、幕府、諸大名、三都の有力な問屋商人と金融・為替取引を有する相場立会仲間のメンバーであった。幕府は、今後の金融政策を実現するために、右の五人を文化五年、本両替に任命したのである。

嘉永三年、幕府は住友に代えて、同じ相場立会仲間の村田七右衛門を本両替に任命し、慶応二年（一八六六）には、御為替小野組と相場立会仲間を兼務した小野善次郎を本両替に任命した。このように幕府は、嘉永期以降の金融政策も、本両替の協力なしには実現できなかったのであり、その採用にあたっては、三都に為替取引を有する相場立会仲間から任命したのであった。

（1）　三井高維『新稿　両替年代記関鍵』二巻　考証篇（岩波書店　一九三三年、柏書房復刻版　一九七一年）八八頁。なお、同『校註　両替年代記』原編（岩波書店　一九三二年、同上）によると、幕府公金のほかに、宝暦九年十二月から「清水御殿御茶銀、枚包等掛訳両替」（同書、二八〇頁）、寛政三年九月から猿屋町会所の金見などを引受け（同書、三八五頁）、文化三年以降は新たに御用金の預り、金見、包立をおこなった。両替屋の包金銀については、滝泰子「近世包封金銀考」（『日本史研究』三六二号　一九九二年）参照。

なお、弘化二年（一八四五）に作成された「両替年代記」原本は、本両替仲間引継ぎの共有文書であり、江戸相場立会仲間の記録「諸事控」七冊など八六点が本両替仲間の書物箪笥に収蔵されていた。明治五年三月に本両替仲間が解散し、当番の小野善次郎から三井次郎右衛門に引き渡され、現在は三井文庫の所蔵となっている（前掲『校註　両替年代

記』原編の附録「〔一〕両替年代記引用書目」一〜二三頁参照）。
(2) 註（1）『新稿　両替年代記関鍵』二巻・考証篇、一三頁。なお、本項の引用は同書九一〜九九頁による。
(3) 末岡照啓「近世前・中期における住友の経営構造（一）」（『住友史料館報』二四号　一九九三年）八二頁の第三七表と八三頁参照。
(4) 田谷博吉「江戸幕府御為替の仕法」（『同志社商学』二〇号　一九六八年）七一・七四・七五頁。
(5) 法令の詳細は、小葉田淳『日本の貨幣』（至文堂　一九五八年）一六九〜一七四頁、辻達也『享保改革の研究』（創文社　一九六三年）二〇七頁参照。
(6) 『御触書寛保集成』（岩波書店　一九七六年）一八一二。
(7) この事件の詳細は、鶴岡実枝子「天明期江戸両替屋役金一件」（『史料館研究紀要』一五号　一九八三年）参照。
(8) 註（1）『校註　両替年代記』原編、三三八〜三三九頁。
(9) 註（7）鶴岡論文、一三三頁。
(10) 『御触書天明集成』（岩波書店　一九七六年）二九八三。
(11) 註（7）鶴岡論文、一三二頁。
(12) 同右論文、一三五・一三六頁。
(13) 三井高維『新稿　両替年代記関鍵』一巻・資料篇（岩波書店　一九三三年、柏書房復刻版　一九七一年）一四五〜二〇九頁。
(14) 註（1）『新稿　両替年代記関鍵』二巻・考証篇、九一〜九九頁。
(15) 註（7）鶴岡論文、一三八〜一四二頁。
(16) 註（1）『校註　両替年代記』原編、三七〇頁。
(17) 同右。
(18) 同右。
(19) 註（1）『校註　両替年代記』原編、四〇七〜四〇八頁。
(20) 寛政七年「諸事控」（三井文庫所蔵　架蔵番号三六五）。註（13）『新稿　両替年代記関鍵』一巻・資料編、二四三〜二四七頁。
(21)　文化四年「諸事控」（三井文庫所蔵　架蔵番号三六六）。註(13)『新稿　両替年代記関鍵』一巻・資料編、二五〇〜二五一頁。なお、賀川隆行『近世三井経営史の研究』（吉川弘文館　一九八五年）五九〜七一頁の「三都の為替取引組織」も参照。
(22)　寛政七年から慶応四年まで七冊の「諸事控」（三井文庫所蔵　架蔵番号三六四〜三七〇）の仲間規定参照。なお、註(13)『新稿　両替年代記関鍵』一巻・資料編、二四三〜二五五頁に寛政七年、文化四年、嘉永五年、慶応四年の翻刻がある。
(23)　註(1)『新稿　両替年代記関鍵』二巻・考証編、四〇〜四二頁。
(24)　中井信彦『転換期幕藩制の研究』（塙書房　一九七一年）三四六・三四七頁。
(25)　為替打銀については、遠藤佐々喜解説・三井家史編纂室編『大阪金銀米銭并為替日々相場表』巻一（三井家史編纂室　一九一六年）一三〜二一頁、竹内一男「両替取引の研究」（三和銀行発行『法務通信』三一号　一九七五年）、田谷博吉「享保期の銀座と御為替打銀の取得」（秀村選三ほか編『近代経済の歴史的基盤』（ミネルヴァ書房　一九七七年）、新保博『近世の物価と経済発展』（東洋経済新報社　一九七八年）二一五〜二二二頁、賀川隆行「幕末維新期の御為替三井組」（『三井文庫論叢』一三号　一九七九年）二八〜三二頁、のち註(21)同『近世三井経営史の研究』所収などによって説明されているが、その性格については大きく「手数料説」と「利子説」に分かれており、その結着は未だついていない。本書では、本文のように規定しておく。
(26)　中川すがね『大阪両替商の金融と社会』（清文堂出版　二〇〇三年）の巻末付表「近世後期大坂の手形取り扱い商人」による。
(27)　宮本又次「京都の両替屋」（同氏編『史的研究　金融構造と商業経営』清文堂出版　一九六七年）一〇頁。
(28)　註(25)賀川論文、一三頁。
(29)　註(22)寛政七年と文政十二年の「諸事控」（三井文庫所蔵、架蔵番号三六四・三六六）。註(13)『新稿　両替年代記関鍵』一巻・資料編、二四三頁。
(30)　註(7)鶴岡論文、一三七頁。

(31)〜(34)　註(13)『新稿　両替年代記関鍵』一巻・資料編、二四七〜二五五頁。
(35)　註(7)鶴岡論文、一三六頁。
(36)　註(1)『校註　両替年代記』原編、四〇〇頁。なお、三谷三九郎はその後「金銀包封之儘通用」仲間に所属し、幕末まで有力な江戸両替商であった。維新後は陸軍省会計御用掛となったが、明治六年預り金の一時返済で破産した。
(37)〜(40)　同右書、四〇〇〜四〇二頁。
(41)　横山昭男「米沢藩における青苧専売制の展開過程」(『歴史学研究』二五〇号　一九六一年)。
(42)　註(1)『校註　両替年代記』原編、四〇〇頁〜四〇一頁。
(43)(44)　同右書、四〇一頁。
(45)　田中康男「寛政期における江戸両替商の経営――播磨屋新右衛門家の場合――」(『三井文庫論叢』二号　一九六八年)。
(46)〜(48)　註(1)『校註　両替年代記』原編、四〇一頁。
(49)　同右書、四〇〇頁。
(50)　同右書、四〇一頁。
(51)　同右書、四二〇〜四二一頁。
(52)(53)　同右書、四二一頁。
(54)　同右書、四二三頁。
(55)　同右書、四二六頁。
(56)　末岡照啓『泉屋叢考　弐拾壱輯　近世後期住友江戸両替店の創業と経営――江戸における掛屋・蔵元業務の実態――』(住友修史室　一九八七年)付録編一九〜二一頁、および註(1)『校註　両替年代記』原編、四二六・四二七頁参照。
(57)　同右。
(58)　松本四郎「幕末・維新期における三井家大元方の存在形態」(『三井文庫論叢』二号　一九六九年)、田中康雄「江戸時代後期における三井江戸両替店の経営動向」(『三井文庫論叢』三号　一九六九年)、註(21)賀川『近世三井経営史の研究』一五七〜二六〇頁、日本経営史研究所編『三井両替店』(三井銀行　一九八三年)などによる。
(59)　註(45)田中論文、国立史料館編『播磨屋中井家永代帳』(東京大学出版会　一九八二年)の解題による。なお、高山慶子「江戸町名主の縁戚と交際――深川相川町名主相川家を事例として――」（『日本歴史』七五四号　二〇一一年）によると、相川家は札差江原佐兵衛家と同族であり、中井両替店の別家伊勢屋喜右衛門、札差伊勢屋長兵衛とも親戚であったという。
(60)　註(1)『校註　両替年代記』原編、一四八頁。
(61)　註(7)鶴岡論文、一三七頁の第12表。
(62)　註(1)『校註　両替年代記』原編、四四八頁。
(63)　竹内誠「寛政改革と「勘定所御用達」の成立」（『日本歴史』一二八・一二九号　一九五九年）。のち、同氏『寛政改革の研究』（吉川弘文館　二〇〇九年）所収。
(64)　岩崎宏之「明治維新期の東京における商人資本の動向――東京商社を中心にして――」（西山松之助編『江戸町人の研究』第一巻　吉川弘文館　一九七二年）五八二～五八四の第１表。
(65)　註(1)『校註　両替年代記』原編、序四頁の頭註。
(66)　同右書、一〇四頁。
(67)　註(61)に同じ。
(68)　註(62)に同じ。
(69)　註(56)末岡書、七六頁参照。
(70)(71)　註(56)末岡書の付録三四所収（文政八年「覚（升屋源四郎休店ニ付為替不渡一件書）」。なお「江戸為替定書之事」の全文は、「両替屋通達書写」（黒羽兵治郎編『大阪商業史料集成』第五輯　大阪商科大学経済研究所　一九三九年）三三五～三三七頁にある。
(72)　註(1)『校註　両替年代記』原編、二三〇頁。
(73)　註(7)鶴岡論文、一三七頁の第12表。
(74)　註(1)『校註　両替年代記』原編、四四八頁。
(75)(76)　北島正元編著『江戸商業と伊勢店』（吉川弘文館、一九六二年）五〇九～五三九頁。
(77)　註(56)末岡書、以下引用はすべて同書による。なお、宮本又次『泉屋叢考　弐拾輯　近世住友金融概史』（住友修史

室　一九八三年）、『住友銀行八十年史』（住友銀行　一九七九年）、末岡照啓「天保の無利息年賦返済令と札差」（『国史学』一一六・一一七合併号　一九八二年）、清水裕子「幕末における輸出生糸の流通過程――飯田藩国産制の再検討――」（『信濃』四五―一〇　一九九三年）なども参照。
(78) 竹内誠「幕府経済の変貌と金融政策の展開」（『日本経済史大系』近世下　一九六五年）二一〇・二一一頁、のち註(63)書所収。三浦俊明『近世寺社名目金の史的研究』（吉川弘文館　一九八三年）二九頁。
(79) 註(1)『校註　両替年代記』原編、四四八頁の本両替御用向返答書に判明する金融業務を加筆した。
(80) 註(78)三浦書、一一〇頁。
(81) 竹内誠「文化年間幕府御用金の実態と背景」（『史潮』七七号　一九六一年）。註(63)竹内書、三九五頁。
(82) 註(1)『校註　両替年代記』原編、四二一・四四二頁。
(83) 同右書、四三〇頁。
(84) 同右書、四三一頁。
(85) 註(78)竹内論文によると、寛政改革期の幕府経済政策をになった勘定所御用達が、文化期以降も引き続きその役割を果たしたとされているが、勘定所御用達メンバーのほとんどは、文化期に本両替や町方御用達となった者である。幕府経済政策の担当は、勘定所御用達から本両替・町方御用達に移行したといえよう。
(86) 北島正元「化政期の政治と民衆」（『岩波講座　日本歴史』近世四　岩波書店　一九六七年）所収。
(87) 竹内誠「馬喰町貸付役所の成立」（『徳川林政史研究所研究紀要』昭和四十八年度　一九七三年）、のち註(63)書所収。
(88) 註(78)竹内論文、西川武臣「文政期以降の幕府公金貸付政策と幕藩制」（『地方史研究』一七一号　一九八一年）。
(89) 『御触書天保集成』下（岩波書店　一九四一年）六二〇九、六二一三頁。
(90) 同右。
(91) 註(78)竹内論文参照。
(92) 田谷博吉『近世銀座の研究』（吉川弘文館　一九六三年）。
(93) 註(78)竹内論文。
(94) 日本経営史研究所編『三井両替店』（三井銀行　一九八三年）一二六三頁。

第9章　江戸両替商の代官・田安家・一橋家掛屋業務

第一節　住友江戸両替店の取引先と取引規定

本章と次章では、住友（泉屋）江戸両替店を事例に、江戸両替商の取引の具体相を明らかにする。

文化五年（一八〇八）十二月十九日、住友江戸両替店は竹原・中井（播磨屋）・升屋・殿村とともに新規本両替に任命され、従来の三井を含めて六軒にて幕府の金融政策に協力することになった。その具体的な業務は、①公金の鑑定と両替、②公金の預りと包立、③金銀相場の書上、④貨幣改鋳時の新古金銀の引替業務などであることはすでに述べた。そのほか、江戸本両替は共同して御三卿の清水家や猿屋町会所の金銀取扱い、文化三年以降は御用金の取扱いも担当した(1)。

その後、天保六年（一八三五）の住友江戸両替店の取引先（貸付先）をまとめたものが表9-1である。これは同店の勘定改め（監査）のために作成されたものであり、同店の貸付帳簿である「当用帳（大福帳）」「頼母子帳」「月割帳」「取替帳」「年賦帳」「永代帳」の内訳を書きあげたものである。「当用帳」から「取替帳」までは貸付金の回収が可能な貸付資産、「年賦帳」「永代帳」は回収が困難な不良資産である。表9-1では、貸付先ごとにA貸付金合計、B貸付資産、C不良資産に区分し、各貸付先ごとの不良債権率を算出した。貸付先は、幕府、御三卿の田安家・一橋家、代官（一〇家）、大名（一〇家）、旗本・武家（四六人）、商人（四二人）、別家・手代（三八

表9－1　住友江戸両替店の貸付先一覧（天保6年）

貸付先	合計A＝(B+C)		貸付資産B		不良資産C	
	両	%	両	%	両	%
幕府	297	0.5			297	0.9
代官　小計(10人)	8,237	12.9	50	0.2	8,187	24.9
辻甚太郎守眉(元大和五条代官)	4,820	7.5			4,820	14.7
稲垣藤四郎豊芳(元上野・信濃代官)	1,841	2.9			1,841	5.6
岸本武太夫荘美(元摂津・河内・播磨代官)	583	0.9			583	1.8
島田帯刀政富(元陸奥桑折代官)	280	0.4			280	0.9
井上五郎左衛門(元信濃中之条代官)	210	0.3			210	0.6
古橋隼人(元信濃代官)	182	0.3			182	0.6
柑本兵五郎裕之(元関東代官)	169	0.3			169	0.5
平岩右膳親康(元関東代官)	101	0.2			101	0.3
その他2人	51	0.1	50	0.2	1	0.0
田安家	73	0.1			73	0.2
一橋家	525	0.8	500	1.6	25	0.1
大名　小計(10家)	22,863	35.8	13,373	43.0	9,491	28.9
盛岡藩(南部氏)	12,097	18.9	5,340	17.2	6,757	20.6
浜松藩(水野氏)	4,185	6.5	4,185	13.5		0.0
浜田藩(松平氏)	2,500	3.9	2,500	8.0		0.0
小田原藩(大久保氏)	1,502	2.4			1,502	4.6
延岡藩(内藤氏)	1,100	1.7	1,100	3.5		0.0
相良藩(田沼氏)	845	1.3			845	2.6
庄内藩(酒井氏)	248	0.4	248	0.8		0.0
庭瀬藩(板倉氏)	187	0.3			187	0.6
松山藩(松平氏)	100	0.2			100	0.3
秋田藩(佐竹氏)	100	0.2			100	0.3
旗本・武家　小計(46人余り)	6,678	10.4	1,453	4.7	5,225	15.9
長谷川図書正以(4,070石)	1,473	2.3			1,473	4.5
渡辺左織	1,111	1.7	200	0.6	911	2.8
伊奈遠江守忠告(1,060石)	643	1.0	643	2.1		0.0
天野左近(750石)	521	0.8			521	1.6
二宮素唯	500	0.8			500	1.5
牧野中務賛成(1,500石)	493	0.8	493	1.6		0.0
内藤甚十郎(2,000石)	305	0.5			305	0.9
村上大和守義雄(1,000石)	200	0.3			200	0.6
長尾覚左衛門	198	0.3			198	0.6
代官手附・手代4人	110	0.2			110	0.3
田安家臣2人	25	0.0	10	0.0	15	0.0
土佐藩家臣団	260	0.4			260	0.8

松山藩家臣4人	83	0.1			83	0.3
その他27人	757	1.2	107	0.3	650	2.0
商人　小計(42人)	21,142	33.1	14,481	46.6	6,661	20.3
後藤縫殿介(呉服御用達)	7,566	11.8	7,373	23.7	193	0.6
田中半十郎(材木商人)	3,025	4.7	3,025	9.7		0.0
伊勢屋源兵衛(三組両替屋)	2,000	3.1			2,000	6.1
松本平八郎	1,900	3.0	1,900	6.1		0.0
後藤四郎兵衛(大判座・分銅座)	1,078	1.7	573	1.8	505	1.5
升屋源四郎(本両替屋)	1,046	1.6			1,046	3.2
会田弥兵衛(武州越谷商人)	865	1.4			865	2.6
伊勢屋惣兵衛(材木仲買)	747	1.2	747	2.4		0.0
松本重三郎(塩問屋)	740	1.2			740	2.3
津軽屋三平(米穀問屋)	700	1.1	700	2.3		0.0
雑賀屋源兵衛(蠟問屋)	435	0.7			435	1.3
駿河屋源七(蠟・油問屋)	352	0.6			352	1.1
政田屋嘉兵衛他1人(六組飛脚問屋)	182	0.3			182	0.6
常是役所掛(銀座)	75	0.1	75	0.2		0.0
荒木伊右衛門(御為替十人組)	50	0.1	50	0.2		0.0
竹谷四郎兵衛(盛岡藩江戸銅問屋)	38	0.1			38	0.1
その他25人	343	0.5	38	0.1	305	0.9
別家・手代　小計(38人)	3,642	5.7	1,212	3.9	2,430	7.4
別家3人	417	0.7	19	0.1	398	1.2
手代29人	3,205	5.0	1,193	3.8	2,012	6.1
下男など6人	20	0.0			20	0.1
その他　小計(12口)	462	0.7	22	0.1	440	1.3
武州鴻巣宿村役人	33	0.1			33	0.1
その他11口	429	0.7	22	0.1	407	1.2
合計	63,919	100.0	31,091	100.0	32,828	100.0
預り金	-4,814		-37		-4,777	
差引合計	59,105		31,054		28,051	

註1：両以下、四捨五入。
　2：貸付資産Bは「当用帳(大福帳)」「月割帳」「取替帳」「頼母子帳」計上の貸付資産の合計。
　3：貸付資産Cは「年賦帳」「永代帳」計上の不良資産。
出典：天保六年中橋店「当用・頼母子・月割・年賦・永代・取替内訳精帳」(住友史料館所蔵)。

人）、その他一二口となっていた。天保六年時点の不良債権率の高い貸付先は、大名が二八・九％、商人が二〇・三％、旗本・武家が一五・九％、別家・手代が七・四％であった。

ところで、住友江戸両替店の金融取引規定については、すでに文政八年（一八二五）五月、九代当主住友友聞《ともひろ》が達した江戸両替店掟書一九か条がある。とくに金融取引に関する規定をつぎに紹介する[(2)]。

①諸屋敷の当役勤務心得　御勘定所・一橋家・田安家・三田役所（松山藩江戸藩邸）の御用は担当役の者が勤め、そのほかの者は諸屋敷出勤を堅く断り、その名代の者が諸事用便を勤めること（第二条）。

②諸屋敷役人への対応心得　諸屋敷役人が当店に入来の節は、不敬にならないよう大切に会釈すること、もし粗酒など提供するさいは係の者以外は、白昼に飲酒してはならないこと。大切な金銀を取り扱うので、万一手違いが生じたら取り返しがつかないので、堅く慎むこと（第三条）。

③帳簿記入と金銀渡し方心得　諸家の金銀を帳簿に書き入れるさいは、役頭一人、若手代一人が出勤し慎重に立会って見届けること。なお金銀受取の印鑑は、それぞれ差し出してもらっているので、照合できないときは金銀を渡さない約束になっていること（第四条）。

④非常時の心得　非常時の心得は大切であるから、平常から家内人数を把握しその役割を決めておき、土蔵戸前や穴蔵（地下金庫）はとくに入念にすること、そのほか御用書物類や大切な帳簿は一番先に持ち出し、近くのふさわしい場所まで退避すること（第七条）。

⑤諸屋敷名義人の印鑑心得　諸屋敷の担当者は、当店を代表する名義人なので、たとえ自分の印であっても店の直印と同様に心得て諸事大切に取り扱うこととするが、同じ印を自分の保証印にすることは遠慮すること（第一一条）。

⑥金銀出入と決算心得　家業について金銀を大切に取り扱うことはもちろんであるが、日々の金銀出入に過不足

なく検査し、まちがいがないことを見届けたら、月々の勘定を決算し、江戸札差店（泉屋甚左衛門）と立会の上で監査すること（第一二条）。

⑦**貸付金の心得**　利付き貸付金については、たとえ借り主の身元が確実であっても大量に貸し付けてはならないこと、そのほかこれまで無利息で五〇両から一〇〇両以下の貸付が数口みられるが、その取立に不行き届きがあるので、応対手続きをもって追々取り立てること、屋敷出入の担当者はたとえ懇意であっても右の取立が済まないうちは、用立金をいっさい謝絶すること（第一四条）。

⑧**諸屋敷臨時出銀の心得**　諸屋敷から為替取引のほか、臨時出銀の依頼があった場合は、大坂本店に相談して返答すること（第一五条）。

⑨**為替取引延引の心得**　為替取引の決済が延引した場合は、為替取組みの者から日廻し利息（日歩）を取ることになっているので、十分に取り決めてあまり延引しないよう調査すること（第一六条）。

⑩**扶持米・拝領物の心得**　諸屋敷から扶持米そのほかの拝領物があるときは、大坂本店から礼状を差し出すので、早々に連絡し不敬にならないようにすること（第一七条）。

⑪**新規館入《たちいり》謝絶の心得**　新規館入は、堅く断ること、万一断ることができない場合は、大坂本店へ相談して実行すること（第一八条）。

⑫**証文類保管の心得**　諸屋敷の証文類や取引先証文類などは、取引印鑑を取り調べ、大切に取り置くこと（第一九条）。

住友江戸両替店では、御勘定所（代官を含む）・一橋家・田安家・松山藩など諸屋敷との金融取引が主要業務であった。そのため、右のように帳簿の監査、穴蔵の管理、印鑑照合、決算、貸付金、大名取引、為替取引などの心得が細かく規定されていたのである。

以下、本章第二節からは住友江戸両替店と代官、田安家、一橋家の掛屋業務について明らかにする。

第二節　代官の掛屋業務

(1) 代官掛屋の取引証文

泉屋住友の江戸両替店（中橋店）は、文化二年（一八〇五）の開業から代官所の掛屋御用を引き受けた。表9-2によると、その総数は文化期（一八〇四～一八一七）に一〇家、文政から天保期（一八一八～一八四三）に一七家、通算すると三八家におよぶ。そのほか大名（三家）と遠国奉行の預り所掛屋も勤めた。住友江戸両替店が、新規の代官掛屋業務に進出するようになった原因の一つに、住友のいま一つの江戸出店として札差業を営んでいた泉屋甚左衛門店（浅草出店）の存在にも注目したい。

浅草の泉屋甚左衛門店は、小禄の蔵米取を取引先とする札差であったが、代官もまた大切な取引相手であった。代官は数万石に及ぶ幕領を支配するにもかかわらず、彼ら自身は表9-2にあるように小禄の蔵米取が大部分を占めており、そのため札差からたびたび借金することがあった。それを縁に札差の泉屋甚左衛門店は代官にたいして、住友江戸両替店に金銀出納の掛屋御用を依頼するよう斡旋したのである。

たとえば、文化五年（一八〇八）九月に関東代官平岩右膳親康の父次郎兵衛親豊（一〇〇俵、支配勘定）は、要用につき金五〇両を泉屋甚左衛門店から年利五％で五年賦の条件で借用したが、約束の期限までに皆済されなかった。文政四年（一八二一）六月四日、子息右膳親康が代官に就任し、翌年八月に住友江戸両替店が掛屋御用を引き受けると、泉屋甚左衛門店は返済残金二七両二分を「平岩次郎兵衛様御用立金、御同人様御子息右膳様御儀、御代官被蒙仰候節、右等之訳合」によって帳消しとした(3)。

このような例は、同じ本両替の播磨屋（中井）新右衛門店においてもみられる。中井家は寛政十二年（一八〇

表9-2　住友江戸両替店の掛屋取引の郡代・代官一覧

No.	郡代・代官	知行高	掛屋期間	清算年月	支配地(郡代・代官所所在地)
1	稲垣藤四郎豊芳	250俵	(文化2.10)～同9	文化10.3	上野・信濃(中之条)
2	上野四郎三郎資善	100俵	(文化2.12)～		信濃
3	布施孫三郎義容	300俵	(文化5.6)～		美作・播磨・但馬(生野)
4	寺西重次郎封元	70俵5人	(文化5.閏6)～		陸奥(桑折)
5	山上藤一郎定保	70俵5人	(文化5.6)～		
6	矢崎松次郎	100俵3人	(文化5.11)～		甲斐(石和)
7	中村八太夫利剛	100俵	(文化5)～		武蔵・下総(関東郡代付)
8	阿久沢弥平治	70俵5人	(文化9.11)～		石見(大森)・豊後
9	古橋隼人	150石	文化3.7～同10	文政3	信濃
10	杉庄兵衛貞響	200俵	文化5.10～文政10.8	天保6.6	信濃(中野)→常陸・下総・伊豆諸島
11	辻甚太郎守眉→富次郎	500石	文化5.6～文政12	文政13.8	摂津・大和(五条)→摂津・河内・播磨
12	松下内匠堅徳	650石	?　～文政11	文政13.11	伊勢・美濃(笠松)
13	芝与一右衛門正盛	100石	(文化12～文政11)		加賀・越前・美濃・飛騨(高山)
14	山田仁右衛門至倍	70俵5人	文化5.6～(文政6)	天保8.6	武蔵・下総・常陸→美作・播磨・但馬(生野)
15	大原四郎右衛門	200俵	(文政2～9)	天保11.3	武蔵・下総
16	柑本兵五郎祐之	100俵	文政9頃	文政12.11	関東地廻り
17	平岩右膳親康	100俵	(文政5～天保元)	天保8.10	関東地廻り10万石
18	高木作右衛門忠任	100俵	文政9頃		肥後・筑前・肥前(長崎)
19	上林六郎久忠	550石	文政9頃		河内・山城(宇治)
20	江川太郎左衛門英毅	150俵	?　～(天保5)	天保5.4	相模・駿河・伊豆(韮山)
21	野田斧吉	100俵	(文政6)～天保7.2	天保8.8	越後(出雲崎)→伊勢・美濃(笠松)
22	男谷彦四郎思孝	150俵	(文政2)～	天保7.7	信濃(中之条)→越後
23	島田帯刀政美→政富	150俵	文化10.7～	天保14.2	河内・播磨・摂津(大坂鈴木町)→関東代官→陸奥(桑折)
24	塩谷大四郎正義	500俵	文政5.8～天保6.9	天保6.11	日向・筑後・豊前・豊後(日田)
25	岸本武太夫荘美	100俵	天保6頃		下総・下野→河内・播磨・摂津(大坂鈴木町)
26	森覚蔵貫之	100俵	(文政6)～		安房・上総・下総
27	井上五郎左衛門	200俵	文政10.10～		信濃(中之条)→甲斐(石和)
28	柴田善之丞政方	100俵	?　～(弘化元)	弘化元.1	陸奥・常陸→甲斐(石和)→伊勢・美濃(笠松)
29	大原左近	100俵	(天保7～弘化元)	弘化元.11	上野・信濃(中之条)
30	岡崎兼三郎	150俵	天保14～嘉永2	嘉永3.4	但馬・丹後(久美浜)→三河・遠江(中泉)
31	平岡文次郎	40俵	?　～(弘化元.2)	弘化3.9	陸奥・越後(水原)→武蔵・下総
32	北条雄之助	70俵5人	?　～(弘化4)	弘化4.2	信濃(中野)→常陸・上野・陸奥
33	高木清左衛門	100俵5人	(弘化2)～		安房・上総・下総
34	設楽八三郎能潜	150俵	(弘化3～嘉永2)	嘉永2.10	河内・和泉・摂津(大坂鈴木町)
35	川上金吾助	70俵3人	弘化4～(嘉永2)	嘉永2.12	信濃(中之条)
36	荒井清兵衛顕道	100俵	?～嘉永2.4	嘉永2.10	陸奥(塙)
37	鈴木大太郎	100俵5人	?～嘉永2.10	嘉永2.10	信濃(中之条)
38	望月新八郎	150俵	?～嘉永2.10	嘉永2.10	美作・播磨・但馬(生野)
	大名預り所	知行高	掛屋期間	清算年月	預り支配地
39	庄内藩(酒井氏)	14万石	文政9頃		出羽(2万7138石余)
40	桑名藩(松平氏)	11万石	文政8.7～天保2.4	天保2.4	越後(5万1136石余)
41	新発田藩(溝口氏)	5万石	文政6.11～天保4.8	天保4.8	越後(1万4996石余)
42	千村平右衛門	5000石	文政9頃		信濃(6827石余)

註1：住友大坂本店は、三河口太忠(豊後日田郡代)・辻甚太郎(大和五条代官)・山田仁右衛門(美作久世・備中笠岡代官)・大原四郎右衛門(倉敷代官)・都築金三郎(大津代官)の掛屋を勤めていた。
　2：表中の(　)の年次は推定。5人は5人扶持のこと。
出典：「(代官掛屋取引関係証文)」、中橋店「印鑑帳」、表9-1の史料(以上、住友史料館所蔵)、註(7)村上直校訂『江戸幕府郡代代官史料集』、村上直・荒川秀俊編『江戸幕府代官史料――県令集覧――』(吉川弘文館　1975年)、『文化武鑑』全7巻(柏書房　1981年)、『文政武鑑』全5巻(柏書房　1982～1992年)、橋本博編『大武鑑』上・中・下巻(名著刊行会　1965年)、村上直『江戸幕府の代官』(新人物往来社　1970年)。

〇）ごろ二七家もの代官と取引があったが、新規代官との取引には親類の札差笠倉屋平十郎の伝手を頼っている(4)。住友江戸両替店では、大坂本店が鉱山業を営んでいた関係から、鉱山支配代官との取引もあった(5)。いずれの場合も、掛屋は代官所の御用を引き受けるさいには請書を提出したが、その書式を井上五郎左衛門（信濃中之条代官）の実例でみてみよう(6)。

差上申証文之事

此度当御役所御用金掛屋之儀、住友吉次郎江被　仰付候間、下改御下金大切ニ奉預、御上納御日限御差図次第、何時成とも御差支無之様、急度上納可仕候、御用金御預中、大盗之難者不申、其外如何様之儀変事御座候共、差滞候儀御座候ハヽ、加判之者一同引請取計、聊御差支不相成様可仕候、且下改御下金、之時々預り証文之儀者、吉次郎一名ヲ以御金御渡可被下候、左候而者加判人一同引請取計候義ニ付、御差支之儀者少しも仕間敷候、下改賃金之儀者、金百両ニ付銀五匁之積、其外御上納金箱代幷御金持運人足賃等迄、御上納金高ニ応し年々仕訳書差上可申候間、御取調之上御渡可被下候、依之御用金下改掛屋証文差上申所、如件

文政十亥年十月

浅草諏訪町家持
御蔵札差・証人　泉屋甚左衛門

中橋上槇町家持
御銅山御用達・御金預り人　住友吉次郎

井上五郎左衛門様御役所

すなわち、内容を補って要約すると、①江戸両替店の住友吉次郎が井上代官所の掛屋御用を仰せつけられたからには、公金の下改め（鑑定）を済ませて大切に預り、納付期限の指図があれば直ちに上納すること、②公金の預り期間中は、盗難そのほかどのような有事があろうとも、加判の保証人（泉屋甚左衛門）と一緒に引受け、いささかも支障がないようにすること、③下改め公金の預り証文は、主人吉次郎一人の名義で渡してほしい、そう

したとしても保証人一同がいるので支障がないこと、④公金預りの下改め賃銀は、金一〇〇両につき銀五匁を申し受けたいこと、⑤そのほか上納金の箱代、同持ち運び運賃は、上納金高に応じて仕訳書を提出しているので、取調べのうえ渡してほしいこと、ということになろう。

代官の掛屋とは、代官所の年貢金等公金の出納業務を代行する者であり(7)、その業務内容は、掛屋となる者の所

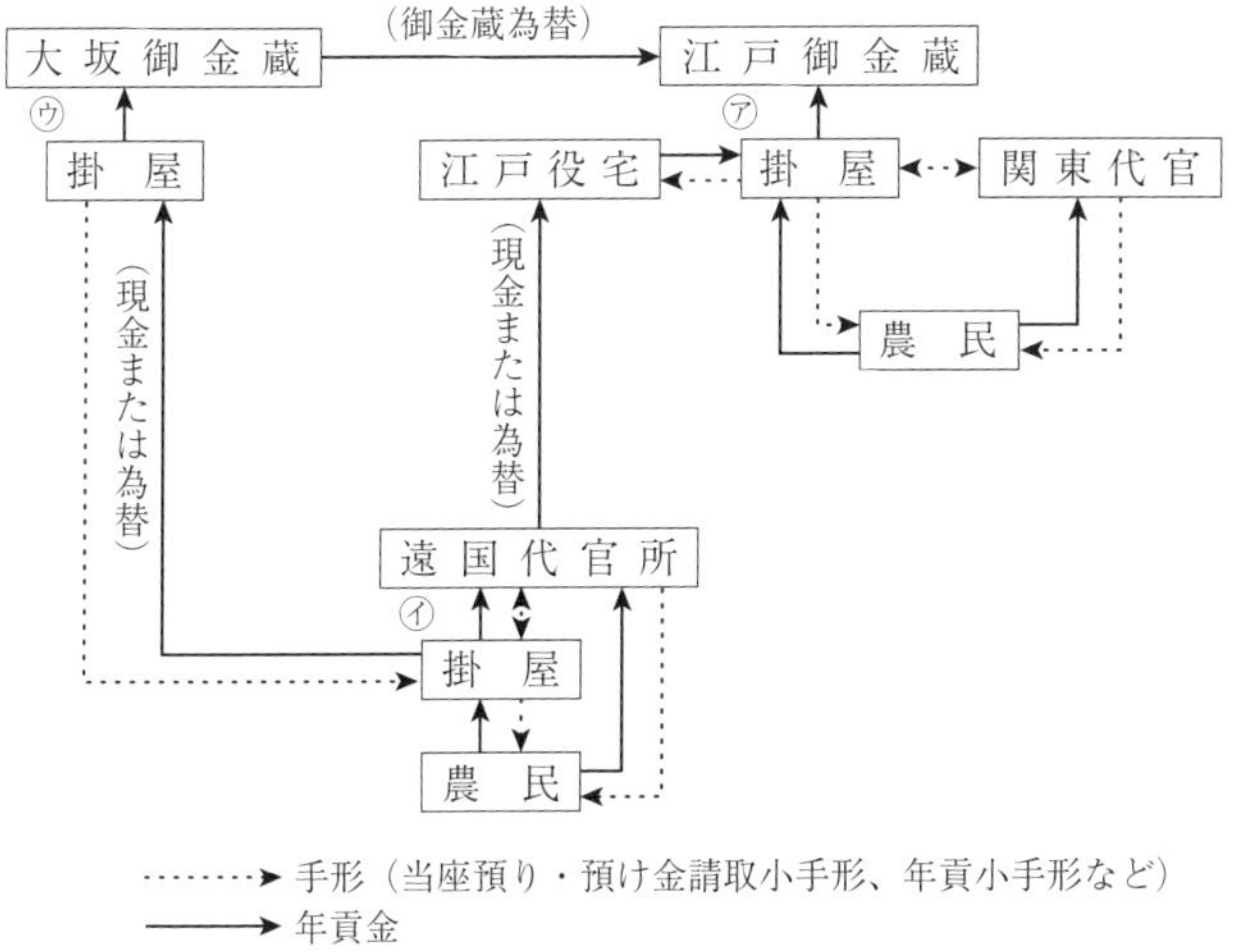

図9－1　代官年貢金の徴収経路

註1：掛屋名

(i)大和五条代官辻甚太郎守眉の場合（化政期）

㋐住友吉次郎（中橋店）

㋑中屋源兵衛（五条村在郷商人）ほか五条村庄屋1名、新町村庄屋1名の計3名

㋒住友吉次郎（大坂本店）

(ii)日田郡代窪田治部右衛門鎮勝の場合（文久3年以降）

㋐不明

㋑広瀬久右衛門・千原幸右衛門（日田郡豆田町）、山田半四郎・誠次郎（日田郡同隈町）、森甚左衛門（玖珠郡同隈町）の計5名

㋒澤田貞次郎（大坂鈴木町）

2：御金蔵為替については、第8章図8－1参照。

出典：大和五条代官の掛屋名は、註（7）森杉夫「畿内幕領における石代納」。日田郡の掛屋名は、「豊後国日田郡代役所・申送書」（註（7）『江戸幕府郡代代官史料集』299～300頁）。

表9-3　代官掛屋の包改め料

取扱高	手数料（歩銀・紙代共）	端銀高	手数料	
			入目銀	常是包紙代
金1分～1両3分	銀3分	銀10匁未満	銀2分	銀2分
金2両～5両	銀4分	銀10匁以上	銀3分	銀2分
金5両～10両	銀5分			
金10両以上	銀5匁(100両ニ付)			

出典：中橋店「印鑑帳」(住友史料館所蔵)。

在地（江戸・大坂・地方）によって多少異なる。図9-1によると、大和五条代官の辻甚太郎守眉の場合は、五条村の中屋源兵衛（在郷商人）ほか三人が下掛屋として農民から年貢金を受けとり、現金あるいは為替で江戸の代官役宅へ送金された。日田郡代の窪田治部右衛門鎮勝の場合も、日田の豪商広瀬久右衛門ほか五人が、農民から年貢金を受け取り、同様の方法で江戸役宅に送金された。住友江戸両替店の代官掛屋業務は、これら各地の代官所やその付属掛屋から江戸の役宅へ送られてくる年貢金等の公金を一時的に預り、代官の指示に従い期日を定めて金・銀座に出頭し、金銀質の検査をおえて封印をうけ、江戸御金蔵へ納入することであった。また関東代官の場合は、膝元でもあり住友江戸両替店が江戸役宅に付属し、年貢金等の徴収をも併せて代行することがあった。

住友江戸両替店が代官掛屋として受けとる金銀包改め料（下改め料とも、金銀の鑑定代）は、表9-3にあるように取扱高によって区分され、金一分から一両三分までが銀三分、金二両から五両までが銀四分、金五両から一〇両までが銀五分、金一〇両以上が金一〇〇両につき銀五匁であった。また預り金には端数の銀も交っていたので、端数については、銀一〇匁未満が銀四分、銀一〇匁以上が銀五分であった。代官の包改め料は、おおよそ金一〇〇両につき銀五匁と考えてよい。

このほか、御金蔵納付にさいしての箱代・釘縄代、持運人足賃も合わせて受け取った。実際の包改め料を江戸地廻り一〇万石支配の代官である平岩右膳親康の場合で見ると(8)、御金蔵納付にさいして受け取った一年間の「包歩永《つつみぶえい》、入銀」は箱代を含めて、文政六年（一八二三）に金一二両と永一六二文一分、同七年に金一〇両一分と永一七六文二分、同八年に金一一両二分と永一七文三分であり、三か年平均金一一両あまりとわずかな金額であった。これにより、代官の平岩が取り扱う一年間の御金蔵納付金は、金一両銀六〇匁替で換算すると、およそ金一万三六〇〇両であったことがわかる。なお、包改め料は、代官支配農村の年貢皆済目録に「包歩銀」「包歩永」と記してあるように、実際は農民が負担したのである。

代官所や江戸役宅と掛屋の金銀出納は、小手形と仕訳帳（一年区切り）によって確認された。つぎに関東代官平岩右膳親康の手附田村と館が、掛屋の住友江戸両替店に預けている年貢金から御金蔵納金一〇〇〇両を受領したさいの請取小手形を紹介する(9)。

覚

割印　一金千両也　印㊞

戌御年貢金之内御金蔵納
　　請取

割印　文政九戌年八月六日　　田村弥三郎㊞
　　　　　　　　　　　　　　館　雄次郎印

住友吉次郎殿

代官掛屋（住友吉次郎）は取引期限がくると、仕訳帳を代官に差し出し、仕訳帳によって掛屋側の預り小手形と代官側の請取小手形を照合した。計算が合うと双方の小手形を引き替え、代官から掛屋へ掛屋取引清算の一札が交付された(10)。これによって双方の取引は完済終了するのである。

しかし、代官の借り出し超過などによって、代官在任中に掛屋取引が清算できない場合は、代官の子孫や在任時の元手附・手代が清算事務を引き継ぎ、完済したときに一札を掛屋に差し入れた。つぎに関東代官の平岩右膳親康の取引清算一札を紹介する。

差入申一札之事

先年平岩右膳勤役中、御金下改被致候間、御年貢金并国役金、其外預り手形之分、此節勘定合相済候ニ付、双方ゟ入置候手形引替可申候処、年数相立、虫入或者先達而屋敷類焼ニ付、引替難相成候得共、差引無出入相成候上者、向後双方共如何様之書物残有之候共、可為反故条、為其一札仍如件

天保八酉年十月

平岩右膳元手代
飛田義十郎㊞
同人元手附
田村弥三治㊞

住友甚兵衛殿

内容を補って要約すると、住友江戸両替店は文政五年（一八二二）から天保元年（一八三〇）まで、関東代官の平岩右膳親康の掛屋を勤めていたが、清算事務が完了していなかった。ようやく、同八年十月に当時の代官手附田村と手代の飛田が立ち会い、住友側の預り小手形と平岩側の請取小手形を照合しようとしたが、代官側の請取小手形が虫食い欠損や焼失したので、手形の照合と交換ができなくなった。しかしながら、金銭の差引出入りがないことが判明したので、双方の書類を反古として清算を終了したのであった。

天保六年（一八三五）当時の、代官掛屋取引先と年貢金の当座取引高は表9-4のとおりである。取引先は、平岩右膳親康（元関東代官）、島田帯刀政美（陸奥桑折代官）、塩谷大四郎正義（豊後日田郡代）、岸本武太夫荘美（摂津・河内・播磨代官）、森覚蔵貫之（安房・下総・上総代官）井上五郎左衛門（甲斐石和代官）、柴田善之丞政方（甲府代官）、大原左近（信濃中之条代官）の八人である。そのうち平岩親康は、天保元年十月二十九日に病死しており[11]、表9-4の年貢金出入は、天保八年十月に平岩の元手附・手代が清算を完了するまでの未決裁金である。よって

現実に取引をおこなっているのは、七人ということになる。

年貢帳の当座取引高は、平岩・島田・森・柴田の四家が貸勘定、塩谷・岸本・井上・大原の四人が預り勘定、全体では三九九七両の預り勘定となっていた。なお、年貢金の御金蔵納付高を嘉永期（一八四八〜一八五三）ころの史料によって見ると、[12] 住友江戸両替店は川上金吾助（信州中之条代官）と岡崎兼三郎（遠州中泉代官）の年貢金について、それぞれ七四九〇両と二四八〇両を納付している。

代官の掛屋御用による収益は、金一〇〇両につき銀五匁というわずかなものであったが、御金蔵納付まで多額

表9－4　住友江戸両替店の当座貸付・預り金(天保6年)

（単位：両）

帳簿	取引先	当座貸借		
		貸付	預り	差引
御代官年貢帳	郡代・代官　合計A	1,285	5,281	-3,997
	平岩右膳親康	22	21	1
	島田帯刀政美	252	0	252
	*塩谷大四郎正義		809	-809
	岸本武太夫荘美	19	45	-27
	森覚蔵貫之	36		36
	井上五郎左衛門		3	-3
	*柴田善之丞政方	30	0	30
	大原左近	926	4,402	-3,476
諸向取替・預り所当座分	田安家　小計B	126	1,258	-1,132
	田安様銀帳御殿分	5	7	-2
	〃　〃　御納戸	81	53	29
	〃　〃　銀帳御広敷	40		40
	〃　〃　銀帳銀代分		150	-150
	〃　〃　銀帳御賄所		3	-3
	同　御年貢帳(関東分)		217	-217
	〃　〃　(甲州分)		421	-421
	〃　〃　(上方分)		407	-407
	一橋家　小計C	330	277	53
	一橋様(銀帳)御納戸	311	277	34
	〃　御年貢帳(関東分・越後分)	19	0	19
	大名ほか　小計D	1,385	9,540	-8,156
	松山藩	1,237	1,100	137
	浜松藩講積金		790	-790
	金座		40	-40
	銀座		50	-50
	古銅吹所		2,000	-2,000
	本両替帳		699	-699
	両替帳		3,682	-3,682
	苫屋		300	-300
	諸向口々	147	880	-733
為替方	商人ほか　小計E	414	7,133	-6,718
	銭屋佐兵衛	414		414
	鴻池重太郎		1,283	-1,283
	豊後町(泉屋甚次郎)		1,060	-1,060
	本家		492	-492
	為替渡方		3,917	-3,917
	為替内金		380	-380
	総計A+B+C+D+E	3,539	23,489	-19,950

註1：両以下、四捨五入。うち、0の実数は島田が金2朱余り、柴田が金1分余り、一橋様年貢帳金が1朱余り。

2：*印は郡代。

出典：天保6年中橋店「有物受払之精帳」(住友史料館所蔵)。

の公金を無利子で預かることができた。長期安定資金ではないが、これを短期貸付金その他に流用することも可能であった。また代官の掛屋御用ということで社会的信用も得ることができた。

（2）代官借用証文の諸相

代官の掛屋御用は、一時に多額の当座預り金が得られるというメリットがある反面、代官の年貢未納金の立替などにより、掛屋取引清算のときに貸出超過となる場合があった(13)。そして、これが年賦返済や借り捨てにされる危険性をはらんでいた。表9-5は、住友江戸両替店の残存する借用証文などから代官への貸付状況を調べたものである。これによると、代官の借用理由は、（1）年貢金納入の支障、（2）掛屋取引清算時の不足金、（3）支配替諸入用、（4）代官所諸経費入用に分けられる。以下、それぞれについて述べよう。

（1）年貢金納入の支障による借金

これに該当するのが、辻甚太郎守眉（大和五条代官）、稲垣藤四郎豊芳（信濃中之条代官）、杉庄兵衛貞響（常陸・下総・伊豆諸島代官）、男谷彦四郎思孝《ひろたか》（信濃中之条代官）の四人である。このうち、辻・稲垣・杉の三人について見てみよう。

辻代官の場合　文政四年（一八二一）五月、甚太郎守眉は大和五条代官のときに、「支配所御年貢金、期月ニ相成候処、支配所ゟ下し金間ニ合不申候ニ付」という理由で、住友江戸両替店から年貢立替金四五二〇両を借用して、滞りなく御金蔵へ納付することができた。返済については着金次第としたが、「相滞候而者不相成金子ニ付」、知行所の下野国安蘇郡新吉水村（知行高二八六石）と足利郡菅田村（同二六七石）の両村に下知して郷印証文を差し出させた。これには辻家の奥書連印もあり、両村の年貢収納金のうちから毎月一〇〇両ずつ返済すること、また代官勤役中は辻家からも諸入用金のうちから毎月一五〇両ずつ、両者合計二五〇両を返済すると確約した。

表9－5　住友江戸両替店の代官への貸付高（天保6年）　（単位：両）

No.	代官	年月		借用理由	返済方法
1	稲垣藤四郎豊芳	文化8．2	2,826	年貢金・貸付金の取立不足	文化10年までの返済残金2160両余は、切米50俵で返済。
9	古橋隼人	文政3．7	185	掛屋清算時の差引不足	代官手附の借金として、毎年10両ずつ18年賦返済。
10	杉庄兵衛貞響	文政元．3	1,000	支配所年貢金の取立不足	文政5.3に新証文書替
		天保2．2	1,200	掛屋清算不足金の立替	文政10貞響死去、天保6.6孫の槍次郎が神田佐久間町の50年間譲渡宿賃で返済。
11	辻甚太郎守眉	文化4．3	50	無拠要用につき	当年中返済のはず。
		同　5．7	150	〃	文化6.7返済のはず。
		同　6．3	15	手代の支配所引越し入用	文化6.10返済のはず。
		文政3．9	400	勝手向入用	文政4.3返済のはず（利息月8朱）。
		同　4．5	4,520	年貢金御金蔵納付の遅滞	知行所下野国阿蘇郡新吉水村・足利郡菅田村の収納金で返済。
		同　4．8	300	御用金勘定仕上げの不足	金子でき次第、引当は茶器類等48品。
16	柑本兵五郎祐之	文政12．11	275	元金300両の返済残金	天保7.6に蔵宿を泉屋甚左衛門に書替え、子息弓之丞から毎年切米42俵渡す。
22	男谷彦四郎思孝	文政4．6	60	論所改め年番掛かり入用	御金蔵渡し金で返済。
		同　4．7	400	越後国へ場所替え引越し入用	文政7.11から諸入用渡し金で返済。
		同　4．9	200	役所諸入用金の不足	〃
		同　6．7	600	文政5年の年貢納付差支え	文政6.8返済の所、当年200両返済、残金は10年賦返済。
		天保5．8	50	勝手向き要用	三季切米を受取しだい返済。
23	島田帯刀政美	文政5～9	280	屋敷普請の入用代	天保元から無利息10年賦返済。
		文政7．5	400	無拠要用につき	文政10.7の初納金引当、到着次第返済。
25	岸本武太夫荘美	文政13頃	948	場所替えにつき	天保6年の返済残金582両3分
26	森覚蔵貫之	文政6～8	90	無拠要用につき	三季切米・諸入用渡し金で返済。
27	井上五郎左衛門	文政11．3	700	屋敷替え・普請入用	無利息10年賦、毎年諸入用渡し金で返済。

註1：両以下、四捨五入。
　2：No.は、表9－2の代官名に対応。
出典：各郡代・代官の「借用証文」（住友史料館所蔵）と表9－1の出典に同じ。

ところが、辻甚太郎守眉は文政十一年（一八二八）七月二十九日に病死してしまった。翌年二月八日に子息の富次郎が跡を継いで代官となったが[14]、翌十三年に掛屋取引は終了することになった。そのさい、辻富次郎は取引清算の一札を住友江戸両替店に提出したが、文政四年八月の借金については、「貴様方ゟ申立次第如何様ニも取次可申聞候」とだけ記し、具体的な返済方法については何ら触れられていなかった。このため、天保六年（一八三五）にいたっても、四八二〇両が返済されないまま不良債権となって残された（前掲表9―1参照）。

稲垣代官の場合　文化八年（一八一一）二月、藤四郎豊芳は信濃中之条代官のときに、「御年貢幷御貸附金取立不足」につき、金二八二六両を住友江戸両替店取扱いの「田安御下ヶ金」のなかから借用した。その後、稲垣は「右金高急々調達相成兼」として返済しなかったので、住友江戸両替店は永田備後守正道（北町奉行所）に出訴におよんだ。ところが、文化九年十一月に稲垣藤四郎豊芳が死去したので、翌十年八月に住友江戸両替店は、子息の舎人から、当月までに金六六五両を返済し、残金二一六〇両については、切米二五〇俵のうち一年に五〇俵ずつ引き渡すという一札を取り、出訴を取り下げた。

このため稲垣舎人は、蔵宿（札差）を上野屋源七から泉屋甚左衛門店（住友浅草出店）に代え、同月に泉屋甚左衛門から住友江戸両替店に「当酉（文化十年）冬ゟ、年々三季御切米毎引落置、皆済迄急度相渡可申候」と、借金返済の一札を差し入れた。しかし、その後の返済は一向にはかどらず、天保六年にいたっても金一八四一両が年賦返済金として残されていた。

杉代官の場合　文政元年（一八一八）三月、杉庄兵衛貞響は常陸・下総・伊豆諸島代官のときに「支配所村々水早損等ニ而、御取立方捗取不申候ニ付」、住友江戸両替店から一〇〇〇両を借用した。まもなく七〇〇両を返済したが、文政五年（一八二二）三月に再び七〇〇両を借用して、一〇〇〇両の借用証文に書替えた。この件については、つぎに述べるように文政十年の掛屋取引清算のときに問題となった。

（2）掛屋取引清算時の借金

杉代官の場合　文政十二年（一八二九）八月九日、杉庄兵衛貞響が金一二〇〇両を借用したまま病死したので、在任中の勘定吟味が跡役の山本大膳と平岩右膳親康によっておこなわれた。この結果、金一二〇〇両の不足金が判明したので、子息の杉貫一郎への家督相続は、「御勘定合之事ニ付、忰ニ家督不被下」として許されなかったが、貫一郎はすでに田安家近習の職にあったので、家名の相続は許された(15)。

一方、掛屋の住友江戸両替店も吟味取調をうけ、文政十二年十二月に南町奉行筒井伊賀守政憲から、杉家に代わって不足金一二〇〇両を立て替えるよう申し渡された。これに対し住友江戸両替店は、立替の義務がないこと、さらに杉家から掛屋取引清算時の差引不足金五九〇両をいまだに受け取っていないことなど、杉家不足金の立替に不服を申し立てた。天保二年二月にいたり、住友江戸両替店は杉家と勘定合わせについて合意がまとまり、一二〇〇両を立て替えないと「杉様御家名ニも拘り、双方迷惑之筋ニ相成候間」と立替に応じ、町奉行所に吟味の取り下げを出願した。こうして、天保六年に杉家への立替残金は清算不足金五九〇両を合算したらしく一七九四両となり、同年六月に杉貫一郎の子息杉鎗次郎は、住友江戸両替店に神田佐久間町の家屋敷五二〇坪を五〇年間貸し渡し、その「代宿料取立ヲ以、前断借用金返済方江被請取候」と一札を差し入れて一件落着した。このため、天保六年の住友江戸両替店の帳簿に、佐久間町の家屋敷は資産として計上されている。

古橋代官の場合　文化十年（一八一三）七月、信濃代官の古橋隼人が病死すると、住友江戸両替店との掛屋取引の清算勘定は、手附の館雄次郎と中川良左衛門（病死後は子息元太郎）が引き継ぐことになった。その後、館は田口五郎左衛門（出羽国尾花沢代官）の、中川元太郎は吉川栄左衛門（上野国岩鼻代官）の手附に転職したので、古橋代官の掛屋取引清算が実施されたのは七年後の文政三年（一八二〇）七月のことであった。住友江戸両替店は、文化三年（一八〇六）の掛屋就任から同十年の辞任まで、年貢金等を金八万九五二両と銀五貫三一〇目あまり預かっており、その間に発行した預り手形は八四枚にも達した。古橋の元手附館雄次郎と中川良左衛門の子息元太郎は差引清算勘定の結果、金一八五両を住友江戸両替店に返済しないと清算が結了しないので、文政三年七月に館と中川は、古橋隼人の子息荒之助の奥印をもって、住友江戸両替店から改めて一八五両を借用し、毎年一〇両ずつ一八年賦あまりで返済することを約定して清算は終了した。

（3）支配替諸入用による借用

辻代官の場合　文政四年（一八二一）五月、辻甚太郎守眉は大和五条代官のときに、住友江戸両替店から年貢金を立替てもらったことはすでに述べたが、同年に摂津・大和から摂津・河内・播磨の三国への支配替となった。これにさいし、甚太郎守眉は大和五条代官勤役中の清算勘定不足金三〇〇両を住友江戸両替店から立替上納してもらい、事なきを得た。なお、その返済については対談の結果、同年七月に引当として茶器類や道具四八品を差し入れ、立替金が用意できしだい、引当を返済すると約定した。

男谷代官家の場合　文政四年七月十四日、男谷彦四郎思孝は信濃中之条代官から「越後国江場所替被仰付、彼地引越之者手当幷諸雑用等渡方差支ニ付」という理由で住友江戸両替店から金四〇〇両を借用した。その返済は、幕府勘定所から定例の「諸入用金銀、請取候」たびに返済すると約束した。

岸本代官の場合　文政十三年ころ、岸本武太夫荘美は下総・下野から摂津・河内・播磨の三国へ支配替になったとき、住友江戸両替店から金九四八両あまりを借用したらしい。天保六年（一八三五）の同店帳簿によると、返済残金は金五八二両あまりとなっている。

（4）代官所諸経費入用の借用

男谷代官の場合　文政四年六月九日、男谷彦四郎思孝は信濃中之条代官のときに、住友江戸両替店から「論所地改、年番掛入用等」につき金六〇〇両、同年九月朔日に「役所諸入用金不足」につき金二〇〇両を借用した。その返済は、前者が御金蔵渡し金で、後者が幕府勘定所からの諸入用渡し金で返済すると約束した。さらに、天保五年八月には「勝手向要用」につき金五〇両を借用し、俸禄の三季切米で返済するとした。

井上代官の場合　文政十一年（一八二八）三月、井上五郎左衛門は信濃中之条代官のときに住友江戸両替店から「屋敷替并普請入用之内」として金七〇〇両を無利息一〇年賦で借用し、その返済は毎年十一月の諸入用渡し金で返済すると約束した。

島田代官の場合　文化十年（一八一三）から文政五年（一八二二）まで、島田帯刀政美は摂津・河内・播磨代官であったが、その間に大坂掛屋の住友大坂本店と平野屋甚右衛門から代官所入用金五二〇両を無利息一二年賦で借用していた。文政五年に島田が関東代官に場所替となったので、住友江戸両替店が掛屋を引き受け、翌六年三月に住友江戸両替店が平野屋の借金を弁済することになった。天保四年二月にいたり、平野屋は住友江戸両替店から一向に元金が弁済されないので、大坂町奉行所に出訴する意向を伝えたところ、住友江戸両替店はただちに島田代官所に返済の催促をした。すると、同年三月二十日に代官手附の只木平十郎と手代の田中茂作は住友江戸両替店に、公訴になっては気の毒なので、平野屋へ年賦証文を持参するようつたえてくれと回答した[16]。そのほか、関東代官時代に住友江戸両替店から、江戸屋敷の移転普請入用として金二八〇両を借用したが、これは天保元年から無利息一〇年賦返済とされた。

柑本代官の場合　文政十一年十二月、柑本兵五郎祐之は関東代官から勘定吟味役に転役し、翌十二年十一月に住友江戸両替店からの借金三〇〇両の返済残金二七五両を新規証文に書替えた。その後、一向に返済されなかったので、住友江戸両替店は札差の泉屋甚左衛門店と相談して、天保七年六月に子息柑本弓之丞の返済名義を泉屋甚左衛門に切り替えてもらい、同人は切米一〇〇俵のうち毎年四二俵を札差の泉屋甚左衛門店に引き渡す一札を差し出した。

以上のように、代官の借金は年貢金の立替など公的借用理由が多いにもかかわらず、その返済は代官個人の責任に帰せられた場合が多い。返済するにしても、代官が幕府から支給される給料は低く、自身も薄禄の身分であったため、代官は多額の借金を抱えることになったのである。化政期以降に代官があまり処罰を受けていないのは、このような代官掛屋による借金の立替が一要因となっているのであろう。なお、住友江戸両替店は嘉永二年（一八四九）十月に経営不振によって一時閉店し、代官掛屋をすべて辞退したが、代官の借金はそのほとんどが年賦貸・永代貸となり、返済されなかった（前掲表9-1参照）。

第三節　田安家の掛屋業務

(1)　田安家について

一橋・清水家と並び称せられる徳川御三卿の田安家は、享保十四年（一七二九）に八代将軍吉宗の次男宗武が、賄料三万俵を賜り、翌十五年に江戸城田安門内に屋敷を構えて成立した[17]。延享三年（一七四六）九月十五日、さきに賜った賄料三万俵と引き換えに、弟の宗尹《むねただ》（一橋家祖）とともに一〇万石の領知を与えられたが、城を所有せず領知だけ所有し、家臣団のほとんどが幕臣によって構成されているという、特異な領主であり[18]、御三卿は明治維新後に新政府から改めて藩屛に列せられた。

その領知は、表9-6にあるように武蔵・下総・甲斐・摂津・和泉・播磨の六か国に分散しており、その比率は関東六〇％、上方四〇％という割合になっていた[19]。関東の領知は田安屋敷、上方の領知は摂津国西成郡長柄村（現、大阪市北区長柄）の長柄役所で統轄し[20]、地方支配は、郡奉行—勘定奉行—代官—在方目付という組織によっておこなわれていた[21]。

表9－6　田安家の領地

国郡名	知行高(石)	割合(%)
武蔵国入間郡	3,820	3.7
多摩郡	9,733	9.5
高麗郡	4,172	4.1
小計	17,725	17.2
下総国埴生郡	5,898	5.7
相馬郡	8,125	7.9
香取郡	662	0.6
小計	14,684	14.3
甲斐国八代郡	15,296	14.9
山梨郡	14,733	14.3
小計	30,029	29.2
摂津国有馬郡	4,678	4.5
島下郡	3,902	3.8
西成郡	4,009	3.9
川辺郡	1,269	1.2
小計	13,858	13.5
和泉国大鳥郡	13,808	13.4
播磨国加西郡	12,817	12.5
合計	102,921	100.0

註：小数点以下、四捨五入。
出典：註(19)鏑木行廣「下総における田安領の成立と年貢」。

(2) 田安家の掛屋業務

住友江戸両替店が、田安家掛屋を引き受けたのは文化五年（一八〇八）三月のことであり、同店支配人直蔵らが手筋をもって出願した結果である。引き受けの抵当として、住友は江戸両替店（中橋上槇町）と札差店（浅草諏訪町の泉屋甚左衛門店）の沽券状を差し出したが、両者を合計すると一五二五両の価値があった。これにたいして、田安家から十人扶持と御門札三枚、紋付絵符一枚、高張提灯・弓張提灯各二張、金箱一個が下付された[22]。田安家掛屋業務の細部については、文化五年三月の請書全一六か条によって知ることができる[23]。

奉差上御請証文之事

一御払日、毎月四日・十四日・廿四日手代差出、金銀為取捌可申事（第一条）

一金銀銭相場書、御払日毎ニ書上可申事（第二条）

一上方御年貢金上納、江戸為替人ゟ請取、改包御金蔵江上納可致事（第三条）

但諸失脚之儀者、為替人と相対な（た）るへき事

一関東・甲州御年貢金包改賃、百両ニ付五匁宛被下候事（第四条）

一関東御年貢金者、百性共其方店江持参相納候間、其方印形之切手ヲ以御金請取候ハヽ、御代官ゟ差図次第御金蔵江上納可致事（第五条）

一甲州御年貢金者、甲州御役所ゟ御金寄（宰）領差添、其方店江持込候間、寄（宰）領立会改包立、直御金蔵江上納可致事（第六条）

但御年貢金百性相改候節、撰出金者直ニ百性共江可相返、甲州御年貢金者撰出金之分、其方取替上納致シ、撰出金者御取ケ（箇）方組頭江差出、御代官ゟ替金受取可申事

一月々五菜銀、毎月四日小玉銀ニ而相渡候間、半紙包八日上納可致事（第七条）

但包紙代壱ヶ月銀三匁宛之積ヲ以、毎年被下候、尤金渡ニ相成候節も同断之事

一諸向被下銀御納戸組頭ゟ申付候ハヽ、日限之通包立、手代持参可致事（第八条）

但包紙代先規ゟ御掛屋江被下候御類例無之ニ付、不被下候事

一御納戸其外包銀之儀、諸役所ゟ申遣し次第包立相納可申候、右代銀之儀者御払之都度々御勘定所ゟ御払銀出、格別延引相成候節者、右立替銀ニ不抱御下ヶ銀御勘定所江相願候ハヽ、弐拾貫目位迄者下ヶ遣し可申事（第九条）

但諸向諸役所ゟ包銀之儀申付候共、使之者江金銀不相渡、急成ニ候ハヽ、使之者一同手代持参可致事

一公儀御上納金銀前日相渡候間、包立上納可致候、但し後藤・銀座包、壱包ニ付銀壱匁宛被下候事（第一〇条）

一小玉五菜銀上方為替差支有之節者、拾貫目又ハ拾五貫目無代ニ而取替、御差支無之様可致事（第一一条）
一壱分判御差支之節者、百両弐百両程無代ニ而引替、御差支無之様可致事（第一二条）
一年頭五節句暑寒、御勘定所江可罷出事（第一三条）
一御金日其外御勘定所江手代差出し候節者、袴着用可致事（第一四条）
一御屋形最寄出火之節者、手代差出し候事（第一五条）
一御紋附御絵符・高張御挑灯弐張・弓張同弐張・御金箱等、相渡置候事（第一六条）
右者、此度御掛屋被　仰付候ニ付、勤方其外之儀等被　仰渡候趣、逐一承知奉畏候、尤御掛屋御用相勤候内、吉次郎所持之町屋敷弐ヶ所沽券証文差上候ニ付、万一不埒之儀御座候ハヽ、右沽券証文弐通共御取上ヶニ相成候共、其節一言之儀申上間敷候、依而御請証文如件

文化五辰年二月

大坂長堀茂左衛門町
御用銅吹所住居
泉屋吉次郎
江戸中橋上槇町同人両替店
右名代役　与四郎
同　直蔵

田安御勘定所

これにより、住友江戸両替店の田安家掛屋業務について内容を補いながら要約すると、つぎのようになる。(24)

（1）田安家公金の出納取り扱い

田安家の公金は、同家勘定所から毎月四、十四、二十四日の三日間に払い出されるので、住友江戸両替店はそのつど勘定所に手代を派遣して包改めなど出納事務を取り扱わせたが（第一条）、そのほかの御用で出勤するとき

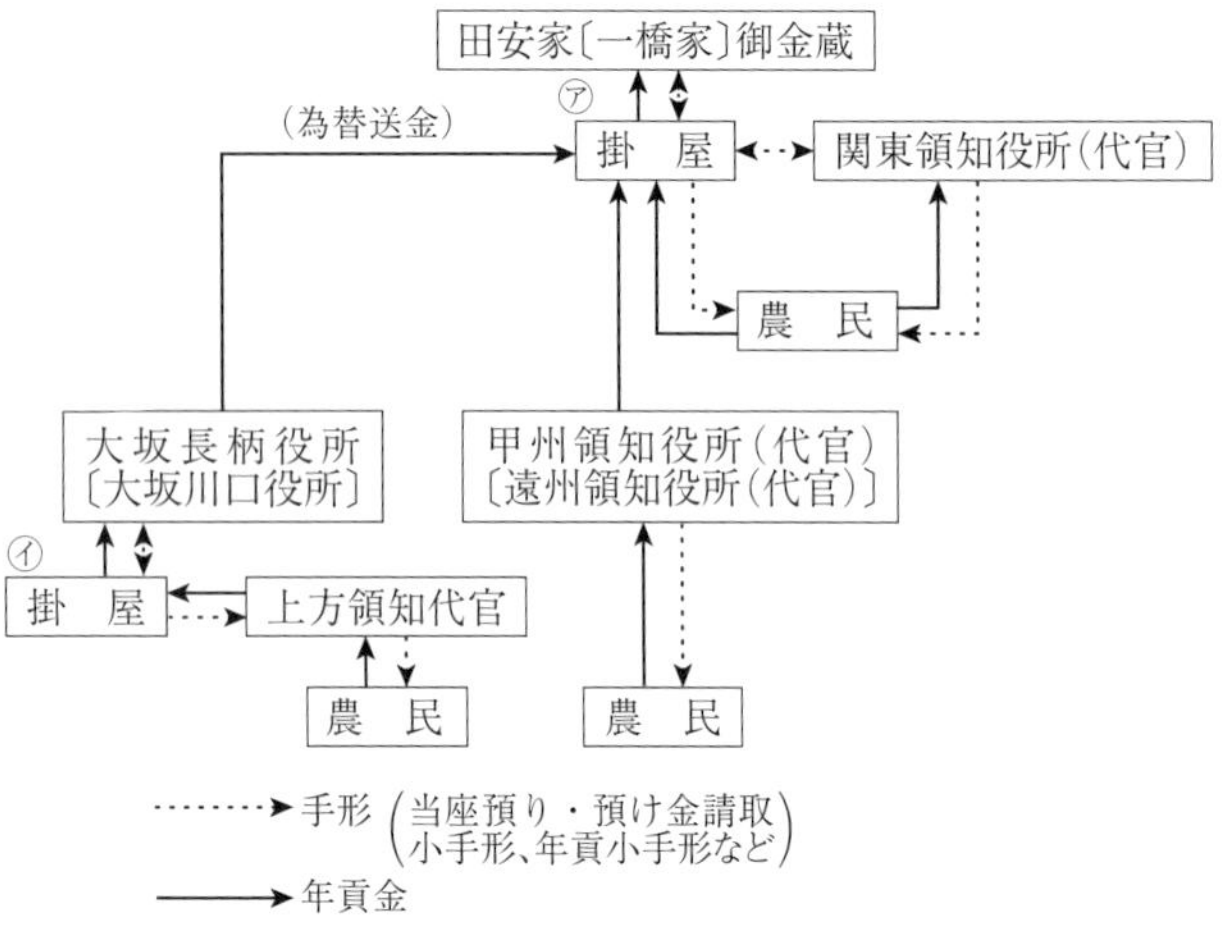

図9－2　田安・一橋家年貢金の徴収経路

註1：〔　　〕は一橋家の場合
　2：掛屋名
　　(i)田安家の場合(文政7年)
　　　㋐住友吉次郎(中橋店)
　　　㋑住友吉次郎(大坂本店)・炭屋彦五郎・炭屋猶・米屋吉右衛門・米屋亀助
　　(ii)一橋家の場合
　　　㋐住友吉次郎(中橋店)
　　　㋑住友吉次郎(大坂本店)ほか
　3：上方・甲州・遠州領知代官付属の掛屋名は不明。

にも必ず袴を着用しなければならなかった（第一四条）。田安家の公金のうち、「五菜銀（副食費）」（第七・一一条）、「諸向被下銀」（第八条）、「御納戸其外包銀」（第九条）、「公儀御上納金銀」（第一〇条）の取り扱いについては、それぞれ包改め方、包紙代、納付方法など規定されていた。その納付は、遅滞なく円滑になるように、「御納戸其外包銀」はあらかじめ立替銀二〇貫目（金三三三両）が掛屋に下げ渡されており、小玉銀で渡される五菜銀は上方為替が支障した場合に備え、銀一〇貫目から一五貫目まで無料で立替えることになっていた。そのほか、勘定所の払い日ごとに金銀銭の相場を書き上げ、両替の便宜をはかり（第二条）、一分判の引替に支障をきたさないように一〇〇両から二〇〇両ぐらいまでは無料で引き替えた（第一二条）。

（2）関東領知年貢金の取立代理と御金蔵納付（図9-2参照）

関東の年貢金は、領知農民が住友江戸両替店に直接持参したので、農民には納付金と引替に預り切手（手形）

を交付し、代官の指図にしたがい包改めをおこない、御金蔵へ納付した（第五条）。なお、農民は住友江戸両替店が交付した預り切手を代官に差し出すことによって年貢金の納付を完了した。関東年貢金の包改め料は、金一〇〇両につき銀五匁を田安家から受け取ったが（第四条）、関東農村の年貢皆済目録に「包歩銀」・「包歩永」とあるように、実際は農民の負担となっていた(25)。

（３）　甲州領知年貢金の御金蔵納付

甲州の年貢金は、甲州役所から宰領を付き添わせて江戸の住友江戸両替店まで輸送させたので、同店は到着しだい宰領の立会のもとに包改めをおこない、直ちに御金蔵へ納入した。ただし、年貢金中の悪貨撰出は、本来農民立会のうえでおこなうが、甲州年貢金の場合はそれができないので、住友江戸両替店が立替上納しておき、後日その撰出金を御取箇方組頭に差し出して、代官から替え金を受けとった（第六条）。なお、甲州年貢金の包改め料も関東と同じ、金一〇〇両につき銀五匁であった（第四条）。

（４）　上方領知年貢金の御金蔵納付

上方の年貢金は、大坂長柄役所づきの掛屋が年貢金の為替を取り組み、住友江戸両替店は江戸の為替取扱人から現金を受け取り、包改めのうえ御金蔵に納入した。ただし、為替取引についてのトラブルは、為替取扱人と相対で相談することになっていた（第三条）(26)。なお、大坂長柄役所付きの掛屋は、文化六年（一八〇九）に住友吉次郎（大坂本店）が拝命しており、大坂町人（主に両替商）と複数で月番を勤めていたが、文政七年（一八二四）当時は住友吉次郎（大坂本店）・炭屋猶・炭屋彦五郎・米屋吉右衛門・米屋亀助の五人であった(27)。

以上が、田安家の掛屋業務であったが、そのほかに年頭・五節句ごとの暑寒の挨拶と出火時の駈付手伝い（第一三・一五条）などが課せられていた。

つぎに、掛屋御用にともなう住友江戸両替店との田安家の金銀出入（当座貸付・預り）を前掲表９‐４でみてみよう。天保六年の場合、公金関係が「田安様銀帳御殿分」「同御納戸」「同御広敷」「同銀代分」「同御賄所」の五口座、年貢金関係が「御年貢帳関東分」「同甲州分」「同上方分」の三口座であった。公金五口座の差引出入は、一二六両の貸勘定と二一三両の預り勘定であり、差引八八両の預り勘定となった。年貢金三口座の差引出入は、関東分が二一七両、甲州分が四二一両、上方分が四〇七両の合計一〇四四両の預り勘定であり、住友江戸両替店は八口座合わせて一一三二両を田安家から当座預りしていた。

ところで、年貢金の御金蔵納入高を嘉永期（一八四八〜一八五三）ころの史料で見ると、(28)関東領知分が一二〇〇両、上方領知分が五四二〇両となっていたが、田安家掛屋御用の引き受けによる収益は、金一〇〇両につき銀五匁というわずかな包改め料であり、年貢金等の預りも当座預り金で、安定した経営資金とはなりえなかった。田安家掛屋御用のメリットは、掛屋御用を介しての社会的信用性と家臣団への貸付であったが、つぎに述べる「田安御下ヶ金」という名目金《みょうもくきん》貸付の預りが大きかった。

（3）　田安御下げ金

寛保元年（一七四一）、田安家は幕府から「年々溜り金」（備蓄金）一万二五〇〇両の関東農村貸付を許可された。(29)その運用は、勘定奉行に委託し、勘定奉行は農村を吟味のうえ上田を質に取り、年利一割の利息を代官に取り立てさせて田安家に納めるものであった。このような、備蓄金の貸付は御三卿の一橋家・清水家もおこなっており、これが化政期になると、あたかも江戸地廻り経済圏の発展と歩調を合わせるかのように、御三家や寺社名目金と同様に御三卿名目金貸付として展開していくのである。田安御下げ金の出所は、幕府からの拝借金と掛屋・蔵元からの身元金や御用金であった。

住友江戸両替店は、文化五年三月に田安家の掛屋となり、年貢金など当座預り金を預かることになったが、これとはまったく別に、田安家から利殖を目的とする御下げ金が預けられた。住友江戸両替店はこれに自己資金を加え、「田安御屋形御用金御下ヶ金之内」という名目を付けて、大名・旗本・農民・商人らに幅広く貸し付けた。残存している借用証文から田安御下げ金の貸し付け先をまとめたものが表9-7である。全体を把握したものではないが、大方の傾向はうかがえるであろう。住友江戸両替店の田安御下げ金には、(1)「田安家御勘定所から直接預ったもの（いわゆる田安御下げ金）」と、(2)「町奉行（町年寄）を介して預ったもの（仮に田安別口御下げ金と称する）」の二種類があった。

（1）　田安御下げ金

これは文化五年（一八〇八）から預っており、その貸付関係はつぎのようになっていた。

田安家（勘定所）→（年利一割貸付）→住友江戸両替店（年利五分利得）→（年利一割五分貸付）→大名・旗本・農民・商人

住友江戸両替店は、田安家から年利一割で預り、これを大名・旗本その他に原則として年利一割五分で貸し付けた。これによって、田安家は年利一割、住友江戸両替店は年利五分の利息収入を得ることができた。その貸付方法を、文政三年（一八二〇）の旗本天野左近（七五〇石）知行所七か村の郷印証文でみてみよう。[30]

借用申金子之事

一金弐百両也㊞

右者　田安御殿御貸附御用金貴殿御預り之内、御地頭所天野左近勝手向月割合差支、借用申処実正也、返済之儀者、壱ヶ年金弐拾五両壱分之利足加、急度返済可申候、右為引当知行所可納御年貢米之内、銘々預り置、右米売立代金ヲ以元利無相違返済可申候、若万一水損旱損等御座候共、御大切之御金故、村方江引請候上者、聊無相違貴殿上納日限前、急度元利勘定可仕候、依之御地頭所御直書之御下知状、村方江請取置候間、毛頭

表9－7　田安御下げ金の貸付先（文化８年～嘉永元年）

	貸付先	年月	金高	年利	借用理由と返済方法
			両分	%	
大名	秋田藩（佐竹氏）	文化８．３	500.0	15	屋敷要用、文化8.10迄に返済
	延岡藩（内藤氏）	文政11．8	200.0	15	〃　、文政11.12迄に返済
	〃	天保11．1	1,100.0	6	〃　、元金4年間据置き、以後150両返済
	〃	〃	293.2	0	〃　、元金4年は10両、以後20両返済
	白川藩（阿部氏）	弘化元．6	300.0	7	〃　、弘化2.12迄に返済
	柳川藩（立花氏）	嘉永元．12	3,000.0	8	〃　、産物代金で嘉永2.5迄に返済
	小計		5,393.2		
旗本	稲垣藤四郎豊芳（代官）	文化８．２	2,825.3		年貢米金の取立不足、毎年切米50俵ずつ返済
	伊奈左衛門忠告（御小納戸）	文政11	330.0	8	勝手向き要用、天保6.6、年賦証文に書替
	〃	天保５	400.0	10	〃　、〃
	*長谷川図書正以（寄合）	文政10．4	900.0	15	〃　、文政10.12迄に返済
	*　〃	〃	300.0	15	〃　、〃
	*　〃	文政10．12	950.0	15	〃　、〃
	小計		5,705.3		
農民	常州茨城郡7か村（天野左近知行所）	文政３．12	200.0	12	地頭所勝手向き差支え、知行所年貢米で返済
	遠州山名郡12か村（長谷川図書知行所）	文政６．12	750.1		勝手向き要用、文政7年分の収納米で返済
	〃	同　7．11	300.0	15	村々相続手当金、定式向米他郷蔵詰米で返済
	〃	同　7．11	840.0		勝手向き要用、文政8年分の収納米で返済
	*　〃	同　10．12	300.0	15	〃　、文政11.12迄に返済
	小計		2,390.1		
商人	浅井屋十兵衛	文化７．６	100.1	3	商売要用、文化7.12迄に返済
	伊勢屋惣五郎（材木仲買）他1人	同　7．8	200.0		喜連川屋敷の普請材木代、文化7.8迄に返済
	釘屋喜八	同　14．12	230.0	8	文政元.2迄に返済、引当沽券状
	雑賀屋源兵衛（蠟問屋）	文政６．11	600.0	12	無拠要用、文政7.5迄に返済、引当沽券状
	伊勢屋源兵衛（三組両替）	同　10．10	2,000.0		前々取引の振合い
	会田屋弥兵衛（越谷宿商人）	天保８．２	265.0		商売要用、天保8.8迄に返済
	〃	〃	500.0		〃　、天保8.12から5年賦返済
	小計		3,895		
	総計		17,384.2		

註１：分以下の端数切捨て。
　２：＊印は田安別口御下げ金、文政10年４月の２通は、正式許可前に試験的に実施したものであろう。
出典：各貸付先の「借用証文」（住友史料館所蔵）。

相違無御座候、為後日連印借用証文仍如件

文政三辰年十二月

天野左近知行所
常州茨城郡木部村
名主　利右衛門㊞
同　茂左衛門㊞
組頭　弥平治㊞
組頭百姓代兼　重右衛門㊞
（以下、六か村の村役人名省略）

住友吉次郎
名代　半兵衛殿

前書之御金、勝手向月割合ニ借用相違無御座候、然上者年々可納分物成米之内、村役人引請之もの江相渡置候上者、少も相違無御座候、依之奥書致候、以上

天野左近内
安達多仲㊞
戸賀崎直右衛門㊞
請人　泉屋久右衛門

泉屋吉次郎殿
名代　半兵衛殿

右書面之趣承届候、依之奥印いたし候、以上

左近㊞

天野左近知行所七か村は、現在の茨城県と埼玉県に分布する茨城郡木部村（茨城県茨城町）・下土師村（同上）、真壁郡石田村（茨城県明野町）・中上野村（同上）・向上野村（同上）、武州葛飾郡倉松村（現埼玉県杉戸町）、下高野村（同上）であった。これによると、知行所の農民は、天野地頭所からの下知によって勝手向月割金の差し支えのために、金二〇〇両を住友江戸両替店の「田安御殿御貸附御用」預り金のうちから借用した。返済は、金二五両につき月一分（年利一割二分）の利息を加え、引当として知行所年貢米の一部を各村で預り、この売り払い代金で元利とも返済すると約束している。これにより、知行所農民は借用金二〇〇両の年利一割二分の利子二四両を返済することになり、毎年田安家が一割の二〇両、住友江戸両替店が二分の四両を受けとるはずであった。しかし、実際には「御大切之御金」にもかかわらず完済されなかった。

住友江戸両替店の田安御下げ金の預り高は、文政十一年九月の当主住友吉次郎から田安勘定所あて願書によると、これまで六〇〇〇両ないし七〇〇〇両を預ってきたが、「先々之通り六七千両迄、御預ヶ金被成下候而も、御取立之節返上納方差支之儀、決而無御座候」と、返済に差支えはないと述べている。[31] その後、天保六年の預り高は五〇五八両であったが、経営の悪化から預り利率を年利一割から年利七分に引き下げてもらい、さらに御下げ金の金額は増加してもらった。[32] このため嘉永二年（一八四九）に一時休店したときには二万五〇〇〇両にもふくれ上がり、田安家への返済が完了したのは明治八年（一八七五）のことであった。[33]

住友江戸両替店が取り扱った田安御下げ金の名目貸付は、表9-7にあるように貸付先によって貸付利率がまちまちで、貸付抵当や返済期限などの記載が不十分だったため、返済不能に陥った場合が多く、またそのさいの公的保証が御三家や寺社名目金に比べると薄かったようである。そのため、つぎに述べる田安別口御下げ金が登場するのである。

（2）　田安別口御下げ金

これは田安家が、町奉行所に田安御下げ金の取り扱いを委託し、町奉行所から住友江戸両替店に貸し付けられたものである。これによって田安御下げ金の公的保証能力は高まった。はじめ田安家は、文政九年（一八二六）四月、年来掛屋を勤めてきた住友江戸両替店と相談して、従来の田安御下げ金とは別口に「御下ヶ金名目趣法書」案を作成した(34)。そのときの貸付元金は一万両であったが、文政十年二月四日の田安家との相談において、組頭安藤三郎左衛門は「このたびの御下げ金一万両は、田安家御廐金不足を理由に幕府から拝借しようと思っていたが、これを諸方へ貸し付けては幕府を偽ることになるので、やはり御下げ金は町人借入金で賄いたい」と述べた。こうして田安別口御下げ金の貸付元金は「町人借入金幷（田安家）御猶予金、都合七〇〇〇両」に修正された。

文政十年二月十四日、この仕法は住友江戸両替店から田安家に提出され、その後田安家から幕府に出願された。幕府では、これについてたびたび審議が重ねられ、ようやく同年十月に老中水野出羽守忠成が、南町奉行筒井伊賀守政憲にたいして「田安御備金其外品々取集金七千両」を身元の確かな商人に貸し付け、年々少しずつでも利倍にすることは、田安家の繰合にも役立ち宜しいことである。しかし「田安御手限ニ而貸附相成候而者、万一滞等有之候節」に差し支えがあるので、三井家が取り扱っている「日光門主貸付金」（上野宮貸付金）の仕法にならって、町奉行所において身元の確かな商人を選定した方が、万事都合よくいくであろうと申し渡した。

これをうけて南町奉行の筒井は、田安家にたいして「日光門主貸付金」には、三井に取り扱わせた延享期（一七四四～一七四七）の三〇〇〇両と、町年寄に取り扱わせた安永期（一七七二～一七八〇）の二万八〇〇〇両があるが、老中の意見どおり前者の仕法に準拠し身元の確かな商人を選定しようと思う。しかし、あいにく心あたりがないので田安家出入商人から選定してはどうかと申し渡した(35)。

こうして、田安家では家老牧備後守義珍と柴田出雲守勝明が、南町奉行の筒井に、住友江戸両替店が適任であるとつぎのように上申した。

出入町人共之内、上槇町泉屋吉次郎儀者、摂州長堀住宅ニ而、年来掛屋をも相勤、田安領知摂州長柄陣屋江も証拠地面等も差出し置、殊ニ用金をも是迄多分差出有之、右為手当と扶持方等も遣置候者ニ而、身元も相分慥成ル者ニ有之候

すなわち、住友は江戸出店だけでなく、大坂本店でも長柄役所の掛屋を務め、抵当の地面を差し出し、御用金にも応じているので、手当と扶持米を渡すほどの信用のある商人と太鼓判を押したのである。これに付加して、三井江戸両替店の上野宮貸付金にならい、住友江戸両替店へも元金七〇〇〇両を年一割で貸し付け、その後元金が二万両ほどに増えたら、貸付利率を年七分ないし八分に引き下げたいと述べた。こうして、同月に住友江戸両替店は幕府（町年寄）に御用引き受けの請書を提出した(36)。この請書によって貸付関係を示すと、つぎのようになる。

田安家→（年利一割貸付）→町奉行→住友江戸両替店（年利五分利得）→（年利一割五分貸付）→大名・旗本・農民・商人ほか

すなわち、田安家から町奉行所が年利一割で預り、これをそのまま住友江戸両替店に預け、住友は大名そのほかに年利一割五分で貸し付けた。これにより、町奉行所は手数料を取らずに田安家は年利一割、住友家が年利五分の利息収入を得る仕組になっていた。つぎに、その貸付方法を、文政十年十二月、旗本長谷川図書正以（四〇七〇石、火消役）への貸付証文によって見てみよう(37)。

預申御備金之事

割印　一金九百五拾両也　　但文字通用金也

右者　田安御殿御備金、町御奉行所ゟ其許江御預之内、此度右　御殿江御届之上、猶又旦那方預申所実正也、御返済之儀者、来子十二月十日限無相違返済可致候、尤期月不至候共　御殿御用向之節者、其許御談之上取計可申候、且其許ゟ差出候御世話料之内、壱ヶ月金弐拾両江金壱分宛、聊無相違差出

可申候、右者　御備金之儀ニ付、縦令何様之儀有之候共、聊返済遅滞不致候間、兼而其段御心得可給候、依之議定証文如件

文政十亥年十二月

長谷川図書内
加藤　右門㊞
松井和多理㊞
原條左衛門（付箋）［本屋敷罷在無印］
鈴木友右衛門㊞

住友吉次郎殿

前書之通逐一承届候畢

図書㊞

前掲の田安御下げ金証文と比べて、これは「田安御殿御備金、町奉行所ゟ其許江御預之内」とあり、町奉行所の取扱金であることを明示し、「御備金之儀ニ付、縦令何様之儀有之候共、聊返済遅滞不致候」と述べている。返済は月二〇両に金一分（年利一割五分）の利息（世話料）を加え、翌年十二月十日までに元利とも返済すると約束している。これにより長谷川家の一年後の返済利子は、元金九五〇両の一割五分で一四二両二分となり、このうち田安家が利子の一割にあたる金九五両を、住友江戸両替店が五分の金四七両二分を受けとる勘定となっていた。しかし、一年で元利合計一〇九二両の返済は難しく、住友江戸両替店に借用証文が残された。

田安別口御下げ金の実例は、この証文を含めてわずか四例ほどであり、本格的に実施された形跡がない。おそらくこれは、住友江戸両替店が田安別口貸付金（田安御備金と町人差加金の名目貸付）の取り扱いにさいし、自己所持金の貸付も同様の名義でおこないたいと希望したが、幕府の難色によって、別口貸付金の利点の一半が喪失し

たためであろう。(38)併せて、前述の田安家組頭安藤三郎左衛門の言にあるような町人差加金七〇〇〇両の調達ができなかったのかもしれない。それで、住友の差加金のみで一部実施したのがこの四例であろう。ちょうど文政十年（一八二七）という年は、三井江戸両替店が上野宮別口貸付金を開始した時期にあたる。三井家はこの寺社名目金を江戸町方に貸し付けることによって、天保期（一八三〇～一八四三）にかけて莫大な収益を上げることができた。(39)これにたいし、住友家は田安別口御下げ金がうまく軌道に乗らず、天保期に衰退の一途を辿る一要因ともなった。

嘉永二年（一八四九）十月、住友江戸両替店は経営不振によって一時休店することとなり、田安家掛屋を辞退し、翌三年正月に渡辺屋熊次郎（廻船問屋、塩・海産物取扱）にこれを譲渡した。(40)ところが同年九月、渡辺屋は「家業向差支」によって掛屋を辞退したので、田安家は「跡御掛屋慥成者へ被仰付候迄之処」として、住友江戸両替店に一時的に「仮掛屋」を申し付けた。(41)その後、下野屋伊右衛門が掛屋となったが、文久元年（一八六一）五月、住友江戸両替店は下野屋に代わってふたたび掛屋を勤務することになり、以後幕末まで勤めた。(42)

第四節　一橋家の掛屋業務

（1）一橋家について

一橋家は、享保二十年（一七三五）に八代将軍吉宗の四男宗尹《むねただ》が、賄料三〇〇〇両を賜り、元文二年（一七三七）に二万俵に改められた。いまだ屋敷は構えていなかったが、元文五年にさらに一万俵を加増されたさいに、江戸城一橋門内に屋敷を賜り、ここに名実ともに一橋家が成立した。延享三年（一七四六）九月十五日、さきに賜った三万俵と引替に、兄宗武（田安家祖）とともに一〇万石の領知を与えられたが、田安家と同じく領知だけを所有し、家臣団のほとんどは幕臣によって構成されていた。(43)

その領知は、武蔵・下野・下総・甲斐・和泉・播磨の六か国に分散していたが、寛政六年（一七九四）九月二十四日にいたり、甲斐の領知三万石は遠江に移された。その後、文政六年（一八二三）七月八日、遠江の領知三万石のうち一万石が摂津に移され、文政十年十二月十八日には、残り二万石も武蔵・下総両国の一万石とともに、摂津・備中・越後の三か国に移された[44]。こうして、幕末期の一橋家領知は表9-8にあるように、上方・中国筋での領知が全体の七四％を占めるにいたった[45]。関東領知は、江戸の一橋屋敷で統轄し、下野には特に塩谷郡上高根沢村に代官陣屋を設けた。上方・中国筋は、摂津西成郡川口村の川口役所で統轄し、備中には特に後月郡江原村に代官陣屋を設けた[46]。地方支配は、郡奉行―勘定奉行―代官によっておこなわれた[47]。

表9-8　一橋家の領地(幕末期)

国郡名	村数	知行高(石)	割合(%)
摂津国川辺郡	21	5,805	4.9
豊島郡	23	5,117	4.3
島下郡	10	3,825	3.2
小計	54	14,747	12.4
和泉国大鳥郡	9	3,843	3.2
泉郡	45	14,708	12.3
小計	54	18,551	15.6
播磨国多可郡	26	8,538	7.2
加東郡	6	3,034	2.5
河西郡	8	1,517	1.3
印南郡	12	4,426	3.7
葛西郡	5	2,079	1.7
揖東郡	7	2,161	1.8
小計	64	21,755	18.3
備中国上房郡	9	6,106	5.1
小田郡	29	14,512	12.2
後月郡	26	12,594	10.6
小計	64	33,212	27.9
武蔵国埼玉郡	19	8,131	6.8
葛飾郡	11	1,470	1.2
高麗郡	15	3,441	2.9
小計	45	13,042	10.9
下総国葛飾郡	6	878	0.7
結城郡	7	3,507	2.9
小計	13	4,385	3.7
下野国芳賀郡	6	4,139	3.5
塩谷郡	2	2,018	1.7
小計	8	6,156	5.2
越後国岩船郡	10	7,275	6.1
合計		119,123	100.0

註：小数点以下、四捨五入。
出典：註(45)森杉夫「泉州一橋領貢租」5頁。

（2）一橋家の掛屋業務

住友江戸両替店が、京都の別家大橋与四郎（一橋家御呉服師）の伝手によって一橋家の掛屋を出願したのは、文化二年（一八〇五）三月のことであった。[48] 出願にさいし、一橋家と住友家の間で身元調べや条件の折衝が、江戸では一橋邸と住友江戸両替店において、大坂では川口役所と住友本店との間でおこなわれた。ようやく同年九月に条件が整い、住友江戸両替店から請書を差し出した。同店は掛屋引き受けの抵当として、中橋上槇町一丁目屋敷の沽券状四通（一〇三〇両）と身元金五〇〇両を提出した。これにたいし一橋家からは十人扶持を賜り、ほかに御紋付絵符三本、御紋付高張提灯・御用弓張提灯各一張ずつを拝領した。住友江戸両替店が掛屋御用を引き受けたときの一橋家領知は、武蔵・下野・下総・遠江・和泉・播磨の六か国にあった。掛屋としての住友江戸両替店の業務内容については、文化二年三月の掛屋願書と同年九月の請書によって判明する。[49]

【掛屋願書】

乍恐書付を以奉申上候

一私共別家願書差上候掛屋御用向儀、関東御領知御年貢金、幷遠州御領知御払米代金之分引受、包改御用相願候儀ニ御座候、右金高凡壱万四千両程ニ而、遠州御払米代金百両ニ付、改賃銀三匁宛、関東御年貢金百両ニ付、銀五匁宛被下置候段、承知仕候事

一関東遠州金奉預候節、即日ニも上納相成候儀有之候得者、数日奉預候訳ニも無之候趣被　仰聞、承知仕候、此儀遅速ニ不拘、其時之御差図次第、何時ニ而も上納仕候御振合、得と相心得罷在候事

一掛屋御用被　仰付候得者、是迄相勤罷在候播磨屋新右衛門と隔月ニ月番を立、右月番之儀者御金蔵江下手代壱人、壱ヶ月ニ凡十五日程も差出、御金包改仕、幷関東御領知御役所之方者、私方計ニ而引受、毎月両三日宛下代差出、御用向取扱仕候御振合趣、承知仕候事

一掛屋御用向被　仰付候節者、泉屋吉次郎ゟ印形御受証文差上候儀ニ相心得罷在候、其後平日御用向之儀者、名代直蔵諸事引受取扱仕候儀ニ御座候事

一御用向被　仰付、沽券差上候得者、町役人江御礼等可有御座旨被　仰聞、并吉次郎義御用被　仰付趣、品寄大坂町御奉行所江御通達等ニも可相成趣被仰聞、右両様とも承知仕、何れも差支候儀無御座候事

一御用引受候ニ付而者、証文之儀御尋被　仰聞、承知仕候、此儀者証拠地面等も差上候ニ付、別ニ証人ニ者及不申、相済候事と而已相心得、右之取調等者不仕候、吉次郎儀大坂住居者ニ付、於彼地証人相立候儀者差支無御座候事

一御金蔵御用勤方之儀、是迄播磨屋新右衛門相勤候振合、逸々被仰聞承知仕候、諸事新右衛門同様ニ無差支様、相勤可申事

一御用向相勤候内、御扶持方被下方之儀、此段者被　仰付通之儀ニ相心得罷在候得共、畢竟右之処ヲ冥加ニ奉存候義ニ而、沽券状差上、并ニ金五百両差上候儀ニ付、拾人扶持も頂戴仕度心願ニ而御座候、併金五百両差上候計ニ被　仰付、御扶持方五人扶持被下置候御振合ニ罷成候共、御免願等可仕心底ニ而者無御座候、被　仰付通御受可仕候、可相成候ハヽ、沽券并金五百両、両様差上、拾人扶持も頂戴仕候得者、外聞共格別難有仕合ニ奉存候事

右之通相違無御座候、何分ニも願之通掛屋御用被仰付被下置候様、奉願上候、以上

文化二丑年三月　　泉屋吉次郎

差添人　大橋与四郎

御勘定所

【掛屋請書】

差上申証文之事

一泉屋吉次郎儀、此度関東御領知御年貢金幷遠州御払米、其外御金包改掛屋御用被　仰付候ニ付、万端入念御用向大切相勤、御年貢金幷返納金村方ゟ持参候ハヽ、夜分ニ御座候共不差延、改之上請取手形相渡大切ニ預り置、御下知次第御金蔵江上納可仕候、且御預り金之儀、縦令御印形御書付致持参候もの有之候共、御役所江罷出相伺不申候而者、決而取引仕間敷候、尤預り手形儀、私印鑑差上置、右之外印形相用間鋪候、仍之為後証一札差上申所、仍如件

文化二丑年九月

大坂長堀茂左衛門町
銅山師泉屋吉次郎名代
中橋上槇町持店
泉屋直蔵

御勘定所

以上の史料によって掛屋業務を要約すると、つぎのようになる。

（1）　一橋家御金蔵役所の出納業務

これは、従来の一橋家掛屋播磨屋（中井）新右衛門と月番で、御金蔵役所の公金や年貢金の包改め、出納を掌る業務である。中井・住友の両替店は、隔月に月番として手代一人を御金蔵役所に派遣し、一か月のうち一五日ほど勤務させた。御金蔵役所の業務は、中井両替店の前例にならっていたが、つぎの（2）（3）の業務については住友両替店が単独で拝命した。

（2）　関東領知年貢金と遠州領知払米代金（のち越後領知年貢金）の包改めと御金蔵納付業務

これは、住友江戸両替店が一橋家から関東領知の年貢金と遠州領知の払米代金[50]（合計一万四〇〇〇両あまり）を当座預りとして包改めをおこなう業務であるが、その包改め料は、関東年貢金が金一〇〇両につき銀五匁、遠州

払米代金が金一〇〇両につき銀三匁であった。なお年貢金・払米代金は、一橋家からの当座預り金なので、指図に従って御金蔵へ納入しなければならなかった。その後、文政六年（一八二三）と同十年の両年に、遠州の領知三万石が、摂津・備中・越後へ移されたので、住友江戸両替店は関東・越後の年貢金の御金蔵納付を取り扱うことになった。

（3）　関東領知年貢金の取立代理と関東領知役所への勤務

これは、関東領知農村から年貢金や貸付返済金が住友江戸両替店に持参されると、住友江戸両替店は昼夜の別なく、すぐに納付金を鑑定して大切に預かる。農民には納付金と引き替えに預り手形を渡し、農民はこれを関東領知役所に差し出すことによって年貢金・貸付返済金の納付を完了した。そして住友江戸両替店の当座預り金は、一橋家からの下知があり次第、包改めのうえ御金蔵へ納付した。なお、住友江戸両替店は関東領知役所へ一か月のうち二、三日ほど手代を派遣して、事務を取り扱わせた。

以上が、一橋家の掛屋業務であったが、そのほかに御金蔵役所での金銀銭相場書上と両替、暑寒の挨拶と出火時の駈付手伝いが、掛屋に課せられた業務であった。

つぎに、前掲表9-4により天保六年の掛屋御用にともなう当座貸付・預り口座をみてみよう。これによると、公金の「一橋様（銀帳）御納戸」と、年貢金の「同御年貢帳（関東・越後分）」の二口座があった。前者は三四両の貸勘定、後者も一九両の貸勘定となり、住友江戸両替店にたいし、両者合わせて五三両の当座貸越があった。

また、天保十三年の包改め料を見ると、(51) 一橋家公金・年貢金の取扱高六九一六両（天保十二年三月〜翌年三月）にたいする銀三四五匁八分四厘一毛（金五両三分）と、村方水難貸付金七二二両三分にたいする銀三六匁一分四厘（金二分）であり、両者合わせてわずか銀三八一匁九分八厘一毛を受けとったに過ぎなかった。

このように一橋掛屋御用の収益は、金一〇〇両につき銀五匁というわずかな包改め料であり、年貢金等も当座預り金で、安定した経営資金とはなりえなかった。一橋家掛屋引き受けによるメリットは、田安家と同様に掛屋御用を通しての社会的信用と家臣団への貸付であり、つぎに述べる「一橋御下ヶ金」の預りも大きかった。

(3) 一橋御下げ金

一橋家は、寛保二年(一七四二)に田安家と同じように、幕府から「年々溜り銀」九〇〇貫目(金一万五〇〇〇両)の中国筋農村への貸付を許可された。これもその運用は勘定奉行に委託し、勘定奉行は吟味のうえ上田を質に取り、年一割の利息を中国筋代官に取り立てさせて、大坂御金蔵へ納付し、為替で江戸の一橋家御金蔵に納付された。これが一橋御下げ金の始まりである。[52]

一橋御下げ金の出所は、幕府からの拝借金と掛屋・蔵元からの身元金や御用金であった。[53] 文化十年(一八一三)三月、住友江戸両替店は一橋勘定所から「年々二月・五月・十月、三季別段御下ヶ金」を預り、「御利足格別出精」して「利倍ニ積金」するように申し渡された。住友江戸両替店は「御奉公」と考えて引き受けることにし、翌十一年八月、御下げ金五〇〇両を年九分(年利九%)の利率で預った。[54]

一橋御下げ金は、表9-9にあるように短期間の預り金である場合が多く、急入用のさいには直ちに返納しなければ

表9-9　一橋御下げ金の預り高(文化11年～嘉永2年)

年月	金高	年利	借用理由と返済方法
	両	%	
文化11.8	500	9	
同　15.3	720	7	
文政2.2	700	6	急入用、文政2.7迄に返済
同　5	1,200	6	領地村々救済金、天保3迄
天保?	500	3	弘化2.12迄に返済
弘化元.9.11	3,000	6	弘化2.1迄に返済
同　2.12	500	3	嘉永4.12迄に返済
同　3.1	500	3	〃
同　3.2.2	3,000	6	弘化3.5迄に返済
嘉永2.2.11	3,000	6	嘉永2.5迄に返済
同　2.7.2	3,000	6	嘉永2.10迄に返済

出典:「一橋御用留」(住友史料館所蔵)、註(54)『住友史料叢書　別子銅山公用帳　十番・十一番』306～310頁。

ばならなかった。そのため、住友江戸両替店は田安御下げ金のような名目貸付をおこなわず、専ら営業資金の一部に充当し、通常の貸付資金とした。住友江戸両替店にとって一橋御下げ金は、営業資金の一部であるとともに、文化五年（一八〇八）の一橋御領知村々御救済金二一〇〇両の預り利殖に見られるように、一橋家への御奉公でもあった。

表9-9によって一橋御下げ金を概観すると、預り利率は、短期預りのため年利一〇％未満という低利であった。その後、天保十五年（弘化元年）三月に住友江戸両替店が一橋勘定所から御下げ金六〇〇〇両の預りを依頼されたときには、天保改革（一八四一〜一八四三）後の金融不況を理由に「格別安利ニ無御座候而者、廻し方出来不申候」と、さらなる利下げを出願した(55)。また、天保改革後に預り高が増加しているが、これは住友江戸両替店に経営資金を供給していた浅草札差の泉屋甚左衛門店が、天保十四年（一八四三）十二月の無利息年賦返済令によって打撃を受けたので、その後の営業資金補充に一橋御下げ金を繰り入れたためである(56)。その状況は弘化二年（一八四五）二月の御下げ金願書でみると(57)、「去々卯年（天保十四年）暮、相対済被仰出候後、市中融通不宜」、そのため諸商人は仕入が難しくなり、諸商品の捌け方も芳しくなかったという。ところが「此頃迫々人気前体ニ立戻り」、諸商人から仕入金の融通を数日も依頼されるようになったので、手元資金が不足し、とうていすべてには行き届きがたいと述べて、資金不足を理由に御下げ金を出願したようすが判明する。

このように一橋御下げ金は、天保改革後の住友江戸両替店の資金難には、多少なりとも役立ったようである(58)。ただし、嘉永二年（一八四九）十月、住友江戸両替店が経営不振によって一時休店すると、田安家と同じように北新堀町の渡辺屋熊次郎にこれを譲渡した(59)。

（1）　末岡照啓「化政期江戸地廻り経済発展期における江戸両替商」（林陸朗先生還暦記念会編『近世国家の支配構造』雄

山閣出版　一九八六年）。

（2）　末岡照啓『泉屋叢考　弐拾壱輯　近世後期住友江戸両替店の創業と経営』（住友修史室　一九八七年）の付録資料四「中橋店掟書」『住友史料叢書　年々諸用留十二番』（思文閣出版　二〇一六年）三九一〜三九五頁参照。

（3）　文化五年九月「借用申金子之事（平岩次郎兵衛要用金借用証文）」（住友史料館所蔵）、表題の（　）は内容を補った表題、以下同じ。

（4）　国立史料館編『播磨屋中井家永代帳』（東京大学出版会　一九八二年）の解題参照。

（5）　享和三年、出羽・常陸代官として幸生銅山を支配していた三河口太忠輝昌、化政期飛驒郡代であった芝与一右衛門正盛は、この例であろう。

（6）『住友史料叢書　浅草米店万控帳（上）』（思文閣出版　一九九七年）三〇・三二頁、註（2）末岡書の附録九所収。

（7）　住友史料館に代官掛屋史料として各代官の「差上申御請証文之事（御用下改掛屋請書）」や、文化七年八月「（三河口代官掛屋御用諸控帳）」、文化十年三月「（倉敷代官大原支配所年貢上納掛屋用書控二番）」などが残っている。文献としては、松平太郎『江戸時代制度の研究』（柏書書房、一九六四年復刻版）五九二・五九三頁、森杉夫「畿内幕領における石代納」（『大阪府立大学紀要』第四巻　一九五六年）、村上直校訂『江戸幕府郡代代官史料集』（近藤出版一九八一年）二九二〜三〇〇頁など参照。

（8）　文政五年八月「（平岩右膳掛屋就任印鑑届・包改め料取極書）」（住友史料館所蔵）、註（2）末岡書の付録資料一〇所収。

（9）　関東代官平岩右膳親康の「覚（掛屋預け金請取小手形の綴）」（住友史料館所蔵）、註（2）末岡書の付録資料一一所収。

（10）　各郡代・代官（荒井清兵衛・北條雄之助・平岩右膳・平岡文次郎・江川太郎左衛門・大原左近・川上金吾助・松下内匠・野田斧吉・柴田善之丞・岡崎兼三郎・望月新八郎・島田帯刀・辻富次郎・設楽八三郎・塩谷大四郎など）の「差入申一札之事（掛屋勘定皆済ニ付一札）」（住友史料館所蔵）。豊後日田郡代塩谷大四郎正義の事例は、註（2）末岡書の付録資料一二所収。

（11）　註（7）村上書の四四三頁参照。

（12）「上納分并ニ渡し方（住友江戸両替店田安年貢金等上納分并ニ渡方書）」（住友史料館所蔵）、註（2）末岡書の付録資料一五に所収。なお各郡代・代官・大名預り所の年間御金蔵納付高は、天保十二丑年「書抜帳」一〜四（『日本財政経済

史料』第一〇巻　大蔵省　一九二五年）二六六～四三五頁参照。
(13) 以下の記述は、特に断わらない限り各郡代・代官の借用証文、ならびに天保六年の中橋店「当用・頼母子・月割・年賦・永代取替内訳精帳」（住友史料館所蔵）による。なお、このうち大和五条代官の辻甚太郎守眉、上野代官の稲垣藤四郎豊芳の借用証文については、註(2)末岡書の付録資料一三所収。
(14) 註(7)村上書、四三七・四四七頁参照。
(15) 同右。
(16) 『住友史料叢書　年々諸用留十三番』（思文閣出版　二〇一九年）二一三～二一七頁。
(17) 北原章男「御三卿の成立事情」（『日本歴史』一八七号　一九六三年）。
(18) 同右。
(19) 鏑木行廣「下総における田安領の成立と年貢」（『国史学』一〇五号　一九七八年）。
(20) 「田安御殿書物留　改革後」（住友史料館所蔵）。
(21) 註(19)鏑木論文参照。
(22) 『住友史料叢書　年々諸用留十一番』（思文閣出版　二〇一三年）五八～六二頁。
(23) 同右。
(24) 同右。
(25) 註(19)鏑木論文参照。
(26) 註(2)『住友史料叢書　年々諸用留十二番』一八四～一八六頁。
(27) 『住友史料叢書　別子銅山公用帳十番・十一番』（思文閣出版　二〇二一年）三四四頁。
(28) 註(12)に同じ。
(29) 大野瑞男「延享期の幕府財政史料、酒井家記録（一）」（『史学雑誌』八九編七号　一九八〇年）。
(30) 文政三年十二月、天野左近知行所の「借用申金子之事（勝手向差支ニ付田安御下ケ金借用証文貸捨分）」（住友史料館所蔵）。
(31) 註(16)『住友史料叢書　年々諸用留十三番』六四頁。

(32)　天保六年、中橋店「有物請払精帳」（住友史料館所蔵）。
(33)　「東京出店取扱書類」（住友史料館所蔵）。
(34)　（文政十年）亥十月「筒井紀伊守殿　牧備後守・柴田出雲守（田安家御下げ金差配役住友吉次郎へ申付度ニ付上申書）」、文政十年十月「（田安別口御下ヶ金実施一件書）」（「田安御屋形御下ケ金御趣法書入袋」所収、住友史料館所蔵、註(2)末岡書の付録資料一七に翻刻）。なお、この御趣法案は大坂本店へも報告されている（註(22)『住友史料叢書　年々諸用留十二番』四三四～四四〇頁）。
(35)　同右。
(36)　同右。
(37)　文政十年十二月「御預申御備金之事（田安別口御下ヶ金の長谷川知行所借用証文）」（住友史料館所蔵）。
(38)　（文政十）亥年十月「乍恐以書付奉願上候（田安御下ヶ差加金冥加・世話料免除願並書状）」（住友史料館所蔵）によると、住友江戸両替店（住友吉次郎友聞）支配人晋右衛門は、田安家に自己資金一万両を無手数料で名義貸付したいと出願し、ゆくゆくは現在の貸出金一〇万両あまりを徐々に回収してこれにあてたいと希望した。ところが、逆に幕府（老中水野出羽守忠成）は田安家に対し、「御館備金と吉次郎所持之金と貸出等相混シ可申候、其訳ヶ方如何取計可申哉」と尋問されてしまった。これについて、同年十一月二十二日に晋右衛門は、大坂本店の重役と手紙で相談している。
(39)　田中康雄「江戸時代後期における三井江戸両替店の経営動向」（『三井文庫論叢』三号　一九六九年）。
(40)　嘉永二年十月ヨリ「田安御殿書物留　改革後記一番」（住友史料館所蔵）。
(41)　嘉永三年九月ヨリ「田安御殿書物留　改革後記弐番」（住友史料館所蔵）、註(2)末岡書の付録資料一八所収。なお、本史料は註(40)史料と合綴されている。
(42)　「年々諸用留」十五番（住友史料館所蔵）には、つぎのようにある。

「　　　　　　　　　　　　　　　　　泉屋吉次郎
御掛屋御用被　仰付、御扶持方拾人扶持被下之
（文久元年）
酉五月　　　　　　　　　　　　　　　　　　　」

(43)　辻達也編『新稿一橋家記』（続群書類従完成会　一九八三年）、註(17)北原論文。

(44) 同右。
(45) 森杉夫「泉州一橋領知の貢租」(『社会経済史の諸問題――黒羽兵治郎先生古稀記念論文集――』巌南堂書店　一九七三年)。
(46) 註(43)に同じ。
(47) 同右。
(48) 『住友史料叢書　年々諸用留十番』(思文閣出版　二〇一〇年)三〇七～三二六頁。その一部は註(2)末岡書の付録資料一九所収。
(49) 同右。
(50) 遠州一橋領知については、川原崎次郎「遠州一橋領百姓一揆とその特質」(『地方史研究』三五巻六号　一九八五年)参照。
(51) 「一橋御用留」(住友史料館所蔵)、註(2)末岡書の付録資料二〇所収。
(52) 註(29)大野論文に同じ。
(53) 「一橋様御勘定所江差上願書控幷書物扣」(住友史料館所蔵)によると、大坂の御用金銀主は、住友吉次郎・津田休兵衛・今堀長兵衛・吉田喜兵次の四人であり、文化八年(一八一一)五月に合計銀四八〇貫目を上納している。
(54) 註(27)『住友史料叢書　別子銅山公用帳　十・十一番』三〇六～三一〇頁。本史料は、文政五年正月に一橋家勘定所からの尋問にたいし、掛屋就任の来歴を届け出たものである。
(55) 註(51)「一橋御用留」。註(2)末岡書の付録資料二一所収。
(56) 末岡照啓「天保の無利息年賦返済令と札差――泉屋甚左衛門店の経営分析を通じて――」(『国史学』一一六・一一七合併号　一九八二年)参照。
(57) 註(55)史料に同じ。
(58) 註(56)に同じ。
(59) 「年々諸用留」十五番(住友史料館所蔵)、註(2)末岡書の付録資料二二所収。

第10章　江戸両替商の大名・旗本金融業務と商用貸付

第一節　大名との掛屋・蔵元業務

本章では、前章につづき、住友江戸両替店を事例にとり、大名・旗本との金融取引と商用貸付業務についてみていく。

(1) 取引大名

文政九年(一八二六)当時、住友江戸両替店と取引関係のあった大名は、北から順に盛岡藩(南部氏)・仙台藩(伊達氏)・庄内藩(酒井氏)・越後新発田藩(溝口氏)・上総五井藩(有馬氏)・小田原藩(大久保氏)・掛川藩(太田氏)・浜松藩(水野氏)・三河吉田藩(松平氏)・桑名藩(松平氏)・福山藩(阿部氏)・浜田藩(松平氏)・松山藩(松平氏)・土佐藩(山内氏)・延岡藩(内藤氏)の一五家であった[1]。

天保六年(一八三五)には、このほかに秋田藩(佐竹氏)・上総一宮藩(加納氏)・備中庭瀬藩(板倉氏)・遠江相良藩(田沼氏)があった[2]。以上の一九藩との関係をまとめたものが表10-1である。これによると、①盛岡・松山・土佐・上総一宮の四藩とは、住友の本業である銅山・銅精錬業との関係によるもの、②庄内・越後新発田・桑名の三藩とは、幕府から管理を委託された「幕府預り所」の掛屋御用(年貢金預りなどの金融業務)によるもの、③延岡藩とは、文政九年十二月に大坂本店が蔵元御用(年貢米や国産品の販売業務)を引き受けたことによるもの[3]、

表10-1　住友江戸両替店の取引大名と業務内容（化政期～天保期）

取引先	業務内容（住友との関係）
松山藩（松平氏）	掛屋御用（別子銅山の預り役所）
土佐藩（山内氏）	〃　（別子銅山の薪炭用山林利用）
盛岡藩（南部氏）	蔵元御用（盛岡御用銅を大坂吹所で精錬、江戸古銅吹所へ地売銅を販売）
仙台藩（伊達氏）	両替御用
上総一宮藩（加納氏）	預り金御用（元、伊勢治田銅山を経営）
上総五井藩（有馬氏）	〃
庄内藩（酒井氏）	幕領預り所の掛屋御用
新発田藩（溝口氏）	〃
桑名藩（松平氏）	〃
小田原藩（大久保氏）	「講」の調達金御用（幕府の要職）
浜松藩（水野氏）	〃　（幕府の要職）
掛川藩（太田氏）	調達金・為替御用
三河吉田藩（松平氏）	〃　（幕府の要職）
福山藩（阿部氏）	〃　（幕府の要職）
浜田藩（松平氏）	〃　（幕府の要職）
延岡藩（内藤氏）	〃　（文政9年大坂本店が蔵元御用）
秋田藩（佐竹氏）	〃　（秋田御用銅を大坂吹所で精錬）
備中庭瀬藩（板倉氏）	〃　（幕府の要職）
遠江相良藩（田沼氏）	〃

出典：中橋店「旧記録」（住友史料館所蔵）。

④そのほかは、おおむね幕府の要職にある藩との関係である。

幕府要職の大名の一例として、小田原藩を見てみよう。文化十年（一八一三）十一月、住友江戸両替店は掛屋御用を勤めている伊豆韮山代官江川太郎左衛門英毅から小田原藩（藩主忠真は大坂城代）の館入りを依頼された(4)。同年十二月、江戸両替店が大坂本店に相談した書状には、その経緯をつぎのように記している(5)。すなわち、「諸家様御出入之義、近来当方ゟ手を入相願候義者決而無之、此度之義も江川様ゟ御口入を以、当方江御出入計呉候様」とあり、住友両替店から大名家出入りを積極的に出願することはなく、今回も小田原藩と関係がある江川代官から依頼されたというのである。しかし、江戸両替店から出願するのは、幕府要職の「御役家之方計ニ御座候」ことであり、大名家からの依頼があっても「成丈ヶ相断」り、致し方ない場合に限り大坂本店と相談してきたと述べている。この結果、このときは小田原藩への館入りを断ったが、文政元年（一八一八）に大久保忠真が老中になると、その後は館入りとなっている。

つぎに、住友江戸両替店と各藩との業務内容を表10-1で見てみよう。(6) ①松山藩・土佐藩とは掛屋御用、②盛岡藩とは蔵元御用、③仙台藩とは金銀の両替御用、④上総一宮藩・上総五井藩とは公金の預り金御用、⑤庄内藩・新発田藩・桑名藩とは幕府預り所の掛屋御用、⑥小田原藩・浜松藩とは「講出金」の御用、⑦その他は「勝手向要用」の御用、あるいは上方（蔵屋敷）ないし国元からの為替到着前の取替（立替）・貸越金の業務であった。(7)ここでは、松山藩の掛屋御用と盛岡藩の蔵元御用について述べよう。

（2）松山藩の掛屋業務

松山藩は、別子銅山を含む予州の幕領を預っていたので、住友の別子銅山に関する出願は、松山藩預り役所を経て幕府に上申された。また予州幕領の年貢米は、別子銅山の飯米に払い下げられるなど、松山藩は住友と久しく縁の深い藩であった。古くは大坂本店が享保十三年（一七二八）十二月に扶持米を賜り、(8) その後は、分家の泉屋甚次郎両替店（大坂豊後町店）が大坂蔵屋敷の掛屋御用を勤めた。(9) このような関係から、住友江戸両替店は文政十年（一八二七）六月朔日付で江戸藩邸（三田役所）の掛屋御用を仰せ付けられ、十人扶持を賜った。(10) それに先立つ同年五月、住友江戸両替店から松山藩江戸藩邸へ提出された業務確認書の「口上之覚（全八か条）」によって、その内容をつぎに要約するが、(11) この口上については藩邸からすべて聞き届けられた。

①住友江戸両替店において、松山藩の国元や大坂の蔵屋敷から江戸藩邸への送金為替を取り扱う場合、住友吉次郎（大坂本店）の振出であれば、為替手形を受け取り、代金を包改めて、指図がありしだい江戸藩邸へ納めること（第二条）。

②また、毎月二回の金銀出納の御払い日には、手代一人・子供一人を差し出して、諸般の事務を取り扱わせること（第一条）。

③そのうち、諸方への渡し金銀については、その前日に藩邸から「御渡金銀仕訳帳」の下げ渡しをうけて、住友江戸両替店で金銀の包立てをして納めること（第三条）。

④なお、御払い日に銭が入用の節は、「日々公儀御書上直段」（公定レート）をもって納入する。ただし、持ち運び人足銭だけは見込値段をもって申し受けたいこと（第五条）。

⑤進物、そのほか御配り銀の入用御用の節は、右③の金銀の書付の交付があれば、それによって住友江戸両替店で指図どおり包立てをして、すぐさま納めること（第四条）。

⑥ただし、御献上の黄金や、そのほか参府のさいの奥向への配り銀子は、「常是包《じょうぜつつみ》」にするので、包入用（銀貨の包替え手数料）や包極め（鑑定）料を規定のとおり申し請けたいこと（第六条）。

⑦また、右の御配り黄金や奥向への両替代金は、即日払いか両三日払いかを決めていただきたいこと（第八条）。

⑧為替金が、「無包《むづつみ》」のままで為替仲間から納付された場合は、包改め（包替え）料は紙代とも含めて規定どおり、金一〇〇両につき銀五匁で申し請けたいこと（第七条）。

以上が「口上之覚」の概要である。要するに、住友江戸両替店は松山藩江戸藩邸の金銀出納業務を代行したのであるが、掛屋業務としてはほかに金銀の当座預りもあれば、当座貸付もあった。一例として前掲表9−4をみると、天保六年（一八三五）に住友江戸両替店は松山藩から一一〇〇両あまりを預り、一二三七両あまりを貸し付け、差引一三七両あまりの貸越勘定となっていた。これら掛屋業務にかかわる収益は、わずかな包改め料と両替賃であった。住友江戸両替店は、嘉永二年（一八四九）十月に経営不振によって一時休店したが、松山藩の掛屋御用は同五年三月二日まで勤めた(12)。

（3）盛岡藩の蔵元業務

近世の後期、盛岡藩は秋田・別子の幕府御用銅山とともに長崎輸出の御用銅調達を担い、荒銅（粗銅）を大坂銅座へ廻送していた。住友は、銅座から荒銅を受け取り、これを長堀の吹所で輸出向けの御用棹銅に精錬していたことから盛岡藩とは少なからぬ関係があった。また盛岡藩は、江戸において御用銅定額を供出した残りの荒銅を地売銅（国内販売用）として、本所清水町の古銅吹方役所（古銅吹所）[13]に売り渡していたので、住友江戸両替店は文化二年（一八〇五）の開業から盛岡藩の両替業務や諸調達金に応じており[14]、同七年十一月十三日にいたり、盛岡藩から「勝手向繰合筋之義兼而頼入候処、追々無滞用弁給」り、特に「一昨年御用方ニ付出府之節者、急卒之入用向格別ニ心を被用、深切ニ用弁給候」という理由で十人扶持を賜った[15]。

その後、文政六年（一八二三）ころ住友江戸両替店は、江戸の豪商伊達銭之助・三村清左衛門（勘定所御用達）・田村安之助とともに盛岡藩江戸蔵屋敷（深川）の蔵元に就任したらしく、江戸藩邸への月割調達金に応じている[16]。表10-2は、文政十三年（天保元）正月の「議諚証文」によって月割調達金仕法をまとめたものである[17]。これにより、その契約内容を説明する。

①盛岡藩江戸藩邸における一か年の勝手向定式賄金（年間経費）は、参府の年に二万二二〇〇両、在国の年に二五〇〇両ほどが必要であった。そこで盛岡藩は、参府の年の文政十三年に経費二万二二〇〇両の月割り仕送りを蔵元四人に依頼した。

②利息は、金一〇〇両につき一か月銀五匁（年利一〇％）とし、返済は同年の江戸廻送米と大豆合わせて八万俵の売り払い代金をもって元利皆済すると約束した。すなわち、春廻送分が米四万二〇〇〇俵、大豆三〇〇〇俵の合計四万五〇〇〇俵、冬廻送分が米三万五〇〇〇俵で、春冬合わせて八万俵となる。

③このうち、江戸藩邸で一万三九〇〇俵を扶持米（給料）・惣糧米（飯米）・役馬飼料に消費するので、実際の

表10-2　盛岡藩の江戸廻米・販売高（文政13年＝天保元年）

項目		春分			冬分	総計		
		米	大豆	計	米	米	大豆	計
廻送高	A	俵 42,000	俵 3,000	俵 45,000	俵 35,000	俵 77,000	俵 3,000	俵 80,000
消費高	扶持米	4,300		4,300	4,500	8,800		8,800
	惣糧米	2,644		2,644	2,056	4,700		4,700
	役馬飼料		400	400			400	400
	合計B	6,944	400	7,344	6,556	13,500	400	13,900
販売高	販売高A－B	35,056	2,600	37,656	28,444	63,500	2,600	*66,100
	石換算	14,022石	1,040石	15,062石	11,378石	25,400石	1,040石	26,440石
	相場（@1両）	1.1石	1.3石		1.1石	1.1石	1.3石	
	販売代金	12,747両	800両	13,547両	10,344両	23,091両	800両	**23,891両

註1：*印は原史料で66,502俵、**印は原史料で21,200両余。
　2：販売高の石換算は、原史料により1俵＝4斗（0.4石）。
出典：盛岡藩「議定証文之事」（住友史料館所蔵）、註（10）『泉屋叢考　弐拾壱輯　近世後期住友江戸両替店の創業と経営』付録資料23に所収。

販売高は米六万三五〇〇俵、大豆二六〇〇俵の合計六万六一〇〇俵（原文では六万六五〇二俵）となった。

④盛岡藩は、これらの米・大豆を「御当地着船次第於蔵屋敷、時之相場を以相払」ったが、春廻送分は七月、冬分は翌年正月に仕切勘定し、代金は「時々廻米売方取扱頼入候条、伊達浅之助殿ニ而被請取」とあって、伊達屋から蔵元各自に支給されることになっていた。

⑤ところが、蔵元四人から盛岡藩当局に、文政十三年の廻送米と大豆の売払代金二万一二〇〇両では、月割り出金高二万二二〇〇両と釣り合わないと不服を申し立てた（実際に売払代金を計算すると、表10-2にあるように二万三八九一両となるので、蔵元側の勘違いと思われる）。

⑥そこで、盛岡藩は当冬、別に大豆五〇〇〇俵を差し向けるので、この売払代金を加えて元利勘定をしてほしい。もし差引きして余るようであれば、かねての借用金一万二〇〇〇両の元金返済に当てたいと回答し、さらに「万一案外之海難有之歟、格別米価下料等ニも御座候而」、勘定が差し引き不足になるような事態に陥れば、約定のほかに「別段国元ゟ正金」を送金させるので、元利は確

実に返済すると付け加えた。

⑦そして、盛岡藩は通帳をもって月割り出金を借用し、「永く月割御出金之儀候条、各為御安心、右議定之趣年々証文相改、元入古証文引替可申候」と、末永い取引を要望した。

こうして住友江戸両替店は、他の蔵元三人とともに月割り仕送りを続けたが、天保六年（一八三五）の場合、月割帳で五三四〇両を用立て、そのほか時々の臨時調達金六七五六両あまりが年賦貸となり、貸付高は合計一万二〇〇〇両あまりに及んでいた（前掲表9-1参照）。その後、住友江戸両替店は嘉永二年（一八四九）十月に一時休店し、盛岡藩との取引を辞退して貸付金一万二〇〇〇両あまりの回収に努力したが、かえって翌三年二月に盛岡藩から返済の延期を依頼され[18]、同七年（安政元）七月にいたるも返済されなかった[19]。ようやく元治元年（一八六四）六月、盛岡藩はその後の返済残金一万一八五〇両を大坂蔵屋敷の方から無利息五〇年賦で返済すると約定した。

第二節　旗本勝手賄いと武家取引

（1）旗本への貸付

天保六年（一八三五）当時、住友江戸両替店は前掲表9-1にあるように、四六家の旗本・武家との取引があった。これに残存している借用証文の分を加えてまとめ直したものが表10-3である。すなわち、旗本や代官の手附・手代、御三卿の田安家・一橋家、大名の松山藩・庄内藩・土佐藩の家臣であった。

貸付先の旗本は、桑原遠江守盛倫《もりみち》（五〇〇石、大目付）、小田切鍋五郎直照（三五〇〇石、小納戸）、天野左近（七五〇石）、石谷備後守清豊（八〇〇石、大目付）、村上大和守義雄（一〇〇〇石、田安家老→大目付）などに勝手向要用を理由に貸し付けているが、いずれも大身の知行地を有する地方取の者が大多数を占めていた。一般に、地方取

表10-3　住友江戸両替店の旗本・武家貸付先（文化7年～天保6年）

	貸付先	年月	金高	年利	借用理由と返済方法
			両 分	%	
旗本	桑原遠江守盛倫（500石、大目付）	文化7.1	100.0	15	要用、古銅吹所預り金から借用
	小田切鍋五郎直照（3,500石、小納戸）	文化8.12	100.0	10	勝手向要用
	天野左近（750石）	文政3.12	200.0	12	勝手向月賄差支え、知行所郷印証文（常州茨城郡・武州葛飾郡）
	石谷備後守清豊（800石、大目付）	文政3.6	100.0	12	元田安家老、勝手向要用
	村上大和守義雄（1,000石、田安家老）	文政5.10	200.0		要用、田安家老の役料で返済
	内藤甚十郎（2,000石）	（天保6）	304.2		
	牧野中務賛成（1,500、目付）	（天保6）	492.2	12	田安郡奉行高橋次太夫の依頼
	三好儀左衛門（大番与力）	文化10.12	50.0		屋敷類焼、切米20俵で返済
	荻野大八（普請役）	文化13.12	20.0	12	
代官手附・手代	石塚孫兵衛（代官稲垣藤四郎手附）	文化3.12	2.0		無拠入用、国役預り金から借用
	岡田藤兵衛（代官矢橋松次郎元締手代）	文化15.3	30.0		御年貢金過分預りにつき借用
	内田弾助（代官大原四郎右衛門手代）	文政4.12	46.0		御用預り金の内から借用
	平塚左右助（代官山田常右衛門手代）	文政6.9	30.0		旦那勝手向要用
	福田元五郎（代官平岩右膳元締）	（天保6）	15.0		国役金御世話につき用立
	田中茂作（代官島田帯刀手代）	（天保6）	5.0		〃
	中村廉右衛門（代官森覚蔵元締）	（天保6）	30.0		
	石川李之助（元郡代塩谷大四郎手附）	天保15.3	100.0		越後水原代官小笠原信助の元締手代就任のため、16年賦返済
御三卿・大名家臣	横田禎蔵（田安郡奉行）	（天保6）	5.0		田安御下ヶ金御世話につき用立
	高橋次太夫（田安郡奉行）	天保2.11	10.0	0.15	要用、天保3.5切米玉落で返済
	朝比奈志四郎（田安用人）	（天保6）	7.2		無利息、年3両ずつ返済
	松山左十郎（田安甲州代官）	（天保6）	10.0		甲州赴任費として、同地で死去
	大屋春次郎（一橋郡奉行）	文化7.9	100.0	0	無拠要用、無利息10年賦返済
	梯登（松山藩家臣）	文政3.7	20.0	0	〃
	杉山政右衛門（松山藩三田役所）	文政4.6	12.0	12	無拠入用
	二神鍛次郎（　〃　）	文政6	15.0		
	稲川八右衛門（　〃　）	文政6.12	30.0		
	小田弾右衛門（　〃　）	文政10.7	20.0		
	荒木平六（庄内藩御納戸役）	文政7.4	3.0		天保6当時、国元詰につき据置
	土佐藩家中（上野蘭次他40人余）	文政2～8	260.余		勤向入用など
	預り先	年月	金高		備考
	水野美濃守忠篤（1,6000、小普請）	（天保6）	3,000.0	5	大坂町奉行・田安家老等を歴任
	稲岡茂作（元代官大原四郎右衛門手代）	（天保6）	1,100.0	6	

出典：各旗本・武家の「借用証文」（住友史料館所蔵）、註（7）末岡書、85･86頁の第13表を加工。

表10-4　住友江戸両替店の旗本勝手賄い

勝手賄の旗本	取引期間	知行高	知行地	主な役職
伊奈惟忠・忠告・忠慎（三代）	文政10～慶応4	1,600石	武蔵国足立郡6か村（植田谷村本村・三条町村・飯田村・花栗村・北谷村・善兵衛新田）	忠告：堺町奉行・京都町奉行、忠慎：目付
長谷川図書正以	文政7.8～同11	4,070石	遠江国山名郡5か村（西貝塚村・東脇村・彦島村・新池村・太良馬新田）、豊田郡3か村（船明村・立野村・下万能村）、城東群5か村（下土方村・今滝村・子隣村・西方村・新野村）	寄合・火消役・百人組頭
一色山城守直温	安政5.4～慶応期	1,000石	下総国葛飾郡7か村（椿村・三ヶ尾村・二ツ塚村・金杉村・中村・二ツ木村・後平井村）、千葉郡1か村（原村）	目付・堺町奉行・大坂町奉行・勘定奉行・外国奉行・一橋家老・大目付
鈴木親之輔（帯刀）	文久2.3～慶応4	1,000石	上総国長柄郡2か村（高山村・立島村）、三河国加茂郡8か村（元山中村・摺村・寺沢村・御蔵村・上八木村・上貝戸村・則定村・市ヶ瀬村）	書院番

出典：各旗本の「勝手賄い証文」（住友史料館所蔵）。

の旗本は、家計が困窮すると、まず村方年貢金の先納に頼り、ついで馬喰町貸付金や御三家・御三卿・寺社の名目金など諸方からの借入金に頼った。さらに金融を得るために、村方の郷印証文（年貢米金引当）を引当に諸方から借り入れ、しだいに借金高が嵩んでいくことになる（天野左近はこの事例）。そこで、村方の有力名主や在郷町人、あるいは町方の富裕な町人に知行所の年貢米金を引き渡し、借財の返済を含めて家計全般の世話を依頼するにいたる。こうして地方取旗本の勝手賄いは成立するのである[20]（第6章第四節参照）。

住友江戸両替店が、旗本の勝手賄いをおこなうようになったのは文政期（一八一八～一八二九）のことで、ちょうどこの時期は寛政の改革後（一七八九～一七九三）、米価の下落等により旗本諸家の家計が再び苦しくなったときにあたる[21]。また同じころ、浅草諏訪町の町人大和屋太右衛門が、地方取の「札差」になろうとして「武家方知行所収納米引受元致し、米前金之名目を以、金子用立度」

と、武州会所の設立を幕府に出願したときでもある[22]。幕府も地方取幕臣団の家計窮乏には、ことのほか心を痛めていた時期であり、右の出願は老中の水野出羽守忠成・勘定奉行の村垣淡路守定行の審議を経て、文政十三年（天保元）十一月四日に許された[23]（前掲表6-2参照）。

このように旗本は、化政期（一八〇四〜一八二九）にかけて窮迫していたので、住友江戸両替店でも表10-3にあるように、旗本に勝手向要用を理由に貸し付けているが、このような貸付からさらに進んで勝手賄いまで引き受けたのが、表10-4にある伊奈・長谷川・一色・鈴木の四家である。引き受け時期は、伊奈家が文政十年の惟忠（一六〇〇石）から忠告（堺町奉行・京都町奉行）をへて慶応四年の忠慎（目付）まで、長谷川家が文政十年から同十一年の正以（四〇七〇石、寄合）のとき、一色家が安政五年から慶応期の直温（一〇〇〇石、堺町奉行・大坂町奉行ほか）のとき、鈴木家が文久二年から慶応四年の親之輔（一〇〇〇石、書院番）のときであった。いずれも幕末の激動期であり、知行所から郷印証文を取り、年貢米金は住友両替店に納付することになっていた。一色家については第6章で説明したので、ここでは伊奈家の勝手賄いのようすをみてみよう。

（2）旗本伊奈家の勝手賄い

文政七年（一八二四）、住友江戸両替店は伊奈家八代目の幸之助惟忠のときに同家の館入となったが、勝手賄いを引き受けたのは文政十年のことであった。初代の五兵衛忠重は、関東郡代伊奈半十郎忠治の三男であり、承応二年（一六五三）十二月二十二日武蔵国足立郡に植田谷本村（現さいたま市）・三条町村（同上）・飯田村（同上）・花栗村（草加市）・北谷村（同上）・善兵衛新田（同上）の六村（一六四〇石あまり）を分地され、家を興した[24]。

文化元年（一八〇四）、伊奈幸之助惟忠は知行所の武州足立郡の七か村に勝手賄いを依頼したが、文政十年からは住友江戸両替店に依頼することになり、植田谷領三か村から同店に郷印証文を提出するよう下知した[25]。

覚

前々ゟ当領六ヶ村ニ而勝手向月々御賄仕来候処、違作等ニ而難渋之趣ニ付、御年貢未進之儀無之候得共、御賄之儀住友吉次郎方江相頼候ニ付、未進之趣認、当領村役人共致調印、証文差出差入候段、兼而致承知居候得共、猶又為後日書面相渡置候者也

文政十亥年

地頭所内
笹田右十郎㊞
田辺　貢助㊞
植田谷領　三ヶ村中

表書之通相違無之者也
主計（惟忠）㊞

すなわち、知行所の収穫高が予想より悪く、年貢の未納には及んでいないが、村方へ依頼した勝手賄いが難渋をきたしているので、住友江戸両替店に依頼するというのである。伊奈家は、家計を安定させるため、村方から江戸の豪商へ住み替えたわけである。

その後、住友江戸両替店は知行所六か村から慶応四年（一八六八）まで勝手賄いを請け負い、伊奈幸之助惟忠・遠江守忠告《ただつぐ》（堺・京都町奉行）・兵庫忠慎《ただちか》（目付）の親子三代にわたって家計の面倒を見た。表10-5にあるように、天保十三年（一八四二）、遠江守忠告が堺町奉行に就任すると、同年二月に八二〇両の大金を村方の郷印証文で借用している。翌十四年には京都町奉行への役替えがあり、定例の月割り出金のほかに大坂本店も多少の出金に応じている。(26)

伊奈家の借金はさらに続き、嘉永四年一月に九〇〇両、同年四月に七〇〇両を借用し、同年六月には天保十三

表10-5　旗本伊奈家の借金高

	年月	金高	年利	借用理由と返済方法
		両	%	
	天保6.6	400	10	田安御下ヶ金返済差支、1年に元金100両と利息返済
	天保6.6	330	8	〃
	天保9.11	200	10	勝手向賄金不足、天保10.11.20迄に返済の所、嘉永2.3延引願
	天保12.12	100	12	
*1	天保13.2	820	5	村方郷印証文(風水旱損)、11.20迄に畑成金100両・収納米1500俵で返済
	天保13.2	100	10	〃
*2	嘉永4.1	900	10	勝手向要用、11.20迄に返済
*3	嘉永4.4	700	0	勝手向暮方賄金・臨時諸入用、無利息20年賦返済
*1	嘉永4.6	700	0	天保13.2の820両の残金700両を無利息20年賦に書替
*4	安政4.12	325	10	勝手向賄金・震災風災普請諸入用、11月迄に返済
*3	安政6.3	455	0	嘉永4.4の700両の返済残金、無利息13年賦に書替
*2	安政6.3	900	0	嘉永4.1の900両、無利息7年賦に書替
*4	安政6.3	325	10	安政4.12の325両、安政5から10年賦返済に書替

註：＊1～＊4印は、それぞれ書替となった証文と対応。
出典：「伊奈遠江守証文類」(住友史料館所蔵)。

年に借用した八二〇両の残金七〇〇両を無利息二〇年賦に書替えてもらっている。安政六年三月には、さらに嘉永四年一月に借用した九〇〇両を無利息七年賦に書替えてもらい、同年四月に借用した七〇〇両の残金四五五両を無利息一三年賦にしてもらった。よく「関東大名の大坂借銀」と言われるが[27]、これは旗本についても言えることであろう。

文政十年以降、伊奈家の勝手賄い議定書はたびたび書替えられている。天保六年六月の議定証文によると[28]、伊奈左衛門の用人牛込徳右衛門と笹田右十郎は、江戸両替店の主人住友吉次郎にたいし、勝手賄いを依頼するので、毎年十一月二十五日までに知行米所の収納金で皆済すること、そのため、勘定目録を作成し、立会いの上で「月割暮金」と御勘定残金の半分を住友への元利年賦返済金へ返戻し、残りの半分を住友以外の借財返済に回すことを取り決めた。その後の動向を安政五年（一八五八）正月の「定金請取帳」の議定内容でみてみよう[29]。

定

一金四百三拾九両

（中略）

〆金三百三拾八両壱分
二口合金七百七拾七両壱分
　　此所江
一収納米千八百俵　但四斗入
　内米三百俵　飯米ニ引
引残
　米千五百俵
此代金六百両　但金壱両ニ付、米壱石替見込
外金百五両　畑成金
二口合金七百五両
差引金七拾弐両壱分　不足
右者旦那勝手向月賄金、前書之通相定致借用候処実正也、返済之儀者金百両ニ付壱ヶ月金壱両宛之利足を加へ、本証文之通畑成金百五両、米千五百俵但四斗入、年々其方江知行所ゟ直ニ相渡候間、米者時之相場ニ売払、元利引取勘定可被申候、尤前書月々賄金、此通帳を以用人共印形ニ而請取可申候間、左様承知可給候、為後日仍如件
　安政五午年正月
　　笹田公之助㊞
　　高野喜兵衛㊞
　　笹田右十郎㊞

住友吉次郎殿

前書約定之通、聊相違無之候、以上

伊　左衛門㊞

この議定書の内容をまとめたものが表10-6である。すなわち、伊奈家の一か年の定式入用金は四三九両が必要であり、これは月割にして住友江戸両替店から受けとること。そのほか幕府・馬喰町役所・大坂役所・京都役所（両町奉行所）など諸方への年賦返済金が年三三八両二分必要なので、合計七七七両一分が一年間の必要経費であった。この出金にたいする住友江戸両替店への返済は、「金百両ニ付、壱ケ月金一両（年利一二%）」の利息を加え、本証文のとおり畑成金一〇五両、収納米一五〇〇俵を知行所からじかに住友江戸両替店に引き渡すので、米は時の相場をもって換金し、元利とも清算してほしいと述べている。住友江戸両替店では収納米の換金については、浅草店（札差泉屋甚左衛門）を利用した。この議定によると、年間収入は飯米を除き金七〇五両、支出は金七七七両一分、差引金七二両一分が毎年不足していた。このため、伊奈家との取引は住友側の損失になることが多かった。表10-6に示したとおり、文久元年（一八六一）と慶応元年（一八六五）に勝手賄い議定証文を改正し「定金請取帳」を更新している。

文久元年の更新時には、年貢米の収入が増えていないので、御金蔵上納金や馬喰町貸付上納金などを減らし、一年の不足金を一五両まで削減したが、慶応元年には不足金が一一六両三分とふたたび増加した。これは月割定額金を三〇両と設定したものの、長州出兵の「給金」六六両、「歩兵金」一三両など臨時出金があるとして、支出が八四九両三分にふくらんだからである。ついに慶応三年三月に支配人市郎右衛門は、伊奈家用人の笹田右十郎ほか二人につぎのように出願した。[30]

御当家《(伊奈家)》様之儀ハ、従来厚御出入ニ被仰付、御賄御用ヲ無滞相勤来、大金御用立相成候儀ニ付、幾重ニも御縋

表10-6　旗本伊奈家の定金請取書

科目	安政5年	文久元年	慶応元年
	金額	金額	金額
	両分朱	両分朱	両分朱
収入　A+B	705.0.0	705.0.0	705.0.0
収納米1500俵(4斗入り、600石)　A	600.0.0	600.0.0	600.0.0
畑成金　B	105.0.0	105.0.0	105.0.0
月割賄金　C	*439.0.2	434.2.0	600.3.2
正月分	19.1.0	22.1.0	30.0.0
2月分	19.3.2	22.3.2	33.1.2
3月分	62.3.0	65.3.0	109.2.0
4月分	17.2.0	21.0.0	31.0.0
5月分	29.0.0	25.0.0	31.0.0
6月分	19.0.0	23.0.0	32.0.0
7月分	48.0.0	52.0.0	68.0.0
8月分	19.2.2	22.2.2	32.2.0
9月分	51.3.0	54.3.0	63.0.0
10月分	32.0.0	21.0.0	30.0.0
11月分	19.0.0	23.0.0	30.0.0
12月分	77.1.2	81.1.0	110.0.0
臨時見込金	24.0.0		
外(上納・年賦金)　D	338.2.0	285.3.0	221.2.0
御金蔵上納金	60.0.0		
馬喰町貸付上納金	60.0.0	52.0.0	24.0.0
大坂御役所上納金	15.0.0	15.0.0	
京都両御役所上納金	10.0.0	10.0.0	
野馬御役所上納金	1.1.0	1.1.0	
三橋大作年賦金	5.0.0	5.0.0	
福島平右衛門年賦金	5.0.0	5.0.0	
御店金(住友店900両)利息金	108.0.0	130.0.0	130.0.0
〃　(　〃　700両)年賦金	35.0.0	35.0.0	35.0.0
〃　(　〃　325両)利息金	39.0.0	32.2.0	32.2.0
支出計C+D	777.1.0	720.1.0	849.3.2
差引、年間不足金(A+B)-(C+D)	-72.1.0	-15.1.0	-116.3.2
1年目受取金(安政5, 文久元, 慶応元)	754.1.0	1163.1.0	3,715.0.0
2年目受取金(安政6, 文久2)	720.3.2	1,016.0.0	
3年目受取金(万延元, 文久3)	1,128.2.0	3,107.0.0	
合計　E	2,603.2.2	5,286.1.0	3,715.0.0
受取年数　F	4年(49か月)	3年(37か月)	1年(13か月)
月平均受取高　E/F	53.0.2	142.3.2	285.0.0

註1：*印は計算値、実数は439両。
　2：米1石=金1両替(原史料)、年貢米1800俵から飯米300俵引き。
　3：慶応元年の月割定金は30両、各月とも臨時出金の加算がある。
　4：受取年数に閏月を含む。
出典：各年の伊奈家「定金受取帳」(住友史料館所蔵)。

り申上候而、責而ハ御利足金成丈共御下ヶ被成下候ハヽ、元金之儀ハ何与歟御相談も可仕旨、何分ニも歎願
仕候様申越候次第、実以私方当節閉店仕、手元及切迫難渋之訳柄、厚御汲分被成下、何卒出格之御旧好ヲ以、
当難場凌方出来候様、御下金之程御憐計偏ニ奉願上候

すなわち、住友江戸両替店は今や閉店に及ぶほど切迫しているので、伊奈家への勝手賄い仕送り金の元金はともかく、利息だけでも下げ渡してほしいと懇願したのである。

すでに第6章で述べたように、幕末には伊奈家に限らずほとんどの旗本が、村方の名主や在郷商人、あるいは町方の富裕な町人に勝手賄いを依頼していた。知行所の年貢米を引き渡して家計一切の世話を他者に委ねるということは、一見、旗本家計の破綻としてとらえられがちである。しかし札差のような金主を持たないこれら地方取の旗本は、勝手賄いという、いわば寄生の方法によって、長く家計を維持することができたということもできるのである。そして、旗本が新たな金主を探し出す場合、雇用の用人が大きな役割を演じた(31)。以上、旗本の勝手賄いは、大名の蔵元業務と共通する点が多いようである。

（3）武家の金融取引

つぎに、諸家およびその家臣への貸付を見ると、前掲表10−3にあるように、掛屋御用を勤めた代官・田安家・一橋家・松山藩・土佐藩などの家臣が多く、貸付理由は掛屋御用の一環としての貸付や赴任手当・勤向きにともなう業務入用への対応が多かった。

代官には、「年貢金・貸付金取立不足ニ付」、あるいは「支配所引越入用ニ付」など公的理由で大金を貸し付けたが、代官の手附・手代などには「国役金御世話ニ付」など、業務上の取り計らいのお礼として少額を用立てた。田安家の場合、家老・郡奉行・用人・甲州代官などには「勝手向要用ニ付」、「田安御下ヶ金御世話ニ付」、「甲州赴任ニ付」などの理由で用立てた。田安郡奉行高橋次太夫からの依頼による牧野中務賛成（一五〇〇石、目付）への貸付もあり、そのほか田安家家臣の縁故者への貸付も多かったであろう。一橋家の場合も郡奉行大屋春次郎への用立てがあった。

松山藩の場合は、貸付先は国元や江戸藩邸（三田役所）の役人で、理由は予州幕領の預り役所として、別子銅山経営に関する諸出願に対する便宜計いへの謝礼であろう。これらの貸付は、すべて縁故貸であり、取立が不可能となり、年賦貸や永代貸の不良債権となったものが少なくなかった。庄内藩の江戸詰役人荒木平六が国元詰になった場合に見られるように、転勤によって取立が不可能となったこともあったであろう。

第三節　商人への商用貸付と御用貸付

（1）貸付先と商用貸付

天保六年（一八三五）、住友江戸両替店の商人貸付総数は、表10-7にあるように四二人であった。そのうち残存する借用証文で、貸付先とその理由を調べると、貸付先は幕府の御用達商人（金座の後藤庄三郎、大判・分銅座の後藤四郎兵衛、御呉服師の後藤縫殿介）、両替商（本両替の升屋源四郎、三組両替の伊勢屋源兵衛など）、在郷商人（武州越谷宿の会田弥兵衛）があったが（第8章も参照）、商用貸付については、そのほか江戸市中商人に分けられる。その貸付理由は、商用、大名御用、為替取組などが①後藤縫殿介（御呉服師）、②伊達屋治郎吉（砂糖問屋）、③田中半十郎（深川材木問屋、本店飛騨高山）、④駿河屋源七（蠟・油問屋）、⑤大坂屋武七（日光銅山請負人）、⑥竹谷四郎兵衛（盛岡藩の江戸銅問屋）などである。これらのうち①後藤・②伊達屋・④駿河屋は、上方仕入品の元手金として貸付、③田中・⑤大坂屋・⑥竹谷は、泉屋住友の銅山・銅精錬業との関係から貸付けたものである。つぎに①②③について、その取引内容を述べよう。

①後藤縫殿介（御呉服師）

文政十年（一八二七）正月、後藤は「御納戸御用物仕入金、為替取組」資金として、年利八％と一〇％の二口、合計三一五〇両を借用した[32]。その後たびたび為替取組手形や取組通帳を引当に借用し、天保六年（一八三五）に

表10-7　住友江戸両替店の商人貸付先

貸付先	年月	金高	年利	借用理由と返済方法
		両	%	
後藤庄三郎(金座)	文化5.12	100		勝手向要用、改易のため貸捨て
*浅井屋十兵衛	同　7.6	100	13	商売要用、文化7.12迄に返済
*伊勢屋惣五郎(材木仲買)	同　7.8	200	12	喜連川屋敷の普請材木代、文化7.8迄に返済
〃	同　5.5	40	0	借金返済延引のため、無利息10年賦
松坂屋喜右衛門(雛人形問屋)	同　10.9	10	0	頼母子講加入のため、無利息5年賦
*釘屋喜八	同　14.12	230	8	文政元.2迄に返済、引当沽券状
駿河屋源七(蠟・油問屋)	同　15.2	740	0	大坂為替金に難渋、無利息50年賦
田中半十郎(材木問屋)	文政4.3	1,000	8	商売柄のため、文政12.2に850両返済、残金は無利息10年賦
〃	同　4.3	1,000	10	
〃	同　10.8	1,850	12	
*雑賀屋源兵衛(蠟問屋)	同　6.11	600	12	無拠要用、文政7.5迄に返済、引当沽券状
大坂屋武七(日光銅山請負人)	同　8.4	80	12	稼業向要用、文政8.10迄に返済、引当同上
後藤縫殿介(御呉服師)	同　10.1	1,000	8	御納戸仕入れ為替金、文政10.12迄に返済
〃	同　10.1	2,150	10	〃
伊勢屋作兵衛(紙問屋)	同　10.3	25		無拠入替金に差支、文政11.4迄に返済
*伊勢屋源兵衛(三組両替)	同　10.10	2,000		前々取引の振合い、嘉永元.10伊勢松坂本店から返済一札
松本重三郎(塩問屋)	同　11.9	200		出店諸入用、頼母子講取立金(年5両)で返済
荒木伊右衛門(御為替十人組)	同　13.2	50	6	要用差支、文政13.3迄に返済
竹谷四郎兵衛(盛岡藩銅問屋)	天保4.12	20		無拠要用、天保5.2迄に返済
後藤四郎兵衛(大判・分銅座)	同　5.5	600	6	
升屋源四郎(本両替)	天保6.	1,046		浜松様積金講の用立金
伊勢屋惣兵衛	〃	746	12	井伊宮内少輔へ用立
津軽屋三平	〃	700	12	津軽様へ田安御下げ金取次
*会田屋弥兵衛(越谷商人)	同　8.2	765		商売要用
伊達屋治郎吉(砂糖問屋)	同　12.11	4,000	12	家業元手金、天保13.11迄に返済の筈、保証人は大坂仕入問屋
松本平八郎	同　15.1	1,500	3	30年賦返済、引当は米沢町家屋敷

註：*印は、田安御下げ金を流用(表9-7参照)。
出典：各商人の「借用証文」(住友史料館所蔵)、註(2)の史料、註(7)末岡書第15表を加工。

は元利合わせて七五六五両あまりにも及んだが、次第に年賦返済され、嘉永七年（安政元、一八五四）七月の返済残金は三二〇〇両であった。(33)

②伊達屋治郎吉（江戸日本橋の砂糖問屋）

天保十二年十一月、伊達屋は「我等家業向俄ニ差支」えたので、元手金として四〇〇〇両を年利一二％で借用した。(34)もし返済が滞ったさいは、大坂の取引問屋錫屋治郎吉・桜井屋甚三郎ほか三人が保証人となって、伊達屋から彼らに預けている菱垣廻船問屋株式、ならびに武州橘樹郡大師川原新田の塩浜沽券状を売り払って弁済すると約束した。(35)弘化二年（一八四五）十二月、伊達屋が退転したので、支配人伊達屋徳兵衛が跡相続人となったが、(36)同人は嘉永三年（一八五〇）に病死したので、縁者の紀国屋徳兵衛が跡相続人となって弁済することになった。(37)翌嘉永四年九月、紀国屋は住友江戸両替店へ借金の返済について、大坂の保証人にも掛け合うように依頼した。(38)これをうけて大坂本店は、翌嘉永五年八月七日に跡相続人の紀国屋と保証人の錫屋治郎吉・桜井屋甚三郎を大坂東町奉行所に訴え、(39)九月十八日に対決したが、吟味のうえ「右者御府内ニおゐて取引之儀ニ付、御当地ニ而御取上ニ相成不申」と、奉行所から江戸での借入なので大坂東町奉行では取り扱わないと仰せ下され、住友は九月二十日にやむなく訴訟を取り下げた。(40)その後、十月四日に紀国屋は行方不明となり、ついに借金は返済されなかった。(41)

③田中半十郎（深川材木問屋）(42)

文政四年（一八二一）三月、田中は二〇〇〇両を借用しているが、(43)これは同年飛驒高山の本店が、郡代芝与一右衛門正盛から「飛驒御手山計画」（同二年三月実施）の出資者に任命されたことと関係する。(44)文政十二年二月、田中はそれまでの借金三八五〇両のうち、三〇〇〇両を無利息一〇年賦返済にしてほしいと依頼してきたが、その「御頼談書」によると、(45)田中は「一体私共商売柄ニ付、折節一時ニ大金入用之儀も有之、其時々御融通被成下」と、商用につき大金を融通してもらったり、また「其上芝様御役所御用金之分も、私方ニ而引請取計候故」と、芝郡代役所の御用金取り扱いをしたりしたこともあったらしい。

天保六年、住友江戸両替店からの借金高は、元利合わせて三〇二五両であったが(46)、天保改革期の不況により田中は借金を重ね、またその経営は「私共業体御買上材之儀、近年至而御用薄ニ御座候」ことなので、毎年多くの材木を抱え込み、「右仕入他借金大金之分、追々利倍ニ而相嵩ミ」(47)、嘉永二年（一八四九）二月には元利合わせて二万三〇〇〇両にも達していた(48)。同月、田中は住友江戸両替店へ右借金の無利息と、毎年三〇〇両ずつ七六年賦あまりで返済する旨の一札を入れたが(49)、同七年（安政元）七月には未だ二万二〇〇〇両が残っていた(50)。田中は安政五年から休店同様となり、文久元年（一八六一）八月に当座借入金三〇〇両の二〇年賦返済を依頼したとき、「旧借之儀者、別而御恩金之儀ニ付、業体旧復仕候節者、何様共御訳立可仕」と、旧借の分については経営が回復してから返済すると一札を入れた(51)。

（2）　大名御用貸付(52)

これに属するものが、升屋源四郎（本両替）・松本平八郎・伊勢屋惣兵衛・津軽屋三平（米穀問屋）である。升屋と松本は、大名の積金調達講にかかわる借金であり、住友江戸両替店とともに升屋は浜松藩（水野氏）積金講の世話役を勤め(53)、松本は小田原藩（大久保氏）惣益金講の金主を務めていた(54)。伊勢屋と津軽屋は、大名への調達金を住友江戸両替店から借用したものであり、前者は越後与板藩（井伊氏）、後者は津軽藩への調達金であった(55)。

以上、住友江戸両替店の商人貸付について言えることは、江戸の問屋商人にたいしてかなりの商用貸付をおこなっていること、またそのなかに播磨屋（中井）両替店が江戸の酒問屋にたいしておこなっていたような、為替手形の過振りという形での当座貸越金融がおこなわれていたことを指摘しておこう（第8章参照）。

（1）住友江戸両替店（中橋店）「旧記録」（住友史料館所蔵）。
（2）天保六年「当用・頼母子・月割・年賦・永代・取替内訳精帳」（住友史料館所蔵）。
（3）文政九年十二月「議定証文之事（延岡藩蔵元委託ニ付）」（住友史料館所蔵）。
（4）文化十年「大坂御本状控」（住友史料館所蔵）。
（5）同右。
（6）註（1）に同じ。
（7）文政十年十二月「延岡藩為替金先受取証文幷ニ仮受取覚」（住友史料館所蔵）、末岡照啓『泉屋叢考　第弐拾壱号　近世後期における住友江戸両替店の創業と経営』（住友修史室　一九八七年）の付録資料二五所収。
（8）『住友史料叢書　年々諸用留　四番上』（思文閣出版　一九九二年）三六四頁。
（9）「年々諸用留」拾四番（住友史料館所蔵）、末岡照啓「幕末期、住友の経営危機と大坂豊後町両替店」（『住友史料館報』三二号　二〇〇一年）。
（10）註（1）に同じ。文政十年五月「松山藩掛屋引受ニ付口上之覚」（住友史料館所蔵）、註（7）末岡書の付録資料二四所収。
（11）同右。
（12）「年々諸用留」十五番（住友史料館所蔵）。
（13）小葉田淳「江戸古銅吹所について」（『日本歴史』四一号　一九七六年）のち、同氏『日本経済史の研究』（思文閣出版　一九七八年）所収。
（14）註（3）に同じ。
（15）註（1）に同じ。
（16）文政七年三月「盛岡様月割金差引書」（住友史料館所蔵）によると、文政八年七月には蔵元業務を開始している。
（17）文政十三年正月「盛岡藩蔵元引受ニ付議定証文」（住友史料館所蔵）、註（7）末岡書の付録資料二三所収。
（18）嘉永三年二月「差入申書付之事（借用金返済方延引ニ付）」（住友史料館所蔵）。
（19）嘉永七年七月「（中橋店諸向預り残金幷ニ賄入用高書上）」（住友史料館所蔵）、註（7）末岡書の第24表参照。
（20）元治元年、盛岡藩「年賦銀通帳」（住友史料館所蔵）。

(21) 本書第6章第二節参照。
(22) 末岡照啓「天保の無利息年賦返済令と札差――泉屋甚左衛門店の経営分析を通して――」(『国史学』一一六・一一七合併号　一九八二年)。
(23) 大山敷太郎『幕末金融史論』(ミネルヴァ書房　一九六九年)三五二～三九二頁参照。
(24) 『寛政重修諸家譜』第一五(続群書類従完成会　一九六五年)四八・四九頁。
(25) 埼玉地方史研究会編『武蔵国足立郡植田谷本村、小島家史料』(埼玉県地方史研究会　一九七二年)六九頁。
(26) 天保十四年九月、伊奈家「幕方仕法帳」(住友史料館所蔵)。
(27) 森泰博「関東大名の大阪借銀」(『大阪の研究』第四巻　清文堂　一九七〇年)。
(28) 天保六年六月「議定証文之事(伊奈左衛門勝手賄いにつき)」(住友史料館所蔵)、宮本又次『泉屋叢考　第弐拾号近世住友金融概史』(住友修史室　一九八三年)付録資料六参照。
(29) 安政五年正月、伊奈家「定金請取帳」、万延二年(文久元年)正月「同上」、文久四年(慶応元年)正月「同上」(住友史料館所蔵)。
(30) 慶応三年三月「書附ヲ以奉歎願候(貸付金利息返済ニ付歎願書)」(住友史料館所蔵)。
(31) 高橋実「旗本領農民闘争の展開とその特質(1)(2)」(『茨城県歴史館報』七・八号　一九八〇・一九八一年)。
(32) 文政十年正月「覚(御納戸御用物仕入為替取替金借用覚幷ニ勘定帳)」(住友史料館所蔵)。
(33) 註(19)に同じ。
(34) 天保十二年十一月「借用申金子之事(伊達屋治郎吉借用証文)」(同右)。
(35) 天保十二年十月「覚(元手金借用証文加判ニ付、菱垣廻船問屋株・大師川原新田沽券状預りニ付覚)」(同右)。
(36) 弘化二年十二月「差入申一札之事(伊達屋治郎吉返済引継ニ付一札)」(同右)。
(37) 嘉永五年十月「人別写書(伊達屋徳兵衛幷ニ紀国屋徳兵衛ニ付)」(同右)。
(38) 嘉永四年九月「差入申一札之事(伊達屋治郎吉借金、大坂加判人掛合依頼一札)」(同右)。
(39) 嘉永五年八月七日「乍恐御訴訟(伊達屋治郎吉預ヶ金出入訴訟控)」(同右)。
(40) 嘉永五年十一月十六日「口上(伊達屋徳兵衛甥徳次郎申分不審之廉々、出入相手方引合願口上書幷ニ返答書)」(同右)。

(41)　嘉永五年十月「口上之覚（紀国屋徳兵衛行方不明ニ付引合之廉々口上之覚）」（同右）、末岡註(7)書の付録資料所収。
(42)　田中については、村瀬典章「近世中・後期天竜川における材木運搬請負人」（『地方史研究』三五巻三号　一九八五年）参照。
(43)　文政十二年五月「差入申一札之事（年賦金返済方ニ付一札）」（住友史料館所蔵）。
(44)　『神岡鉱山史』（三井金属鉱業株式会社　一九七〇年）一〇九～一三三頁。
(45)　文政十二年二月「御頼談書（借用滞金返済方ニ付頼談書）」（住友史料館所蔵）。
(46)　第9章表9-1参照。
(47)　嘉永二年二月「御頼申上候口上之覚（借用滞金返済方頼談ニ付書状）」（住友史料館所蔵）。
(48)　註(19)に同じ。
(49)　同右。
(50)　嘉永二年二月「差入申一札之事（借用滞金返済方一札）」（住友史料館所蔵）。
(51)　文久元年八月「入置申一札之事（借用金年賦返済方ニ付一札）」（住友史料館所蔵）。
(52)　住友江戸両替店以外の事例に、印牧信明「資料紹介　福井藩江戸館入町人仙波太郎助と借用証文について」（『福井市立郷土歴史博物館研究紀要』二三号　二〇二一年）がある。印牧によると、福井藩の藩領以外の債務は弘化三年（一八四六）に四六万八五八五両あり、大坂がその四割、江戸が三割、加賀国が二割となっており、江戸が大坂に迫っていたことは注目される。また、福井藩の館入には本両替の中井新右衛門、札差の鹿島利左衛門や仙波太郎兵衛など勘定所御用達や町方御用達を勤めた江戸の有力町人がみられる。
(53)　文政八年四月「預申金子之事（浜松藩積講金借用証文）」（住友史料館所蔵）によると、金主は柏屋伝右衛門・小西宗兵衛・田中長助・島屋吉兵衛・古川八十次郎・池田庄三郎・升屋源四郎・住友吉次郎の八人であった。
(54)　文化十二年二月「小田原様積金御用向入（小田原藩物益勘定書）」（住友史料館所蔵）によると、金主は梅津伝兵衛・伊藤八兵衛・中世昌三郎・山上源兵衛・松本平八郎・住友吉次郎の六人であった。
(55)　註(19)に同じ。

第11章　明治維新後の江戸両替商

第一節　新政府の御用金と江戸両替商

慶応四年（明治元、一八六八）正月、新政府は江戸・大阪・京都などの豪商に会計基立金《もとだてきん》三〇〇万両を募集し、翌明治二年二月までに約二五五万一八一八両が集まった。表11-1によって地域別にみると、京都府九〇万七三四三両（三五・六％）、大阪府七四万九一七三両（二九・四％）、東京府四〇万六〇〇〇両（一五・九％）、近江（滋賀県）一七万〇二〇〇両（六・七％）、西宮・兵庫一四万二八〇一両（五・六％）、伊丹六万八〇〇五両（二・七％）、伊勢（三重県）四万二三五〇両（一・七％）、その他六万五九四三両（二・六％）となっており、京都・大阪に次いで東京でも四〇万両が集まったことがわかる。その内訳については表11-2にあるように、一八万六〇〇〇両（全体の四五％）が判明する。すなわち、三井組が五万両、伊藤八兵衛が四万六〇〇〇両、小津清左衛門が一万五〇〇〇両、鹿島一族三人で一万両、榎本六兵衛・小林吟次郎らが一万両、小野善助・島田八郎右衛門が五〇〇〇両、三谷三九郎・川村伝左衛門らが一〇〇〇両であった。[1]江戸の豪商と言われた両替・札差・呉服商などが多かったといえよう。

同年閏四月二十五日、新政府は京都に会計官商法司を設置したが、商法司には会計基立金を元手に発行された太政官札三〇〇万両を、全国の商人に貸付けて商業を振興させる役割があった。[2]これは、新政府参与・会計官事

表11-1　会計基立金の募集地域(明治元年)

地域	金高	比率
	両	%
京都府	907,343	35.6
大阪府	749,173	29.4
東京府	406,000	15.9
近江	170,200	6.7
西宮・兵庫	142,801	5.6
伊丹	68,005	2.7
伊勢	42,350	1.7
その他	65,943	2.6
合計	2,551,815	100.0

出典：註(1)澤田章『明治財政の基礎的研究』88·89頁。

表11-2　江戸商人の新政府御用金(明治元年)

（単位：両）

氏名	職業・所属	御用金
三井(越後屋)次郎右衛門	江戸・本両替	50,000
三井(越後屋)八郎右衛門	京都本店	
三井(越後屋)三郎助	京都・両替	
三井(越後屋)元之助	大坂・両替	
伊藤八兵衛	水戸藩御用達	46,000
小津清左衛門	糸・繰綿・呉服等	15,000
鹿島清兵衛	札差・下り酒	10,000
鹿島清右衛門	〃	
鹿島利右衛門		
榎本(大黒屋)六兵衛	太物・舶来品・両替	10,000
小林(丁子屋)吟次郎	呉服・太物・両替	10,000
杉村(丁子屋)甚兵衛	舶来品渡世	10,000
西村(丸屋)七右衛門	米油問屋	10,000
加太(伊勢屋)八兵衛	呉服・木綿問屋	10,000
小野(井筒屋)善助	本両替	5,000
島田(蛭子屋)八郎右衛門	両替	5,000
三谷三九郎	本両替	1,000
川村伝左衛門	材木商	1,000
青地(伊勢屋)四郎左衛門	札差	1,000
大和屋三郎兵衛	袋・小間物・唐物	1,000
村越(田原屋)庄左衛門	呉服	1,000
合計		186,000

出典：同上書、79·80頁。

務掛の由利公正が出身の福井藩で成功した「国産会所方式」を全国規模で展開した商業政策であった。

同年十月、商法司は江戸時代の株仲間を解散し、新たな営業鑑札を交付することで株仲間を再編した。すでに、九月十二日には表11-3（折込）にあるように東京では豪商のなかから、商法会所元締頭取に御為替組の三井組（四人）・小野組・島田組のなかから六人が任命され、十一月四日には追加として、札差の仙波太郎兵衛・鹿島清兵衛・青地四郎左衛門・大谷善八、両替商の竹原文右衛門・中井新右衛門、呉服太物商の田中治郎左衛門・小津清左衛門・下村正右衛門（大丸）など二六人が元締頭取に任命された。同時に元締として呉服商の杉浦三郎兵衛・川喜多久太夫・小林吟次郎（丁吟）ら二一人が新たに加えられた。こうして、商法会所の役員総数は五〇人

表11-3　東京為替会社と大阪為替会社の構成員と身元金(出資金)一覧

（単位：両）

東京の商人

氏名	職業・所属	役職	身元金(明5.7)	商法会所 元締頭取	商法会所 元締	備考 相場立会仲間	備考 銀行設立
三井(越後屋)八郎右衛門	本両替→三井銀行	総頭取	145,000	○			
三井(越後屋)三郎助	〃	〃		○			
三井(越後屋)次郎右衛門	〃	〃		○			◎
三井(越後屋)元之助	〃	〃		○			
小野(井筒屋)善助	本両替→第一銀行	〃	135,000	○		○	◎
島田(蛭子屋)八郎右衛門	両替	〃	90,000	○			
田中(田畑屋)治郎左衛門	太物	〃	50,000	○			
小津清左衛門	糸・繰綿・呉服等	〃	30,000	○			
下村(大丸屋)正右衛門	呉服・両替	〃	26,500	○			
杉浦(大黒屋)三郎兵衛	呉服・両替	頭取並	17,000		○		
川喜多久太夫	太物・水油仲買	〃	37,000		○		
中条(中条屋)瀬兵衛	茶	〃	18,000		○		
久住五左衛門	干鰯・〆粕・魚油	〃	18,000		○		
松居(松居屋)久左衛門	水油仲買	〃	14,000		○		
外村(布屋)卯兵衛	呉服・太物・木綿	〃	13,000		○		
長谷川(丹羽屋)次郎兵衛	繰綿・太物・木綿	〃	18,000		○		
小林(丁子屋)吟次郎	呉服・太物・両替	〃	29,000		○		
浜口(広屋)吉右衛門	下り塩仲買	〃	17,000		○		
高崎長右衛門		〃	20,000	○			
永岡(鴻池屋)儀兵衛	両替	〃	15,000		○		
高井(米屋)房太郎	下り酒	〃	10,000		○		
北村(駿河屋)喜平治	水油仲買・蠟	〃	10,000		○		
奥(和泉屋)三郎兵衛	干鰯・〆粕・両替	〃	15,000		○		
伊井(伊勢屋)吉之助	水油・両替・蠟	〃	10,000		○		
林(よし屋)留右衛門	鬢付煉油・小間物	〃	20,000		○		
飯島(近江屋)喜左衛門	太物木綿・呉服	〃	10,000		○		
吉村(和泉屋)甚兵衛	定飛脚	頭取	10,000		○		
*仙波太郎兵衛	札差	頭取並	2,500	○			
小津与右衛門	関東米穀三組	頭取	5,000		○		
*鹿島清兵衛	札差・下り酒	頭取並	3,000	○			
松沢(大坂屋)孫八	蠟・油仲買・薬種	〃	3,000	○			
*鹿島利右衛門	札差・下り酒	〃	3,000	○			
鹿島清左衛門		〃	3,000	○			
倉(越前屋)又左衛門		〃	4,500	○			
後藤(伊勢屋)長右衛門	砂糖積会仲間	〃	4,500	○			
竹原文右衛門	本両替	〃	6,000	○		○	
小西利右衛門	下り酒	〃	3,000	○			
郡司(鴻野屋)平八		〃	4,500	○			
高津伊兵衛		〃	4,500	○			
*青地(伊勢屋)四郎左衛門	札差	〃	4,000	○			
中井(播磨屋)新右衛門	本両替・下り酒	〃	4,000	○		○	◎
*大谷(十一屋)善八	札差	〃	4,000	○			
村越(田原屋)庄左衛門	呉服	〃	4,000	○			
久次米(大坂屋)庄三郎	材木	〃	4,000		○		
田辺(水戸屋)治郎左衛門	干鰯・〆粕・魚油	〃	4,000		○		
北村留之助	干鰯・〆粕・魚油	〃	4,000		○		
水野(遠州屋)徳右衛門	廻船下り塩・荒物	〃	4,000	○			
合計47人			856,000				

通商会社加入の両替商	職業・所属	通商会社役職
榎本(大黒屋)六兵衛	太物・船来・両替	頭取
上野(小川屋)四郎左衛門	両替	〃
奥(和泉屋)三郎兵衛	干鰯・生魚・両替	〃
林(大和屋)兼三郎	水油・両替	〃
中沢(奴利屋)彦吉	酒問屋・両替	〃
小栗(小田原屋)吉右衛門	酒・両替	〃
大鐘(勝田屋)善蔵	荒物・両替	
増田(増田屋)喜十郎	茶・両替	
上野(小川屋)佐兵衛	両替・薬種	
坂江(大黒屋)吉右衛門	呉服・太物・両替	
鈴木(木屋)治右衛門	質・両替	肝煎重掛
小西屋吉五郎	質・両替	〃
中屋治兵衛	両替	〃
久保(近江屋)佐兵衛	左官・質両替	〃
加藤(三河屋)茂兵衛	質・両替	〃
和泉屋留蔵	味噌・質・両替	
合計17人(社員221人中)		

大阪の商人

氏名	職業・所属	役職	身元金(明6.3)	備考 為替両替仲間	備考 銀行設立
三井(越後屋)八郎右衛門	両替→三井銀行	頭取並	0		
					◎
三井(越後屋)元之助	両替→三井銀行	総頭取	20,000		
小野(井筒屋)善助	本両替→第一銀行	総頭取	30,000		◎
島田(蛭子屋)八郎右衛門		総頭取	20,000		
長田(加島屋)作兵衛	両替	総頭取	35,000	○	
山中(鴻池屋)善右衛門	両替→鴻池銀行	総頭取	32,000		◎
広岡(加島屋)久右衛門	両替→広岡銀行	総頭取	32,000		◎
殿村(米屋)平右衛門	両替	総頭取	32,000	○	
石崎(米屋)喜兵衛	両替	総頭取	32,000	○	
中原(鴻池屋)庄兵衛	両替	総頭取	32,000	○	
住友(泉屋)吉左衛門	銅山→鉱山・銀行	頭取並	15,500		◎
長田(加島屋)作五郎	両替	頭取並	10,000	○	
高木(平野屋)五兵衛	両替	頭取並	10,000		
平瀬(千草屋)宗十郎	両替→浪花銀行	頭取並	10,000		◎
木原(銭屋)忠三郎	両替→木原銀行	頭取並	9,500	○	◎
草間(鴻池屋)伊兵衛	両替	頭取並	8,000	○	
杉村(錫屋)庄太郎	両替→北浜銀行	為替方	8,000	○	◎
逸見(銭屋)佐兵衛	両替→逸見銀行	頭取並	6,500	○	◎
井上(鴻池屋)市兵衛	両替	頭取並	5,000	○	
原(袴屋)嘉助	両替	為替方	5,000		
清海(堂島屋)安五郎	両替	頭取並	4,000		
川渕(紀国屋)正三郎	両替	頭取並	0	○	
見市(蒲島屋)次郎吉	両替	為替方	4,000		
日下(播磨屋)万兵衛		頭取並	4,000		
藪(天王寺屋)清右衛門		頭取並	3,500		
渋谷(桜井屋)庄三郎	綿商・ビール製造	為替方	3,500		
山口(布屋)吉郎兵衛	両替→山口銀行	為替方	3,000		◎
福田(菱屋)吉兵衛	白木綿	為替方	3,000		
樋口(加島屋)重郎兵衛	両替	頭取並	3,000		
渋谷(桜井屋)庄十郎	綿商	頭取並	3,000		
殿村(米屋)伊太郎	両替	頭取並	3,000	○	
辻(滋賀屋)忠右衛門	唐糸反物・両替	頭取並	2,500		
山中(鴻池屋)善五郎	両替	頭取並	2,000		
小西(布屋)八右衛門		為替方	2,000		
太田(綛屋)庄兵衛		為替方	2,000		
西村(西村屋)七郎兵衛		為替方	1,500		
池田(加島屋)四郎兵衛	唐反物・薬種	頭取並	1,500		
下村(松屋)清兵衛	呉服	頭取並	1,500		
高松(銭屋)張左衛門	白粉	為替方	1,500		
芝川(百足屋)又右衛門	唐物・両替	為替方	1,500		
山口(佐渡屋)伝兵衛	両替	為替方	1,500		
山本(高田屋)正右衛門		為替方	1,500		
村島(伊丹屋)茂兵衛		為替方	1,500		
脇田(綿屋)重五郎		為替方	1,500		
山片(升屋)平右衛門	両替	頭取並	1,200		
木村(日野屋)作五郎		為替方	1,200		
和田(辰巳屋)久左衛門	両替	頭取並	1,000		
津田(近江屋)休兵衛	材木	頭取並	1,000		
由良(丹波屋)七兵衛		頭取並	1,000		
平井(小橋屋)四郎右衛門	呉服・両替	為替方	1,000		
大眉(天王寺屋)五兵衛	両替	頭取並	1,000		
榎本(大黒屋)六之助		為替方	1,000		
菅井(伏見屋)三十郎		為替方	1,000		
浅田(島屋)市兵衛	両替	頭取並	1,000		
山本(河内屋)又三郎		為替方	800	○	
荘保(伊丹屋)勝蔵	藍玉	為替方	800		
門田(熊野屋)三郎兵衛	材木	為替方	800		
村田(大和屋)又兵衛		為替方	700		
山田(加賀屋)甚兵衛		為替方	500		
総頭取の手代18人			22,300		
合計77人			444,800		

註1：備考は、江戸時代の相場立会仲間(為替本両替仲間)と近代銀行に転換した者を○と◎で示した。
　2：太字は両替商、*は札差を示す。
出典：本文註(2)岩崎宏之「明治維新期の東京における商人資本の動向」第1表・第2表。
　　本文註(2)末岡照啓「大阪為替会社・通商会社の設立・解散と広瀬宰平」第1表。
　　本文註(8)石井寛治『経済発展と両替商金融』表4-1・4-2。

となったが、そのほとんどは会計基立金の出資に応じた両替・札差・呉服商であった。同月十四日、東京商法会所は政府の臨時入用金二〇万両を用意することと、太政官札の流通を準備すること、および貿易商社を設立することを命じられ、東京の豪商は新政府の商業政策に組み込まれた。

第二節　東京為替会社と江戸両替商

(1) 為替会社設立と両替商

明治二年(一八六九)二月、商法司の諸政策を推進した由利公正は、太政官札流通の失敗によって会計官を辞職し、これに代わって会計官通商司が設置され、大隈重信が通商司副知事となって政策を主導した。いわゆる通商司政策とは、第8章第二節で述べたように東京・京都・大阪の三都、および横浜・神戸など開港場の豪商に設立させた為替会社(銀行)と通商会社(商社)によって殖産興業を図ろうとするものであった。

東京の豪商のうち、会計基立金に応募(出資)し、商法会所の元締総頭取と元締だった者たちは、そのまま為替会社の総頭取と頭取並となった。とくに三井組(江戸の三井治郎右衛門、京都の八郎右衛門・三郎助、大坂の元之助)は三都の為替会社に多額の出資をした。三井江戸両替店では、明治維新後に新政府よって上野宮貸付金など名目金が禁止されたので、沽券状(土地・屋敷の売り渡し証文)を引当《ひきあて》(抵当)とする質物貸を中心にしていたが、東京為替会社の出資金七万両(三井組で一四万五〇〇〇両)の預り利息と、出資金以外の預け金の利息が共に年利一二%と高利だったので、当初は安定的利子収入が可能となった(3)。江戸の有力商人にとって東京為替会社への出資金や預け金は新政府の要請に応じた御用ではあったが、当初は高い利息収入が約束されていた。

表11-3によって、東京為替会社と大阪為替会社を比較すると、東京は出資者四七人で身元金八五万六〇〇〇円、同じく大阪は七七人で四四万四八〇〇円であり、東京の方が少ない人数で大口の身元金を拠出していた。ま

た、東京為替会社の出資者四七人のうち、中井新右衛門と竹原文右衛門および小野善助の東京店名義人の善次郎は相場立会仲間の両替商であり、大阪為替会社出資の本両替為替仲間は長田作兵衛・殿村平右衛門・石崎喜兵衛ら一二人に達した。江戸時代の為替仲間は、ほぼ為替会社に加入したといえよう。

そこで、表11-4によって東京為替会社の主要勘定科目で経営状況をみると、身元金（出資金）は明治五年三月の九四万八五〇〇円をピークに同六年の営業停止まで変化がないが、社外預り金（会社以外からの預金）は明治四年七月晦日の約八〇万円から同五年三月の一五〇万円にまで倍増するにいたった。これは、為替会社の預金利率が年利一二％と高利であり、預金者にとって利殖に有利にはたらいたからであろう。鹿野喜昭によると、同六年三月の東京為替会社の社外預金約一〇四万円（表11-3では五月の金額）の内訳は、個人などの小口が三六万円、小野組が約二一万円、第一国立銀行が約四二万円、三井銀行（三井組カ）が一万円、その他四六万円であったという。[4] 預金高の増加は、小口預金者の多さ（全体の三五％）からもうかがえる。

一方、明治四年七月の廃藩置県にともない、監督官庁の通商司が廃止されると、東京為替会社は発行した為替会社札（紙幣）を整理する必要に迫られた。そこで、流通高を最大一四八万両から二〇万両にまで削減するとともに、引き替え準備金を積み増しするため、社外預り金を倍増させたともいえる。これにより、東京為替会社は他の為替会社にくらべて貸付金高を減額することなく、ほぼ一五〇万円以上をキープすることできたのである。しかし、そのほとんどは不良債権化しており、出資者の両替商や札差などの経営悪化につながった。その清算経緯は第三節に譲る。

（2）　為替会社の為替取引と両替商

明治二年に三都の為替会社が設立されると、両替商の為替取引はどう変化したのであろうか。賀川隆行による

表11-4　東京為替会社の経営と為替取引　（単位：両）

年次	主要勘定科目					為替差引尻			
	身元金	社外預り金	為替札流通高	貸出金	有金	西京	大阪	横浜	神戸
4.6.15	907,000	1,060,335	509,725	1,650,722	681,434	-18,499	-42,876	-17,142	-12,139
4.6.29	907,000	978,185	608,525	1,803,162	573,710	-57,899	8,792	-3,412	-12,139
4.7.13	907,000	846,161	805,175	1,915,337	611,732	22,550	41,007	-15,929	-22,549
4.7.晦	907,000	807,771	1,416,400	1,831,300	1,190,751	-16,549	-24,319	-17,434	7,560
4.8.15	912,000	859,398	1,353,950	1,814,082	1,178,428	-33,152	-27,128	-21,434	7,960
4.8.29	912,000	840,236	1,346,100	1,801,787	1,048,678	-53,462	-23,641	-35,434	-2,039
4.9.15	912,000	837,726	1,484,750	2,058,607	1,017,849	-44,197	-59,276	-13,934	-1,714
4.9.晦	912,000	854,186	1,489,000	2,038,127	1,156,170	-47,517	-44,566	73,505	-8,114
4.10.15	912,000	915,956	1,489,000	2,021,442	1,245,564	-18,017	-13,116	43,505	-12,564
4.10.29	921,000	927,756	1,480,000	1,789,527	1,526,485	-33,967	5,853	68,205	-10,564
4.11.15	921,000	938,138	1,480,000	1,762,677	1,407,085	-6,217	45,928	-159,294	-8,864
4.11.29	921,000	936,208	1,480,000	1,655,392	1,424,656	41,517	-36,351	-176,582	-8,664
4.12.27	925,000	1,107,421	1,480,000	1,628,113	1,793,125	21,614	19,537	-142,555	33,125
5.1.17	948,500	1,298,341	1,480,000	1,476,908	2,190,722	16,300	91,727	-151,411	33,165
5.1.29	948,500	1,285,781	1,480,000	1,478,308	2,300,027	43,161	69,627	-132,907	33,165
5.2.晦	948,500	1,455,659	280,500	1,977,202	601,331	85,431	29,559	-25,538	3,415
5.3.29	948,500	1,543,889	139,000	2,216,000	533,832	57,331	59,594	42,715	7,795
5.4.晦	928,500	1,513,379	218,000	1,900,900	895,552	38,029	37,014	78,817	11,705
5.5.晦	948,500	1,469,879	305,000	1,112,544	924,245	-970	14,731	-20,057	-1,299
5.6.29	948,500	1,439,879	1,011,000	1,706,184	1,447,800	12,679	2,291	-50,551	-30,819
5.7.晦	948,500	1,157,357	1,078,100	1,973,091	1,183,435	58,122	32,997	60,596	-428
5.8.晦	948,500	1,046,237	700,600	1,872,491	650,507	42,982	39,508	-74,103	428
5.9.29	948,500	1,061,117	424,000	1,651,989	594,190	52,062	42,923	-100,791	598
5.10.晦	948,500	953,321	305,000	1,689,454	452,421	49,537	24,389	4,208	-40,998
5.12.2	948,500	859,776	486,800	1,666,754	541,265	-11,932	50,838	15,108	-7,551
6.1.31	948,500	754,366	509,000	1,647,360	500,347	57,606	34,232	-13,892	-6,641
6.2.28	948,500	745,481	319,000	1,611,860	253,278	-28,996	2,349	27,582	-11,864
6.3.31	948,500	846,488	288,000	1,608,410	317,058	-7,096	-31,055	40,332	-21,579
6.4.30	948,500	934,288	203,000	1,580,403	327,344	-1,936	-27,685	10,332	-19,579
6.5.31	948,500	1,039,563	314,700	1,559,823	597,252	-4,586	-12,804	12,387	-434
6.6.30	948,500	1,116,733	207,200	1,847,652	291,634	1,972	2,857	3,788	-253
6.7.31	948,500	1,096,098	362,700	1,867,938	400,886	1,675	671	4,078	-2,166
6.8.31	948,500	1,067,148	343,250	1,869,823	361,961	10,272	11,089	-26,421	21,858

註1：為替差引尻の無印は預り（支払い）勘定、-印は貸（受取）勘定を表す。
　2：端数は切り捨て、横浜加瀬会社の洋銀は省略。
出典：明治4～6年「（東京為替会社資産計算書）」（大阪為替会社史料C5　住友史料館所蔵）

と、幕末の慶応期には、将軍家茂が大坂城を本営とするなど、幕府の政治・軍事の中心地が大坂だったので、為替関係も一時的に逆転現象が見られたという。(5)すなわち、三井江戸両替店では大坂商人から江戸商人へ商品代金を請求する代金取立為替（下為替）が減少し、大坂へ商品代金を請求する代金取立為替（逆為替）が増加したという。ところが、明治三年八月に明治政府によって三井組の為替機構が新政府に利用され、大蔵省為替方に任命されると、その関係は元に戻った。また、三井組を仲介として大蔵省などの官金為替と為替会社の商用為替が結びついたといわれている。(6)

表11-4によって東京為替会社から見た大阪・西京・横浜・神戸それぞれとの為替差引尻をみると、西京（京都）と大阪とは預り（支払い）勘定、横浜と神戸とは貸勘定（受取）の年が多い。東京は江戸時代と同様に、京都・大阪から商品を仕入れることが多く、そのための支払勘定が多かったのである。(7)また、横浜・神戸にたいしては、北関東の生糸などの輸出品が東京を通じて横浜・神戸に売り込まれたため、東京が横浜・神戸にたいして受取勘定になったのである。江戸時代の三都の為替仲間に代わって、三都の為替会社が隔地間の為替取組の中心となったことがうかがわれ、旧来の為替仲間の取引は、為替会社によって継承されたといえよう。

大阪為替会社には、明治三年九月から十一月まで東京為替会社が大阪為替会社あてに差し出した為替手形の添状一六一通（うち三通は神戸為替会社）が残っており、(8)為替取組人は東京為替会社に出資した江戸の下り酒問屋である播磨屋新右衛門・鹿島利右衛門・高井房太郎・紙屋八左衛門・小西利右衛門・坂上伝右衛門の分が圧倒的に多く、受取人は灘三郷の御影・大石・魚崎・青木・今津・鳴尾の酒造家であった。その一例をつぎに示そう。

為替添状
此度為替取組左ニ
金五百両也　　但正金・官札半々渡　播磨屋新右衛門為登金為替取組

参着
於大坂今津
長部文次郎渡
右之通、為替取組金高請取申候、貴地手形相廻候ハヽ、無相違御渡可被成候、右添状迄、如斯御座候也
（明治二年）閏十月廿三日　　東京為替会社㊞
大阪為替会社

これは、東京為替会社が両替商播磨屋（中井）新右衛門から大阪今津（兵庫県西宮市）の長部文次郎（清酒大関）あて五〇〇両の為替手形を取り組んだので、大阪為替会社でこの為替手形の持参者に代金を支払ってほしいというものであった。酒代金の支払い手形であり、東京為替会社が預り勘定となることが多かった事例のひとつである。
一方、大阪為替会社から東京為替会社に取り組まれた為替手形はつぎのようになっていた（表11-5の69番）。

為替手形之事
第六拾九番
一金弐千三百三拾両也㊞㊞　但　官札
右者土州高知藩ゟ為替取組、書面之金高正ニ請取申候、此代り金於其会社当月廿四日限、無相違御渡可被成候、為其為替手形、依而如件
明治四年四月十四日　　大阪通商司為替会社㊞
東京通商司為替会社
（裏書）「表書之通り正ニ受取申候、以上
四月廿四日　　高知藩　貴田川儀八㊞」

表11-5　東京為替会社あて大阪為替会社の為替手形(明治4年)　(単位：両)

番号	取組日	大阪の取組人	金額	受取日	日数	東京の受取人
53	3.28	島田八郎右衛門	3,000	4.8	11	島田代　冨治郎
54	3.28	鴻池屋重太郎	6,000	4.9	12	小野善次郎
55	3.28	井筒屋善次郎	2,000	4.9	12	小野善次郎
56	3.29	住友吉左衛門	350	4.9	11	加川監督権大佑
57	3.29	住友吉左衛門	400	4.8	10	大蔵大録長岡内　三津魁之介
58	3.29	住友吉左衛門	200	4.8	10	井伊又兵衛
59	3.29	長田作五郎	2,000	4.9	11	小野善次郎
60	4.2	加島屋吉次郎	500	4.12	10	北新川　加島屋吉次郎
61	4.4	鴻池屋重太郎	3,000	4.14	10	島田新七代　長助
62	4.4	木原忠三郎	500	4.14	10	島田新七代　長助
63	4.4	島田八郎右衛門	5,000	4.13	9	島田代　冨治郎
64	4.4	島田八郎右衛門	5,000	4.13	9	島田代　冨治郎
65	4.7	村岡藩	220	4.18	11	村岡藩　太田垣大八郎
66	4.9	中津藩	2,232*	4.20	11	北新川　加島屋吉次郎
67	4.12	津山藩	1,000	4.23	11	北新川　加島屋吉次郎
68	4.12	山口吉郎兵衛	2,000	4.20	8	小林吟治郎代　万次郎
69	4.14	高知藩	2,330	4.24	10	高知藩　貴田川儀八
70	4.17	三井元之助	10,000	4.23	6	三井次郎右衛門
71	4.16	島田八郎右衛門	2,000	4.25	9	島田代　冨治郎
72	4.16	中原庄兵衛	2,000	4.25	9	小西利右衛門
73	4.18	津和野藩	1,770	4.24	6	津和野藩　高橋孚人
74	4.18	津和野藩	500	4.23	5	津和野藩　伊藤静修
75	4.18	島田八郎右衛門	1,000	4.27	9	島田代　冨治郎
76	4.18	長田作五郎	1,500	5.1	14	小野善次郎
77	4.18	殿村平右衛門	500	—		中井新右衛門代　義八
78	4.20	長田作五郎	8,000	4.25	5	小野善次郎
79	4.20	河内屋又右衛門	7,000	4.28	8	松江藩　荒木善
80	4.20	島田八郎右衛門	1,000	4.29	9	島田代　冨治郎
81	4.26	松江藩	550	—		梶野嘉蔵
82	4.28	三井元之助	6,700	5.3	5	三井次郎右衛門
83	4.28	三井元之助	10,000	5.8	10	三井次郎右衛門
84	4.晦	長田作五郎	2,500	5.9	9	小野善次郎
85	5.2	島田八郎右衛門	2,000	5.12	10	島田代　冨治郎
86	5.2	銭屋佐一郎	10,000	5.10	8	竹原文右衛門
87	5.3	木原忠三郎取次	1,500	5.13	10	島田屋新七
88	5.7	但馬屋久兵衛	200	5.12	5	通塩町　西沢屋喜右衛門
89	5.9	三井元之助	6,500	5.18	9	三井次郎右衛門
90	5.9	村岡藩	200	5.20	11	村岡藩　太田垣大属朝敬
91	5.10	河内屋又右衛門	1,500	—		三家村佐平
92	5.10	鴻池屋重太郎	3,000	5.19	9	島田新七代　長助
93	5.10	鴻池屋重太郎	4,000	5.19	9	小野善次郎
94	5.11	津和野藩	3,000	5.28	17	津和野藩　高橋孚人
95	5.11	津和野藩	1,000	5.28	17	津和野藩　高橋孚人
96	5.12	島田八郎右衛門	2,000	5.22	10	島田代　冨治郎
98	5.12	鴻池屋重太郎	2,000	5.20	8	近江屋太郎兵衛代　辰蔵
99	5.12	山口吉郎兵衛	1,000	5.20	8	小林吟治郎
100	5.14	中原庄兵衛	7,000	5.23	9	小西利右衛門

番号	取組日	大阪の取組人	金額	受取日	日数	東京の受取人
101	5.14	来屋復平	1,100	5.24	10	中島屋藤七(大伝馬町 唐物)
102	5.16	島田八郎右衛門	2,000	4.27	11	島田代　冨治郎
103	5.16	長田作五郎	1,000	5.28	12	小野
104	5.18	塚口屋喜三郎	1,000	5.27	9	三家村佐平
105	5.24	鴻池屋重太郎	3,000	6.5	12	小野善次郎
106	5.24	鴻池屋重太郎	2,000	6.3	10	近江屋定助代 奈助
107	5.24	島田八郎右衛門	2,000	6.3	10	島田代　冨治郎
108	5.24	長田作五郎	9,000	6.5	12	小野善次郎
109	5.25	吉村源太郎	250	6.5	11	吉村源太郎
110	5.28	山口吉郎兵衛	2,000	6.7	10	小林吟治郎代　万次郎
111	5.晦	但馬屋久兵衛	50	6.13	13	通塩町　上伊屋栄次郎
112	5.晦	長田作五郎	10,000	6.5	5	小野善次郎
113	6.1	木屋藤五郎	10,000	6.15	14	三国屋覚之助代 伴助
114	6.2	鴻池屋重太郎	3,000	6.12	10	島田新七代　初之助
115	6.2	平戸藩	1,000	6.14	12	平戸藩　有浦四郎作
116	6.4	三井元之助	8,000	6.13	9	三井次郎右衛門
117	6.5	鴻池屋重太郎	5,000	6.15	10	小野善次郎
118	6.5	鴻池屋重太郎	7,000	6.15	10	小野善次郎
119	6.8	中津藩	1,500	6.18	10	加島屋吉次郎代 宗七
120	6.8	三井元之助	8,300	6.13	5	三井次郎右衛門
121	6.10	鴻池屋重太郎	5,000	6.15	5	小野善次郎
122	6.10	村岡藩	424*	6.20	10	太田垣大属
123	6.10	島田八郎右衛門	1,000	6.20	10	島田代　冨治郎
124	6.10	三井元之助	6,500	6.20	10	三井次郎右衛門
125	6.12	津山藩	1,000	6.22	10	加島屋吉次郎
126	6.12	島田八郎右衛門	5,000	6.20	8	島田代　冨治郎
127	6.12	山口吉郎兵衛	7,000	6.20	8	外村屋為兵衛代 常助
128	6.12	津山藩	3,000	6.22	10	加島屋吉次郎
129	6.12	津山藩	886*	6.22	10	加島屋吉次郎
130	6.14	中原庄兵衛	5,000	6.23	9	小西利右衛門
132	6.14	木屋藤五郎	10,000	6.24	10	三国屋覚之助代 久平
133	6.14	殿村平右衛門	14,650	—		中井新右衛門
134	6.15	三井元之助	6,000	6.25	10	三井次郎右衛門
135	6.14	平戸藩	946	6.29	15	有浦四郎作
136	6.16	平戸藩	250	6.28	12	松本平九郎
137	6.16	長田作五郎	2,500	6.27	11	小野善次郎
138	6.16	山口吉郎兵衛	1,000	6.25	9	丁子屋(小林)吟治郎代 平七
139	6.18	津和野藩	5,550	7.2	14	冨永俊
145	6.21	堺屋新助	1,000	6.29	8	銭屋祐助
		合計　86枚	289,558			

註1：*印の金額は端数切り捨て。
　2：為替手形の包紙に明治4年2月「東京古手形　百弐枚、未二月十日四拾弐番ゟ六月廿一日百四拾五番迄、内九拾七番・百参拾壱番は抜番ニ……」とあるが、実際は86枚しか残っていない。

出典：明治4年「(為替手形　東京宛て)」(大阪為替会社史料A29　住友史料館所蔵)

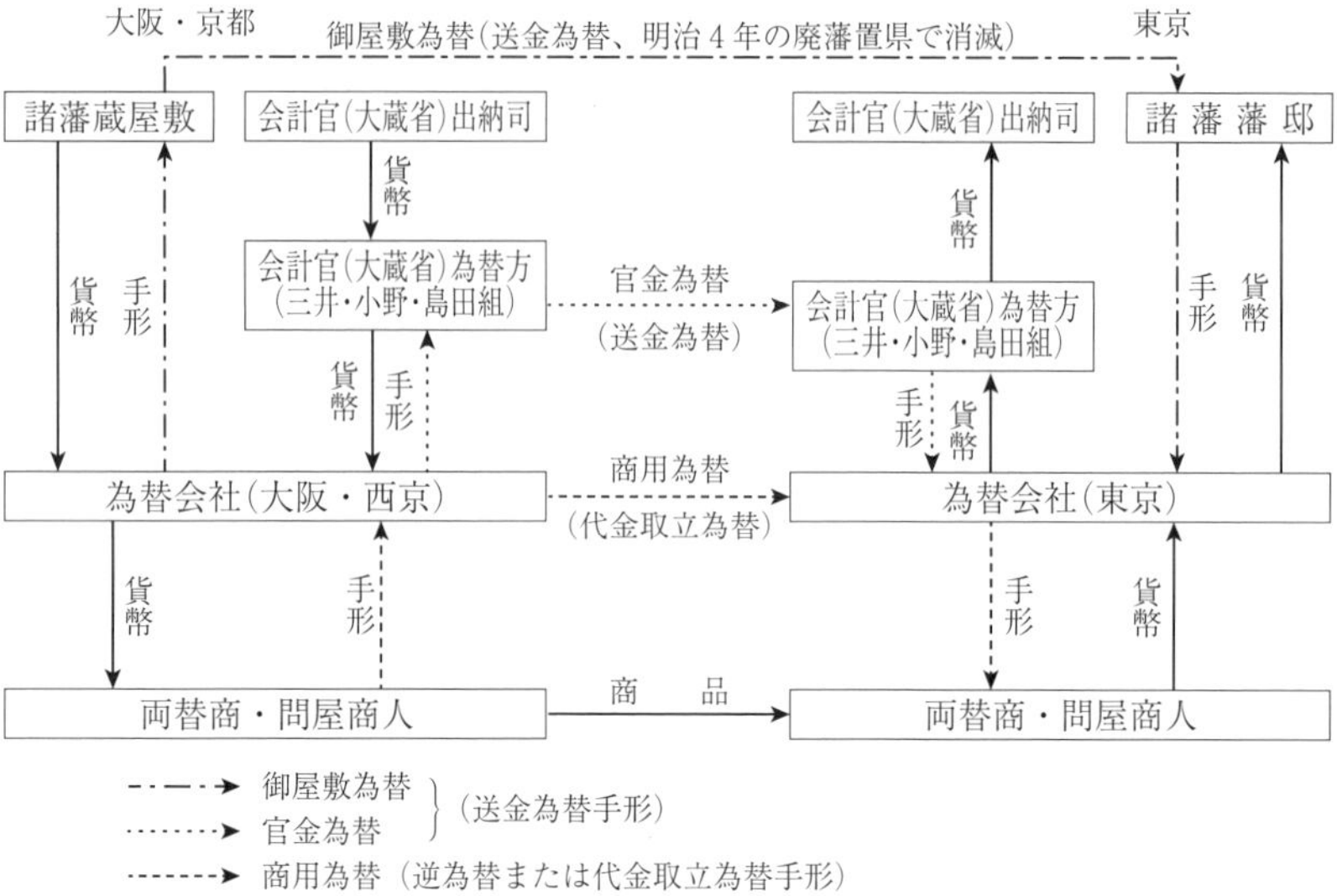

図11-1　東京―大阪・京都の為替取引（明治２年～６年）

すなわち、明治四年六月十四日に高知藩（大阪蔵屋敷）は、大阪為替会社において東京為替会社あて二三三〇両の送金為替を取り組み、大阪の高知藩はこの為替手形を東京の高知藩邸に送ると、藩士の貴田川儀八はこの手形と引き換えに、同月二十四日付けで東京為替会社から代金を受けとったのである。

表11-5は、明治四年三月から六月まで、大阪為替会社が東京為替会社あてに取り組んだ為替手形八六枚、取組総額二八万九五五八両の内訳である。これによると、中津藩・村岡藩・高知藩・津和野藩・松江藩・平戸藩・津山藩の諸藩送金手形が一九通、三万四三五八両あり、多くは明治二年六月の版籍奉還により東京在住となった旧藩主（知判事）あての送金であり、江戸時代と同様の送金がおこなわれていたことがわかる。つぎに江戸時代の為替仲間との関係をみると、大阪の本両替為替仲間である鴻池屋重太郎・山口吉郎兵衛・中原庄兵衛・殿村平右衛門・銭屋佐一郎が振込んだ手形が二四通、九万七一五〇両ある。東京の受取人は相場立会仲間の中井新右衛門（二通）・竹原文右衛門（一通）・小野善次郎（六通）・

島田新七（五通）が合計一二三通、下り酒問屋の小西利右衛門が三通、呉服両替商の小林吟次郎が四通、その他が三通となっており、江戸時代の為替決済先が為替会社を通じてそのまま機能していた。そのほか、為替会社を通じた三井組・小野組・島田組の大阪支店から東京支店への送金が一九通、九万一〇〇〇円もあった。

ここで、前掲図8-1にある江戸時代の為替取引決済ネットワークを為替会社に当てはめると、図11-1のようになる。すなわち、江戸時代の公金為替は、三井組・小野組・島田組の会計官（大蔵省）為替方が担い、東京と大阪および京都の為替仲間のネットワークを為替会社が担い、問屋商人の為替取組を両替商や問屋商人が担ったのである。これが賀川隆行がいう官金為替と為替会社の商用為替が結びついたものであり、石井寛治も東京・西京為替会社間の取引で実証した(9)。鹿野嘉昭はこれを「為替会社が運営する為替ネットワークに江戸時代からの両替商がぶら下り、効率的かつ安定的な為替決済機構が提供されていた」とまとめている(10)。以上、江戸時代の為替システムは三都の為替会社によって維持されたということができるのである。

第三節　江戸両替商と東京為替会社のゆくえ

明治二年（一八六九）二月、東京府の調査によると、東京の両替商は五三六人であった(11)。本両替や主要な三組両替は為替会社・通商会社に加入したが、そのほとんどが両替専業ではなく、呉服・酒・茶・質などを兼営していた（表11-3）。ましてや、零細な銭両替商たちは日々の小売りの合間に両替を営んでいたにすぎない(12)。同五年五月、東京府は町会所を廃止し、六月六日に町会所の管轄であった商業仲間の規則・鑑札は市中の地主・町人に移管すると達した。これにより、両替商仲間も解散することになり、以後は商業組合に継承されることになった(13)。

明治六年（一八七三）三月、大蔵省から各地の為替会社の解散命令が出されたとき、東京為替会社は東京商社（通商会社）への貸付金四五万円（貸付総高一五五万円の三〇％）の処分方法が決まらず、解散手続ができなかった。

表11-6　明治維新後の主要な江戸両替商

慶応2年	氏名	明治維新後の職業	明治21年資産
本両替	三井次郎右衛門	明治９年.三井銀行	300万円
本両替	中井新右衛門	明治16年.中井銀行	40万円
本両替	竹原文右衛門	地主	30万円
本両替	村田七右衛門	煙管問屋	
本両替	小野善次郎	明治７年.小野組(破産)	
銭両替	安田善次郎	明治13年.安田銀行	60万円
水戸藩御用達	川崎八右衛門	明治13年.川崎銀行	

出典：註(８)石井寛治『経済発展と両替商金融』243頁の表４-２を加工。

すなわち、東京商社から市中商社、石巻商社、新潟為替会社、函館への貸付金が不良債権となっていた(14)。さらに明治七年十一月には大口の出資者である小野・島田組の経営破綻があり、東京為替会社の行く末は困難を極めた。

結局、東京為替会社は大蔵省から明治六年十一月から同十三年まで損失金・貸下げ金を支給されたり、東京商社への貸付金の回収を免除されたりして、同十三年五月に累計八三万四〇〇〇円の公的資金が補填されて解社した(15)。解散後の債権取り立てや債務返済は、三井組と小野組が承継することになった(16)。そのため、明治六年三月に三都と開港場の為替会社の営業が停止されると、為替会社のすべてが国立銀行への転換を希望したが、大蔵省は経営が健全だった横浜為替会社だけを第二国立銀行に転換させた。

明治六年七月二十日、東京では三井組と小野組が第一国立銀行を設立したが、小野組が破産して渋沢栄一の経営するところとなったので、同九年七月一日に三井家は個人銀行の三井銀行を設立した。大阪では両替商系の銀行が一四行設立されたのにたいし(17)、東京では表11-6にあるように、三井と中井・安田の三行だけであった。江戸の両替商は商売との兼営が多く、堅実な商売をおこなう商人からみると、資本を預金に頼る銀行はリスクが大きいとみなされた。それゆえ、旧本両替の竹原や村田は地主や商人として明治維新を生き抜く道を選んだのである。

維新後の両替商が銀行へ移行するか否かは、官金預りなど国庫金の取扱への関わり方や銀行条例にともなう銀行間の取引の問題が関わっていたと思われる。たとえば、銭両替系の中村両替店は金禄公債証書の有価証券取引に活路を見出したが、金禄公債取引が沈静化した松方デフレ後に閉店・廃業したらしい[18]。近江商人の丁吟小林家は、三都の為替取引で活躍していたが、本業の呉服・太物に専念し銀行業には進出せず、明治十年になると、銀行ができたので為替・貸金は利益が薄くなったと嘆いている。一方、明治十六年に個人銀行を設立した旧本両替の中井家は、国庫金の取扱は日本銀行の代理店に限るとの大蔵省通達によって、「無拠相談之上、私立銀行創立ナス事ニ決定」とあるように、国庫金を取扱うためにしかたなく私立中井銀行を設立したというのである[19]。大阪でも両替商系の銀行は一四行に過ぎず、そのうち大阪為替会社の出資者に限れば一〇行である（表11-3）。両替商の業務は銀行に類似していたが、必ずしも維新後に両替商を勤めた者が銀行設立を目指したわけではない。国庫に関係していた両替商を除き、通説のように両替商から銀行へという直線的なルートは描けないのである。

（1）沢田章『明治財政の基礎的研究』（宝文館　一九三四年、柏書房復刻版　一九六六年）七九・八〇頁。
（2）岩崎宏之「明治維新期における商人資本の動向――東京商社を中心にして――」（『西山松之助編江戸町人の研究』第一巻（吉川弘文館　一九七二年）五五八～五六八頁。大阪為替会社の出資者については、末岡照啓「大阪為替会社・通商会社の設立・解散と広瀬宰平」（『住友史料館報』五一号　住友史料館　二〇二〇年）参照。
（3）賀川隆行『近世三井経営史の研究』（吉川弘文館　一九八五年）二四四・二四五頁。
（4）鹿野嘉昭『日本近代銀行制度の成立史』（東洋経済新報社　二〇二三年）一二六頁。
（5）註（3）賀川書、二四八・二四九頁。
（6）同右書、二五九頁。
（7）新保博『日本近代信用制度成立史論』（有斐閣　一九六八年）では、「維新期においても大阪―東京間の商業上の取引関係は大阪の大巾な受取勘定としてあらわれていて為替取引において東京為替会社が預り勘定すなわち支払勘定となっているのである」（一三九頁）と指摘している。
（8）明治三年九月～十一月「為替添状」（大阪為替会社史料Ｃ２　住友史料館所蔵）。

（9）石井寛治『経済発展と両替商金融』（有斐閣　二〇〇七年）一三二頁。
（10）註（4）鹿野書、一九四〜一九九頁。
（11）三井高維編著『新稿　両替年代記関鍵』二巻　考証編（岩波書店　一九三三年、柏書房復刻版　一九七一年）四三頁。
（12）同右書、九一〜九九頁の「江戸の本両替屋以外の脇両替屋の兼業種別統計」参照。
（13）同右書、四三・四四頁。
（14）註（2）岩崎論文によると、明治六年一月に東京商社は大蔵省の許可を得て、米油先限月売買所（先物取引所）の配当金で負債を返済することになった。明治九年八月に兜町米商会所が設立されると、東京商社の先物取機能はこれに吸収され清算会社となった。東京商社の主だった関係者は米商会所に参加して負債の返済を継続したが、明治十二年十月に負債の一部返済と残金の容赦を大蔵省に出願し、清算は完了したという（六三二〜六四四頁）。
（15）註（4）鹿野書、一七五頁。
（16）同右書、一八四頁。
（17）註（9）石井書、二四六頁の表4-3参照。
（18）松村敏「松方デフレ期東京の中小両替商――中村両替店の資料分析――」（神奈川大学『商経論叢』四八巻三号　二〇一三年）。
（19）註（9）石井書、二四四・二四五頁。

終章　江戸札差と両替商の位置づけ

第一節　近世蔵米知行制と札差

ここでは本書の要点を振り返るとともに、江戸の札差・両替商の歴史的位置づけを筆者なりに試みたい。

江戸幕府の幕臣団に対する蔵米知行制は、すでに見てきたように寛永十九年（一六四二）の御切手手形改役（書替奉行）の設置と、蔵米支給規則の「御切米定書」の制定によって成立したといえよう。これは、同年の勘定組頭（のちの勘定奉行）設置とリンクしており、蔵米知行制の成立は、勘定所機構の整備と密接に関係していた。

また、この「御切米定書」は、承応元年（一六五二）に始まった「御切米御張紙」（以下、御張紙値段）の原形を成すものであった。御張紙値段の創始は、寛永中期から慶安期（一六三四〜五一）にかけて急増した蔵米取の蔵米支給手続きを円滑に進めるため、その支給方法を成文化したものであった。そのため、創設以降も蔵米取の変動に合わせて御張紙値段は改変されていったのである。

まず、万治二年（一六五九）の入番制度の制定後は、譜代の幕臣団の不満解消策として、その次・三男を番方として登用したため、薄禄の蔵米取が急増し、自然災害とともに彼らの困窮要因ともなり、延宝三年（一六七五）春、切米の春借米（前貸し）を許し、以後春夏冬の三季支給となった。また、寛文五年（一六六五）には「役料制」が制定され、以後御張紙値段に役料支給規定が掲載されるようになった。

延宝八年には、館林藩主徳川綱吉が五代将軍となったため、その家臣団が幕臣となり、蔵米取が急増する要因となった。元禄十年（一六九七）の元禄地方直しは、幕府にとって急増した蔵米取の蔵米支給手続きを軽減し、年貢徴収と幕府米蔵への運搬を簡素化するものであった。この結果、浅草以外の幕府米蔵は順次破却され、浅草に蔵米が集中し札差が成立する要因をつくりだした。また、困窮した蔵米取を地方知行にすることで救済しようとするものでもあった。

正徳六年（一七一六）には、和歌山藩主徳川吉宗が八代将軍となったため、その家臣団が幕臣となり、再び蔵米取が増加する要因となった。そのため、享保七年（一七二二）に幕府は蔵米の不足を補うために、万石以上の大名から一万石につき一〇〇石を幕府へ上納する「上米の制」を定め、翌八年には薄禄の蔵米取でも役職に就けるよう「足高の制」を定めた。同年に御張紙値段の書式を一変したのは、まさに「足高の制」によって登用される薄禄の蔵米取に対応した処置であった。この書式変化に合わせるように、蔵米取の俸禄米請取を一手に代行し、その権益を牛耳ろうとする者があらわれた。これに対抗して、享保九年七月に浅草御蔵前の近辺で蔵米請取の代行をしていた米屋は、一〇九人で札差仲間を結成したのであった。ここに幕府は、彼ら札差に蔵米請取代行と蔵米を担保にした貸付という特権を認めるかわりに、一〇九人の札差を統制することで、二万人あまりに及ぶ蔵米取の家計を安定させることができたのである。

ところが、幕府の財政政策や米価の変遷・商品経済・商業資本との関係から、宝暦〜天明期を境に幕府の政策は大いに転換した。いわゆる、宝暦十一年（一七六一）に老中田沼意次によって開始される諸政策は、①幕府財政の予算削減策、②大名貸や米切手などの大坂金融市場への介入と御用金の徴収、③銀の輸入と南鐐二朱銀（金貨表示の銀貨）発行などの貨幣政策、④株仲間の再編、⑤蝦夷地開拓と開国貿易政策など多岐にわたる(1)。これを実現するため、宝暦十二年から明和四年（一七六七）まで御為替組の三井組・十人組・上田組の公金為替業務が停止され、大坂御金蔵から江戸御金蔵まで現銀が輸送された。南鐐二朱銀発行のため、貿易銀とともに大坂の銀が江戸に集められたのである。これらは、江戸（金貨の経済圏）と大坂（銀貨の経済圏）の生産力と貨幣流通量の均衡を図るためにてこ入れしたものであったが、この一連の政策は、「特に困窮を訴える大名に対する個別の救済措置（拝借金貸出など）も、その効果は一時的なものにすぎぬのみならず、幕府財政を一層圧迫せずにおかなかった」のであった。(2) そしてこれはまさに、老中松平定信により寛政改革が開始される要因となった。すなわち、定信は旗本救済策も大きく転換し、それまでの救済金下付による直接的手段から、札差など金融業者への棄捐令や利下げ令、および公金貸付の一部破棄など金融市場への積極的介入によって旗本の借財を軽減しようとした。

寛政元年（一七八九）に寛政改革の一環として発せられた棄捐令では、総額一一八万七八〇八両の借財が破棄されたが、棄捐高を届け出た札差八八人で除すると、一人あたり約一万三五〇〇両の借金が棒引きされた計算になる。とりわけ、それまで資本を蓄積してきた由緒ある札差起立人二三人と十八大通の一二人などの棄捐高が大きかった。経営規模の大きかった札差ほど影響が大きかったことが分かる。そのため、寛政の棄捐令後、幕府は札差の統制・救済のために猿屋町会所（改正役所）を設立し、町奉行―町年寄（樽屋）―改正役所―札差という札差末端統制機関とした。幕府は以後、天保の無利息年賦返済令（一八四三年）、文久の安利年賦返済令（一八六二年）と札差金融統制法令を発布したが、決して札差の存在を否定することはなかった。これは札差が、蔵米取幕臣の俸禄米換金や金融を引受け、彼らの家計を支えていたからである。このように札差は、石高制社会を支える機能を有していた反面、俸禄米換金にかかわる金融によって蔵米取幕臣の家計を圧迫し、ひいては石高制社会を崩壊させる要因も含んでいた。そのため幕府は、札差を否定しない程度に、しかも札差金融を統制できるように努力したのである。そしてこの努力は、幕府が存続する限り続けられるものであった。

一方、旗本勝手賄いの一般的成立をみると、蔵米取は札差仲間が結成された享保期であり、地方取は家政改革が頻繁となった宝暦期ころであったと考えられる。前述のように幕府の旗本救済策は宝暦～天明期を境に大きく転換し、それまでの救済下付金による直接的手段から、札差など金融業者への棄捐令や利下げ令、および公金貸付の一部破棄など金融市場への積極的介入によって旗本の借財を軽減しようとした。これは、それほどまでに農商人が貸付資本として成長し、旗本の家計が苦しくなっていた証拠でもあり、勝手賄いが成立する要因でもあった。しかしながら、勝手賄いの成立は決して旗本領主権の後退と考えてはならない。旗本は金主（蔵米取は札差、地方取は農商人など）を転々と替え借財をつぎつぎに転嫁し、あるいは臨時雇いの用人を使って生き延びたのである。金主側もただ寄生されるだけでなく、旗本からの預り金を地域ファンドとして活用したり、自らの地位と経営の安定に利用したりする者もあった。

明治維新（一八六八年）によって幕府が崩壊すると、札差は札旦那の蔵米取旗本を失っただけでなく、新政府官員の官禄支給に携わることもできなかった。ただ浅草蔵前の米屋として払米に参加することはできたが、それも明治二年十二月に禁止された。ここに栄華を誇った江戸の代表的商人は、終焉を迎えたのである。決して、従来言われているような明治元年十二月の浅草大火によって没落したのではなかった。

江戸幕府の蔵米知行制は、享保八年の御張紙値段の改正によって支給手続きが確立し、翌九年の札差仲間の認可によってそれが円滑に安定して機能することになった。まさに近世における蔵米知行制の到達点であった。それゆえ、このシステムは幕府の崩壊する明治維新まで変わることなく機能存続しえたのである。

第二節　江戸両替商の特徴

一方、江戸両替商は、享保三年閏十月に幕府の物価安定策（新金銀通用令）をきっかけに株仲間が結成されることになった。このうち、本両替屋は明暦三年（一六五七）から存在し、寛文七年（一六六七）以前に五五人が加入した。本両替屋メンバーは、三谷、海保、江島、朝田、中川など、同族で加入した江戸在住の豪商が多く、元禄四年二月の幕府御為替御用達には、三井組とともに参入している。三組両替屋は正徳四年（一七一四）六月には「重立候銭屋名前可書上」として加入者を知る史料が存在し、神田・三田・芝組（世利組）の三組で六八人が書上げられた。本両替ほどではないが広範に金融業務をおこないながら、一般商業を兼務する者が多かった。番組両替屋は二番から二七番組に分かれ、銭のみを取扱い、その多くは質屋をはじめとして酒、油、紙など日用品の小売りをおこなっていた。

宝暦～天明期（一七五一～一七八八）には先述した田沼意次による積極財政が両替仲間の再編成をもたらした。天明元年（一七八一）八月、幕府は御金改役の後藤庄三郎と金座の救済のため、両替業界から役金徴収を企画し、合計九〇〇二両の役金を向う一〇年間徴収しようとした。同四年に幕府は本両替屋六人と済松寺領両替屋四人に四三株、三組両替屋四〇人に一四五株、番組両替屋一三八人に四四〇株、上野領両替屋一五人に一五株を割当て、各両替仲間は自己持分のあまりをそれぞれ一般の商人に貸付けた。天明四年の両替屋役金の引受け株数をみると、本両替の三谷喜三郎と同勘四郎が各一一株と四株、三組両替の中井新右衛門が二二株、升屋源四郎と殿村左五平が各一二株、竹原文右衛門が八株、村田七右衛門と小川清兵衛が各七株となっていた。両替屋役金一件は、田沼期を通して成長してきた市中商人を三組両替屋仲間に吸収する結果を招いた。

天明八年ころ、先の三谷・中井・升屋・殿村・竹原・村田・小川らは三都の為替取引仲間として相場立会仲間を結成した。当時彼らは競り合うほど大名貸、町人貸に活躍し、為替・両替などの金融取引も広範におこなっていたという。そのため、天明八年の勘定所御用達一〇人のうち、両替業界から三谷三九郎・中井新右衛門・仙波太郎兵衛・鹿島清兵衛・堤弥三郎・竹原文右衛門（両替）が選ばれ、猿屋町会所の設立と札差救済金の管理を命ぜられたのである。そしてこの実力が、没落していく旧来の本両替に代わり、彼らを新規本両替や札差に登用する理由であった。

文化五年(一八〇八)六月二十三日、町年寄は町奉行所上申のうえ、十二月十九日に中井新右衛門、竹原文右衛門、升屋源四郎、殿村左五平、住友吉次郎の五人に新規本両替を申付けた。彼らは、いずれも大名貸や掛屋・蔵元業務に活躍し、三都の為替取引や金融業務に精通した江戸の有力な両替商であった。幕府は三井と新規本両替五人を使って、文化・文政期(一八〇四〜一八二九)の金融政策を乗り切ろうとした。当時は江戸地廻り経済圏の発展によって、江戸の仕入れ問屋が発達し、商業金融市場が大いに拡大した。また、これにともない公金貸付、名目金貸付が積極的に展開され、領主金融市場も拡張した。これら金融市場の発展によって、江戸両替商も貸付資本として急成長を遂げたが、その代表が文化五年の新規本両替五人であった。

その後、文政から天保・嘉永期(一八一八〜一八五三)にかけて、升屋源四郎、殿村左五平、住友吉次郎(友視)が休業し、本両替を辞退したので、嘉永三年(一八五〇)に相場立会仲間の村田七右衛門を本両替に任命し、慶応二年(一八六六)には、御為替小野組と相場立会仲間を兼務した小野善次郎を本両替に任命した。幕府は、幕末の金融政策も、本両替の協力なしには実現できなかったのであり、その採用にあたっては、三都に為替取引を有する相場立会仲間から任命したのであった。

江戸両替商は、三井、中井、住友の経営事例にあるように、決して「単純なる両替屋」ではなくて、まさに貸付資本そのものであった。松好貞夫は、江戸は小売を中心とする現金取引であり、大坂は問屋商業を主とした手形による信用取引が発達したとして、江戸両替商は論じるに足りないと否定し、飯淵敬太郎は「江戸商人のために、彼らの退蔵貨幣を保管し、手形振出によって、彼らの出納を取行うがごときは全く不可能であった」と論じたが、(3)はたして預り手形や振出手形がないことをもって「単純なる両替屋」と断じてよいのであろうか。

大坂は、秤量貨幣の銀経済圏だからこそ、流通に便利な銀目手形が発達したのであり、江戸は計数貨幣の金経済圏だからこそ、日々の取引に不便さを感じなかったとはいえないだろうか。江戸での大口取引は、大坂・京都との送金為替・代金取立為替で決済され、為替手形による信用取引ネットワークが成立していたことはすでに述べた。また、江戸には二万人以上の蔵米取幕臣団がいるのであり、蔵米の支給によって多数の札差証文が発給され、江戸独自の金融システムができあがっていた。これらを無視して、江戸の金融・市場システムを否定するわけにはいかない。江戸の札差・両替商は株仲間を結成し、当時の領主金融、商業金融に縦横の活躍をしていたのであり、石高制下の領主財政を担い、商品流通に活力を与えていたといえるのである。貸付資本たる札差と両替商の営業の盛衰は、金融政策や市場の動向と密接な関係があり、寛政改革や天保改革によって衰退し、休業にいたる者もあった。

慶応四年（明治元年、一八六八）正月、新政府は江戸・大阪・京都などの豪商に会計基立金三〇〇万両を募集したが、三井組が五万両、伊藤八兵衛が四万六〇〇〇両、小津清左衛門が一万五〇〇〇両、鹿島一族三人で一万両、榎本六兵衛・小林吟次郎らが一万両、小野善助・島田八郎右衛門が五〇〇〇両など、出資者には江戸の豪商と言われた両替商・札差・呉服商が多かった。江戸の札差や両替商は、新政府の金融・商業・貿易政策である商法司・通商司政策に協力し、明治二年に設立された東京為替会社と通商会社に出資し役員となった。三都の為替会社には、江戸時代の為替仲間も加入しており、為替会社が両替商の為替業務を引き継いだといえよう。すなわち、江戸時代の幕府「御金蔵」為替が、「会計官（大蔵省）」の御為替方に、三都の為替仲間が「為替会社」に置きかわり継続されたのである。また、為替会社は年利一二％という高利の預り金利子と同一八％の貸付金利子で当初は経営が安定していたが、不良貸付金の増加により明治六年（一八七三）には清算手続きに入った。前年六月六日には、両替商仲間も解散し、以後は商業組合に継承されることになった。

通説のように両替商から銀行へという直線的なルートは描けない。石井寛治はその理由について、「両替商もしばしば預り金を貸出に用いることがあったとはいえ、もともと個人的な貯蓄＝自己資本の比率が高く、銀行が多額の預金＝社会的蓄積を貸し出すのとは対照的なタイプの金融機関であった」と指摘している。[4]中井（播磨屋）両替店や住友江戸両替店・小林（丁吟）両替店の経営分析からもそれは言える。住友の広瀬宰平は、大阪為替会社の不良債権取り立てによって銀行業の危険性を認識し、彼の在任中に住友銀行は設立されなかった。[5]江戸時代の借用証文をみてほしい、「預り申金子之事」と記したものが多数を占める。預り金が借金として認識されていた証左である。ましてや、江戸の中小の銭両替は、商売の売溜め銭を資本に両替商を開業したものが多かった。自己資本と安全を重視する江戸時代の両替商は、不特定多数の「預金」という社会資本を利用することに躊躇があったのだといえよう。

以上、明治維新による幕府崩壊によって、徳川幕臣団は、悲運にも明治政府から朝敵とみなされ、「主家（徳川家）ト共ニ一旦亡滅ノ姿」として禄高を没収された。これにより、徳川幕臣団と共生関係にあった江戸の札差・両替商の金融システムも機能しなくなった。さらに、明治四年の官禄廃止と同五年の藩債処理は、徳川幕臣団の債権保障をしなかったので、札差と両替商の貸付金は返済不履行となり、体力のない者は廃業するにいたった。ここに石高制下における江戸の金融システムは終わりを告げ、明治九年からは華族（旧大名と公家）・士族などが家禄の代わりに支給された「金禄公債証書」を元手に、改正・国立銀行（不換紙幣の発券銀行）を設立する時代を迎えるのである。

（1）中井信彦『転換期幕藩制の研究』（塙書房　一九七一年）。
（2）同右。
（3）飯淵敬太郎『日本信用体系前史』（学生書房　一九四八年、御茶の水書房復刻版　一九七七年）八四頁。
（4）石井寛治『経済発展と両替商金融』（有斐閣　二〇〇七年）二四四頁。
（5）末岡照啓「大阪為替会社・通商会社の設立・解散と広瀬宰平」（『住友史料館報』五一号　二〇二〇年）。

あとがき

二〇二四年三月、日本銀行は未曾有のマイナス金利政策を解除し、一七年ぶりに利上げにかじを切った。政策金利は〇・一%とわずかであったが、七月末には追加利上げを発表し、〇・二五%となった。いまだ低利とはいえ、これから金融機関からの住宅ローンなどの貸出金利が上昇すると、サラリーマンにとっては生活費を直撃する由々しき事態となる。一方、金利の逆ザヤで貸付が伸びず、苦境にあえいでいた金融機関にとっては朗報であり、ほんらいの実力が試される時代に入ったともいえる。

本書によって、江戸時代の最大のサラリーマンである徳川幕臣団の俸禄米を担保とするローンをみてきたが、幕府当局者は、官僚である幕臣団の生計と江戸の金融システムの両者を維持するため、札差を生かさず殺さず、政策の協力者として共生関係にあった。どこか現在の政府・日銀と金融機関の関係に似ていないだろうか。ただし、江戸時代の借り手である蔵米取は、借金を長期間の年賦にしたり、書替えたりして元金を返済する意思がなかった。そのため、貸し手の札差は元金返済をあてにせず、金利を高くして利息収入により数年で元金分まで回収しようとした。徳川幕臣団の借金と札差のせめぎあいも読み解いていただけると幸甚である。

さて、筆者が江戸時代の徳川幕臣団と金融に興味を持ったのは、一九七〇年代の学生時代にさかのぼる。一九七五年に國學院大学の二年生であった筆者は、助教授に昇進されて間もない故大谷貞夫先生の日本史演習Ⅰを受講した。たしか、「元禄検地と旗本の地方直し」がテーマであったと思う。元禄時代の勘定奉行荻原重秀の政策で、全国の幕領検地が実施され、正確な村高を確定したうえで、徳川幕臣団のうち五〇〇人以上の蔵米取旗本が、全国に分散知行所を与えられ地方取になったという、スケールの大きい話であった。

当時、筆者は学内サークルの幕領研究会に属し、研究会の仲間と埼玉県の利根川中流域の羽生市・加須市一帯農村の史料採訪にあたっていた。旧村役人宅（名主）を見つけては、学生の特権というか飛び込みで文書調査をお願いし、土蔵の中から大量の古文書を発見し整理することができた。関東農村では、一つの村を何人もの領主が知行する「相給」という支配形態が多く、ここで大谷先生の地方直しの講義を実体験することとなった。一つの村に幕府代官や複数の旗本の年貢割付状や借用証文などが多数残されており、幕府代官に徴収された幕領の年貢米金がどのようにして蔵米取の旗本に渡り生活費となったのか、あるいは地方取の旗本が徴収した知行所の年貢米金が誰によって換金され生活費になったのかという疑問が残った。村落史の研究段階ではなかなか解明できない問題であった。

一九七八年一月、筆者は大谷先生の推薦で同窓の川﨑英太郎先輩と小葉田淳先生（後述）の面接を受け、四月から新卒として当時神戸にあった住友修史室（京都の住友史料館の前身）に勤務することになった。住友は三井・三菱と肩を並べる戦前の財閥であり、銅製錬と別子銅山をルーツに重化学工業・金融業へと多角化し四〇〇年の歴史があった。筆者にとって鉱山史・商業史・金融史はまったく未知の分野であったが、まずは近世から近代にかけての膨大な史料群の整理に取りかかり、ようやく学生時代から抱いていた課題に取り組むことができた。

その契機となったのが、入社早々、愛媛県新居浜市の広瀬家寄贈文書の中から「浅艸米店在勤中心得書」を発見したことである。これは住友初代総理事広瀬宰平の養父義右衛門（義泰）が、天保十四年前後に江戸浅草札差店（泉屋甚左衛門店）の支配人だったときに、幕府の無利息年賦返済令に遭遇し、その苦境を決算簿として書き残したものである。この史料が江戸時代の金融史を研究するスタートとなり、本書第5章の論文や『住友史料叢書』の翻刻史料として結実した。その後、住友近代史の研究を進めるうちに、近世から近代移行期の連続性や非連続性の諸問題も考えられるようになり、ようやく本書の刊行にたどり着くことができた。本書を刊行するにあたって、多くの先生方の御指導を賜った。その感謝の意を込めて、先学追慕の思いを記したい。

大谷貞夫先生（元國學院大学教授　生没年一九三八〜二〇〇三年）は、すでに述べたように筆者の恩師である。先生は近世治水史研究の第一人者としてフィールドワークを重視された。先生の学問は、原文書を史料とする実証主義史学であり、農村に残る地方文書によって農民の暮らしから領主支配の諸問題まで学んだが、なかでも幕藩領や旗本領が入り込んだ相給村落を学んだことは大きかった。住友史料館勤務後も学会発表等の機会を与えられ、その発表論文が本書の骨子となっている。二〇〇三年一月の年賀状には、大谷先生から自分も定年が近いから、そろそろ過去の論文をまとめるようにとの一筆が添えてあった。ところが、年末の十二月三十日に先生はご自宅で急逝され帰らぬ人となった。六五歳の若さであり、生前に研究成果の報告ができなかったことを悔やんだ。それから二一年、筆者は旧稿に手を入れ、新たに原稿を書き加えるうちに先生の齢を超えてしまった。不肖の弟子として時間はかかったが、先生の墓前に本書をささげたいと思う。

北原進先生（立正大学名誉教授　一九三四年〜）は札差研究の第一人者である。一橋大学附属図書館の札差文書の調査ではお世話に預かり、近世知行制研究会では発表の機会を与えられ、たえず励ましのお言葉を賜った。高著の『江戸の高利貸――旗本・御家人と札差――』（吉川弘文館）では、札差・両替を含む高利貸研究の課題について、つぎのようにまとめられた。①金融業者の経営解明、②大名・旗本・陪臣（家臣）の財政窮乏と領知・知行所との関係調査、③享保九年の札差仲間結成以前の研究、④甲府勤番士など遠国転勤者と札差の関係調査、⑤寛政・天保・文久の札差統制法令研究の深化、⑥札差経営帳簿の解明などである。先生から御高著をいただき、いつかその学恩に報いたいと思っていたが、ようやく本書によって、①の課題は第10章と第11章、②は第6章、③は第1章、④は第3章、⑤は第2章と第5章でまとめることができた。先生の御期待の一部に応えることができたのではないかと思っている。

小葉田淳先生（京都大学名誉教授、住友史料館初代館長　一九〇五〜二〇〇一年）は、日本鉱山史・貨幣史の第一人者である。先生からは鉱山史研究の薫陶を受け、監修の『住友別子鉱山史』の執筆陣に加えていただいた。また、『住友史料叢書』の監修者として、札差関係史料の翻刻に価値があるとして快諾され、その刊行を喜ばれた。本書第1章の「御張紙値段」の調査については、当時京都大学附属図書館長であった朝尾直弘先生あての紹介状をいただいた。

黒羽兵治郎先生（大阪府立大学名誉教授、大阪経済大学日本経済史研究所所長　一九〇四〜一九九三年）は、日本交通史と大阪研究の第一人者であり、戦前にいち早く「両替商沿革史」を含む『大阪商業史料集成』全五巻を刊行された。本書に収録した初期の論文は先生のご指導による。また、先生は住友近代史研究の指導教授として、筆者は経済史と経済諸表作成の薫陶を賜った。蔵書が少なかった当時、大阪経済大学日本経済史研究所の図書閲覧に便宜を図っていただき、研究に邁進することができた。

朝尾直弘先生（京都大学名誉教授、住友史料館第二代館長　一九三一〜二〇二三年）は、世界史の中に日本史を位置づけることを説かれ、日本近世史の自立を確立された。住友では初めての通史『住友の歴史　上下』（思文閣出版）を執筆・監修された。生前に京都大学附属図書館の図書閲覧ではお世話に預かり、本書第1章に収録した「近世蔵米知行制の確立過程」（『近世社会と知行制』共著　思文閣出版）をお届けしたところ、結論について享保期以降の論証を深めるようご指摘を賜った。第2章以下の新稿はその成果である。

下谷政弘先生（京都大学名誉教授、住友史料館第三代館長　一九四四〜二〇二二年）は、戦後の日本企業のグループ化や持株会社化などを考察した経済史家である。住友史料館員による初めての論文集『住友近代史の研究』（ミネルヴァ書房）を執筆・監修された。生前には筆者の研究を励まされ、拙著『五代友厚と北海道開拓使事件』（同上）や本書をまとめることを勧められた。

川崎英太郎先輩（住友修史室室長・住友史料館副館長　一九一九～二〇一二年）は、住友歴史叢書の『泉屋叢考』の編集や、住友各社の社史や経営者の伝記編集に協力するなど史料館の礎を築いた先達である。筆者が入社して以来の上司であり、温かく見守っていただいた。一九七八年五月の広瀬宰平生誕一五五年を記念した広瀬宰平自伝『半世物語』の復刻編集の機会を与えられ、広瀬宰平を研究する契機となった。

そのほか、大舘右喜先生（元國學院大学講師、元帝京大学教授）には、卒業論文の副査でお世話に預かり、住友史料館の就職にさいしては励ましの言葉を賜った。本書第1章は、先生の「元禄幕臣団の研究」に負うところが大きい。藤村潤一郎先生（元国文学研究資料館教授、創価大学名誉教授）には、黒羽先生のご紹介により国立史料館の近世史史料講習会でご指導を賜り、その後は御張紙値段に関する文献をいただくなど親身に接していただいた。賀川隆行先生（元三井文庫研究員）には、著書・論文を多数いただき、本書執筆にあたり恩恵を賜った。高等学校の恩師小山曙美先生には、史跡見学を通して歴史の現場に立ち会うことの重要性を教えられた。

史料の閲覧については、一橋大学附属図書館、東京都台東区教育委員会、国立公文書館内閣文庫、国立国会図書館、京都大学附属図書館、大阪経済大学日本経済史研究所など多くの機関にお世話になった。また、勤務先の住友史料館には、史料の利用のみならず研鑽の場を与えてもらった。以上、記して感謝の意を表したい。

最後に、思文閣出版の田中峰人編集長には、本書の刊行をこころよく引き受けていただき、編集についても適切な助言と丁寧な校閲を賜った。衷心よりお礼申し上げるしだいである。なお、私事ながら古稀を前に刊行できたのは、ひとえに家族の協力があったからである。妻京子に感謝したい。

二〇二四年八月

末岡照啓

索　　引

注：人名索引の「天」「片」「森」はそれぞれ札差仲間の「天王町組」「片町組」「森田町組」を指す。折込表２－１－１～３を参照。

【人名】

あ

い

せ

そ

た

ち

つ

と

【事項】

◎著者略歴◎

末岡　照啓（すえおか・てるあき）

1955年　長崎県生まれ
1978年　國學院大學文学部史学科卒業
同年　　住友修史室勤務（のち住友史料館に名称変更）
2005年～2020年　住友史料館副館長
1997年～2020年　新居浜市広瀬歴史記念館名誉館長・特別顧問を兼務
現在　　住友史料館研究顧問

〔主要著書〕
『五代友厚と北海道開拓使事件』ミネルヴァ書房　2022年
『住友近代史の研究』（共著）ミネルヴァ書房　2020年
『近世・近現代文書の保存・管理の歴史』（共著）勉誠出版　2019年
『近世住友の銅製錬技術』（共著）公益財団法人 泉屋博古館　2017年
『住友の歴史』上・下巻（共著）思文閣出版　2013・14年
『近世の環境と開発』（共編著）思文閣出版　2011年
『北垣国道日記「塵海」』（共編）思文閣出版　2010年
『近世社会と知行制』（共著）思文閣出版　1999年
『住友別子鉱山史』上・下・別巻（共著）住友金属鉱山株式会社　1991年
『近世国家の支配構造』（共著）雄山閣出版　1986年

徳川幕臣団《とくがわばくしんだん》と江戸《えど》の金融史《きんゆうし》
札差《ふださし》・両替商《りょうがえしょう》の研究《けんきゅう》

2024（令和６）年12月10日発行

著　者　末岡照啓
発行者　田中　大
発行所　株式会社　思文閣出版
〒605-0089 京都市東山区元町355
電話 075-533-6860（代表）

装　幀　小林　元
印　刷
製　本　株式会社 思文閣出版 印刷事業部

ISBN978-4-7842-2100-4　C3021